프랑스의 警察行政

프랑스의 警察行政

이승민 지음

경인문화사

국문초록

연혁적으로 볼 때 프랑스에서 경찰은 국가 또는 공권력 자체를 의미하는 것이었으며, 현재 경찰행정은 공공질서에 대한 장애 발생을 예방하기 위한 작용으로 파악되고 있다. 이러한 경찰행정은 일종의 공역무활동으로 여겨지며, 사법경찰, 행정제재 등 다른 제도와의 비교를 통해 그 정확한 범위를 인식할 수 있다.

프랑스에서 경찰권은 일반경찰권과 특별경찰권으로 구분된다. 수상은 국가 차원의 일반경찰권을 고유권한으로 행사하며, 도지사와 시장은 지방자치법전에 따라 지방 차원의 일반경찰권을 행사한다. 또, 제도적 의미의 국가경찰의 일반경찰권은 1966년 7월 9일 제66-492호 법률, 국가경찰직무법전 등에 근거를 두고 있으며, 국가헌병대의 경우 2009년 8월 3일 제2009-971호 법률과 국방법전에, 자치경찰의 경우에는 시법전, 지방자치법전 등에 각각의 근거를 두고 있다.

일반경찰권은 공공질서 개념을 핵심으로 하는데, 공공질서에는 공공안전, 공공평온, 공중위생이라는 전통적인 3요소 외에도 공중도덕과 인간의 존엄성 존중도 포함될 수 있다. 이러한 공공질서는 프랑스 경찰법상 일반조항의 기능을 한다. 이 밖에 특별경찰권에 대한 법적 근거는 도로법전, 도로관리법전, 민간항공법전, 건축법전, 도시계획법전, 영화·만화법전, 공중보건법전, 환경법전, 농촌·수산법전 등에 개별적으로 마련되어 있다. 일반경찰권과 특별경찰권은 상호 간에 경합할 수 있는데, 각 사안에 따라 그에 맞는 해결책이 논의되고 있다.

프랑스의 경찰조직은 제도적 의미의 경찰조직과 질서행정기관으로 분류할 수 있는데, 제도적 의미의 경찰조직은 다시 국가경찰조직과 자치경찰조직으로 구별할 수 있다. 국가경찰조직은 국가경찰과 국가헌병대로, 자치경찰조직은 자치경찰과 농촌감시원으로 구성된다. 한편, 프랑스의 일반적인 질서행정기관에는 수상, 도지사, 시장이 있으며, 대통령은 예외적인 경우에만 경찰기관의 지위에 선다.

프랑스의 경찰기관은 경찰명령, 경찰하명, 경찰허가, 사실행위 등 다양한 형식으로 경찰작용을 행하며, 경찰권의 행사 여부에 대해 재량권을 갖는다. 그러나 공공질서에 대한 장애의 정도에 비추어 개입이 필요한 경우 경찰권 행사는 의무가 되며, 경찰기관이 이러한 의무에 위반한 경우 배상책임을 질 수 있다. 실행되는 경찰작용은 언제나 비례원칙에 부합해야 하며, 그 목적에 따라 공공안전에 관한 경찰작용, 공공평온에 관한 경찰작용, 공중위생 및 풍속에 관한 경찰작용으로 분류해 볼 수 있다.

이상과 같은 프랑스의 경찰제도에 대한 고찰은 일정한 의의를 지니는데, 우리나라에서 경찰법에 대한 논의가 사법경찰에 국한되지 않고 행정경찰에도 중점을 둘 필요가 있다는 점과 법과 현실이 괴리되지 않아야 함을 보여준다는 점에서 그러하다. 특히 프랑스의 경찰법은 판례를 중심으로 형성된 것이기 때문에 다양한 현실이 폭넓게 반영되어 있으며, 이를 통해 우리 법에 많은 시사점을 얻을 수 있을 것으로 기대된다.

주요어 : 경찰, 경찰행정, 행정경찰, 경찰권, 경찰조직, 경찰작용

서 문

　이 책은 필자가 2010년 2월에 출간한 박사논문("프랑스법상 '경찰행정'에 관한 연구 - 개념, 근거, 조직, 작용을 중심으로")의 내용을 수정·보완한 것이다. 필자가 위 박사논문을 출간할 당시만 해도 프랑스의 사법경찰에 관해서는 상당한 연구가 축적되어 있었지만, 프랑스의 경찰행정, 즉 실질적 의미의 경찰에 관해서는 선행연구가 많지 않았다. 그리하여 프랑스의 이론과 판례를 소개하고 이를 한국의 법제도와 비교해 보는 것에 초점을 맞추어 박사논문을 작성하게 되었는데, 이후 필자의 박사논문은 서울대학교 법학연구소로부터 법학연구총서로 지정되어 필자는 이를 단행본으로 발간할 수 있는 기회를 갖게 되었다.

　그러나 필자의 게으름과 나태함으로 인하여 이후 4년이 넘는 시간 동안 단행본 발간 작업에 진전을 이루지 못하였고, 그러던 중에 프랑스와 한국의 이론과 법제도에 변화가 발생하였다. 프랑스에서 여기저기 흩어져 있던 경찰 관련 법령들을 모아 국내안전법전(le Code de la sécurité intérieure)이 제정된 것이나 한국에서 전투경찰대가 폐지된 것 등을 예로 들 수 있는데, 이 밖에 프랑스와 한국의 경찰조직에도 일부 개편이 있었다. 필자는 이번에 단행본을 발간하면서 이러한 변화들을 반영하였고, 아울러 전체적으로 문장과 표현들을 살펴보고 필요한 부분을 수정하였는데, 박사논문의 큰 틀이 근본적으로 변경되지는 않았다. 다만, 필자의 박사논문 출간 이후 프랑스 경찰법이론에 관한 몇몇 소중한 연구들이 발표되었음에도 그 내용들을 반영하지 못한 것에는 아쉬움이 남는다.

이 책은 국가의 공권력 작용에 관한 필자의 관심에 대한 중간평가적인 성격을 지닌다. 필자가 학부에 입학했던 1996년만 해도 한국에서 민주주의가 확고하게 정착하지 못해 시민과 공권력이 여러 측면에서 대립하였고, 법치주의와 민주주의의 관계에 대해 많은 혼란이 있었다. 필자는 이러한 상황 속에서 법학을 공부하면서 국가의 강제력 행사방식에 대해 관심을 갖게 되었는데, 이후 이는 형벌, 행정제재, 경찰작용에 대한 관심으로 구체화되었다. 필자는 프랑스법상 행정제재와 형벌의 관계를 주제로 석사논문을 작성하면서 행정제재와 형벌에 대해 약간이나마 살펴볼 수 있었고, 프랑스의 경찰행정을 주제로 박사논문을 작성하면서 경찰작용에 대해서도 공부할 기회를 가질 수 있었다. 이로써 필자가 오래 전부터 생각해왔던 국가의 세 가지 강제력 행사방식 각각에 대해 어느 정도 정리해 볼 수 있었는데, 여기에 대해서는 앞으로 그 이상의 오랜 시간 동안 많은 고민과 후속 연구가 뒷받침되어야 할 것이어서 필자로서는 상당한 부담을 느끼고 있다.

필자가 프랑스법을 연구대상으로 택한 것은 절대왕정의 확립과 대혁명을 통한 구체제의 전복, 왕정복고, 제1·2차 세계대전 전후의 사회정치적 혼란 등 수많은 역사적 사건들 속에서 행정법이 생생하게 살아 숨쉬는 현장이 프랑스법이라고 생각했기 때문이다. 특히, 프랑스 문헌에서 언급되고 있는 풍부한 판례들은 이러한 행정법의 역사를 생동감 있게 전달해 주었고, 그 속에서 법이론과 실제의 교차와 괴리를 다양한 방식으로 체감할 수 있었다. 경찰작용을 비롯한 국가의 강제력 행사방식에 관한 논의는 현실과 분리되어 이루어지기 어렵기 때문에, 프랑스법이 위와 같은 특성은 연구자의 흥미를 유발시키기에 충분하였다. 이 책은 이러한 학문적인 관심에서 시작되었으며, 여러 문헌을 통해 접하게 된 사건들과 현실을 연결해가면서, 또한 프랑스와 한국의 이론들을 비교해가면서 이 책이 구성되었다. 비록 필자의 부족함으로 인하여 이러한 작업이 완전한 모습을 갖추지는 못하였으나, 이 책이 프랑스에서 논의되는 경찰행정의 의미와 전체적인 모습을 개관하는 데에 약간의 가이드는 될 수 있지 않을까 생각한다. 아울러, 이 책에는 필자가 중요하다고 생각되는 몇몇 프랑스 판례들의 구체적인 사실관계와 판시 내용에 대한 소개가 중간 중간에 포함되어 있는데, 프랑스법에 익숙하지 않은 독자들에게는 도움 되는 부분이 있을 것으로 기대하고 있다.

이 책이 발간되기까지는 일일이 열거하기 힘들 정도로 많은 분들의 도움이 있었다. 우선, 학부를 졸업하던 무렵 진로를 두고 방황하던 필자에게 공법학자의 길을 열어주시고 꿈에서만 그리던 박사 칭호까지 얻도록 지도해 주신 서울대학교 법학전문대학원의 박정훈 교수님의 헤아릴 수 없는 학은에 대해서는 무어라 달리 표현할 길이 없다. 또한, 한국 공법학을 개척하시고 후학들에게 든든한 연구 기반을 마련해 주셨던 고 서원우 교수님, 학계의 원로로서 깊은 통찰과 폭넓은 경륜으로 제자의 부족한 식견을 넓혀 주시는 김동희 교수님, 최송화 교수님의 자애로운 가르침이 없었다면 필자의 글은 근본을 찾기 어려웠을 것이다. 그리고 프랑스 경찰법에 대하여 필자에게 새로운 눈을 뜨게 해 주신 연세대학교 법학전문대학원의 한견우 교수님, 다양한 관점에서 세밀한 지도와 가르침으로 박사논문의 완성을 이끌어 주셨던 서울대학교 법학전문대학원의 이원우 교수님, 김종보 교수님의 학은 또한 결코 잊을 수 없다. 다양한 선행연구와 토론을 통해 경찰법이론과 경찰행정의 실제에 관하여 많은 조언과 고견을 전해 주신 홍익대학교 법과대학의 김성태 교수님, 경찰대학 법학과의 문성도 교수님, 서정범 교수님께도 깊이 감사드리고 싶다. 이 밖에도, 지면 관계상 모두 나열하지는 못하지만 필자가 학자로서 성장할 수 있는 소중한 밑거름이었던 행정법이론실무학회의 수많은 훌륭한 교수님들과 선·후배, 동료들의 진정어린 질책과 격려도 이 책이 출간될 수 있는 근간이 되었기에 진심으로 감사드린다. 아울러, 필자에게 안정적인 환경 속에서 최고의 경륜을 갖춘 전문가들과 함께 다양한 경험을 하면서 올바른 법조인으로 성장할 수 있는 기회를 제공해

준 국내 최고의 로펌 '율촌'과 그 가족들에게도 감사 인사를 드리고자 한다.

언제나 필자를 믿어주는 든든한 가족들에 대해서도 언급하지 않을 수 없다. 더 이상 설명이 필요 없을 정도로 필자를 아끼고 사랑해 주신 부모님, 필자의 발간 작업을 아낌없이 지원해 주신 장인어른과 장모님의 성원은 이루 말할 수 없는 큰 힘이 되었다. 무엇보다, 무한한 애정과 신뢰 속에 이책이 발간되기까지 누구보다도 필자를 믿어주고 응원해 주었던, 이제는 필자와 함께 평생토록 서로의 안식과 위안이 될 사랑하는 아내 윤우리에게 이 책을 바친다.

2014년 4월
법무법인(유) 율촌 사무실에서
이승민

목 차

서 론

I. 연구의 목적

예컨대 야간에 아동들을 대상으로 한 강력범죄가 횡행하는 지역이나, 청소년의 성장에 해로운 유흥업소가 밀집된 지역에 아동 또는 청소년들의 출입을 금지하고, 이러한 지역에서 아동 또는 청소년을 상대로 영업하는 상점들을 단속하는 것과 같은 규율은 지역사회의 치안과 질서유지를 위해 필수불가결하다. 이러한 질서유지작용은 경찰행정의 본질을 이루는 것인데, 그럼에도 불구하고 우리나라의 지방자치단체나 경찰관이 일반적인 수권하에 이러한 조치들을 취하는 경우는 찾아보기 힘들다.

이 경우 시민의 보호에 대한 공백이 발생할 수 있는데, 이는 단지 지방자치단체와 경찰관이 나태하기 때문만은 아니며, 현재 우리나라의 경찰법 제도와 이론이 아직 위와 같은 문제를 해결할 정도로 성숙하지 못한 데서 그 원인을 찾을 필요가 있다. 우리나라의 지방자치단체는 위와 같은 규율을 일반적으로 할 수 있는 경찰권을 인정받지 못하고 있으며,[1] 경찰관의 경우 경찰관직무집행법상 표준조치 또는 일반조항을 통해 권한행사 근거를 찾을 수 있다고 하더라도, 시간적·공간적으로 구체화되지 못한 일반적인 경찰조치, 즉 법규명령에 해당하는 경찰명령을 발할 권한까지는 없기

---

[1] 다만, 식품위생법 제43조에서 영업질서와 선량한 풍속을 유지하는 데에 필요한 경우에는 대통령령으로 정하는 범위 내에서 시·도의 조례를 통해 식품접객영업자와 그 종업원에 대하여 영업시간 및 영업행위를 제한할 수 있도록 규정하고 있으므로, 일정 범위의 식당 등에 대해서만 제한이 가능할 뿐이다.

때문이다. 여기서 비교법적 고찰의 필요성이 발생하는데, 특히 프랑스의 경찰제도 중 자치경찰의 책임자로서의 시장의 역할과 일반조항의 역할을 하고 있는 '공공질서'(l'ordre public) 개념은 매우 유용하다.

한편, 위와 같은 치안과 질서유지를 위한 작용을 경찰행정이라고 부른다고 하여 이러한 작용을 반드시 경찰관이 행해야 하는 것은 아니다. 일반행정기관도 많은 분야에서 경찰행정작용을 행하고 있으며, 다만 이것이 사회통념과 차이가 있을 뿐이다.

사회통념상 '경찰'(police, la police, Polizei)이라는 용어는 '제복을 입은 경찰', 즉 법적 관점에서 '제도적 의미의 경찰'을 의미하는 경우가 많고, 경찰작용이라는 것도 대개 이런 제도적 의미의 경찰이 행하는 작용, 특히 범죄수사와 관련된 작용으로 생각되는 경우가 많다.[2] 그러나 법적 관점에서의 경찰은 제도적 의미의 경찰이 전부가 아니며, 제도적 의미의 경찰이 행하지 않는 많은 질서유지작용들을 강학상 경찰행정 또는 실질적 의미의 경찰이라 부르고 있다. 여기서 경찰에 관한 법적인 관념과 사회통념 사이의 괴리를 발견하게 된다.

예를 들면, 사람들이 건축허가를 신청했을 때 건축허가 발급 여부가 주로 건축경찰법적 관점에서 이뤄진다고 인식하는 경우는 드물 것이다. 조류독감으로 인하여 가금류에 대한 살처분을 지시받을 때, 이러한 지시가 보건경찰상 하명(下命)에 해당한다고 생각하는 이도 많지는 않을 것이다. 주차단속의 경우에도 그것을 제복을 입은 경찰이 아닌 구청의 공무원이 행할 때에는 이를 교통경찰작용이라고 인식하기 쉽지 않다.

그러나 행정법에서 말하는 경찰작용은 질서유지작용을 의미한다고 할 수 있다. 그리하여 도로교통, 건축, 위생, 소방 등 다양한 영역에서 경찰작

---

2) 이는 프랑스에서도 비슷한데, 현대 프랑스어 'la police'가 통상 지칭하는 것 역시 제도적 의미의 경찰 또는 조직적 의미의 경찰이다. Waline, Jean, *Droit administratif*, 22ᵉ éd., Dalloz, 2008, p. 323 참조.

용이 이뤄지며, 이는 질서행정이라고도 불린다. 그러므로 경찰작용에 관한 논의는 사회의 질서, 즉 경찰법에서 말하는 '공공의 안녕과 질서'를 유지하기 위한 행정작용에 관한 논의라고 할 수 있다.

이러한 경찰의 본질을 살피는 작업은 학문적으로 매우 흥미로운 일이다. 이는 국가권력의 역사와 궤를 같이 하기 때문이다. 그러나 현대 법치국가에서 경찰행정에 대한 연구가 학문적 유희에 그치는 것은 결코 아니며, 경찰행정이라는 단일 개념 하에 포괄되는 행정작용들은 그 특성에 맞는 법도그마틱을 지니고 있다.

그런데 현실에서 제도적 의미의 경찰에 주로 주목하게 되는 것은 1차 '탈경찰화(脫警察化)'(Entpolizeilichung)[3] 때문이기도 하지만, 일반적인 행정기관의 모습을 띠고 있는 질서행정기관의 경우에는 경찰 이외의 행정임무를 함께 지니고 있고, 경찰작용이 그 핵심임무라고 보기 어려운 경우도 상당한 반면,[4] 제도적 의미의 경찰은 질서유지를 그 본래임무로 하기 때문이다. 그러므로 제도적 의미의 경찰의 활동에 경찰법의 초점이 맞춰지는 것은 어찌 보면 당연하다고 할 수 있다.

그러나 제도적 의미의 경찰이 행하는 작용이 강조되더라도, 그 작용의 법적 성질은 정확히 규명되어야 한다. 이는 공장을 점거하면서 이뤄지는 대규모파업과 같은 상황에 직면한 경찰이 이를 해산하거나 진압하는 과정에서 문제될 수 있는데, 여기서의 해산 또는 진압을 위한 경찰작용은 여러 성질을 지닐 수 있기 때문이다.

즉, 이러한 해산 또는 진압작용은 외관상으로는 하나의 경찰작용으로 보

---

3) 이에 관한 상세는 제3장 제1절 참조.
4) 질서유지작용은 다른 행정작용에 대하여 보충성을 지닌다. 예컨대 보건·위생을 담당하는 행정기관이 실질적 의미의 경찰작용을 행하는 것은 대개 보건·위생 관련 작용에 대한 위반이 발생하였을 때이다. 질서행정기관으로서는 경찰작용 이외의 행정작용을 통해 행정목적을 달성하게 되면 실질적 의미의 경찰작용을 행할 이유가 없다.

이지만, 실제로는 「집회 및 시위에 관한 법률」에 근거한 해산명령과 관련한 행정경찰작용, 경찰관직무집행법에 근거한 즉시강제, 「집회 및 시위에 관한 법률」 위반죄, 형법상 건조물침입죄, 업무방해죄의 범인을 체포하기 위한 사법경찰작용, 공장을 점거하고 있는 노동조합에 대한 법원의 퇴거명령의 집행 등이 동시에 이루어지는 결과를 낳는다. 그러므로 이러한 해산 또는 진압작용은 개념적으로 정확히 세분하여 그 법적 근거 및 적법성이 평가되어야 한다.

요컨대, 경찰 개념과 관련한 행정경찰과 사법경찰의 관계, 경찰작용의 법적 근거와 관련한 「집회 및 시위에 관한 법률」과 경찰관직무집행법의 관계, 법원의 판결에 대한 경찰의 집행원조에 관한 논의 등이 필요하다. 여기서 프랑스의 경찰법이론은 시사하는 바가 많은데, 행정경찰과 사법경찰의 구별에 관한 논의는 물론, 법적 근거와 관련하여 '특별경찰'(la police spéciale)과 '일반경찰'(la police générale)의 관계 및 일반조항으로서 공공질서의 내용에 관한 논의가 그러하다.

본서에서는 프랑스의 경찰법이론에 대해 살펴보고자 한다. 이는 프랑스의 경찰법이론이 우리나라에서 경찰행정과 관련하여 발생하는 문제들에 대해 일정한 시사점을 줄 수 있기 때문이다. 우리나라와 비교할 때 프랑스 경찰법에서 드러나는 특색은 탈경찰화가 완전히 이루어지지는 않았다는 점이나, 상당히 강력한 경찰권이 인정되고 있다는 점을 들 수 있는데, 특히 프랑스의 경찰법이론은 주로 판례를 통해 형성된 것이어서 구체적이고 생동감 있는 사례들을 풍부하게 찾아볼 수 있다는 점이 매력적이다.

다만, 이러한 차이점에도 불구하고 프랑스와 우리나라의 경찰법이론은 기본적으로는 유사하다는 점에 대한 인식이 필요하다. 즉, 프랑스와 우리나라에서 질서행정영역 중 상당 부분이 특별법에 의해 규율되고 있는 점이나, 경찰작용이 '공공질서' 또는 '공공의 안녕과 질서'라는 개념에 의해 제한된다는 점, 경찰작용에 대한 적법성 통제가 주로 비례원칙과 배상책임제

도에 의해 이뤄진다는 점에서 공통성을 지니며, 경찰이 사용하는 강제수
단이나 제도적 의미의 경찰이 현장에서 행하는 활동 역시 상당히 비슷하
다. 프랑스 경찰법이 지니는 장점을 우리나라의 경찰법에 접목시키는 것
은 이러한 공통점을 우선적으로 인식한 다음에야 가능하며, 프랑스 경찰
법에 관한 고찰을 통해 우리 경찰법의 논의들이 풍성해질 수 있을 것으로
기대한다.

II. 연구의 범위

우리 법과 비교했을 때, 프랑스 경찰법의 가장 큰 특색은 경찰행정의 목
적이자 법적 근거가 되는 공공질서와 관련이 있다. 공공질서는 경찰행정
개념을 정의하는 기준이 되며, 경찰작용에 대한 일반적인 수권규범으로서
가장 기본적인 법적 근거를 형성한다. 또, 개별법에 따른 개별경찰영역에서
의 경찰작용도 공공질서와 무관하지 않다.

아울러 프랑스의 경찰조직에서도 프랑스의 특색이 드러난다. 즉, 제도적
의미의 경찰조직 외에, 프랑스에서는 수상 및 시장이 일반경찰기관5)으로

---

5) 프랑스의 경우 '경찰기관'(l'autorité de police)의 개념이 우리나라와 상이하다. 프
랑스의 경찰기관은 공공질서의 보호를 위하여 필요한 법규범 및 규율을 정하는 권
한을 보유한 행정기관을 의미하며, 경찰기관이 발령한 법규범들을 실제로 집행하
는 기관, 즉 집행경찰작용을 하는 기관은 '경찰력'(les forces de police)으로 지칭
된다(Minet, Charles-Édouard, *Droit de la police administrative*, Vuibert, 2007,
pp. 91, 135). 결국 경찰력은 제도적 의미의 경찰을 의미한다고 할 수 있다.
그런데 우리나라에서는 '경찰기관'이 통상 제도적 의미의 경찰을 지칭하기 때문에
용어상 혼선이 있을 수 있다. 그러나 프랑스에서 수상, 시장 등 경찰규율을 정하는
기관을 'l'autorité de police'라 부르면서, 제도적 의미의 경찰을 이와 다른 용어로
구별하여 부르는 것은 그 자체로 프랑스 경찰법의 특색이 될 것이므로, 본서에서는
'l'autorité de police'를 그대로 경찰기관으로 번역하기로 한다.

서의 지위를 인정받고 있는데, 공공질서는 이러한 일반경찰기관의 법적 근거가 된다. 또, 시장이 자치경찰의 책임자라는 점에서도 프랑스의 특색이 드러난다.

나아가 경찰이 개입하는 영역도 우리와 프랑스가 다른 면이 있다. 그러므로 위와 같은 특색과 함께 개별 영역별로 이뤄지는 경찰작용을 구체적으로 살펴보는 것은 우리 경찰법이론에 일정한 시사점을 줄 수 있을 것으로 생각된다.

본서에서는 우리 경찰법과 비교했을 때 나타나는 프랑스 경찰법의 특징들을 중점적으로 다루고자 하므로, 결국 프랑스의 경찰 개념과 경찰기관의 법적 근거, 여기서 핵심적인 지위를 차지하는 공공질서 개념, 경찰조직, 세부 영역별 경찰작용에 관한 논의가 중심이 된다. 이러한 프랑스의 논의는 제1장부터 제4장까지에 걸쳐 설명될 것인데, 각 장에서는 필요한 경우 항목별로 우리 경찰법과의 비교법적 평가가 함께 이뤄질 것이다. 아울러 논의의 흐름상 필요한 범위 내에서 프랑스 경찰법상의 다른 쟁점들에 대해서도 간략히 언급하고자 한다.

우선, 제1장에서는 프랑스법상 경찰행정의 의의를 살펴본다. 여기서는 경찰행정의 개념(제2절)과 다른 제도와의 관계(제3절), 그리고 경찰행정의 성질(제4절)을 살펴볼 것인데, 경찰행정의 개념과 관련하여서는 일단 경찰행정의 연혁적 개념(제1항)과 정의를 살펴보고(제2항), 다른 제도와의 관계와 관련하여서는 사법경찰과의 구별(제1항), 행정제재와의 관계(제2항)에 대해서 설명한다. 경찰행정의 성질과 관련하여서는 경찰행정과 공역무의 관계(제1항), 그리고 공역무로서의 경찰행정이 갖는 특수성(제2항)이 주된 논의의 대상이다.

제2장에서는 프랑스법상 경찰권의 법적 근거를 다룬다. 여기서는 이를 일반경찰과 특별경찰로 나누어 살펴보는데, 일반경찰의 경우에는 질서행정기관과 제도적 의미의 경찰이 지니는 경찰권의 근거를 모두 살펴보고(제2

절), 이러한 근거 중 프랑스 경찰 개념의 핵심이자 경찰행정의 일반적인 수권규범, 즉 일반조항으로 기능하고 있는 공공질서에 대해서는 별도의 항목으로 고찰한다(제3절). 이후 특별경찰의 법적 근거를 살펴보고(제4절), 경찰권의 경합에 관한 논의를 정리해보고자 한다(제5절).

제3장에서는 프랑스의 경찰조직에 대해서 다룬다. 여기서는 경찰조직을 제도적 의미의 경찰조직(제2절)과 질서행정기관(제3절)으로 나누어 고찰하게 될 것인데, 제도적 의미의 경찰조직은 국가경찰조직(제1항)과 자치경찰조직(제2항)으로, 질서행정기관은 일반경찰기관(제1항)과 특별경찰기관(제2항)으로 분류하여 살펴보기로 한다. 이후 이를 종합하여 비교법적 평가를 해 볼 것이다(제4절).

제4장은 프랑스의 경찰작용에 관한 것이다. 여기서는 일반론으로 경찰작용의 행위형식, 경찰재량과 개입의무, 경찰작용의 한계가 되는 비례원칙에 대해 살펴보고(제2절), 사법경찰작용과의 관계는 별도의 항목에서 살펴본다(제3절). 이후 경찰작용의 목적에 따라 크게 공공안전을 위한 경찰작용(제4절), 공공평온을 위한 경찰작용(제5절), 공중위생 및 풍속을 위한 경찰작용(제6절) 순으로 경찰작용을 유형화하여 논의할 것인데, 다만 본서에서 프랑스의 모든 경찰작용을 논할 수는 없으므로 프랑스에서 일정한 쟁점이 형성되어 있는 분야로서 우리나라에 시사점이 있는 부분을 일부 선별하여 한정적으로만 살펴보기로 한다.

제5장에서는 이상의 모든 논의를 요약한 다음(제1절), 결론을 도출해볼 것이다(제2절).

제1장
경찰행정의 의의

제1절 개관

　프랑스어 'la police'에 대응하는 우리말은 '경찰'이며, 이를 경찰 이외의 다른 표현으로 번역하는 경우는 찾아보기 힘들다.[1] 그러나 경찰이라는 단어가 그 자체로는 '경계하여 살핌(警戒査察)'이라는 뜻임을 고려한다면 'la police'를 경찰로 번역하는 것이 과연 타당한지는 단언하기 어렵다. 프랑스의 'la police' 또는 'la police administrative'는 공공질서의 유지를 위한 작용이므로, 경계하고 살피는 것만으로는 이러한 목적을 모두 포괄하기 어렵기 때문이다. 다만, 프랑스어 'la police'는 조직법적 의미와 작용법적 의미를 모두 지니므로, 경찰작용과 경찰기관 모두를 의미할 수 있음에 주의해야 한다. 이는 우리나라에서도 마찬가지인데, 통상 경찰이라고 하면 이는 경찰기관을 의미하기도 하고 경찰작용을 의미하기도 한다.

　경찰이라는 단어의 원래 뜻이 어떠했든 간에 현재 우리나라의 경찰행정은 공공의 안녕 및 질서를 유지하기 위한 행정작용을 의미한다. 따라서 이는 독일의 '질서행정'(Ordnungsverwaltung)에 가깝고, 또 이렇게 번역하는 것이 가장 적합할 수 있다.[2] 그러나 실질적 의미의 경찰 중 제도적 의미의 경찰을 제외한 일반행정기관이 관장하는 것만을 질서(유지)행정이라고 부르는 견해도 있다는 점을 고려하면, 질서행정의 의미에도 혼란이 없는 것은 아니다.[3] 여하튼 현재 경찰이라는 단어를 '경계하여 살핌'이라

---

1) 우리나라에서 '경찰'이라는 번역어는 19세기말 유길준의 『서유견문』에서도 사용되었다. 홍정선, 『경찰행정법』, 박영사, 2007, 29면 참조.
2) 박정훈, 『행정법의 체계와 방법론(행정법연구 1)』, 제11장 「독일행정법과 비교하여 본 프랑스행정법의 특수성」, 박영사, 2005, 477면 참조.
3) Wolff·Bachof, *Verwaltungsrecht Ⅲ*, 4. Aufl., 1978, S. 26f. 서정범·김연태·이기

는 의미로 사용하는 예는 매우 드물며, 우리의 경찰행정은 프랑스의 'la police' 또는 'la police administrative'와 기본적으로 유사한 의미를 지니고 있다.

한편, 'la police administrative'는 '경찰행정'으로 번역할 수도 있고, '행정경찰'로 번역할 수도 있는데, 어떤 번역이 적합한지 쉽게 단정하기 어렵다. 우리말의 어감에 비추어볼 때, 이를 행정경찰로 번역하는 것은 '행정'을 강조하는 것이어서 조직법상 의미에 보다 적합하고, 경찰행정으로 번역하는 것은 '경찰'을 강조하는 것이어서 작용법상 의미에 보다 적합할 것 같지만, 여기에 수식어가 붙으면 어느 경우든 무방할 수 있다. 즉, '기관'이나 '작용'과 같은 수식어가 붙을 때에는 행정경찰기관 또는 경찰행정기관, 행정경찰작용 또는 경찰행정작용 모두가 그 의미를 나타내는 데 있어 큰 문제가 없다.4)

프랑스에서 경찰행정 개념은 역사적으로 형성되어 온 것이다. 경찰 개념은 초기에 매우 넓은 의미로 사용되다가, 점차 축소되어 왔으며, 이 과정에서 사법경찰과 구별되면서 현재의 경찰행정과 같은 모습을 갖추게 되었다. 아울러 공역무(le service public), 행정제재와 같은 개념이 등장하면서 이들과의 비교를 통해 경찰행정의 성질과 적용되는 법제도가 분명해졌다. 이러한 특색은 프랑스 경찰행정의 본래 모습을 파악하고, 이후 경찰조직, 경찰작용을 논의하기 위한 기초가 된다.

춘, 『경찰법연구』, 제2장 「경찰(행정)법의 대상으로서의 경찰의 개념」, 세창출판사, 2009, 31면에서 재인용.

4) 본서에서는 사법경찰(la police judiciaire)과 대비되는 행정작용으로서의 경찰을 나타낼 때에는 '행정경찰'이라는 용어를 통해 그 의미를 분명케 하는 것 외에, 다른 모든 경우에는 경찰행정으로 용어를 통일하였다. 그러나 굳이 경찰행정 또는 행정경찰이라고 표현하지 않고 경찰이라고만 하여도 충분한 경우가 많은데, 별도의 설명 없이 경찰이라고 하는 경우 이는 당연히 경찰행정 또는 행정경찰을 의미하는 것이며, '경찰작용', '경찰권', '경찰기관'의 경우에도 마찬가지이다. 경찰행정 또는 행정경찰이야말로 본래적 의미의 경찰이기 때문이다.

이하에서는 경찰행정의 개념과 정의, 다른 제도와의 관계, 경찰행정의
공역무로서의 성질에 대해 살펴보기로 한다.

제2절 경찰행정의 개념

제1항 '경찰'의 어원

프랑스어 'la police'는 옛 프랑스어 'policie', 'pollice'에서 유래한 것인데, 이는 라틴어 'politia'와 그리스어 'πολιτεια(politeia)'에서 비롯된 것이다.[1] 'la police'는 프랑스어 'politique'와 마찬가지로 'polis'와 연결되며, 고대 그리스인들은 'polis'를 도시(la cité) 또는 국가(l'État)로 이해하였다.[2] 그리고 그리스어 'πολιτεια(politeia)'는 '도시국가의 통치'를 의미하며, 따라서 경찰은 그 기원상 통치작용을 일반적으로 지칭하는 것이라 할 수 있다.[3]

한편, 몽테스키외(Montesquieu)의 『법의 정신(De l'Esprit des lois)』에는 고대 그리스에서 경찰이 국가형태 또는 정치형태와 관련된 것이었음이 드러난다. 다만, 그리스인들은 하나의 정부 안에서 세 개의 권력을 분배하는 것을 생각한 것이 아니라 여러 개의 정부에 각각 전체적인 권력을 분배하는 것을 생각했는데, 이러한 구성방식을 'la police'라고 불렀다.[4]

---

1) Picard, Étienne, *La notion de police administrative*, L.G.D.J., 1984, p. 16.
2) Picard, É., *op. cit.(La notion de police administrative)*, p. 16.
3) Minet, C.-É., *op. cit.*, p. 8.
4) Montesquieu, Charles-Louis de Secondat, *De l'Esprit des lois*, éd. établie par Laurent Versini, Livre, Chapitre, Gallimard, 1995, p. 348. 이에 관해서는 Picard, É., *op. cit.(La notion de police administrative)*, p. 16 참조.

제2항 경찰의 연혁적 개념

I. 서론

사람들이 집단 또는 단체를 구성하여 살아가기 위해서는 공공질서의 유지를 위한 규범, 즉 타인의 활동을 해치지 않으면서 자신의 활동을 자유롭게 행하기 위한 규범들을 필요로 한다. 이러한 규범들을 정하고 이에 위반하는 사람들에 대해 강제력을 행사하기 위해서는 이에 관한 권력을 특정기관에 부여할 필요가 있다. 홉스(Hobbes)에 따르면, 경찰은 자연상태로부터 벗어나기 위하여 필요한 것으로서, 이는 국가의 존재이유이기도 하다.[5] 이처럼 어떤 집단 내에서 질서를 유지하기 위한 권력은 일종의 경찰권이라고 할 수 있는데, 이러한 경찰권은 공적 제도가 발생하기 시작할 때부터 존재하여 왔다.[6]

여기서 경찰이 법개념이기 이전에 실재(實在)임을 알 수 있다.[7] 경찰 개념은 각 시대의 현실에 따라 그 외연과 내포가 달라졌는데, 프랑스에서는 특히 구체제(l'Ancien Régime)와 대혁명이 중요한 시대구분으로 작용하고 있다.

---

5) Minet, C.-É., *op. cit.*, p. 8.
6) Minet, C.-É., *op. cit.*, p. 8.
7) Minet, C.-É., *op. cit.*, p. 8.

II. 구체제 이전의 경찰

1. 로마제국부터 카롤링거왕조까지의 경찰

고대 로마제국에서 공공질서를 유지하는 임무는 다른 임무, 특히 재판과 혼재되어 있었다. 로마제국은 각 속주(屬州)에 행정관을 파견하여 지배하였는데, 행정관은 일반행정, 재판, 치안을 모두 담당하고 있었으며, 이러한 행정관은 그 조직상 현대적 의미의 행정부에 속했던 것으로 볼 수 있다.[8]

이러한 행정관은 프랑크왕국이 등장하면서 사라졌다. 중세 초기에는 공공기관에서 경찰임무를 수행하는 경우가 드물었으며, 관습이나 사적 재판에 의해 질서가 유지되었다.[9] 5세기부터는 수도원에서도 일정한 행위규범을 부과하는 권한을 행사하였고, 여기에 순응하지 않는 세속인들을 제재할 수 있었다. 농촌에서는 주민들이 수도원이나 큰 농장 주위에 모여 살았는데, 농장에도 고유의 내부경찰이 조직되어 있었다. 도시에서는 봉건영주가 행정을 담당했으며, 지역민회(地域民會)가 재판에 참여하긴 하였지만 8세기까지는 귀족에 의해 질서가 유지되었다.[10]

8세기에 카롤링거왕조(les Carolingiens, 751-987)가 들어서고, 특히 샤를마뉴(Charlemagne) 대제 시기에 이르자 국가권력이 강화되기 시작하였다. 샤를마뉴 대제는 왕국을 200여개의 통치구역으로 나누고, 각 구역의 정점에 귀족을 두었으며, 이러한 귀족들이 행정, 경찰, 사법, 군사기능을 모두 수행하였다. 순회감독관이라고 할 수 있는 국왕순찰사는 왕권을 위임받아 왕국의 통치구역을 돌아다니면서 귀족과 주교들을 통제했고, 아울러 공공

---

8) Minet, C.-É., *op. cit.*, pp. 8-9.
9) 프랑크왕국 시기에는 질서를 유지할 수 있는 강력한 국가가 없었다. 그러나 법을 통해 사적 보복을 금전배상으로 대체함으로써 평화를 이루고자 하였다. Minet, C.-É., *op. cit.*, p. 9.
10) Minet, C.-É., *op. cit.*, p. 9.

질서를 유지하였다. 재판은 대중재판소라고 할 수 있는 자유민총회에서 열렸으며, 가혹한 형벌이 부과되었다.[11]

그러나 9세기 초까지도 왕권은 여전히 미약하였으며, 따라서 국가의 경찰권 역시 미약하였다. 11세기경에 야만인들의 침입에 대비하기 위하여 귀족들이 요새도시를 세우게 되었고, 농민들이 여기에 피난을 오면서 영주가 생겨났다. 영주들은 공공기관의 권한을 침해하였으며, 국왕의 권한 행사를 회피하면서 자신의 이해관계에 따라 권력을 행사하였다. 다만, 폭력사태가 발생한 경우 교회는 '신(神)의 휴전'(la trêve de Dieu)[12]을 통해 개입하기도 하였고, 여기에 불응할 경우 파문과 같은 제재를 부과하였다. 결국 이 시대에는 미약한 경찰권을 '신의 판결을 통한 위협'으로 일부 보충하였다고 볼 수 있다.[13]

2. 카페왕조부터 구체제 이전까지의 경찰

까페왕조(les Capétiens, 987-1328) 초기에 빠리(Paris)의 치안은 상인들의 조합인 '길드'(Guild)에 의해 유지되었다. 그리하여 길드의 장이 자경단을 구성하여 범죄단속 임무를 수행하고, 사법절차를 관장하였다.[14] 그러던 중 앙리 1세(Henri Ⅰ, 1031-1060)가 1032년에 왕의 직속으로 '프레보'(Prevo)를 임명하여 치안권 및 재판권을 행사하도록 하면서 국가경찰이 발전하는 전기가 마련되었다.[15]

---

11) Minet, C.-É., *op. cit.*, p. 9.
12) 특정일에 영주 간의 전투를 금지시키는 교회의 명령을 말한다.
13) Gaivard, C., 'la police avant la police, la paix publique au Moyen Âge', in Aubouin, M.·Teyssier, A.·Tulard, J., *Histoire et dictionnaire de la police*, Robert Laffont, coll. "Bouquins", 2005, p. 27. Minet, C.-É., *op. cit.*, p. 9에서 재인용.
14) 박해룡, 「프랑스 경찰제도에 관한 연구」, 『사회과학논총』, 제12권 제2호, 2006. 2., 304-305면.

11세기와 12세기에 경찰권은 영주로부터 일부는 가신에게로, 일부는 주민공동체로 분배되었다. 영주는 영토에서 각종 금지권을 비롯하여, 강제권, 처벌권을 행사하였으며, 특히 농경·어로활동, 수확시기의 결정, 산림이용, 시장에서의 거래와 같은 경제영역을 주로 규율하였고, 영주의 종자(從者)는 이러한 규율을 집행하는 역할을 수행하였다. 영주는 특히 도로와 관련하여 상당한 경찰권을 행사하였는데, 영주는 도로에 쓰레기를 버리는 행위 등을 금지하는 등 도로를 유지·관리했으며, 도로 이용자들이 공격을 받지 않도록 하였고, 때로는 이들로부터 통행료를 징수하였다. 또, 영주는 재판권을 행사하여 자신의 규율조치에 위반한 자들을 처벌하였는데, 지방행정관은 영주의 위임에 따라 기초적인 재판을 하였으며, 때로는 자신의 보조자에게 이를 재위임하기도 했다.16)

한편, '자유도시'(la commune)는 특허장을 통해 영주로부터 상대적 자치권을 얻었으며, 이에 따라 자유도시의 기관들은 일정한 경찰권을 행사하였다. 이들은 거리·도로의 훼손을 방지하고 청결을 유지하였으며, 하천·우물의 수질을 감독하였고, 극빈자 및 나병 환자를 구호하였다. 자치권의 정도에 따라 다소간 차이는 있었지만 금지권도 보유하고 있었기 때문에 공중도덕을 포함한 모든 공공질서 관련 영역을 규율할 수 있었고, '시민순찰대'(le guet des citoyens)를 조직하여 야간에 자유도시의 안전을 확보하기도 하였다.17)

---

15) 박해룡, 전게논문, 305면.
16) Minet, C.-É., *op. cit.*, pp. 9-10.
17) Minet, C.-É., *op. cit.*, p. 10.

III. 구체제에서의 경찰

1. 구체제 초기의 경찰

구체제 이전에 경찰권은 왕과 영주, 때로는 시민들에 의해 행사되었지만, 무엇이 경찰인지에 대하여 명확한 정의가 내려져있는 것은 아니었다. 이 시기에 경찰은 '통치'와 다른 의미가 아니었으며, 따라서 경찰 개념의 내용도 통치권의 내용 및 범위에 따라 변하였다고 할 수 있다.

이는 구체제하의 프랑스에서도 마찬가지였다. 그리하여 경찰은 법이라는 개념 자체를 비롯하여 개인 및 집단의 활동을 규율하는 모든 규칙들까지도 아우르는 것이었고, 공공기관의 모든 활동뿐만 아니라 사회생활까지도 조직하는 내용을 지닌 것이었다.[18] 결국 국가를 다스리는 것 자체가 경찰이었고, 법령을 제정하거나 재판을 하는 것까지도 그 개념상 경찰에 포함될 수 있었다. 요컨대, 이 시기의 경찰 개념은 극도로 넓은 것이었고, 실제로는 공법 전체를 지칭하는 것이었다고 할 수 있다.[19]

구체적인 예로는 프랑스 격언 중 "주민들이 훌륭한 통치의 혜택을 누리게 하다(faire jouir les habitants des avantages d'une bonne police)"라는 표현이나, "훌륭한 통치는 풍요의 근원이다(bonne police est cause d'abondance)"와 같은 표현을 들 수 있다. 이외에도 『리트레(*Littré*)』 사전을 보면, 몽떼뉴(Montaigne)가 "공화국들은 잘 지배되고 잘 다스려진 국가에서 유지되고 있었다(Les républiques se sont maintenues dans un Estat réglé et bien policé)"라는 표현을 사용했음을 알 수 있고, 페늘롱(Fénelon)

---

18) Picard, É., *op. cit.(La notion de police administrative)*, pp. 26-27.
19) Minet, C.-É., *op. cit.*, p. 10. 구체제에서의 경찰은 긍정적인 의미를 지니고 있었다. 이는 'la police'의 동사형으로, '통치하다' 또는 '다스리다'의 의미를 지니는 'policer'의 경우도 마찬가지였다. Picard, É., *op. cit.(La notion de police administrative)*, p. 16.

이 "전쟁경험도 없고, 평화로운 시기에 백성들을 현명하게 다스리는 것에도 부적합한 왕(Un roi sans expérience dans la guerre mais improrpre à policer sagement les peuples dans la paix)"과 같은 표현을, 마시용(Massillon)이 "법도 없고 통치도 없이 살던 야만인들(Des peuples sauvages qui vivaient sans loi, sans police)"과 같은 표현을 사용했음을 알 수 있다.20)

2. 구체제 후기의 경찰

(1) 왕권 강화와 현대적 경찰 개념의 태동

구체제 후기에 왕권이 강화되면서, 국왕의 경찰권에 대한 관심이 늘어나게 되었다. 그리하여 13세기에 필립 오귀스뜨(Philippe Auguste)와 생 루이(Saint Louis)의 치세에 이르러서는 프랑스국왕이 칙령을 통해 경찰권을 행사하기 시작했으며, 14세기와 15세기에는 수많은 전쟁과 도시에서의 폭동이 이어짐에 따라 질서유지의 필요성이 증가하여 중앙집권 및 경찰권의 발전을 촉진하게 되었다.21)

이 당시에도 경찰은 모든 사회생활영역에서의 규율을 지칭하는 것이었는데, 경찰에 대한 통일적이고 단일한 정의는 내려지지 못하고 있었다. 하지만, 17세기에 샤를 르와죠(Charles Loyseau)는 『영주권론(Traité des Seigneuries)』에서 경찰은 세 가지 영역, 즉 식료품, 작업장, 도로에 관한 규율로 구성된다고 하였으며, 또한 1669년의 한 칙령에서는 "경찰은 공공의 안녕 및 각 개인의 안녕을 확보하고, 풍요를 추구하며, 각자가 자신의 조건에 맞게 살아갈 수 있도록 하는 것이다"라고 규정하고 있는데, 여기에서 현대적 의미의 경찰 개념의 맹아를 발견할 수 있다.22)

---

20) Picard, É., *op. cit.(La notion de police administrative)*, pp. 16-17.
21) Minet, C.-É., *op. cit.*, p. 10.

(2) 경찰 개념의 발전 및 구체화

이후 경찰 개념은 점차 구체적으로 발전하였다. 특히 도마(Domat)의
『법률론(Traité des lois)』에는 넓은 의미의 경찰 개념과 좁은 의미의 경찰
개념이 나타나는데, 도마는 사회의 '보편경찰'(la police universelle)은 두
종류의 법을 통해 국가를 다스린다고 하면서, 첫 번째는 공공질서에 관한
것으로서 '국가의 법률'(la lois de l'État)이라고 부르는 것들이며, 여기에는
특히 "도시경찰(la police de ville)을 비롯한 다른 모든 공적 규율들"이 포
함된다고 하였고, 두 번째는 '사법'(私法)으로 일컬어지는 법률들이라고 설
명하였다.[23] 여기서 국가의 통치 차원에 있는 넓은 의미의 경찰 개념과 공
적 규율 안에 포함되어 있는 좁은 의미의 경찰 개념을 발견할 수 있다.

조직적인 의미에서 현대적인 경찰 개념이 출현한 것은 루이 14세(Louis
ⅩⅣ)의 1667년 3월 15일 생-제르멩-앙-레(Saint-Germain-en-Laye) 칙령에
서부터인 것으로 추측되고 있는데, 위 칙령에서는 경찰직에 해당하는 '치
안감독관'(le lieutenant général de police)을 창설하였으며, 최초로 재판기
능과 경찰기능을 명백히 구별하였다. 여기서 경찰은 "공공안녕 및 각 개인
들의 안녕을 확보하고, 도시에서 무질서를 야기할 수 있는 것들을 제거하
며, 풍요를 추구하고, 각자가 자신의 조건 및 의무에 따라 살아갈 수 있도
록 하는 것"이었다.[24] 이후 절대주의 국가의 역할이 점차 세분화되면서 17
세기부터 외무행정, 재무행정, 군사행정이 경찰로부터 독립하게 되었고, 이
후 통치와 사법행정도 점차 구분되어 18세기에 이르자 경찰은 내무행정을
뜻하게 되었다.[25] 그러나 이때까지만 해도 경찰 개념에 포함되는 국가의
활동은 공공복리의 증진에까지 미치는 것이었으며, 경찰은 소위 복지경찰

---

22) Minet, C.-É., *op. cit.*, pp. 10-11.
23) Minet, C.-É., *op. cit.*, p. 11.
24) Minet, C.-É., *op. cit.*, pp. 11, 143.
25) 홍정선, 전게서, 6면; 서정범 외 2인, 전게서, 제1장 「경찰개념의 역사적 발전」, 6
    면; 박규하, 「경찰의 개념과 종류」, 『외법논집』, 제20집, 2005. 1., 13면 각 참조.

로서 법적 근거 없이도 임의로 시민의 권리를 침해할 수 있는 무제한의 권한을 보유하고 있었다.26)

18세기에 들어서면서 경찰에 대한 연구도 활발해졌다. 특히 18세기 초에 니꼴라스 들라마르(Nicolas Delamare)는 『경찰론(*Traité de police*)』에서 경찰이 공법 전체를 지칭하는 것으로 이해되어서는 안 되며, 보다 제한된 의미로서 11개의 영역을 지닌 것으로 이해되어야 한다고 하였는데, 구체적으로 "종교, 기강, 풍속, 보건, 식량, 공공안전 및 공공평온, 도로, 학문과 예술의 자유, 상업·제조 및 기술, 하인·인부, 빈민"을 들고 있다. 이러한 경찰 개념은 이후 18세기 중반에 출현한 '공행정'(l'administration publique) 개념과 함께 행정법의 특수성을 나타내는 중요한 징표가 되었다.27)

IV. 프랑스혁명 이후의 경찰

1. 경찰에 대한 부정적 인식

근대에 이르러 삼권분립과 법치주의가 확고해지면서 경찰 개념에 큰 변화가 일어났다. 특히 프랑스에서는 대혁명 후 인권선언28)이 제정되면서부터 법률에 의해서만 시민의 권리를 제한할 수 있게 되었으므로 전통적인 경찰의 역할과 권한이 제한될 가능성이 이론상으로는 증가하였다.

그러나 실제는 이와 달랐다. 즉, 대혁명 이후에도 경찰은 법률에 의해 많은 권한을 부여받았고, 이처럼 광범위한 권한을 지닌 일반경찰(la police

---

26) 홍정선, 전게서, 6-7면; 서정범 외 2인, 전게서, 제1장(경찰개념의 역사적 발전), 6면 각 참조.
27) Minet, C.-É., *op. cit.*, pp. 11-12.
28) 정확히는 '인간과 시민의 권리에 관한 1789년 8월 26일 선언'인데, 이하에서는 '인권선언'으로 줄여 부르기로 한다.

générale)[29])에 대한 세평은 좋지 않았는데, 샤또브리앙(Chateaubriand)은 『입헌군주론(*de la monarchie selon la Charte*)』 제30장에서 "일반경찰은 일종의 정치경찰(la police politique)이다. 일반경찰은 여론을 질식시키고 왜곡하려는 경향이 있으며, 의회제 정부의 심장을 강타하고 있다. 구체제에서도 없었고, 신체제와도 맞지 않는 이것은 무정부주의와 전제정치가 혼재하던 혁명의 혼란기 속에서 태어난 괴물이다."라고 비판하기도 하였다.[30])

결국 이 시기의 경찰은 '자의'와 비슷한 의미로 전락하여 경멸적 의미를 갖게 되었으며, 경찰국가는 법치국가의 반대말이 되기에 이르렀다. 이후 경찰은 구어에서 명령 또는 규율이란 의미를 지니게 되었고, 경우에 따라서는 제도적 의미의 경찰을 의미하기도 하였다.[31])

2. 현대적 경찰행정 개념의 출현

그러나 대혁명과 그 이후의 시기는 프랑스 행정법이 집대성되면서 경찰행정의 위치가 지금과 유사하게 정립된 중요한 시기였다. 과거에 경찰은

---

29) 현재의 의미와는 달리 여기서는 자치경찰과 대비되는 국가경찰의 의미이다. 한편, 현재 프랑스 경찰법에서 말하는 일반경찰과 특별경찰의 의미에는 주의를 요한다. 이는 권한을 발동할 수 있는 영역의 범위에 따른 구별인데, 일반경찰은 영역이 한정되지 않은 경찰을 의미하며, 특별경찰은 집회, 건축, 위생 등 개별 질서행정영역에서의 경찰을 의미한다. 우리나라에서는 제도적 의미의 경찰이 담당하는 보안경찰을 일반경찰, 일반행정기관이 담당하는 협의의 행정경찰을 특별경찰로 부르는 견해가 있는데(홍정선, 전게서, 31면), 이는 프랑스의 일반경찰 및 특별경찰과 일응 유사한 면이 있으나, 프랑스에서는 일반경찰작용이 제도적 의미의 경찰의 작용에 국한되지 않고 제도적 의미의 경찰도 특별경찰작용을 한다는 점에서 상당한 차이가 있다. 이하에서 별도의 설명 없이 일반경찰 또는 특별경찰이라고 할 때에는 프랑스법상의 의미이다.

30) Drago, Roland, 'Préface' à l'ouvrage de Picard, É.(*La notion de police administrative*), 1984, p. 12.

31) Picard, É., *op. cit.(La notion de police administrative)*, p. 17.

행정법의 전부라고 해도 과언이 아니었지만, 대혁명 이후 경찰은 공역무와 분리되면서 '경찰행정'으로 행정법의 일부를 이루게 되었다.[32] 하지만, 경찰행정 역시 경찰과 마찬가지로 비판의 대상이었는데, 오비(J. M. Auby)는 경찰행정이라는 말은 "가장 강한 강제력을 가지고 있는 공권력작용 중 하나임에도 적법성원칙이 가장 덜 정착되어 있는 작용이라는 점에서, 정도의 차이는 있지만 의심스럽고 폄하적인 느낌을 주는 것"이라고 평하기도 하였다.[33] 이는 경찰행정의 실제를 잘 나타낸 표현이면서, 한편으로는 경찰행정에 대한 연구가 어디에 초점을 맞춰야 하는지를 시사해주고 있다.

이 시기에 경찰 개념은 현대적인 형태를 띠게 되었는데, 우선 권력분립원칙의 영향으로 인하여 사법권이 독립되면서, 경찰권에서 사법권이 분리되었고,[34] 아울러 자치경찰의 특수성이 나타나기 시작했다. 시(市)[35]는 대혁명 이전부터 경찰권을 보유하고 있었는데, 50개 조항으로 구성되어 있던 1789년 12월 14일 명령(le décret)에서는 주민들이 '좋은 경찰의 이익'(l'avantage d'une bonne police)을 누리게 할 책임이 시에 있음을 규정하면서, 특히 시는 거리와 공공건물에서의 소유권, 위생, 안전에 대한 책임을 진다고 하였다. 이에 따라 시장에 '독립명령제정권'(le pouvoir réglementaire autonome)이 인정되었는데, 이는 지방기관이 필요한 경우 프랑스 인권선언 및 법률에 의해 보장되는 자유를 제한할 수 있도록 하는 것으로서, 당시의 시가 지금과는 달리 사적 단체로 여겨졌다는 점을 감안하면 특기할 만한 일이었다. 이후 시가 지방자치단체로 행정조직에 통합되면서 경찰행정은

---

32) Picard, É., *op. cit.(La notion de police administrative)*, pp. 27-28. 공역무와의 관계에 관해서는 본장 제4절 제1항 참조.

33) Drago, R., *op. cit.*, p. 11.

34) Minet, C.-É., *op. cit.*, p. 12.

35) 본서에서는 'la commune'이 기초지방자치단체라는 점을 고려하여, 이를 '시'로 번역하였다. 이에 따라 'la commune'을 구성하는 의회인 'le conseil municipal'은 '시의회'라고 하였으며, 'la commune'의 장인 'le maire'는 '시장'으로 번역하였다.

오늘날처럼 시의 자치경찰과 도지사[36]·정부수반의 국가경찰로 구성되기에 이르렀다.[37]

또한, 사법조직에 관한 1790년 8월 16일·24일 법률은 '행정기관과 사법기관의 분리원칙'(le principe de séparation des autorités administratives et judiciaires)을 인정하였는데,[38] 이에 따라 행정경찰과 사법경찰이 구별되기 시작하였다.[39] 그러나 이 당시만 해도 행정경찰의 목적과 사법경찰의 목적이 명확히 구별되지 않았다. 이는 '공화력 4년 안개의 달 3일(1795년 10월 25일) 형법전'(le Code des délits et des peines du 3 Brimaire de l'An Ⅳ) 제16조 내지 제20조에서 드러나는데, 여기에서는 "경찰은 공공질서, 개인의 자유·소유권·안녕을 유지하기 위해 설치된다"라고 규정하면서, "경찰은 행정경찰과 사법경찰로 나뉜다. 행정경찰은 일정 장소와 일반행정의 각 분야에서 공공질서를 계속 유지하기 위한 것이다. 행정경찰은 주로 범죄의 예방을 목적으로 한다. 사법경찰은 행정경찰이 저지할 수 없었던 범죄를 수사하며, 그 증거를 수집하고, 법률에 의해 처벌을 담당하는 법원에 범인을 송치하는 것이다."라고 규정하고 있었다.[40] 즉, 행정경찰과 사법경찰이 각기 예방과 처벌을 목적으로 한다는 점에서는 구별되지만, 양자 모두 공공질서의 유지를 위한 것이라는 점에서는 동일하였다. 게다가 양자의 조직

---

36) 본서에서는 'la commune'의 상급기관인 'le département'은 '도'라고 번역하고, 이를 대표하는 'le préfet'는 '도지사'로 번역하였으며, 도에 구성되는 의회인 'le conseil général'은 '도의회'로 번역하였다. 그리고 도를 여럿 합친 단위인 'la région'은 '광역도'로 번역하였으며, 프랑스의 해외 영토인 'le département d'outre-mer'는 '해외도'로 번역하였다.

37) Minet, C.-É., *op. cit.*, p. 12.

38) 동법 제13조는 "사법기능은 행정기능과 구별되며, 항상 분리된다. 법관은 어떠한 방법으로든지 행정부의 활동을 방해할 수 없으며, 위반시에는 독직(瀆職)죄로 처벌한다."라고 규정하였다.

39) Vlamynck, Hervé, *Droit de la police*, 2e éd.. Vuibert, 2009, p. 1.

40) Picard, É., *op. cit.(La notion de police administrative)*, p. 27; Vlamynck, H., *op. cit.*, 2009, p. 1.

또한 거의 동일하였기 때문에 완전한 구별이 쉽지 않았다. 하지만 1790년 8월 16일·24일 법률에 따라 사법경찰은 사법기능에 속한다는 점이 분명해 졌으며, 이후 사법경찰이 행정법원의 관할에서 벗어나고, 행정경찰이 사법 법원의 관할에서 벗어나는 계기가 되었다.41)

제3항 경찰행정의 정의

I. 최광의의 개념

구체제 및 그 이전 시기에는 경찰행정 개념이 별도로 존재하지 않았다고 할 수 있다. 이때까지의 경찰은 강제력을 갖춘 모든 공적 활동이나 모든 공 권력 행사방식을 의미하였으며, 여기에는 법까지도 포함되었다.42) 이러한 점에서 'la police'의 어원적 의미인 '다스리는 것'에 좀 더 가까운 의미였 다고 할 수 있다.

이 당시에 경찰 개념과 별도로 경찰행정 개념이 존재하지 않았던 이유는 시민의 기본권 보장이나 법치행정, 적법성원칙과 같은 현대 법치주의의 기 본개념들이 정립되지 않았다는 점에서 찾을 수 있다. 특히, 국가의 권력이 삼권으로 분립되어 있지 않고 행정권 하나로 귀속되어 있었기 때문이라고 할 수 있는데, 중세 이후 일부 권한이 행정권으로부터 독립되기는 하였지 만 여전히 공권력의 대부분은 행정권에 속해 있었다.

프랑스에서 구체제와 그 이전의 경찰 개념은 바로 이와 같은 국가형태와 행정권을 바탕으로 한 것이다. 이러한 경찰 개념을 최광의의 경찰행정 개

---

41) 행정경찰과 사법경찰의 구별에 관한 상세는 본장 제3절 제1항 참조.
42) Picard, É., *op. cit.(La notion de police administrative)*, p. 24.

념이라 할 수 있을 것인데, 그러나 이는 연혁적 의미 외에 실제적인 의미를
갖기는 어렵다.

II. 광의의 개념

대혁명 이후에 비로소 경찰행정 개념이 그 모습을 드러내기 시작했다.
이는 구체제에서의 경찰 개념보다 그 범위가 축소된 것이었는데, 다만 경
찰행정의 내용에 대해서는 여러 견해가 대립하였다.

기본적으로 광의의 경찰행정은 "공공안전, 공공평온, 공중위생을 비롯한
모든 종류의 일반이익43)을 그 목적으로 하는 일체의 규율"을 의미하는 것
으로 설명될 수 있다.44) 여기서 공공안전, 공공평온, 공중위생은 현재 프랑
스 일반경찰권의 핵심 개념인 '공공질서'의 기본적인 구성요소들인데, 아
래 IV.에서 후술할 오리우(M. Hauriou)의 '3요소설' 또한 이와 연관이 깊
다. 그러나 경찰의 목적이 이러한 공공질서를 넘어 일반이익, 즉 공익까지
도 포괄하고 있다는 점에서 현재의 개념보다는 확실히 넓은 것이며, 여기
서 경찰행정과 공역무는 그 목적만으로는 구별하기 어렵게 된다.45)

그러나 광의의 경찰행정 개념에 대해서는 학설에 따라 여러 다른 설명이
제시되었다. 그리하여 경찰행정은 "질서를 비롯하여 보다 상위의 공동선을
보호하기 위하여 행해지는 개인의 자유에 대한 모든 행정적 규율"이라고
설명되거나,46) "사인의 활동을 일정부분 금지시키는 것을 목적으로 하는

---

43) 프랑스에서도 행정이 추구하는 목적은 공익(l'intérêt public)이다. 그러나 행정작용
   은 개별적 이해관계를 추구하는 사인의 활동과는 다르다는 의미에서, 행정의 목적
   은 일반이익의 추구라고 설명되기도 한다. Waline, J., *op. cit.*, pp. 2-3 참조. 결국
   공익과 일반이익은 사실상 동의어라고 할 수 있다.

44) Picard, É., *op. cit.(La notion de police administrative)*, p. 24.

45) 오히려 이때까지는 공역무가 경찰행정의 일부였다고도 할 수 있다.

모든 규율 및 이를 적용하고 그에 위반하는 것을 처벌하는 데 필요한 모든
작용"이라고 설명되었으며,47) "행정기관이 공공단체 또는 공역무 내부에
서 선량한 질서의 유지를 확보하기 위하여, 또는 공공재산의 물리적 완전
성을 보호하기 위하여 수행하는 규범적·처벌적·실질적 활동의 총체"라고
설명되기도 하였다.48) 여기서 처벌을 경찰행정 개념에 포섭하게 되면, 경
찰행정과 행정제재, 사법경찰의 관계까지도 불분명해진다.

결국 대혁명 당시의 경찰행정 개념은 공공안전, 공공평온, 공중위생의 3
가지 요소를 기본으로 한다는 점에서 현재의 개념과 유사하기는 하지만,
일반이익과 처벌까지도 경찰행정의 목적으로 포섭하고 있다는 점에서는
상당한 차이를 보인다. 특히 처벌을 목적으로 하고 있기 때문에 개념상으
로는 사법경찰도 포섭할 수 있는 것이었다. 대혁명 이후 별도로 '사법'이라
는 말을 첨가하지 않는 한 경찰은 주로 행정경찰을 의미하였으며, 다만 사
법경찰과 구별하기 위해 행정경찰이라는 표현을 사용하는 경우도 있었고,
경찰을 행정작용의 하나로 보기 위해 일부러 행정이라는 용어를 덧붙이는
경우도 있었다.49)

이처럼 경찰행정 개념의 범위가 현재와 다르기는 하였지만, 이 시기는
경찰에 관한 논의가 경찰행정을 중심으로 이루어지는 토대가 마련된 시기
라는 의의를 지닌다. 그리하여 이때부터 행정법에서 경찰을 정의하는 것은
경찰행정을 정의하는 것과 큰 차이가 없게 되었다.

---

46) Teitgen, *Droit Social*, p. 2. Picard, É., *op. cit.(La notion de police administrative)*,
p. 24에서 재인용.
47) Bénoit, Francis-Paul, *Le droit administratif français*, Dalloz, 1968, p. 740.
Picard, É., *op. cit.(La notion de police administrative)*, p. 24에서 재인용.
48) Papanicolaïdis, D., *Introd. générale à la théorie de la police administrative*, Préf.
C. Eisenmann, L.G.D.J., 1960, pp. 15-16. Picard, É., *op. cit.(La notion de police
administrative)*, p. 25에서 재인용.
49) Picard, É., *op. cit.(La notion de police administrative)*, p. 28.

III. 협의의 개념

현재 프랑스의 경찰행정은 대부분 그 목적을 기준으로 정의되고 있다. 브델(G. Vedel)이 "공공질서의 유지를 목적으로 하는 작용을 경찰이라고 부른다"라고 하면서, 특히 "공공질서, 즉 공공안전, 공공평온, 공중위생의 유지에 필요한 일반규율 및 개별조치를 발령하는 행정활동의 총체를 일반 경찰행정이라고 부른다"라고 한 것을 비롯하여,50) 경찰행정은 "공공질서의 유지를 목적으로 하는 공역무 활동이며, 공공질서를 침해할 수 있는 장애를 가능한 한 예방하거나 제거하는 것"51)으로 정의되거나, "공공평온, 공공안전, 공중위생을 확보하는 것"52) 또는 "사회생활에서 요구되는 규율을 개인의 자유로운 활동에 부과하기 위하여 행정이 개입하는 일체의 것으로서 공공질서에 대한 침해의 예방을 목적으로 하는 것"53)으로 정의되고 있다. 또, 경찰행정권은 "행정기관에 인정된 특권으로서 공공질서를 확보하기 위한 목적으로 집행적 성격의 '법적 행위'(l'acte juridique)를 발하고, 그 집행에 필요한 사실행위를 하는 권한"으로 정의되기도 한다.54)

이러한 정의들에서 경찰행정의 몇 가지 개념징표를 파악할 수 있는데, 여기서 경찰행정은 ① 조직적 의미에서 수행자, 기관, 역무의 총체일 뿐만 아니라 어떤 活動을 지칭하며(여기서 경찰행정이 우리나라에서 말하는 실

---

50) Vedel, Georges, *Droit administratif,* PUF, 5e éd., 1973, p. 784. Picard, É., *op. cit.(La notion de police administrative),* pp. 31-32에서 재인용.

51) Chapus, René, *Droit administratif général,* tome 1, 15e éd., Montchrestien, 2001, p. 697.

52) Laubadère, André (de)·Venezia, Jean-Claude. C.·Gaudemet, Yves, *Droit administratif,* 16e éd., L.G.D.J., 1999, p. 270.

53) Waline, J., *op. cit.,* pp. 323-324.

54) Castagné, M., *Le Contrôle juridictionnel de la légalité des actes de police administrative,* coll. Bilbliothèque de droit public, 1964, p. 22. Minet, C.-É., *op. cit.,* p. 14에서 재인용.

질적 의미의 경찰을 의미함을 알 수 있다), ② 일반이익보다는 좁은 개념인 公共秩序의 확보를 목적으로 하고(이 점에서 현재의 경찰행정은 일반이익을 목적으로 하는 공역무의 한 내용으로 포함될 수 있다), ③ 個人의 自由로운 活動에 一定한 制限을 가하는 것이며, ④ 豫防을 목적으로 실행되는 것이고(이 점에서 경찰행정은 행정제재와 구별되며, 또한 행정경찰과 사법경찰이 구별된다), ⑤ 법규범의 발령뿐만 아니라 이를 물리적으로 집행할 수 있는 强制手段을 사용하는 것임을 알 수 있다.55)

　이러한 정의는 오리우의 3요소설을 기초로 한 것이고, 그 내용 자체로는 3요소설에서 벗어나지 않는 것으로 보이지만, 실제로는 이보다는 넓은 것이다. 즉, 현재 프랑스에서는 공공안전, 공공평온, 공중위생 외에도 공중도덕과 같은 정신적 요소도 일정한 경우 경찰행정의 목적이 될 수 있다는 점에 별다른 이론(異論)이 없으며, 나아가 인간의 존엄성 존중도 경찰행정의 목적이 될 수 있다는 것이 일반적인 견해이다.56)

　이처럼 현대 프랑스의 경찰행정은 오리우의 3요소설에 비해 확실히 넓은 개념이라고 할 수 있는데, 그러나 이는 공공질서의 개념을 확장한 데서 비롯한 것으로, 일반이익이나 처벌적 요소가 경찰행정의 목적이 되었기 때문은 아니다. 그러므로 이러한 경찰행정 개념을 협의의 경찰행정 개념이라 할 수 있을 것이다.

IV. 최협의의 개념

　오리우는 공공질서가 공공안전, 공공평온, 공중위생의 3가지 요소로 이루어진다고 하면서 경찰작용은 외적·물적 질서를 회복하는 것에 그쳐야 하

---

55) Minet, C.-É., *op. cit.*, p. 15.
56) 이에 관한 상세는 제2장 제3절 제3항 참조.

고, '가치관'(l'ordre moral)을 강요해서는 안 된다고 하였다.[57] 그리고 르
브르똥(G. Lebreton)에 의하면, 공중도덕은 아래에서부터 도출되는 것으로
서 사회평화의 한 요소를 구성하는 반면, 가치관은 위에서부터 내려오는
것으로서 영혼을 정복하고 양심을 억압하기 위한 수단이라는 점에서 양자
는 구별된다.[58]

위와 같은 오리우의 엄격한 3요소설에 기초한 좁은 경찰행정 개념을 고
전적 의미의 경찰이라고 부르며,[59] '선량한 질서'(le bon ordre), 공중도덕
등 정신적 요소가 완전히 배제된다는 점에서 최협의의 경찰행정 개념이라
할 수 있을 것이다. 그러나 오리우의 엄격한 3요소설에는 현재 많은 비판
이 제기되고 있다. 현재 지방자치법전 L.2212-2조는 선량한 질서의 유지를
명문으로 자치경찰의 권한에 포함시키고 있으며, 국사원(Conseil d'État)은
미관 보호를 이유로 인쇄물 배포,[60] 광고판,[61] 벽보[62] 등을 제한할 수 있
다고 판시한 적이 있다.[63] 또, 경찰기관이 "정신건강에 반하는" 권투시합
을 금지할 수 있고,[64] "공중도덕을 침해할 우려가 있는" 풍기문란업소를
폐쇄할 수 있으며,[65] "공공질서와 선량한 풍속에 반하는" 저속한 용어를
도로의 명칭으로 사용하는 것을 금지할 수 있다고 하였다.[66] 이러한 사례

---

57) Hauriou, Maurice, *Précis de droit administatif et de droit public*, 12ᵉ éd., Sirey,
   1927, pp. 549-550.
58) Lebreton, G., 'Le juge administratif face à l'ordre moral', *Mélanges Peiser*,
   PUG, 1995, pp. 363 et s. Minet, C.-É. *op. cit.*, pp. 37-38에서 재인용.
59) 프랑스 문헌에서 "고전적 의미의 경찰"은 상기한 최광의 또는 광의의 경찰 개념을
   지칭하는 것이 아니라, 오리우의 3요소설을 지칭하는 경우가 많다. Picard, É., *op.*
   cit.(La notion de police administrative), p. 25 참조.
60) CE(Conseil d'État) 1936. 10. 23. *Union parisienne des sync. de l'imprimerie.*
61) CE Ass. 1938. 6. 3. *Société des usines Renault.*
62) CE 1941. 3. 14. *Compagnie nouvelle des chalets de commodité.*
63) 그러나 현재 미관의 보호는 공공질서의 한 요소라고 보기 어렵게 되었다. 제2장 제
   3절 제3항 Ⅲ. 1. 참조.
64) CE 1924. 11. 7. *Club indépendant sportif châlonnais.*
65) CE 1960. 9. 30. *Jauffret.*

들은 공공질서의 개념을 오리우의 3요소만으로 구성하는 것에 현실적인 어
려움이 있음을 보여준다.[67]

제4항 비교법적 평가

I. 프랑스 법상황의 요약

경찰은 아주 오래 전에는 국가 자체를 의미하였고, 비교적 근세에 이르
기까지도 공권력 전부를 지칭하는 말이었다. 이는 경찰이 법률에 의해 질
서유지기능을 부여받은 것이 아니라, 그 시초부터 질서와 개념상으로나 내
용상으로 분리될 수 없는 것임을 방증하는 것이다.

또, 경찰의 연혁을 돌아보면, 경찰의 기능은 사법기능이 주가 아님을 알
수 있다. 사법경찰의 개념은 근대 이후에 확립된 것이며, 경찰은 급부행정
과 공역무의 개념이 자리 잡기 전에 행정의 본질이나 다름없었던 질서유지
를 목표로 하는 것이었으므로 행정경찰이 주된 모습이었다. 이런 점에서
우리나라의 경찰법에 관한 논의가 형사법적 논의, 즉 제도적 의미의 경찰
이 행하는 사법경찰작용에만 치중하는 것은 경찰법의 주된 연구대상을 상
실하는 것이나 다름없다.

이러한 질서유지기능을 담당하는 경찰은 필연적으로 강제력과 강한 공
권력을 수반해왔기 때문에 대혁명을 전후로 한 혼란기에는 시민들에게 혐
오의 대상이 되었다. 그리하여 이후 경찰기능은 좁은 의미의 공공질서, 즉
오리우의 3요소설을 기초로 한 질서유지기능으로 점차 축소되었고, 경찰행

---

66) CE 1974. 6. 19. *Broutin.*
67) Chapus, R., *op. cit.*, pp. 705-708.

정 개념 역시 프랑스 공법상 공역무 개념에 그 우선적 지위를 양보하기에 이르렀다.[68] 그러나 사법권이 독립되고 법치주의가 자리 잡은 지금에 이르러서는 이보다는 넓은 범위에서 공공질서 유지를 위하여 경찰기능이 수행되고 있다.

요컨대, 프랑스에서 초기에는 무척 넓은 것이었던 경찰 개념은 점차 경찰행정의 개념으로 발전하다가, 공공질서에 대한 오리우의 3요소설이 주장되던 20세기 초에는 일체의 정신적 요소가 배제된 상당히 좁은 것이 되었지만, 현재에는 다시 공공질서의 개념이 확장됨에 따라 좀 더 넓어지게 되었다고 할 수 있다.

이러한 경찰행정 개념의 발전상은 결국 현대 법치주의의 발전과 궤를 같이 한다. 즉, 대혁명 이후 삼권분립과 같은 원리들이 등장하고, 시민의 기본권 보장을 위한 가치들이 주장되면서 경찰행정도 현대적인 모습을 갖추게 된 것이다. 또, 오리우의 3요소설은 국가권력이 여러 측면에서 압제적인 모습을 여전히 노출했던 19세기와 20세기 초에 시민의 방어권을 보장하기 위한 이론적 근거로 작용할 수 있었다.

그러나 현대와 같이 법치주의와 행정작용에 대한 적법성통제가 확립된 다음에는, 행정이 과거에 비해 더 적극적인 작용을 할 수 있는 기반이 마련되어야 한다. 사회가 발전하면서 공공질서의 유지에 장애를 초래하는 사인의 활동유형이 매우 다양해졌고, 여기에 행정이 적절하게 대처함으로써 다른 시민들의 자유권행사를 실질적으로 보장할 필요가 커졌기 때문이다.

하지만 현대 행정법에서 경찰의 위치가 분명한 것은 아니다. 특히 제2차 세계대전 이후 계획경제와 개입주의가 확대되고 각종 통제와 관리 등이 늘어나면서 공법이 현저하게 발전하였고, 아울러 특별경찰도 헤아릴 수 없을 만큼 증가하였지만, 경찰에 대한 설명은 과거와 큰 변함이 없는 실정이다.[69] 여기서 경찰의 목적이 단순히 공공질서의 유지라는 소극적인 측면에

---

68) 이에 관한 상세는 본장 제4절 제1항 참조.

국한되어야 하는 것인가에 대해서도 재고를 요하게 되었으며, 경찰이 어떠해야 하고, 경찰을 어떻게 바라보아야 할 것인지가 새로운 관점에서 대두되고 있다. 여기서 분명한 것은 경찰이 그 역할과 기능을 확대해 나가더라도, 이는 어디까지나 법치주의의 테두리 안에서 공적 자유와 조화를 이루면서 가능한 것이라는 점이다.

II. 우리나라에의 시사점

우리나라에서 경찰행정, 즉 실질적 의미의 경찰은 "공공의 안녕과 질서를 유지하기 위하여 국가의 일반통치권에 기하여 권력적으로 사람의 자연적 자유를 제한하는 작용",[70] "공공의 안녕과 공공의 질서를 위협하는 위험으로부터 개인이나 공중을 보호하거나, 공공의 안녕이나 공공의 질서에 대한 장해 또는 교란의 제거를 목적으로 하는 국가적 활동"[71] 등으로 정의된다.

이러한 공공의 안녕과 질서의 개념과 프랑스의 공공질서 개념과의 비교·검토는 뒤에서 자세히 하겠지만,[72] 일단 프랑스의 공공질서 개념에는 공중위생이 포함되어 있고, 인간의 존엄성 존중이 경찰작용의 목적으로 인정되며, 우리나라에서 공공의 질서가 경찰작용의 목적이 될 수 있는지 여부에 대해 논란이 있는 것과는 달리 프랑스에서는 큰 논란 없이 공중도덕이 공공질서에 포함되고 있다는 점에서, 프랑스의 공공질서는 우리의 공공의 안녕과 질서에 비해 확실히 넓은 개념으로 볼 수 있다.

---

69) Picard, É., *op. cit.(La notion de police administrative)*, p. 30.
70) 김동희, 『행정법 Ⅱ』, 제19판, 박영사, 2013, 193면.
71) 홍정선, 전게서, 4면.
72) 제2장 제3절 제4항 Ⅱ. 2. 참조.

이처럼 프랑스에서 경찰 개념의 핵심이자 경찰행정의 법적 근거가 되는 공공질서 개념이 우리에 비해 넓다는 것은 그만큼 남용의 우려가 크다는 단점이 있겠지만, 그만큼 더 역동적이고 신속하게, 그리고 적극적으로 위기 상황에 대처함으로써 법치국가의 질서를 유지하고 이를 통해 더 많은 사람들의 더 큰 자유를 보장하려는 경찰 본래의 임무에 잘 부합할 수 있다는 장점도 분명하다고 할 것이다. 다만, 권한범위가 넓은 만큼 그에 대한 책임도 넓게 인정되어야 하는데, 적법성원칙과 배상책임제도가 여기서 큰 역할을 담당하고 있음을 간과해서는 안 된다.

제3절 다른 제도와의 관계

제1항 사법경찰과의 구별

I. 서론

행정경찰은 공공질서의 유지·보전을 위한 행정작용이다. 그러나 이것만으로 경찰행정의 범위가 완전히 드러난다고 볼 수 없는데, 형벌영역에서 활동하는 사법경찰도 공공질서를 유지하기 위한 것으로 볼 수 있기 때문이다.

그러나 행정경찰과 사법경찰은 서로 다른 방식으로 활동하며, 그에 적용되는 법제도와 법리는 상당히 다르다. 특히 프랑스에서는 재판관할과 배상책임에 있어 차이가 발생하는데, 이는 프랑스에 특유한 '행정기관과 사법기관의 분리원칙'과 관련이 깊다. 경찰작용과 관련하여, 사법조직에 관한 1790년 8월 16일·24일 법률에서는 사법경찰작용이 사법법원의 관할임을 분명히 규정하였으며, 현재 형사절차법전 제14조는 사법경찰이 예심 개시 전에는 범죄를 확인하고, 그에 대한 증거를 수집하며, 범인을 수색하는 임무를 지니고, 예심이 개시되면 예심법원의 위임사항들을 집행하고, 예심법원의 요청에 응한다고 규정하고 있다.[1]

---

1) 현행 형사절차법전에 해당하는 구 범죄심리법전 제8조는 사법경찰이 "중죄, 경죄, 위경죄(違輕罪)를 수사하고, 그에 대한 증거를 수집하며, 처벌을 담당한 법원에 범인을 송치한다."라고 규정하고 있었다. 따라서 현재와는 달리 경찰의 수사단계와

그러므로 행정경찰과 사법경찰을 구별할 필요가 있는데, 이들 간의 구별이 문제되는 것은 대개 제도적 의미의 경찰이 행하는 작용에 대해서이며, 이 점에서 경찰작용과 행정제재의 관계에 관한 논의가 주로 실질적 의미의 경찰에 대해 이뤄지고 있는 것과 차이를 보인다. 사법경찰의 경우에는 그 행위주체가 제도적 의미의 경찰이고, 행정제재의 경우에는 그 행위주체가 일반행정기관이기 때문에, 이는 당연한 것이다. 이러한 관점에서 사법경찰과 행정제재는 조직적인 측면에서 완연히 구별된다고 할 수 있다. 다만 후술하는 바와 같이 사법경찰과 행정제재는 모두 '처벌'을 목적으로 한다는 점에서 행정경찰과 다르다.

이하에서는 제도적 의미의 경찰을 중심으로 행정경찰과 사법경찰의 구별기준 및 실익에 대해 살펴보기로 한다.

II. 구별기준

1. 조직에 따른 구별

행정경찰과 사법경찰은 그것을 실제로 수행하는 인원들이 대부분 동일하다. 즉, 국가경찰관, '국가헌병대원'(le gendarme), 그리고 자치경찰관은 행정경찰임무와 사법경찰임무를 동시에 수행하며, 자치경찰기관인 시장까지도 형사절차법전 제16조, 지방자치법전 L.2122-31조에 따라 사법경찰관의 자격이 있다.2) 시장의 보조자도 형사절차법전 제16조, 지방자치법전

예심법관이 엄격하게 통제하는 기소 이후의 단계가 구별되지 않았다. Minet, C.-É., *op. cit.*, p. 65. 한편, 프랑스 형법전 제111-1조는 범죄를 그 중대성의 정도에 따라 중죄, 경죄, 위경죄의 세 가지로 구별하고 있다.

2) Minet, C.-É., *op. cit.*, pp. 69-70.

L.2122-31조에 의해 사법경찰관의 자격이 있으며, 따라서 이들은 시장의 위임 또는 임명 없이 사법경찰관의 권한을 행사할 수 있다.3) 그리고 시장과 그 보조자는 형사절차법전에 따라 사법경찰관으로서 형사절차상 안전장치를 준수하는 범위 내에서 범죄를 조사할 수 있고, 공권력을 행사할 수 있다.4) 반면, 도지사는 구 형사절차법전 제30조에 따라 사법경찰권을 보유하였으나, 이 규정은 이후 형사절차개혁에 관한 1993년 1월 4일 제93-2호 법률에 의해 폐지되었다.5)

이처럼 조직상으로는 행정경찰과 사법경찰이 구별되기 어렵다. 이에 따라 프랑스 실정법과 판례가 채택하고 있는 것은 목적에 따른 구별이다.

2. 목적에 따른 구별

(1) 실정법상 근거

프랑스 실정법상 목적에 따른 구별이 최초로 등장한 것은 공화력 4년 안개의 달 3일(1795년 10월 25일) 형법전 제16조 내지 제20조에서인데,6) 여기에는 행정경찰과 사법경찰이 모두 공공질서의 유지를 위한 활동을 하지만, 다만 그 세부적인 목적이 각각 '예방'과 '처벌'로 서로 구별된다는 점이 드러나 있다. 이러한 목적에 따른 구별은 이후 판례를 통해 확립되었다.

---

3) CE Sect. 1991. 10. 11. *Ribaute et Balanca.* Minet, C.-É., *op. cit.*, pp. 70-71.
4) 다만, 시장은 사법경찰관의 자격만으로는 무기사용허가를 발급할 수 없다(CE 2001. 11. 21. *Commune de Wissous*). Minet, C.-É., *op. cit.*, p. 71.
5) Minet, C.-É., *op. cit.*, p. 70.
6) 이에 관한 상세는 본장 제2절 제2항 Ⅳ. 2. 참조.

(2) 판례의 태도

① 초기의 입장

관할재판소(Tribunal des conflits)[7]와 국사원은 일찍부터 목적을 기준으로 행정경찰과 사법경찰을 구별하였다.[8] 그러나 이 당시에는 목적 외에 조직과 같은 다른 요소들도 구별기준으로 함께 사용되었고, 특히 형평, 즉 구체적 타당성이 고려되었기 때문에 그 입장이 분명하지 않았다. 즉, 국사원은 경찰작용의 주체가 사법경찰관 또는 사법경찰리의 자격을 지니는지 여부에 따라 법원의 관할을 결정하는 등 조직에 따른 구별기준을 채택하기도 했었고, 때로는 형평을 고려하여 사법법원으로 사건을 이송하는 것이 피해자들의 구제에 불충분하다고 판단되는 경우에는 스스로 관할권을 인정하기도 하였다.[9]

이처럼 국사원이 형평을 고려하였던 것은 1950년대까지만 해도 사법법원이 공무원 개인의 배상책임을 인정하는 것에 소극적이었기 때문이다. 게다가 당시에는 사법경찰관의 행위가 형사판결절차에 포함된다고 보았기 때문에, 여기에는 기판력과 동일한 적법성추정이 적용되어 사법경찰작용으로 인한 손해에 대해서는 국가가 배상책임을 지지 않는다는 국가무책임원칙이 적용되었다. 시의 경우에는 민법전 제1384조에 따라 그 소속 경찰관이 야기한 손해에 대해 배상책임을 질 수 있었지만, 파기원(Cour de cassation)은 직무를 담당했던 경찰관이 형사법원에 기소된 경우에만 이를 인정하고 있었다.[10]

---

7) 프랑스의 '행정기관과 사법기관의 분리원칙'으로 인하여 행정법원과 사법법원 간에 제기되는 관할분쟁을 심사하기 위한 특별법원이며, 어떤 지역 또는 분야를 담당하여 권한을 행사하는 '관할법원'을 의미하는 것이 아니다.

8) 예컨대, TC(Tribunal des conflits) 1913. 12. 13. *Dame Diormet*; CE Ass. 1947. 7. 11. *Salgues.*

9) Minet, C.-É., *op. cit.*, p. 73.

10) Cass(Cour de cassation). crim. 1923. 3. 15. *Ville de Paris c. Bouchet.* Minet,

결국 어떤 경찰작용이 사법경찰작용에 해당한다고 보는 경우에는 국가나 시에 대해 배상책임을 묻기 어려웠고, 경찰관 개인에 대해 민사책임을 묻기도 어려웠다. 그러므로 경찰작용의 피해자에게 사법법원에 손해배상을 청구하라고 하는 것은 실질적인 구제수단이 될 수 없었다. 반면, 국사원은 1905년부터 행정경찰작용으로 인한 배상책임을 인정하여 왔기 때문에,[11] 국사원은 사안에 따라 형평을 고려할 수밖에 없었던 것이다.[12]

이러한 상황은 논란이 되었는데, 특히 사법경찰작용으로 인한 손해에 대한 국가무책임원칙은 기판력이 인정되는 형사판결과 그에 선행하는 것으로서 재판의 준비에 불과한 사법경찰작용을 혼동한 데서 비롯된 것이라는 비판이 제기되었고,[13] 결국 파기원은 '지리'(*Trésor Public c. Giry*) 판결을 통해 국가무책임원칙을 폐기하였다.[14] '지리' 판결 이후에도 한참 동안 사법경찰작용에 대한 국가배상책임을 인정한 판례가 드물었기 때문에 파기원이 과거로 회귀하는 것이 아닌지에 대한 우려가 제기되었지만,[15] 시간이 흐르면서 사법경찰작용으로 인한 손해의 국가배상책임은 정착되었다.[16]

② 목적에 따른 구별의 정착

이후 목적에 따른 구별은 행정판례를 통해 확고하게 채택되었다. 이에 관하여 중요한 의미를 갖는 것이 국사원의 '보'(*Consorts Baud*) 판결이

C.-É., *op. cit.*, p. 73.

11) CE 1905. 2. 10. *Tomaso Grecco*. 이 판결은 배상책임을 부인하던 기존의 원칙(CE 1899. 1. 13. *Lepreux*)을 번복한 것이었다. Minet, C.-É., *p. cit.*, p. 73.

12) Minet, C.-É., *p. cit.*, p. 73.

13) CE Sect. 1951. 5. 11. *Consorts Baud* 판결, TC 1951. 6. 7. *Dame Noualek* 판결에 대한 '논고담당관'(le commissaire du gouvernement) 델볼베(Delvolvé)의 논고.

14) Cass. civ. 1956. 11. 23. *Trésor Public c. Giry*(사법경찰작용에 협조요청을 받았다가 상해를 입은 의사(醫師)에 대한 손해배상사건).

15) Moreau, J., 'Police administrative et police judiciaire, recherche d'un critère de distinction', *A.J.D.A.*, 1963, p. 68. Minet, C.-É., *op. cit.*, p. 74에서 재인용.

16) Minet, C.-É., *op. cit.*, pp. 73-74.

다.17) 이 판결에서 국사원은 범인의 추적과정에서 사망한 피해자의 손해는 범죄의 수사 및 범인의 처벌을 위한 사법경찰작용에 의한 것임을 이유로 그에 대한 손해배상은 행정법원의 관할이 아니라고 판단하였다. 위 판결 이전에는 판례나 학설상으로 행정경찰과 사법경찰의 구별에 관한 만족스러운 기준이 없었는데, 이 판결을 통해 국사원은 행정경찰과 사법경찰의 구별에 관한 기존의 판례를 보다 정치하게 발전시켰으며, 양자의 구별실익을 명확히 하였다는 평가를 받았다.18)

위 판결의 논고담당관은 행정경찰과 사법경찰의 정확한 구별은 그 대상을 통해서만 가능하다고 하였다. 즉, 경찰작용의 대상이 범죄에 해당하여 형사소추로 이어질 수 있는 경우 그 경찰작용은 사법적인 것인데, 제3자의 고발이나 수사기관의 인지가 있는 경우에는 여기에 해당함이 분명해진다. 이때 이러한 작용이 검사의 지휘를 받는지 여부나 검사에 의해 개시되었는지 여부는 불문한다. 반면, 경찰관이 일반적인 감시 또는 통제임무를 수행하거나, 범죄에 해당하는지 여부가 불분명한 대상에 대해 경찰작용이 이뤄지는 경우, 이는 행정경찰에 속한다. 이러한 구별은 행정기관과 사법기관의 분리원칙뿐만 아니라, 형사절차법전 제14조에 규정된 사법경찰활동과도 부합한다는 점에서 긍정적인 평가를 받았다.19)

여기서 경찰작용의 대상을 고려한다는 것은 결국 경찰작용의 목적이 무엇인지를 고려하는 것이다. 그러므로 위와 같은 구별은 목적에 따른 구별이라고 할 수 있으며, 국사원 역시 형사들의 작용이 "어떤 범죄집단의 일부를 구성하는 것으로 보이는 자들을 체포"하기 위한 것이어서 사법경찰작용에 해당한다고 판시함으로써 이러한 기준을 채택한 것으로 평가되었다.20)

---

17) CE Sect. 1951. 5. 11. *Consorts Baud*.

18) Lachaume, Jean-François·Pauliat, Hélène, *Droit administratif(Les grandes decisions de la jurisprudence)*, 14ᵉ éd., PUF, 2007, p. 306.

19) 논고담당관 델볼베(Delvolvé)의 논고. Minet, C.-É., *op. cit.*, pp. 72-73; Lachaume, J.-F.·Pauliat, H., *op. cit.*, pp. 306-307.

〈판례 - CE Sect. 1951. 5. 11. *Consorts Baud*〉

한 형사가 동료 형사 두 명이 범죄집단의 수괴를 찾으러 들어간 카페 외부에 대기하고 있다가, 어떤 사람 두 명이 황급히 건물에서 나가는 것을 보고는 이들을 수색대상자로 오인하여 발포하는 바람에 뽈 보(Paul Baud)에게 치명상을 입힌 사건이다. 이 사건에서 뽈 보의 아들, 배우자 및 부친은 내무부장관에 국가배상을 신청하였다가 거부당하자 완전심판소송(le recours de pleine juridiction)을 제기하였는데, 국사원은 위와 같은 경찰작용은 사법경찰작용에 속하며 이로 인한 손해에 대한 분쟁도 사법법원에 속한다고 하면서, 재판권이 없음을 이유로 소를 각하하였다.21)

이후에도 국사원은 행정경찰과 사법경찰의 특징으로 행정경찰은 공공질서에 대한 장애의 발생을 막기 위한 것이라는 점에서 예방적이며, 반면 사법경찰은 범죄를 확인한 다음 범인을 찾아내어 재판에 회부하게 된다는 점에서 처벌적인 것임을 확인하였으며,22) 관할재판소도 가택수색과 같은 경찰작용이 특정한 범죄의 발견을 위한 것이 아니고 공공질서 및 공공안전에 대한 장애를 예방하기 위한 것이었다면 행정경찰작용에 해당한다고 판시하여 목적에 따른 구별을 수용하였다.23)

〈판례 - TC 1951. 6. 7. *Dame Noualek*〉

피해자인 원고는 한밤중에 자신의 발코니에서 이웃집의 가택수색을 지켜보다가 오발탄에 맞게 되었는데, 관할재판소는 위 사건에서 문제된 경찰작용은 범죄의 처벌을 위한 것이 아니라 공공안전을 보전하기 위한 것이었음을 이유로 원고가 행정경찰작용의 희생자라고 판단하였다.24)

---

20) Lachaume, J.-F.·Pauliat, H., *op. cit.*, pp. 306-307.

21) Minet, C.-É., *op. cit.*, p. 72; Lachaume, J.-F.·Pauliat, H., *op. cit.*, p. 305.

22) Heumann, concl. sur CE 1960. 6. 24. S*ociété Frampar et Société Fance-Éditions et Publications*, *R.D.P.*, 1960, p. 815. Lachaume, J.-F.·Pauliat, H., *op. cit.*, p. 307 에서 재인용.

23) TC 1951. 6. 7. *Dame Noualek*.

24) Minet, C.-É., *op. cit.*, p. 72; Lachaume, J.-F.·Pauliat, H., *op. cit.*, p. 307.

③ 헌법위원회의 입장

목적에 따른 구별은 헌법위원회(le Conseil constitutionnel)에서도 수용되고 있는 것으로 보이는데, 이와 관련하여 '차량수색'(*Fouille des véhicules*) 결정25)을 살펴볼 필요가 있다. 이 사건에서 대상 법률은 사법경찰관의 자격을 갖는 자가 공중의 통행에 제공된 도로상의 차량에 대해 그 소유자 또는 운전자의 면전에서 차량의 내·외부를 수색할 수 있는 권한을 부여하고 있었다. 이에 대해 헌법위원회는 이러한 권한은 너무 일반적이고 불명확하며, "어떠한 위반행위도 발생하지 않은 상태에서, 공공질서에 대한 침해 위협이 존재하는 경우로 한정함이 없이… 모든 경우에 무제한으로" 행사될 수 있음을 근거로 위 법률을 위헌으로 판단하였다. 나아가 위 법률은 "개인적 자유의 보호에 관한 본질적인 원칙들을 침해"하는 것이며, 특히 사법기관에 개인적 자유의 보호 임무를 부여하고 있는 헌법 제66조26)에 반한다고 하였다. 다시 말해 차량수색은 사법기관의 통제 하에서 행사되어야 하는 사법경찰작용임에도 이를 행정경찰작용으로 할 수 있게 함으로써, 입법자가 헌법 제66조에서 정하고 있는 안전장치들을 무시하였다는 것이다.27)

이후 헌법위원회는 '안전정향(安全定向)·프로그램설정 법률'(*Loi d'orientation et de programmation relative à la sécurité*) 결정28)에서 이러한 논리를 더 명확히 발전시켰는데, 이 역시 차량수색에 관한 것이었다. 이 사건에서 대상 법률은 공도(公道)상에서 시위가 예정되어 있는 경우, 도지

25) CC(Conseil constitutionnel) 1977. 1. 12. 76-75DC *Loi autorisant la visite des véhicules en vue de la recherche et de la prévention des infractions pénales.*
26) "누구도 자의적으로 구금당하지 않는다. 사법법원은 개인적 자유의 수호자이며, 법률에 정해진 조건들에 따라 이러한 원칙의 준수를 보장한다."
27) Minet, C.-É., *op. cit.*, pp. 84-85.
28) CC 1995. 1. 18. 94-352DC *Loi d'orientation et de programmation relative à la sécurité.*

사가 시위에서 발사할 수 있거나 무기가 될 수 있는 물건들의 운송을 금지
할 수 있도록 규정하고 있었고, 사법경찰관은 이러한 금지명령에 위반하여
운송 중인 물건들을 압수하기 위하여 차량을 수색할 수 있도록 규정하고
있었다. 그러나 이러한 차량수색에 사법기관이 개입할 수 있도록 하는 규
정은 없었다. 헌법위원회는 이 규정을 위헌으로 판단하였는데, 무기의 발견
및 압수를 위한 차량수색은 범죄를 확인하고 그 행위주체를 기소하기 위한
것으로서 사법경찰에 속하며, 이처럼 사법경찰작용으로서 개인적 자유를
제한하는 차량수색의 경우에는 헌법 제66조에 따라 개인적 자유의 수호자
인 사법기관의 허가를 받아 실행되어야 함을 근거로 하였다.29)

이후에도 헌법위원회는 '불법이주 방지에 관한 법률'(*Loi relative à la
prévention de l'immigration clandestine*) 결정30)에서 외국인에 대한 출국
명령이 "형벌과는 다른 목적을 지닌 경찰조치"라고 판시하였고, '국내안보
를 위한 법률'(*Loi pour la sécurité intérieure*) 결정31)에서는 도지사의 징
발권, 차량수색, 공항에서의 가방 및 여행자 신체수색은 처벌이 아닌 예방
을 목적으로 하기 때문에 행정경찰조치의 성질을 지닌다고 판시하였다.32)

(3) 목적에 따른 구별의 구속력

이처럼 행정경찰과 사법경찰의 구별은 헌법위원회에서도 수용되고 있다
고 할 수 있는데, 여기서 이러한 구별이 헌법적 가치를 갖는 것으로서 입법
자에게까지 구속력이 있는 것인지 문제된다.

그런데 목적에 따른 구별이 헌법적 가치를 갖는 것인지에 관하여 헌법위
원회의 판례가 아주 분명한 것은 아니다. 헌법위원회는 처음에는 행정경찰

---

29) Minet, C.-É., *op. cit.*, p. 85.
30) CC 1980. 1. 9. 79-109DC *Loi relative à la prévention de l'immigration clandestine.*
31) CC 2003. 3. 13. 2003-467DC *Loi pour la sécurité intérieure.*
32) Minet, C.-É., *op. cit.*, p. 86.

과 사법경찰의 구별이 법률상의 것이고 헌법적인 것은 아니라고 보았다.[33)] 그러나 상기한 '차량수색' 결정에서 헌법위원회가 행정경찰과 사법경찰 간의 혼동으로 인하여 헌법 제66조의 원칙이 무시되었다고 한 것은 헌법위원회가 행정경찰과 사법경찰의 구별에 헌법적 가치를 부여한 것이라는 주장이 제기되었다.[34)] 하지만 헌법위원회의 '안보와 자유'(*Sécurité et liberté*) 결정[35)]에서는 '신원확인'(le contrôle d'identité)을 전적으로 사법경찰에 위임한 법률과 관련하여, 통상 행정경찰에 속하는 공공질서에 대한 장애를 예방할 임무를 사법경찰에 부여하더라도 이는 개인적 자유의 행사를 확보하기 위한 안전장치들을 부여하는 것으로서 이러한 안전장치는 행정경찰 제도에서는 보장되지 않는 것임을 이유로, 위 법률은 권력분립원칙을 침해하지 않는다고 판시하였다. 달리 말하면, 행정경찰과 사법경찰의 구별은 입법자의 형성재량을 제한하지 못하며, 행정경찰임무를 시민에 대한 추가적인 안전장치와 함께 사법경찰기관에 맡길 수 있다는 것이다.[36)]

그러나 위 '안보와 자유' 결정만으로 행정경찰과 사법경찰의 구별이 헌법적 가치를 갖지 못한다고 단정하기는 어렵다. 행정경찰작용을 시민에 대한 보호가 더 강력한 사법경찰에 맡기는 것은 재량으로 가능하지만, 그 반대는 허용되지 않기 때문이다. 즉, 범인을 수색하는 것과 같은 사법경찰임무를 행정경찰제도에 속한 기관 또는 행정경찰임무의 수행자에게 위임하는 법률은 헌법상 권력분립원칙에 반하는 것이다. 이는 헌법위원회가 '테러방지에 관한 법률'(*Loi relative à la lutte contre le terrorisme*) 결정에서

---

33) CC 1981. 1. 19. 80-127DC *Loi renforçant la sécurité et protégeant la liberté des personnes.*
34) Favoreu, Louis, note sous CC 1977. 1. 12. 76-75DC *Loi autorisant la visite des véhicules en vue de la recherche et de la prévention des infractions pénales*, *R.D.P.*, 1978, p. 821.
35) CC 1981. 1. 19. 80-127DC *Loi renforçant la sécurité et protégeant la liberté des personnes.*
36) Minet, C.-É., *op. cit.*, pp. 86-87.

지적한 것인데,[37] 이 결정의 대상 법률인 테러방지에 관한 2006년 1월 23일 제2006-64호 법률은 행정경찰과 사법경찰의 구별을 축소하기 위한 목적에서 제정된 것으로, 동법 제6조는 안보담당부서에서 유선통신역무 및 "사이버카페" 역무의 제공자인 전기통신사업자들에게 이들이 보관할 의무를 지는 통신사실정보를 "테러행위의 예방 및 처벌을 위하여" 송부하도록 요청할 수 있도록 규정하고 있었다.[38]

헌법위원회는 위 규정을 위헌으로 판단하면서, "대상 법률 제6조에 따라 경찰 및 국가헌병대가 취득할 수 있는 기술적 정보들은 형사절차법전에 따라 형벌을 정하고 있는 법률에 정해진 범죄들을 확인하고, 그에 대한 증거를 수집하며, 그 범인을 수색하기 위한 사법경찰작용의 범위 내에서도 취득이 가능하다. 신설 규정들이 허용하고 있는 정보의 취득은 순수한 행정경찰조치에 속한다. 이러한 조치들은 사법기관의 지도 또는 감독을 받지 않으며, 오로지 행정권의 책임 하에 있다. 위 조치들은 공공질서의 보전과 범죄 예방 이외에 다른 목적을 가질 수 없는데, 위 조치들이 테러행위를 예방하기 위한 것뿐 아니라 이를 처벌하기 위한 것인 한, 입법자는 권력분립원칙을 위반한 것이다."라고 판시하였다.[39]

반면, 일정한 조건 하에서 차량 및 그 점유자에 대하여 자동으로 사진촬영을 한 다음, 이를 절취차량목록과 대조하는 것을 허용하고 있는 위 법률 제8조는 위헌이 아니라고 하였는데, 구체적으로는 "이 사건 조치는 행정경찰작용과 사법경찰작용 모두를 위하여 사용될 수 있는데, 이것이 사법경찰의 자격으로 실행되는 경우에는 사법기관의 통제 하에 있다. 대상 조항은 위 조치를 통해 범죄의 처벌을 용이하게 하는 것으로, 앞서 검토한 제6조와는 달리 권력분립원칙을 침해하지 않는다."라고 판시하였다.[40]

---

37) CC 2006. 1. 19. 2005-532DC *Loi relative à la lutte contre le terrorisme*.
38) Minet, C.-É., *op. cit.*, p. 87.
39) Minet, C.-É., *op. cit.*, pp. 87-88.
40) Minet, C.-É., *op. cit.*, p. 88.

여기서 어떤 법령 규정이 행정경찰과 사법경찰을 혼동하고 있는 경우, 처음에는 사법기관이 개인적 자유의 수호자임을 규정하고 있는 헌법 제66 조에 기해 위헌으로 판단되었으나, 이후에는 권력분립원칙에 기해 위헌으로 판단되고 있음을 알 수 있다. 이는 헌법 제66조에서 말하는 개인적 자유의 개념에 대한 헌법위원회의 입장이 변해왔기 때문이다. 헌법위원회는 초기에는 개인적 자유에 대해 넓은 개념을 취하면서, 다만 왕래의 자유, 주거의 불가침, 사생활을 존중받을 권리 등 일부만을 여기서 제외하였다. 그러나 이후 제한적인 입장을 취하여 이를 개인의 신체적 안전에 대한 권리, 즉 자의적으로 구금되지 않을 권리로 국한하였고, 이외의 공적 자유는 인권선언 제2조, 제4조와 같은 다른 헌법적 가치를 갖는 규범들에 의해 보호되는 것으로 보았다.[41] 따라서 현재에는 사법경찰작용에 대한 사법기관의 개입은 권력분립원칙에 의해 정당화되고 있다고 할 수 있다.[42]

III. 구체적 구별실익

1. 재판관할의 차이

프랑스에서 행정경찰에 관한 소송은 행정법원에 속하지만 사법경찰에 관한 소송은 사법법원에 속하며, 이는 행정기관과 사법기관의 분리원칙에 따른 논리적 귀결이다.[43] 사법경찰은 범죄의 처벌을 준비하는 것을 목적으로 하고, 그 관할이 사법법원에 있는 것으로서 행정과 행정법원은 여기에

---

41) 특히 CC 2003. 3. 13. 2003-467DC *Loi pour la sécurité intérieure* 참조. Minet, C.-É., *op. cit.*, p. 88.

42) Minet, C.-É., *op. cit.*, p. 88.

43) CE 1988. 6. 22. *Torquet*; CE 1988. 9. 23. *Esnault*. Lachaume, J.-F.·Pauliat, H., *op. cit.*, p. 310.

개입할 수 없으며, 이는 사법경찰작용으로 인한 손해배상의 경우에도 마찬
가지이다. 다만, 경찰임무에 협조한 임시협력자가 입게 된 손해에 대한 배
상은 그것이 사법경찰작용 중에 일어난 것이라고 하더라도 행정법원의 관
할에 속한다는 예외가 인정되고 있다.44)

반면, 행정경찰작용은 본질적으로 "공권력특권을 행사하여 내린 결정"에
해당하며, 이에 대한 취소소송은 공화국의 법률들에 의하여 승인된 기본원
칙들에 따라 행정법원의 권한에 속한다.45) 그러므로 행정경찰작용을 월권
소송을 통해 취소하는 것이나 행정경찰작용으로 인하여 입게 된 손해의 배
상을 구하는 것은 행정법원에 속한다.46)

그러나 헌법위원회는 이러한 행정기관과 사법기관의 분리원칙을 완화하
는 판시를 한 적이 있다. 즉, 헌법위원회는 사법법원이 기본적 자유의 원칙
적 보장자임을 선언하고 있는 헌법 제66조와 형사절차법전 제78-1조 및 제
136조를 근거로 개인의 자유를 침해하는 행정경찰작용에 대해서는 사법법
원이 심사할 수 있다고 판시한 것이다.47) 그러나 관할재판소는 '중대위법
행위'(la voie de fait) 외에는 민사법원이 개인적 자유를 침해하는 행정작
용의 적법성을 평가할 수 있는 권한을 부정하였으며, 따라서 사법법원은
행정행위의 적법성을 평가할 수는 없고 그로 인한 손해배상에 대해서만 심
사할 수 있을 뿐이다.48) 다만, 사법법원은 사법경찰관의 행위로 인한 손해

---

44) CE Sect. 1953. 4. 17. *Pinguet*(범인을 함께 추적하다 다치게 된 사안); CE Sect.
   1957. 10. 11. *Commune de Grigny*. Minet, C.-É., *op. cit.*, p. 66; Lachaume, J.-
   F.·Pauliat, H., *op. cit.*, pp. 311-312. 이는 '공역무 임시협력자 이론'이 경찰행정에
   도 적용된 결과이다.
45) CC 1987. 1. 23. 86-224DC *Loi transférant à la juridiction judiciaire le
   contentieux des décisions du Conseil de la concurrence*. Minet, C.-É., *op. cit.*,
   p. 66.
46) Minet, C.-É., *op. cit.*, p. 66.
47) CC 1993. 8. 5. 93-323DC *Loi relative aux contrôles et vérifications d'identité*.
   Lachaume, J.-F.·Pauliat, H., *op. cit.*, *op. cit.*, p. 311.
48) TC 1997. 5. 12. *Préfet de police de Paris*(*Ben Salem et Taznaret*). Lachaume,

배상에 있어 공법규정 및 공법원칙들을 적용할 수 있다.

이상과 같은 점들은 경찰작용으로 인하여 손해를 입은 피해자가 누구를 상대로 손해배상청구를 해야 하는지에 영향을 미친다. 행정경찰작용의 경우 일반경찰작용 간에 경합이 발생하거나 일반경찰작용과 특별경찰작용이 경합할 수 있는데, 이때 피해자는 원칙적으로 손해의 원인이 된 경찰작용 또는 부작위와 관련하여 이에 관한 경찰권을 보유한 기관을 상대로 소를 제기해야 한다.49) 반면, 사법경찰은 사법재판역무의 일부를 구성하는 것으로서 언제나 국가의 임무이며, 따라서 사법경찰작용으로 인한 손해의 경우 언제나 국가를 상대로 제소하면 된다.50)

2. 배상책임의 차이

(1) 개요

프랑스에서 국가배상책임이 인정된 것은 행정법이 본격적으로 태동하던 시기의 일이다. 19세기 중반까지만 해도 국가무책임원칙이 인정되었는데, 이는 "국가는 잘못을 저지를 수 없다"는 사고에 기인한 것이었다. 게다가 사법조직에 관한 1790년 8월 16·24일 법률 제2조는 공무원의 지위를 보장하기 위해 공무원의 개인적 과실로 인한 손해에 대해 배상을 청구하는 경우에도 행정의 허가를 받도록 하고 있었으며, 이는 이후 공화력 8년 헌법 제75조에 의해 국사원의 허가를 받는 것으로 헌법제도화 되기도 하였다. 이후 프랑스 행정구역에 관한 공화력 8년 비의 달 28일(1800년 2월 17일) 법률에서 공공토목공사로 인한 손해배상책임이 인정되긴 했지만, 그 효과는 제한적이었다.51)

J.-F.·Pauliat, H., *op. cit.*, *op. cit.*, p. 311.

49) Minet, C.-É., *op. cit.*, p. 67.

50) Minet, C.-É., *op. cit.*, pp. 67-68.

이후 행정작용이 발전하고 공권력수단이 다양해지면서 국가배상책임에 대한 사회적 수요가 늘어남에 따라 점차 행정의 배상책임이 인정되기 시작하였지만, 행정경찰작용으로 인한 배상책임과 사법경찰작용으로 인한 국가배상책임이 각기 행정법원과 사법법원에서 인정되기 시작한 시점 간에는 상당한 간격이 있었다. 현재에도 행정경찰작용과 사법경찰작용으로 인한 배상책임은 그 내용에 있어 차이를 보이고 있으므로 이 점에서 행정경찰과 사법경찰은 여전히 구별의 실익이 있다.

(2) 행정경찰작용으로 인한 배상책임

① 역무과실과 개인과실의 분리

행정의 배상책임이 최초로 인정된 것은 관할재판소의 1873년 '블랑꼬'(*Blanco*) 판결52)에서부터이다. 이 판결에서 관할재판소는 공역무로 인한 손해에 대해 명문규정이 없더라도 국가가 배상책임을 질 수 있음을 인정하였다. 이보다 조금 앞선 1870년에는 공무원에 대한 소송을 제한하던 공화력 8년 헌법 제75조가 1870년 9월 18일 명령에 의해 폐지되었는데, 이에 따라 행정기관과 사법기관의 분리원칙까지 폐지된 것인지 여부에 대해 논란이 발생하였다. 이에 대하여 관할재판소는 '뻴르띠에'(*Pelletier*) 판결53)에서 위 명령이 행정기관과 사법기관의 분리원칙을 배제하는 것이 아니라고 판시하면서, 공무원의 '개인과실'(la faute personnelle)로 인한 손해배상소송은 사법법원에, '역무과실'(la faute de service)로 인한 행정의 배상책임에 관한 소송은 행정법원에 속한다는 점을 분명히 하였다.54)

이후 행정의 배상책임은 역무과실의 경우에만 인정되고, 개인과실의 경

---

51) Waline, J. *op. cit.*, pp. 443-444.
52) TC 1873. 2. 8. *Blanco*.
53) TC 1873. 7. 30. *Pelletier*.
54) Waline, J. *op. cit.*, p. 445. 여기서 개인과실과 역무과실이 분리되기 시작하였다.

우에는 행정이 배상책임을 지지 않고 공무원 개인이 배상책임을 지는 제도
가 정착되었다.[55] 판례가 개인과실에 해당하는 것으로 본 것으로는 공무
원의 사적 활동이 원인이 된 경우,[56] 보복과 같은 악의적 의도로 행한
경우,[57] 중대위법행위 또는 범죄에 해당하는 경우[58] 등을 들 수 있는데,
사법법원이 행정경찰작용에 대하여 심사권한을 행사한 것은 이처럼 공
역무와 분리될 수 있는 공무원의 개인과실에 대한 손해배상에 관한 것이
었다.[59]

② 행정경찰작용에 대한 중과실책임

행정의 배상책임이 인정되었지만, 행정경찰작용으로 인한 배상책임은
이보다 한참 후에야 인정될 수 있었다. 이는 경찰임무는 공권력의 본질적
인 부분이며, 경찰행정은 국왕의 활동에 해당하므로 배상책임을 야기할
수 없다는 사고에 기초한 것이었는데, 그리하여 상기한 '블랑꼬' 판결 이
후에도 경찰행정으로 인한 손해에 대해서는 여전히 무책임원칙이 적용되
었다.[60]

그러다가 1905년에 이르러서야 국사원의 '또마조 그레꼬'(*Tomaso Grecco*)

---

55) Laubadère, A.·Venezia, J. C.·Gaudemet, Y., *op. cit.*, pp. 139-140.
56) CE Sect. 1976. 11. 5. *Ministre des armées c. Compagnie d'assurance "La Prévoyance" et Société des Laboratoires Bethier-Derol*(공무원이 직무수행과 관계없이 개인 차량을 이용한 사안임). Laubadère, A.·Venezia, J. C.·Gaudemet, Y., *op. cit.*, p. 140.
57) CE 1922. 2. 25. *Immarigeon*(경찰관이 피체포자가 저항하지 않고 있음에도 폭력을 행사한 사안임). Laubadère, A.·Venezia, J. C.·Gaudemet, Y., *op. cit.*, p. 140.
58) TC 1935. 1. 14. *Thépaz*. Laubadère, A.·Venezia, J. C.·Gaudemet, Y., *op. cit.*, p. 140.
59) TC 1953. 7. 9. *Barnadas*. Lachaume, J.-F.·Pauliat, H., *op. cit.*, *op. cit.*, p. 311.
60) CE 1899. 1. 13. *Lepreux*(이 판결에서 국사원은 "국가는 공권력의 자격으로서는, 그리고 특히 경찰조치와 관련하여서는 그 공무원의 태만에 대해 배상책임을 지지 않는다"라고 판시하였다). Minet, C.-É., *op. cit.*, pp. 263-264.

판결61)에 의해 경찰작용으로 인한 배상책임이 인정되기에 이르렀다. 이 사건에서 국사원은 국가헌병대원의 발포로 인한 손해에 대해 본안판단을 하면서 배상책임의 요건을 검토함으로써 묵시적으로 배상책임의 가능성을 긍정하였는데, 이 판결의 논고담당관은 시민의 개별적 권리뿐만 아니라 경찰작용의 위험성과 어려움도 고려하여 배상책임을 판단해야 한다고 주장함으로써 이후 판결들에서 중과실을 요건으로 요구하게 되는 단초를 제공하였다.62)

이후 1925년 '끌레'(Clef) 판결63)에서부터 경찰작용으로 인한 배상책임의 요건으로 중과실을 요한다는 법리가 인정되었는데, 이 사건에서 논고담당관은 "거리에서 질서를 유지해야 하는 무거운 임무를 수행하기 위해, 제도적 의미의 경찰이 경찰작용을 함에 있어 복잡한 소송에 휘말릴 수 있다는 지속적인 위협으로 인해 무력해져서는 안 된다"라고 함으로써, 손해를 야기한 작용이 '물리적 집행행위'(l'opération matérielle d'exécution)로서 집행에 심각한 곤란이 있었던 경우에는 중과실을 요건으로 해야 한다고 주장하였다.64)

③ 배상책임요건의 완화

1930년대에 이르러 국사원은 경찰명령으로 인한 손해와 경찰기관의 태만 또는 부작위로 인한 손해에 대하여 국가와 시의 과실을 인정하기 시작했다. 그리하여 도로교통 및 주차와 관련한 시의 규율에 대해 배상책임을 인정하였고,65) 공중위생과 관련하여 경찰기관의 태만으로 인한 책임을 인

---

61) CE 1905. 2. 10. *Tomaso Grecco.*
62) 논고담당관 로미외(Romieu)의 논고. Minet, C.-É., *op. cit.*, p. 264.
63) CE 1925. 3. 13. *Clef.*
64) 논고담당관 리베(Rivet)의 논고. Minet, C.-É., *op. cit.*, p. 265; Lachaume, J.-F.·
    Pauliat, H., *op. cit.*, p. 312.
65) CE Sect. 1929. 12. 6. *German et Audibert*; CE Sect. 1937. 11. 5. *Caire.*

정하였으며,66) 스키장 활강로에 관한 공공안전을 확보하지 못한 시장의 태만,67) 영화상영의 위법한 금지68)에 대해서도 배상책임이 인정되었다.69)

반면, 현장에서 일어나는 사실행위에 대해서는 여전히 중과실이 요구되었다가, 1990년대에 이르러 거의 요구되지 않게 되었다. 경찰행정에 관한 것은 아니지만 1997년에 '뙤'(*Theux*) 판결에서 긴급구호조치와 관련한 손해배상책임이 경과실에 기해 인정되었고,70) 이의 연장선상에서 국사원은 해상구호,71) 화재진압72)과 관련한 경찰작용에서 경과실만으로도 배상책임을 인정하였다.73) 이 밖에도 사체발굴,74) 강제입실조치의 태만,75) 방랑객의 방치,76) 사법결정에 대한 집행원조77)로 인한 손해에 대해서 경과실책임이 인정되었으며,78) 특별히 어렵지 않은 집행행위로 인한 손해에 대해 배상책임을 인정하기 위해서는 경과실로도 충분하다고 판시하기도 하였다.79)

---

66) CE 1936. 10. 30. *Texier*; CE Sect. 1942. 4. 24. *Majchrzak*.

67) CE Sect. 1967. 4. 28. *Lafont*.

68) CE Sect. 1966. 3. 25. *Société "Les Films Marceau"*.

69) Minet, C.-É., *op. cit.*, p. 265.

70) CE Sect. 1997. 6. 20. *Theux*.

71) CE Sect. 1998. 3. 13. *Améon*.

72) CE 1998. 4. 29. *Commune de Hannappes*.

73) Minet, C.-É., *op. cit.*, p. 266.

74) CAA(Cour administrative d'appel) Nantes 1998. 9. 30. *Mme Mordellet*(사망자의 직계부모가 아닌 자의 요청에 따라 사체를 발굴한 경우).

75) CE 1999. 4. 14. *Société AGF c. commune d'Anctoville*(시장이 강제입실조치를 취하지 않은 정신질환자가 방화를 한 경우).

76) CE 2000. 12. 20. *Compagnie d'assurances Zurich international*(수년 동안 공공질서에 장애를 야기하고 재산상 손해를 끼친 방랑자들을 방치한 시장의 태만에 대해 배상책임 인정).

77) CAA Versailles 2006. 9. 21. *Consorts P. et autres*.

78) Minet, C.-É., *op. cit.*, pp. 266-267.

79) CE 2003. 11. 28. *Commune de Moissy-Cramayel*. Lachaume, J.-F.·Pauliat, H., *op. cit.*, p. 312.

(3) 사법경찰작용으로 인한 배상책임

사법임무수행으로 인한 손해에 대해서는 오랫동안 국가무책임원칙이 적용되어 왔고, 이에 따라 사법경찰의 행위 및 작용으로 인한 손해배상청구가 원칙적으로 부정되었다는 점은 앞서 설명한 바와 같다. 그러나 이러한 원칙은 이후 판례에 의해 점차 변경되었고, 오늘날 사법법원은 사법경찰작용에 관한 손해에 대해서도 국가배상책임을 인정하고 있다.

우선, 파기원은 상기한 '지리' 판결[80]에서, 사법법원이 사법경찰의 행위로 인한 배상책임 문제를 심사하게 되었다면 경우에 따라서는 "공법규율에 의해야 할 권한과 의무"가 있다고 판시하였다.[81] 그리고 국사원의 '보' 판결[82] 이후 이 사건을 담당하게 된 리옹대심법원(le Tribunal de grande instance de Lyon)[83]은 배상책임에 관한 행정법 원칙들을 적용하면서, 사법경찰리를 상대로 민사소송을 제기하는 것 외에 별도로 국가배상책임을 물을 수 있다고 판시하여 피해자의 유족들에 대한 손해배상책임을 인정하였다.[84] 이후 수많은 사법법원 판결에서 공법규율을 적용하여 사법경찰작용에 대한 국가배상책임을 긍정하였다.[85]

---

80) Cass. civ. 1956. 11. 23. *Trésor Public c. Giry.*

81) 위와 같은 판시는 재판권은 본안에 따른다는 원칙, 즉 사법법원은 사법(私法)규율에, 행정법원은 공법규율에 따른다는 원칙에 대하여 예외를 인정한 것으로 주목할 만하다. Minet, C.-É., *op. cit.*, p. 68.

82) CE Sect. 1951. 5. 11. *Consorts Baud.* 본항(本項) Ⅱ. 2. (2) ② 참조.

83) 대심법원은 사법법원 중 원칙적인 1심법원이다. 소가가 1만 유로 이하인 사건의 1심은 소심법원(le Tribunal d'instance)이 담당하며, 소가가 4천 유로 이하인 사건은 우리의 시·군법원과 유사한 근린법원(le Juge de proximité)이 담당한다.

84) TGI(Tribunal de grande instance) Lyon 1961. 11. 20.; CA(Cour d'appel) Lyon 1962. 11. 28.

85) CA Douai 1962. 1. 3. *Lenfant*(사법경찰관의 자동차 압수와 관련한 손해에 관한 사건); Cass. civ. 1972. 3. 16.; CA Paris, 1990. 7. 6. *Sacerdot*(피감자가 경찰 측의 폭력으로 인해 피해를 입은 사건). Lachaume, J.-F.·Pauliat, H., *op. cit.*, pp. 312-313.

그런데 이러한 배상책임의 근거는 피해자의 자격에 따라 달라질 수 있
다. 민사소송절차개혁에 관한 1972년 7월 5일 제72-626호 법률 제11조[86])
에서는 "국가는 사법임무 수행상 하자로 인한 손해를 배상해야 한다. 별도
의 규정이 없는 한, 이러한 배상책임은 중과실 또는 재판거부의 경우에만
발생한다."라고 규정하고 있다. 따라서 사법경찰작용의 대상이 된 범인에
게 사법임무 수행상 과실로 손해가 발생한 경우에는 피해자인 범인이 중과
실의 존재를 입증해야 한다.[87]

반면, 경찰이 범인으로 오인하여 잘못 추적하는 바람에 피해를 입게 된
사람들과 같이 사법경찰작용의 직접 대상이 아닌 피해자들의 경우에는,
'지리' 판결에서 인정된 배상책임제도가 적용되며,[88] 이는 상기한 사법임
무 수행상 하자로 인한 손해배상과는 법적 근거가 다르다.[89] 이러한 사람
들에 대해서는 경과실에 대해서도 국가가 사법경찰작용으로 인한 손해배
상책임을 지게 된다. 나아가 총기 사용으로 인한 손해의 경우에는 '무과실
책임'(la responsablité sans faute)을 질 수도 있다.[90]

86) 현행 법원조직법전 L.141-1조(구 L.781-1조).
87) Cass. 1ʳᵉ civ. 1996. 10. 15. *Préfet de police c. Bogdan*. Minet, C.-É., *op. cit.*,
   p. 68. 반면, 사법공무원의 개인과실로 인한 책임에는 위 법률이 적용되지 않는다.
   Waline, J., *op. cit.*, pp. 499-500.
88) TGI Paris 1970. 3. 13. *Vavon c. État français*(실수로 체포된 사람에 대한 손해배
   상이 문제된 사건. 다만 이 사건에서는 위와 같은 체포가 비정상적인 사회적 위험
   에 기인한 것이었음을 근거로 과실이 부정되었다). Minet, C.-É., *op. cit.*, p. 68.
89) Lachaume, J.-F.·Pauliat, H., *op. cit.*, p. 313.
90) Cass. 1ʳᵉ civ. 1986. 6. 10. *Consorts Pourcel c. Pinier et autres*. 이 판결에서 파기
   원은 총기사용으로 인한 위험성을 근거로 국가의 무과실책임을 적용하였는데, 이
   러한 법리는 국사원의 '르꽁뜨'(*consorts Lecomte*) 판결에서 비롯된 것이다(CE
   1949. 6. 24. *consorts Lecomte*). '르꽁뜨' 판결은 경찰관들이 어떤 사람을 추격하
   다가 발포를 하였다가 실수로 제3자가 피해를 입게 된 사건에 관한 것이며(Colin,
   Frédéric, *L'essentiel de la jurisprudence administrative*, Gualino, 2009, p. 181),
   이 외에도 파기원은 1972년 7월 5일 법률이 존재한다고 하여 법원이 피해자에게
   유리한 배상책임제도를 적용할 수 없는 것은 아니라고도 판시하였다(Minet, C.-É.,

IV. 비교법적 평가

1. 프랑스 법상황의 요약

이상에서 살펴본 바와 같이, 프랑스에서 사법경찰과 행정경찰은 그 목적을 통해 구별되고 있고, 이러한 기준은 판례를 통해 널리 인정되고 있다. 다만, 프랑스 헌법 제66조에서 사법법원이 개인적 자유의 수호자로 규정되어 있기 때문에 법률에서 개인적 자유를 제한하는 행정경찰작용을 사법경찰임무로 정하는 것은 가능하다. 이러한 구별은 재판관할, 배상책임의 내용, 소송 상대방의 결정이라는 점에서 실익이 있다.

이러한 프랑스의 행정경찰과 사법경찰의 구별에 대해서는, 프랑스 법원들이 사법경찰과 행정경찰을 지나치게 엄격하게 구분한다기보다는 경찰관의 임무수행이 주로 범죄예방에 그 목적이 있다고 인정되는 경우에는 어느정도는 사법경찰작용의 성격을 갖는 형태가 포함되어 있더라도 기본적으로 행정경찰작용으로 보는 것 같다는 설명이 있다.[91]

2. 우리나라에의 시사점

(1) 우리나라의 상황

우리나라에서도 개념상 행정경찰과 사법경찰이 구별되고 있으며, 행정경찰은 공공의 안녕과 질서의 유지를 위한 작용으로, 사법경찰은 범죄의 수사, 범인의 체포 등을 위한 작용으로 설명되고 있다.[92] 다만, 우리나라에

---

op. cit., p. 68).

91) 한견우, 「프랑스의 경찰행정작용으로서의 불심검문」, 『수사연구』, 제22권 제10호 (통권 제252호), 수사연구사, 2004. 10., 32면.

92) 김동희, 전게서(행정법 II), 203면; 홍정선, 전게서, 29면.

서는 일반행정기관이 실행하는 행정경찰작용의 경우 제도적 의미의 경찰을 통해 실행되는 예가 많지 않아 조직적인 측면에서부터 사법경찰과 쉽게 구별된다는 점, 제도적 의미의 경찰이 관장하는 행정경찰작용 중 상당 부분이 집행경찰작용이며 이러한 집행경찰작용은 그 효과가 즉시 발생하므로 행정법원에 항고소송을 제기하더라도 소의 이익을 인정받기 어려워 결국 배상소송의 형태로 진행되는데, 우리나라에서는 사법경찰작용과 행정경찰작용으로 인한 배상책임제도가 별도로 구별되지 않고 있다는 점 등으로 인하여 양자 간의 구별에 대해 큰 관심을 두지 않는 것 같다.

(2) 행정경찰과 사법경찰의 구별의 상대성

① 구체적 사례

한편, 어떤 경찰작용이 행정경찰과 사법경찰 중 어디에 속하는 것인지는 입법에 따라 달라질 수 있는데, 이는 견인조치에 대한 프랑스와 우리나라의 입법태도에서 잘 드러난다.

현재 프랑스에서 견인조치는 도로법전 L.325-1조 이하에서 규정하고 있으며, 이에 따른 견인조치는 사법경찰작용에 해당한다. 이는 우선, 도로법전 L.325-1조는 견인조치의 주체를 시장과 사법경찰관으로 규정하고 있으며, 따라서 시장이 명하는 견인조치도 사법경찰관의 자격으로 행하는 것으로 볼 수밖에 없다는 점에서 그러하다. 그리고 L.325-1조의 견인조치의 대상은 도로법전에 위반하거나 또는 도로의 안전, 공공평온, 공중위생, 해당 장소의 미관, 전통적 경관, 공중에 제공되는 도로의 통상적인 이용 등에 관한 경찰명령에 위반하여 교통 또는 주차 중인 차량인데, 프랑스법상 경찰명령에 대한 위반행위는 형법전 R.610-5조에 따라 제1종 위경죄로 처벌받게 된다는 점에서 그러하다. 나아가 경찰의 견인명령에 대한 방해행위는 동법 L.325-3-1조 Ⅰ에 따라 금고 3월 및 3,750 유로의 벌금에 처해질 수 있는 범죄이기도 하다.

한편, 프랑스 형법전 제131-13조에 의할 때, 제1종 위경죄는 38유로 이하의 벌금에 처하는 범죄로서 사실상 우리나라의 통고처분과 그 절차나 내용이 유사하다.[93] 우리나라에서 통고처분에 의한 범칙금이 형벌에 속하는지 아니면 행정제재에 속하는지 명확치 않지만,[94] 여하튼 프랑스에서는 경찰명령에 대한 위반죄가 형법전과 형사절차법전에 의해 처벌받고 있으므로 경찰명령에 대한 위반행위를 확인하는 작용은 사법경찰작용에 속한다고 볼 수 있다.

반면, 우리 도로교통법에서는 제32조에서 정한 주·정차금지 위반행위에 대해, 제35조 제1항에서 해당 차량이 교통에 위험을 일으키게 하거나 방해될 우려가 있는 때에는 주차방법의 변경이나 이동을 명하거나, 도로에서의 위험을 방지하고 교통의 안전과 원활한 소통을 확보하기 위하여 주차방법을 스스로 변경하거나 변경에 필요한 조치를 할 수 있도록 규정하고 있으며, 또 제160조 제3항에서 20만원 이하의 과태료를 부과하도록 규정하고 있으므로, 이는 범죄의 처벌과는 무관하여 행정경찰작용에 해당한다고 보아야 할 것이다.

② 상대성의 원인 및 한계

이처럼 프랑스와 우리나라는 견인조치의 대상과 목적은 유사하다고 볼 수 있으나, 입법형식의 차이로 인하여 프랑스에서는 사법경찰작용, 우리나라에서는 행정경찰작용에 속한다는 차이가 발생한다. 그러므로 사법경찰과 행정경찰의 구별은 어떤 것을 범죄로 규정하는가에 따라 상대적일 수 있다. 이는 특히 행정형벌을 행정질서벌로 전환하거나 행정질서벌을 행정형

93) 손동권, 「각국의 수사구조에 관한 비교연구」, 『경찰위원회논총』, 경찰위원회, 2006, 208면.
94) 장교식, 「현행 범칙금제도의 개선방에 관한 검토」, 『법조』, 제51권 제12호(통권 제555호), 법조협회, 2002. 12., 147-149면 참조.

벌로 전환하는 경우에 그러하다. 견인조치에 대해 부과하던 과태료를 벌금
으로 전환하게 되면 이의 부과는 범죄의 처벌을 위한 형사절차에 해당하여
사법경찰작용이 될 수 있는 것이다.

그러나 이러한 전환에 한계가 없다고 볼 것은 아니다. 우선, 법정책적인
측면에서 행정형벌의 증가로 인하여 전과자가 양산되고,[95] 행정형벌은 대
개 자연범이 아닌 법정범에 대한 것이므로 이에 위반한 국민에게 특별한
위법성인식이 없는 경우가 많다는 점에서 행정형벌을 통한 형사처벌이 국
민의 기본권을 침해하게 될 우려가 있으며,[96] 아울러 검찰의 역할이 지나
치게 비대해지는 것이 바람직하다고 볼 수만은 없기 때문이다. 그리고 국
민의 중요한 기본권과 관련된 규율이 아닌 이상, 행정목적의 효율적 달성
을 위하여 행정제도에 맡기는 것이 타당할 수도 있다. 다만, 아직까지 우
리나라에서 프랑스와 같이 권력분립원칙을 근거로 사법경찰의 한계를 정
해야 한다는 논의는 발견하기 어려우며, 우리 헌법구조 및 해석상 행정경
찰과 사법경찰의 구별이 헌법적 가치를 갖는 것이라고 단정하기도 쉽지
않다.

(3) 우리나라에서의 구체적 구별실익[97]

① 적법요건 및 배상책임의 차이

행정경찰작용과 사법경찰작용은 그 경찰권 행사의 적법요건과 그에 따
른 배상책임 여부도 달라지는 것이 타당하다. 공공질서 유지를 목적으로

---

95) 조태제, 「행정집행제도의 문제점과 그 개선방안」, 『법조』, 제53권 제10호(통권 제
577호), 법조협회, 2004. 10., 118면.
96) 최봉석, 「행정형벌에 관한 일고」, 『법조』, 제51권 제12호(통권 제555호), 법조협회,
2002. 12., 140면.
97) 이하에서 설명하는 것 외에도 불심검문, 집회의 해산 등과 관련하여 행정경찰과 사
법경찰은 구별될 필요가 있으며, 나아가 경찰작용의 성질을 위장하는 경우에도 마
찬가지이다. 자세한 내용은 제4장 제2절 참조.

하는 행정경찰작용의 강도(强度)와 범인의 검거를 목적으로 하는 사법경찰 작용의 강도를 비교할 때, 일반적으로는 후자가 더 강제적이고 구속적일 것이다. 그러므로 이러한 점을 고려하지 않고 행정경찰작용과 사법경찰작 용의 적법요건, 특히 비례성을 판단하는 것은 바람직하지 않다. 다만, 사법 경찰작용에 대해 비례원칙이 완화될 수 있다고 하더라도, 이는 범인 검거 를 위한 직접적 수단에 대해서만 그러하다. 범인의 검거를 빌미로 질서유 지작용을 비례에 맞지 않게 행사하도록 해서는 안 되기 때문이다. 그러므 로 일단 범인이 검거된 이상 이후의 공공질서 회복을 위한 작용은 다시 행 정경찰작용에 맞는 비례성을 갖추어야 한다.

이러한 점은 배상책임을 정함에 있어서도 영향을 미칠 수 있다. 특히 경 찰행정으로 인한 배상책임에 있어, 그 전제가 되는 공무원의 과실을 인정 하기 위해서는 경찰작용이 행해질 당시의 여러 사정을 함께 고려해야 한 다. 따라서 비록 사법경찰작용에 관한 것이기는 하지만, 검거의 직접적인 대상이 되었던 범인에 대해서는 경찰의 중과실을 요건으로 하여서만 배상 책임을 인정하는 프랑스의 입법례와 판례는 상당한 의미가 있다.[98]

② 재판관할의 차이

재판관할의 경우도, 우리는 국가배상소송을 모두 민사법원에서 전담하 기 때문에 사법경찰과 행정경찰의 구별실익이 많이 줄어들게 되는 것은 사 실이지만, 공공질서의 유지라는 목적 하에 수행된 행정경찰작용의 경우에 는 행정법의 원리에 맞게 판단되는 것이 타당할 것이므로, 최소한 이에 한 해서라도 공법상 당사자소송이 활용되는 것이 바람직하다고 본다.

---

98) 프랑스 법원조직법전 L.141-1조, Cass. 1re civ. 1996. 10. 15. *Préfet de police c. Bogdan* 각 참조.

③ 검사의 지휘 요부

우리나라에서는 검사의 지휘 요부도 행정경찰과 사법경찰의 구별실익이 될 수 있다. 우리 헌법 제12조 제3항은 체포·구속·압수·수색의 경우에는 검사의 신청에 의해 법원의 영장을 받도록 하고 있으므로, 이러한 강제처분에 대해서는 사법경찰관이 임의로 행할 수 없고 검사의 지휘를 따라야 한다. 이에 따라 형사소송법 제196조 제1항은 수사관, 경무관, 총경, 경감, 경위는 사법경찰관으로서 모든 수사에 관하여 검사의 지휘를 받는다고 규정하고 있고, 동조 제3항은 사법경찰관리는 검사의 지휘가 있는 때에 이에 따라야 한다고 규정하고 있고, 동조 제5항은 경사, 경장, 순경은 사법경찰리로서 수사의 보조를 하여야 한다고 규정하고 있다. 물론 동법 제196조 제2항에는 사법경찰관의 수사개시권도 명시되어 있지만, 사법경찰관리가 검사의 지휘를 받아 수사를 행한다는 점은 부정할 수 없다.[99] 아울러 동법 제81조 제1항은 구속영장을 검사의 지휘에 의하여 사법경찰관리가 집행하도록 규정하고 있고, 제200조의2의 영장에 의한 체포, 제200조의3의 긴급체포, 제201조의 구속, 제212조의 현행범체포에 대해서도 검사의 관여가 명문화되어 있다.

반면, 행정경찰작용의 경우에는 검사의 지휘에 관한 명문규정이 없다. 그러나 범죄의 예방을 위한 행정경찰작용의 경우, 이는 사법경찰작용과 밀접한 연관을 갖는 것이므로 이에 대해 사법경찰기관인 검사가 개입하는 것이 전혀 불가능하다고 보기는 어렵다.[100]

---

99) 한편, 프랑스 형사절차법전 제41조는 검사가 범죄의 수사 및 기소에 필요한 모든 행위를 할 수 있으며, 이를 위해 사법경찰관 및 사법경찰리를 지휘한다고 규정하고 있다.
100) 프랑스 형사절차법전 제39-2조는 검사가 사법경찰의 지휘, 신원확인, 형벌집행 등을 통해 범죄를 예방해야 한다고 규정하고 있다.

제2항 행정제재와의 관계

I. 서론

국가가 사인의 행위에 대해 부과하는 불이익에는 재판을 통해 부과되는 형벌 외에도 재판에 앞서 행정기관의 권한범위 내에서 부과되는 '행정제재'(la sanction administrative)도 존재한다. 이러한 행정제재는 사전에 부과된 행정상 의무이행의 확보를 위한 강제수단 중 하나인데,[101] 행정이 강제력을 동원하여 행정작용을 집행하는 것은 그와 관련된 행정제도의 질서를 유지하기 위해서이다. 이러한 행정제재의 수단으로는 징계, 금전제재, 허가의 취소·정지 등이 있다.

반면, 경찰작용은 공공질서의 유지 및 회복을 목적으로 하는 행정의 강제수단이지만, 특정 행정처분을 집행하기 위한 강제수단은 아니다. 이러한 점에서 행정처분의 집행에 관한 실효성을 확보하기 위한 강제수단인 행정제재와는 구별된다.

그러나 경찰작용도 행정작용에 속하므로, 경찰작용을 통해 사인에게 의무가 부과된 경우, 이러한 의무의 이행을 행정제재를 통해 확보할 수 있다. 그런데 프랑스에서 경찰명령과 경찰하명의 집행은 원칙적으로 형벌을 통해 확보된다. 즉, 경찰명령과 경찰하명이 이행되지 않는 경우, 경찰기관은 최고, 이행명령 등을 먼저 발령해야 하며, 이러한 조치들이 효과가 없는 경우 형법전 R.610-5조 또는 다른 특별법에 규정된 형벌을 부과하게 되고,[102] 이를 행정제재를 통해 확보하는 일반규정은 없다.[103] 다만, 경찰

---

101) Waline, J., *op. cit.*, p. 404 참조.
102) 이러한 형벌이 규정되어 있는 경우, 직권집행은 배제되는 것이 원칙이다. Minet, C.-É., *op. cit.*, p. 183.

허가의 경우에는 이를 취소 또는 정지함으로써 그 실효성을 확보할 수 있으며, 따라서 경찰허가의 이행에 대해서는 행정제재가 가능하다고 할 수 있다.

그런데 경찰허가의 취소·정지는 그 자체로 경찰하명을 구성하여 독립된 경찰작용이 될 수도 있다. 이때에는 사전에 부과된 경찰허가상 의무의 확보와는 다른 목적, 즉 공공질서의 유지를 위하여 경찰허가를 취소·정지하는 것이므로, 행정제재와는 다른 성질을 지니게 된다. 그러나 경찰허가는 물론 경찰허가의 취소·정지는 제도적 의미의 경찰이 아닌 일반행정기관에 의해 발령되는 경우가 훨씬 많고, 이에 따라 일반행정기관이 발령하는 행정제재와 구별하기 어려운 경우가 발생한다. 게다가 경찰작용과 행정제재는 모두 행정목적의 달성을 위하여 개인의 자유를 제한하는 행정처분이라는 점에서 공통점을 지니므로 그 목적이 완전히 구별되지 않는 측면이 있다.[104]

이러한 난점에도 불구하고, 경찰작용과 행정제재는 서로 다른 목적을 갖고 서로 다른 영역을 규율하며, 서로 다른 제도의 적용을 받는 구별되는 강제수단이다.[105] 그러므로 경찰작용의 일부 유형이 행정제재와 혼재되어 있는 것처럼 보이는 경우에도 그 법적 성질을 명확히 밝힐 필요가 있다.

---

103) 다만, 이러한 형벌 부과방식은 행정제재의 보충성원칙과 동일하다고 할 수 있다. 행정제재의 보충성원칙이란 행정기관이 행정제재에 앞서 먼저 최고, 이행명령 등을 통해 상대방의 이행을 촉구하고, 이것이 이뤄지지 않을 경우에 행정제재를 발령한다는 원칙을 의미하는 것이기 때문이다. Grisel, Guillaume, 'La sanction administrative', *La sanction(Colloque du 27 novembre 2003 à l'université Jean Moulin Lyon 3)*, L'Harmattan, 2007, p. 209 참조.

104) Dellis, Georges, *Droit pénal et droit adminstratif,* L.G.D.J., 1997, p. 133.

105) 拙稿, 「프랑스법상 행정제재와 경찰작용의 구별」, 『경찰법연구』, 제3호, 한국경찰법학회, 2006, 148면(다만, 위 논문의 저자는 "이현우"로 되어 있으나, 이는 필자가 2006. 6. 개명하기 전의 이름임을 밝혀둔다).

II. 행정제재의 의의

프랑스법상 행정제재는 "행정기관이 법령위반행위에 대해 공권력을 행사하여 제재를 부과하는 일방적 결정"이라고 정의되거나,106) "행정기관이 처벌의도로 부과하는 일방적·개별적 결정"으로 정의된다.107) 이러한 행정제재는 사법경찰과 마찬가지로 처벌을 목적으로 하는 것이지만, 그 궁극적인 목표는 행정임무의 원활한 수행을 위하여 행정제도 내에서의 질서를 유지 또는 회복하기 위한 것이라는 점에서108) 공공질서의 회복을 목표로 하는 행정경찰과 유사하다.

III. 행정제재의 근거 및 한계

행정제재는 일정 부분 형벌을 대체하는 기능을 하기 때문에 권력분립원칙을 침해할 수 있다는 우려가 제기되고 있다. 그러나 헌법위원회는 "권력분립원칙을 비롯하여 헌법적 가치를 갖는 어떠한 원칙도 행정기관들이 공권력 특권을 사용하여 제재권을 행사하는 데 장애가 되지 아니한다"라고 판시하여 '독립행정청'(l'autorité administrative indépendante)인 방송감독위원회와 증권거래위원회에 부여된 제재권의 합헌성을 인정하였다.109)

---

106) Conseil d'État, *Les pouvoirs de l'Administration dans le domaine des sanctions*, La documentation française, 1995, pp. 35-36.

107) Bombois, Thomas, 'La définition de la sanction administrative', *Les sanctions administratives*, Bruylant, 2007, p. 27.

108) Mourgeon, Jacques, *La répression administrative*, L.G.D.J., 1967, p. 199.

109) CC 1989. 1. 17. 88-248DC *Loi modifiant la loi n° 86-1067 du 30 septembre 1986 relative à la liberté de communication*(방송감독위원회); CC 1989. 7. 28. 89-260DC *Loi relative à la sécurité et à la transparence du marché financier*

그러나 행정제재로 자유를 박탈할 수는 없으며, 아울러 행정제재에도 형벌에 적용되는 헌법적 원칙들과 인권선언 제8조에서 도출되는 원칙들, 즉 죄형법정주의, 필요성원칙, 책임주의원칙, 방어권존중원칙, 소급금지원칙과 같은 원칙들이 준용되어야 한다는 점이 인정되고 있다.[110] 또, 행정제재는 점차 유럽인권보호협약[111] 제6조에서 보장되는 공평한 절차에 대한 권리의 적용대상이 되고 있다.[112]

IV. 행정제재와 경찰작용의 차이

1. 목적의 차이

(1) 예방과 처벌

행정제재는 경찰작용과 목적이 다르다.[113] 경찰작용은 공공질서에 대한 장애를 야기한 자를 처벌하려는 것이 아니라 단지 공공질서를 유지 또는 회복하기 위한 것이며, 이러한 목적에 엄격히 한정된다.[114] 그러므로 금전적 불이익을 부과하는 것은 공공질서의 유지 또는 회복과 관련이 있다고 할 수 없어 경찰작용이 될 수 없다.[115]

(증권거래위원회).

110) Minet, C.-É., *op. cit.*, pp. 80-81.

111) 정확히는 '인권 및 기본적 자유의 보호에 관한 유럽협약'(la Convention européenne de sauvegarde des droits de l'homme et des libertés fondamentales)이다. 이하에서는 '유럽인권보호협약'으로 부르기로 한다.

112) CE Ass. 1999. 12. 3. *Didier*. Long, Marceau·Weil, Prosper·Braibant, Guy·Delvolvé, Pierre·Genevois, Bruno, *Les grands arrêts de la jurisprudence administrative*, 16ᵉ éd., Dalloz, 2007, p. 815.

113) Conseil d'État, *op. cit.*, p. 38.

114) Bombois, T., *op. cit.*, p. 68.

반면, 행정제재는 행정기관이 법령에 위반한 자들을 처벌하기 위하여 발령하는 것이다. 그러므로 행정제재는 사법경찰과 마찬가지로 처벌을 목적으로 한다. 반면, 경찰작용은 공공질서에 대한 장애가 발생하거나 확산되지 않도록 예방하는 것을 목적으로 한다는 점에서 행정제재와 구별된다.

(2) 목적의 판단요소

① 근거법령

프랑스에서 경찰작용과 행정제재의 목적이 서로 다르다는 점은 경찰허가의 취소·정지에 대한 근거규정에서 명문으로 구별되어 나타나기도 한다.[116) 이 경우에는 그 근거규정의 내용에 따라 해당 작용의 법적 성질이 결정된다.

예컨대, 공중보건법전 L.3332-15조(구 주류판매법전 L.62조에 해당하며, 주류판매법전은 현재 공중보건법전에 통합되어 있다)는 주류판매업소가 법령에 위반한 경우, 또는 공공질서·공중보건·공중도덕의 보전을 위하여 필요한 경우에 행정기관이 주류판매업소의 폐쇄를 명할 수 있도록 규정하고 있다. 이 중 주류판매업소가 법령에 위반한 경우의 폐쇄명령은 법령에서 부과한 의무 위반에 대한 불이익이므로 처벌적 성격을 지니는 행정제재에 속한다. 반면, 공공질서·공중보건·공중도덕을 이유로 폐쇄명령을 하는 것은 법령상 의무의 위반을 필요조건으로 하지 않으며, 주류판매업자의 의무 위반이 없더라도 장래의 장애 발생을 예방하기 위해 가능하므로 이는 경찰작용에 해당한다.[117)

---

115) Bombois, T., *op. cit.*, p. 68.
116) 그러나 우리나라에서는 이런 경우를 거의 찾아볼 수 없으며, 허가취소·정지는 행정제재에 해당하는 경우가 많다.
117) Conseil d'État, *op. cit.*, p. 38; Degoffe, Michel, *Droit de la sanction non pénale*, Economica, 2000, p. 196.

또, 도지사가 외국인에 대해 강제퇴거조치를 하는 것은 공공질서에 대한 장애를 예방하기 위한 것으로서 경찰작용에 해당하지만, 이와 더불어 1년간 입국금지를 부과하는 것은 강제퇴거조치의 원인이 된 법령상 의무위반을 근거로 불이익을 주는 것으로서 처벌 목적의 행정제재에 해당한다.[118]

② 처분사유

행정작용의 처분사유는 목적을 판단하는 중요한 요소이다. 그리하여 일반적인 혹은 특별한 공공질서를 보호하는 것을 이유로 하는 결정은 경찰작용에 속하고, 반면 어떤 결정이 개인의 비행이나 위험한 행동에 기초하여 내려진 것일 때에는 행정제재에 속한다.[119] 이러한 처분사유는 행정작용의 객관적 목적이라고 할 수 있는데, 이와 같은 객관적 목적이 분명하지 않은 경우 법원은 행정기관의 의도나 동기와 같은 주관적 목적을 고려하게 된다. 그리하여 그 의사가 비난받아야 할 행위에 대해 반작용을 하는 것이라면 행정제재에 속하고, 공공질서의 확립을 위한 것이라면 경찰작용에 속하게 된다. 그러나 행정기관이 예방적 의도를 가지고 있는지, 아니면 처벌적 의도를 가지고 있는지는 법규 자체나 처분사유와 같은 객관적인 요소에서 추단될 수 있는 것이므로 객관적 목적과 주관적 목적은 완전히 분리되는 것은 아니며, 따라서 어떤 행정작용이 어떠한 목적을 가지고 있는지 판단하기 위해서는 주관적·객관적 목적을 모두 고려해야 한다.[120]

근거규정이 명확히 구분되어 있지 않은 경우에는 그 처분사유를 고려하여 목적에 따라 경찰작용과 행정제재를 구별해야 하는데, 여기에는 불분명

---

118) Degoffe, M., *op. cit.*, p. 197.
119) 시설 자체의 위험성을 고려하여 업소폐쇄·허가정지를 결정한 것과 관련한 것으로 CE 1954. 1. 20. *Dame Guilleminot* 판결, 허가취소에 있어서 취소상대방의 개인적 행동을 고려하여 판단한 것으로 CE 1950. 2. 20. *Cozic-Savoure* 판결 각 참조. Dellis, G., *op. cit.*, p. 137; 拙稿, 전게논문, 158면.
120) Dellis, G., *op. cit.*, pp. 137-138; 拙稿, 전게논문, 158-159면.

한 점이 많기 때문에 위와 같은 구별이 용이한 것은 아니다.121)

(3) 목적에 따른 구별이 문제되는 경우

① 운전면허정지

도로법전 L.224-1조 이하 및 R.224-1조 이하에 따라 발령되는 운전면허정지의 경우, 이를 행정제재로 판시한 사례도 있지만,122) 대개 경찰작용에 해당하는 것으로 보고 있다.123) 그러나 이는 왕래의 자유의 한 내용을 이루는 운행권에 대한 중대한 제한이므로 그 실질상 행정제재에 해당한다는 반론도 제기되고 있다.124) 게다가 도로법전 L.223-1조 이하, R.223-1조 이하에 따라 부과되는 운전면허벌점은 처벌목적을 지닌 행정제재로 여겨진다.125) 이는 결국 하나의 위반행위가 그 결과에 따라 목적이 달라지는 것이어서 쉽게 수긍하기 어렵다.

② 공중보건시설에 관한 행정처분

국사원은 결핵치료시설의 폐쇄를 공중위생을 이유로 한 경찰작용으로 보면서도 수혈센터의 운영자에 대한 허가취소126)를 행정제재로 판시하고

---

121) 행정제재와 경찰작용을 완벽하게 구별하는 것은 불가능하다는 견해로는 Dellis, G., *op. cit.*, p. 133.

122) CE 1987. 5. 29. *Ministre de l'intérieur et de la décentralisaton c. Guérinel.*

123) CE 1989. 11. 3. *Blanquie.* Conseil d'État, *op. cit.*, p. 38. 이는 운전자가 새로운 위반행위를 범하지 않도록 저지함으로써 공공질서를 보전하려는 것이기 때문이다. Minet, C.-É., *op. cit.*, p. 82; Chapus, R., *op. cit.*, p. 704.

124) Conseil d'État, *op. cit.*, p. 38.

125) CE avis 1999. 9. 27. *Rouxel.* Minet, C.-É., *op. cit.*, p. 82. 이는 형사확정판결에 의해 위반사실이 인정된 때에는 당연히 벌점이 발생하게 된다는 점에서 그러하다. Chapus, R., *op. cit.*, p. 704.

126) 여기서 허가취소는 'le retrait d'autorisation'인데, 프랑스법상 취소(le retrait)와 철회(l'abrogation)는 우리법상의 직권취소, 철회와는 그 성질이 다르다. 이에 관한

있으며,127) 양로원시설의 폐쇄128)나 요양소에 대한 허가취소129)는 공중위
생을 이유로 한 경찰조치로 판단한 반면, 미성년자를 위한 시설의 허가취
소에는 예방적 목적이 없다고 판시하고 있다.130) 그리고 신문판매허가를
얻어 가판대에서 영업을 하던 중 길거리의 질서유지와 상관없는 개인적 비
행으로 인하여 허가를 취소당한 경우에는 처벌 목적의 행정제재에 해당하
는 것으로 보고 있다.131)

공중보건시설과 관련하여 특히 문제되었던 사례는 경찰허가의 취소·정
지가 장래에 발생할 수 있는 공공질서에 대한 장애를 예방하기 위한 것이
라고 하더라도, 그 판단근거로 수허가자(受許可者)가 과거에 저지른 위반
행위 또는 비행사실을 근거로 한 경우이다. 이때에는 시설에 대한 허가정
지·취소 또는 폐쇄명령 안에 과거의 위반행위 또는 비행사실에 대한 처벌
이 포함되어 있다고 볼 여지가 발생하기 때문이다.132) 이는 구 공중보건법
전 L.757조(현행 L.1125-1조)에 따른 의학연구소의 허가와 관련하여 문제
된 적이 있다. 위 조항은 공중보건에 위험을 발생시키는 활동을 한 경우 도
지사가 연구소허가를 취소할 수 있도록 규정하고 있었는데, 어떤 연구소가
에이즈바이러스 연구를 위하여 위험한 기술을 사용하였다는 이유로 허가
가 정지된 다음, 정지기간 만료 후 같은 연구를 재개하였다가 도지사로부
터 연구소허가를 취소당하였다. 그러자 연구소에서 월권소송을 제기하였는

상세는 제4장 제2절 제1항 III. 2. 참조
127) CE 1959. 6. 12. *Prat-Flottes.*
128) CE 1976. 6. 6. *Dame Vatin.*
129) CE 1976. 5. 19. *Ministre de la santé c. S.A. du Château de Neuvecelle.*
130) CE 1950. 5. 19. *Fondation d'Heuqueville.* Dellis, G., *op. cit.*, p. 142; Conseil
    d'État, *op. cit.*, p. 41.
131) CE Sect. 1944. 5. 5. *Dme veuve Trompier-Gravier.* 이 판결에서는 허가취소를
    행정제재로 보면서 여기에 방어권존중원칙이 적용되어야 함을 인정하였다. Long,
    M.·Weil, P.·Braibant, G.·Delvolvé, P.·Genevois, B., *op. cit.*, pp. 357-358 참조.
132) Degoffe, M., *op. cit.*, pp. 198-199.

데, 국사원은 비록 위와 같은 취소가 실질적으로는 행정제재에 해당하더라도 연구소의 과거 위반사실을 근거로 정당하게 발령될 수 있다고 판단하였다.[133] 즉, 과거의 위반사실을 근거로 한 경찰작용의 적법성을 인정한 것이다.[134]

③ 원상복구조치

구 산림법전 L.313-1조(현행 L.341-8조)는 무허가 개간행위를 한 산림 소유자에 대해 3년 이내의 기간을 정하여 원상회복의무를 부과하고 있었다. 국사원은 이러한 원상회복의무의 법적 성질을 행정제재로 판단하였는데,[135] 이후 다른 판결에서는 경찰작용으로 판단하기도 하였다.[136]

2. 법제도의 차이

(1) 법적 근거의 차이

경찰작용은 위법하지 않은 행동에 대해서도 발령될 수 있으며,[137] 따라서 사전에 의무를 부과할 필요가 없다는 점에서 행정제재와 구별된다.[138] 특히 경찰작용에서는 '공공질서' 개념이 일반적인 수권규범의 역할을 하게

---

133) CE Sect. 1994. 2. 25. *Ministre délégué à la santé c. Laboratoires d'Artois*. Degoffe, M., *op. cit.*, p. 199.
134) 다만, 이처럼 경찰작용이 과거의 행동을 기초로 이루어진 경우에는 통상의 경찰 작용과는 달리 행정제재에 대해 부과되는 절차적 안전장치들이 적용되어야 한다는 견해로는 Dellis, G., *op. cit.*, p. 144.
135) CE 1987. 12. 16. *Sci Les Genêts*.
136) CE 1988. 1. 29. *Guarino*. Delmas-Marty, Mireille·Teitgen-Colly, Catherine, *Punir sans juger? De la répression administrative au droit administatif pénal*, Economica, 1992, p. 45; 拙稿, 전게논문, 160면.
137) CE 1999. 9. 6. *Horex*. Bombois, T., *op. cit.*, p. 66.
138) Bombois, T., *op. cit.*, p. 69.

되므로 행정제재와 차이가 크다. 국사원은 시장이 행한 택시면허취소처분을 행정제재로 보면서 그 법적 근거가 없다는 이유로 이를 취소한 바 있는데,[139] 이에 대해서는 1884년 4월 5일 '지방관련 법률' 제97조(현행 지방자치법전 L.2212-2조에 해당한다)에 따라 시장이 보유하는 교통에 관한 일반경찰권이 법적 근거가 될 수 있다는 반대견해가 있다.[140]

경찰작용과 달리 행정제재에는 법적 근거가 반드시 필요하다. 이는 행정제재가 처벌의 성격을 갖는다는 점에서 형사절차와 구조적 유사성을 지니고 있고, 시민의 기본권 보장을 위하여 일정 범위 내에서 형사절차상의 원리들이 적용될 필요가 있기 때문이다. 그리하여 행정제재의 경우에는 죄형법정주의에 대응하는 제재법정주의(制裁法定主義)가 인정되며, 이는 법률유보원칙의 측면에서도 당연한 것이다. 국사원 역시 법적 근거 없이 제재가 발령되는 것을 금지하고 있으며,[141] 특히 법령에 허가절차만 규정되어 있고 허가취소에 관한 규정이 없는 경우에는 허가취소가 불가능하다고 판시하고 있다.[142] 이처럼 행정제재는 그 수단에 대해서도 법적 근거가 있어야 한다.

어떤 행정처분이 행정제재에 속하는지 아니면 경찰작용에 속하는지 불분명한 경우에는 행정제재 또는 경찰작용의 발령요건 중 어느 하나라도 갖추어야 한다는 것이 판례의 입장이다. 국사원은 빠리경시청장이 공도(公道)상에서의 호객행위를 이유로 식당의 폐쇄를 명한 사건에서, 이러한 폐쇄명령은 경찰작용의 요건과 행정제재의 요건을 모두 갖추지 못하여 위법하다고 판단하였는데, 이는 식당에 관한 법령에서 호객행위를 근거로 폐쇄명령이 가능하도록 한 근거규정을 찾을 수 없으므로 행정제재로서의 요건

---

139) CE 1963. 10. 9. *Dame Veuve Anquier.*
140) Dellis, G., *op. cit.*, p. 141.
141) CE 1947. 2. 28. *Beauzet.*
142) CE 1975. 7. 26. *Ministre de l'équipement c. Richoux.* Delmas-Marty, M.·
     Teitgen-Colly, C., *op. cit.*, pp. 64-67.

을 갖추지 못하였고, 이웃간 평온, 공공질서, 공중도덕을 침해하는 경우 폐
쇄명령을 할 수 있도록 하고 있는 구 주류판매법전 L.62조의 요건에도 해
당하지 않아 경찰작용으로서도 적법하지 않았기 때문이다.143)

(2) 상대방의 책임과 관련한 차이

경찰작용의 경우에는 그 상대방에 대해 행위책임 외에도 공공질서의 유
지 필요성에 따라 상태책임의 부과가 가능하다. 반면, 행정제재의 경우에는
형벌의 경우와 마찬가지로 행위책임원칙이 적용되어야 한다. 여기서 행정
제재에 있어 이유제시의무는 행위책임의 주체를 명확히 밝히는 기능을 하
게 된다.144)

(3) 절차적 권리의 차이

전통적으로 행정제재와 경찰작용에 대해서는 방어권존중원칙과 같은 절
차적 권리의 적용 여부가 구별실익으로 제시되었다. 여기서 방어권존중원
칙은 행정제재와 같이 중대한 처분의 경우 그 상대방이 자신에게 유리한
주장을 할 수 있는 기회를 부여해야 한다는 것인데,145) 과거에는 공공질서
의 유지를 목적으로 하는 경찰작용에 대해서는 방어권존중원칙이 적용되
지 않았다.146) 그러나 행정행위의 이유제시 및 행정과 대중의 관계에 관한
1979년 7월 11일 제79-587호 법률,147) 행정과 이용자의 관계에 관한 1983

---

143) CE 1997. 6. 21. *Ministre de l'intérieur c. SARL "Le Koutouri"*. Minet, C.-É.,
   op. cit., p. 82.
144) Delmas-Marty, M.·Teitgen-Colly, C., *op. cit.*, p. 70.
145) Favoreu, Louis·Philip Loïc, *Les grandes décisions du conseil constitutionnel*, 6^e
   éd., Sirey, 1991, p. 723.
146) CE 1958. 4. 25. *Société laboratoires Geigy*; CE 1970. 7. 21. *Krivine et Frank*.
   Chapus, R., *op. cit.*, p. 1121.
147) 국사원의 '뤼뜨시아 영화사'("*Les films Lutetia*") 판결(CE Sect. 1959. 12. 18.

년 11월 28일 제83-1025호 명령[148])에 따라 개별경찰조치에도 방어권존중 원칙이 적용되었고,[149]) 현재 청문절차, 이유제시, 비례원칙은 경찰작용과 행정제재 모두에 적용되어 이 한도 내에서는 더 이상 양자의 구별실익이 없다는 평가를 받고 있다.[150])

V. 비교법적 평가

1. 프랑스 법상황의 요약

이상에서 살펴본 바와 같이, 프랑스에서 경찰작용과 행정제재는 특히 경찰허가의 취소·정지와 관련하여 구별이 문제될 수 있으며, 이때에는 예방 또는 처벌이라는 목적이 구별기준이 될 수 있다. 이처럼 예방 또는 처벌이라는 목적에 따라 구별하는 것은 행정경찰과 사법경찰의 구별에서와 동일하지만, 행정경찰과 사법경찰의 구별에서는 이 기준만으로도 충분했던 반면, 경찰작용과 행정제재 사이에서는 이것만으로 해결이 쉽지 않음을 알 수 있다.

Société "Les films Lutetia" et Syndicat français des producteurs et exportateurs de films)에서는 시장의 영화상영금지처분은 개별경찰조치에 해당하기 때문에 이에 대한 이유제시의무가 없다고 하였다(이 판결에 대한 상세는 제4장 제6절 제3항 Ⅰ. 2. (2) ① 참조). 그러나 위 1979년 7월 11일 법률이 시행된 이후부터 시민들에 불이익한 개별경찰조치에 대해서도 이유제시의무가 부과되었다. 다만, 이유제시의무는 명문의 반대규정이 있는 경우를 제외하고는 법령의 형식을 지닌 경찰명령에 대해서는 적용되지 않는다. Lachaume, J.-F.·Pauliat, H., *op. cit.*, p. 331.

148) 현재 시민의 행정에 대한 권리에 관한 2000년 4월 12일 제2000-321호 법률에서 같은 내용을 규정하고 있다.

149) Degoffe, M., *op. cit.*, p. 199.

150) Bombois, T., *op. cit.*, p. 69.

양자의 구별실익은 그에 적용되는 법제도가 다르다는 점에 있다. 이는 법적 근거가 요구되는 정도, 상태책임의 부과가능성, 절차적 권리의 적용 여부에 관해서 그러한데, 해당 행정작용의 성질이 불분명할 경우에는 결국 행정제재 또는 경찰작용으로서의 요건을 갖추었는지 검토하여 그 적법성을 판단해야 할 것이다.151)

2. 우리나라에의 시사점

(1) 경찰허가의 효력제한에 관한 시사점

① 실정법의 태도

우리나라에서 경찰허가의 취소·정지가 경찰작용으로 이뤄지는 경우는 상당히 드물다. 예컨대 도로교통법 제93조 제1항에 열거된 운전면허의 취소·정지사유들이나, 식품위생법 제75조 제1항에 열거된 허가취소·정지사유들은 모두 법령에 기해 부과된 의무에 대한 위반행위에 해당하는 것으로서 이를 통한 취소·정지는 행정제재로 볼 수 있다.

다만, 노인복지법 제43조 제1항 제1호는 지방자치단체장이 노인주거복지시설 또는 노인의료복지시설이 일정한 시설기준에 미달하게 된 때에 시설운영사업의 정지·폐지를 명할 수 있도록 하고 있는데, 여기서 위 시설들의 시설기준을 정하고 있는 동법 시행규칙 [별표 2]와 [별표 4]에서는 모두 제1호 나목에서 보건위생과 재해방지를 고려한 시설을 갖추도록 요구하고 있다.

여기서 보건위생과 재해방지는 프랑스 관점에서 볼 때 공중위생과 공공안전에 해당하는 것이고, 우리의 관점에서 볼 때에도 최소한 재해방지는 공공의 안녕에 포함되는 요소이다. 그러므로 이러한 시설기준에 미달한 시

---

151) 상기한 CE 1997. 6. 21. *Ministre de l'intérieur c. SARL "Le Koutouri"*.

설의 운영사업을 정지·폐지하도록 하는 것은 일정 부분 경찰작용의 성질을 갖는다고 볼 수 있다. 이러한 점은 아동복지법 제56조 제1호의 시설기준에 미달한 아동복지시설, 장애인복지법 제62조 제1항 제1호의 시설기준에 미달한 장애인복지시설에 대해 시설의 개선, 사업의 정지, 시설의 장의 교체 및 시설의 폐쇄를 명하도록 하는 경우에도 마찬가지이다.

② 경찰허가의 효력제한의 성질

그런데 통상 우리나라에서 문제되는 경찰허가의 효력제한, 특히 경찰허가의 취소·정지는 수익처분인 경찰허가의 효력을 장래에 향하여 소멸시키는 강학상 철회에 해당한다. 이러한 철회는 의무위반에 대한 제재로서 이루어지는 제재철회와 공익에 대한 위협을 제거하기 위하여 이루어지는 공익상 철회로 구분할 수 있다.[152] 특히 공익상 철회의 경우에는 반드시 법적 근거가 요구되지 않을 수 있으며,[153] 판례도 같은 입장을 보이고 있다.[154]

이러한 제재철회와 공익상 철회의 관계는 상기한 프랑스법상 행정제재와 경찰작용의 관계에 대응하는 측면이 있다. 제재철회와 공익상 철회는 본질을 완전히 달리하는 것이 아니라 상당 부분 겹치는 관계에 있는데, 제재철회의 경우 입법자가 의무이행강제수단이라는 점에서 의무의 중대성을 고려함과 더불어, 의무위반행위로 인하여 수익처분을 유지시킬 수 없다는 공익상 필요성까지 고려하여 법률에 철회사유를 명시한 것이므로 제재철회 속에는 공익상 철회가 일부라도 포함되어 있고, 반대로 공익상 철회는 의무위반행위로 인하여 더 이상 당해 수익처분을 유지할 수 없는 경우에도 가능하므로 이러한 의미에서 제재철회를 포함하는 것이라고 할 수 있기 때

---

152) 박정훈, 『행정소송의 구조와 기능(행정법연구 2)』, 제11장 「처분사유의 추가·변경과 행정행위의 전환」, 박영사, 2006, 548-551면.
153) 김동희, 『행정법 Ⅰ』, 제19판, 박영사, 2013, 361면 참조.
154) 대법원 1992. 1. 17. 선고 91누3130 판결.

문이다.155) 이처럼 제재철회와 공익상 철회가 명확히 분리되기 어렵다는 점은 프랑스법상 행정제재와 경찰작용의 관계와 유사하다.

그런데 상기한 프랑스의 논의는 경찰허가의 발급기관이 경찰허가의 효력을 제한하는 경우 이것이 행정제재와 경찰작용 중 어디에 해당하는지 여부와 관련된 것이고, 경찰허가기관이 아닌 일반경찰기관의 개입에 관한 논의는 아니다. 그러므로 프랑스에서 경찰작용으로 행해지는 경찰허가의 취소·정지는 우리 법상 공익상 철회와 유사한 경우가 많게 된다. 그러나 경찰허가의 효력제한이 경찰작용으로 이뤄지는 경우, 이것이 언제나 공익상 철회에 해당하는 것은 아닌데, 경찰허가의 발급기관이 아닌 일반경찰기관이 경찰법상 근거를 통해 개입할 수도 있기 때문이다. 예컨대 일반경찰기관이 어떤 식당에서 부패한 음식물로 인하여 식중독이 유발되었음을 인지한 경우, 해당 분야를 관할하는 특별경찰기관의 개입이 지연될 것으로 예상된다면 즉시 그 식당의 영업을 정지할 수도 있을 것이기 때문이다. 물론 이를 위해서는 경찰법상 일반조항이 인정되어야 하고, 일반조항의 대상으로 공중위생도 포함되어야 하며, 나아가 경찰기관의 오관이 드러난 경우에는 그에 따른 배상책임도 충분히 이뤄져야 하는 등 법제도가 함께 정비되어야 한다.156) 여하튼 경찰기관의 개입으로 인하여 식당에 대한 영업허가의 효력이 제한을 받게 되는 경우, 이것이 공익상 철회에 해당한다고 보기는 어렵다.

③ 시사점

경찰허가기관 이외의 일반경찰기관이 일반조항에 기해 개입하는 경우를

---

155) 박정훈, 전게서(행정소송의 구조와 기능), 제11장(처분사유의 추가·변경), 550-551면.

156) 식품위생법상 영업허가의 주체인 지방자치단체와의 관계도 문제될 수 있으며, 이는 결국 일반경찰권과 특별경찰권 간의 경합의 문제가 된다(이에 관해서는 제2장 제5절 제3항 Ⅱ. 참조).

제외하면, 프랑스의 행정제재와 경찰작용의 관계에서 도출되는 법리는 우리 법에도 대부분 반영되어 있다고 할 수 있다. 이는 우리 법에서 공익상 철회의 경우 제재철회와는 달리 그 법적 근거가 완화될 수 있다는 점, 공익상 철회 역시 행정절차법 제21조 제1항, 제22조 제3항에서 말하는 "당사자에게 의무를 과하거나 권익을 제한하는 처분"에 해당하므로 이에 대해서는 사전통지, 의견청취 등 절차적 권리가 보장된다는 점 등에서 그러하다.

그러나 공익상 철회는 그 본질이 경찰작용에 가까운 것이므로, 이에 대해 적용되는 법리를 경찰법의 관점에서 생각해 보는 것이 의미가 없지 않다. 이는 특히 후술할 경찰책임의 승계와 관련하여 그러하며, 이 밖에도 공익상 철회를 특별경찰작용으로 보게 되면 경찰허가기관 이외의 일반경찰기관이 경찰허가의 효력을 제한하는 경우 일반경찰작용과 특별경찰작용 간의 관계가 문제될 수 있다.

(2) 경찰책임의 승계에 관한 시사점

행정제재와 경찰작용의 구별은, 영업허가 승계 이전에 발생한 위반행위를 처분사유로 하여 승계 이후에 해당 허가를 취소·정지할 수 있는지와 관련하여 논의의 실익이 있다.

만약 영업허가의 취소·정지가 행정제재라면 이를 승계인에게 부과하기는 어려울 것이다. 승계인에게 행정제재를 부과하기 위해서는 제재법정주의 또는 법률유보원칙에 따라 명문의 근거가 있어야 할 것이며, 근거규정이 있는 경우에도 행위책임원칙에 예외를 두는 공익적 이유가 분명해야 하고, 또 과잉금지원칙이나 비례원칙에 위반되어서는 안 된다.

반면, 영업허가의 취소·정지가 경찰작용이라면 공공질서에 대한 장애를 제거한다는 공익적 필요가 명확히 존재하는 경우 승계인에게 이를 부과할 수 있을 것이다.[157] 결국 경찰작용은 그 근거법규의 측면이나 작용의 상대방 선택의 측면에서 행정제재에 비해 그 범위가 넓다고 할 수 있다.[158]

이와 관련하여, 식품위생법 제78조는 행정제재처분의 효과를 승계하도록 하는 특별규정을 둠으로써 행정제재에서의 행위책임원칙에 대한 예외를 규정하고 있다. 동 조항은 영업이 양도·양수된 경우 종전의 영업자에게 행한 행정제재처분의 효과는 그 처분기간이 끝난 날부터 1년간 양수인에게 승계되도록 하고 있고, 아울러 행정제재처분 절차가 진행 중인 경우에는 이를 계속할 수 있도록 하고 있다. 다만, 양수인이 양수 당시 이러한 처분 또는 그 전제가 되는 위반행위를 알지 못하였음을 증명한 때에는 이를 면제하고 있다. 여기서 행정제재처분에는 영업허가의 취소·정지, 영업소폐쇄, 과징금부과까지 포함된다.159) 이처럼 식품위생법에서는 입법을 통해 행정제재에 대해서도 행위책임원칙의 예외를 인정하고 있기는 하지만, 이는 식품위생법에 국한된 것이고, 게다가 이러한 입법이 되었다고 해서 경찰작용 또는 행정제재로서의 본질이 변하는 것은 아니다.

---

157) 이때 승계인에게 피승계인과 동일한 내용의 경찰처분을 다시 발령해야 하는지에 대해서는 견해가 대립하고 있다. 김동희, 전게서(행정법 Ⅱ), 228면 참조.
158) 拙稿, 전게논문, 155면.
159) 청주지방법원 2001. 11. 12. 선고 2001구230 판결 참조.

제4절 경찰행정의 성질

제1항 경찰행정과 공역무의 관계

I. 공역무의 의의

공역무에 대해서는 조직적 의미와 실질적 의미의 두 가지 정의가 존재한다. 조직적 의미의 공역무는 행정에 속하는 모든 제도 또는 조직체를 의미하며,[1] 이는 공법인이 일정한 임무 수행을 위하여 보유하는 인원 및 수단의 총체라고 할 수 있다.[2] 반면, 실질적 의미의 공역무는 행정이 달성코자 하는 일반이익을 위한 활동을 의미하는데, 통상 프랑스 판례에서 사용되는 공역무는 바로 이러한 실질적 의미의 공역무이며,[3] 공역무임무라는 것도 이와 관련된 것이다.[4]

조직적 의미에서 경찰행정은 공역무와 구별되지 않는다. 즉, 한편으로 경찰기관은 하나의 조직을 형성하고, 필요한 규범을 정하며, 그 집행을 감독하고, 다른 한편으로 제도적 의미의 경찰은 현장에서 감독임무를 수행하는 바, 이러한 조직은 결국 조직적 의미의 공역무를 구성하는 것으로서 역

---

1) Auby, Jean-Marie·Auby, Jean-Bernard, *Institutions administratives*, 6ᵉ éd., Dalloz, 1991, p. 26.
2) Waline, J., *op. cit.*, p. 339.
3) CE 1903. 2. 6. *Terrier*.
4) Waline, J., *op. cit.*, p. 340. 공역무 개념에 관한 상세는 강지은, 「프랑스 행정법상 공역무 개념의 변천에 관한 연구」, 서울대학교 대학원 석사학위논문, 2008 참조.

무책임자가 규율권을 행사하는 것이기도 하기 때문이다.5)

그러나 공역무를 실질적으로 바라볼 경우에는 양자의 관계가 문제되는데, 이에 대해서는 과거부터 논란이 지속되고 있다.

II. 역사적 발전

1. 경찰행정 개념의 우위

구체제에서는 공역무라는 개념조차 정립되어 있지 않았지만, 공역무 개념이 존재했다고 하더라도 당시의 경찰 개념에 포섭될 수 있었을 것이다. 또, 앞서 설명한 광의의 경찰 개념에 의할 때 경찰은 일반이익까지 목적으로 포함하므로 이 경우에도 공역무는 경찰에 포함된다.

이처럼 공역무 개념이 19세기 말에 등장하기 이전, 경찰은 모든 행정활동과 이에 관한 규율을 총칭하는 것이었다.6) 오리우는 이러한 경찰 개념을 바탕으로 공역무를 경찰 개념에 포섭시켰는데, 다만 그의 『행정법·공법개론(*Précis de droit administratif et droit public*)』의 초판(1903)에서는 "행정기능의 본질은 경찰이다"라고 하였다가, 제5판(1933)에서는 "경찰은 명령·규칙을 통해, 또는 국가헌병대에 의해 직접적으로 달성되는 것 외에도, 잘 조직된 훌륭한 역무를 통해 시민들을 만족시킴으로써 간접적으로 달성될 수 있다… 공역무는 그 자체로 국가의 경찰을 확보하기 위한 수단이다"라고 하여 다소 입장을 변경하였다.7) 이에 대해서는 오리우가 여전히 경찰의 우위를 주장하면서도 공역무이론의 발전을 반영하고 있다는 평가

---

5) Minet, C.-É., *op. cit.*, p. 60.
6) Vandermeeren, Roland, 'police administrative et service public', *A.J.D.A.*, 2004, p. 1916.
7) Vandermeeren, R., *op. cit.*, p. 1916.

가 있다.[8]

2. 공역무학파의 영향

그러나 뒤기(L. Duguit)가 주도한 공역무학파가 등장하면서 상황이 변하였다. 공역무학파의 등장은 역사적 배경 속에서 이루어진 것인데, 프랑스혁명 이후 루소(J. J. Rousseau)를 비롯하여 주체를 강조한 철학자들이 국가와 개인의 권리주체성을 인정하였고, 국가는 시민들의 일반의지의 표현으로서 그 주권을 인정받게 되었다. 그런데 국가를 권리주체로 보고 주권을 인정함으로써 국가는 모든 국민의 의사가 집약된 주권 그 자체가 되었고, 이로 인해 국가가 개인에 대하여 무제한적인 권력을 행사할 수 있는 근거가 마련됨으로써, 현실에서는 국가는 선거를 통한 일반의지의 표현이 아니라 다수인의 횡포에 불과하게 되었다. 뒤기는 이러한 현상을 비판하면서 뒤르껭(É. Durkheim)의 이론에서 사회연대 개념을 도입하여 국가와 개인을 실증적으로 설명하였는데, 뒤기는 국가와 개인을 권리주체로 볼 수 없다면서 국가의 주권을 부인하였다. 뒤기에 의할 때, 국가와 개인은 모두 사회연대를 이루기 위한 의무가 있을 뿐 권리를 갖는 것은 아니며, 국가는 하나의 사실로서 공역무를 위해 조직된 것에 불과하다. 즉, 국가는 "통치자들에 의해 조직되고 통제되는 일종의 공역무협력체"로서,[9] 법인이 아니라 공역무들을 '결집'(la coordination)시켜 놓은 것에 불과하다.[10]

이에 따라 경찰도 공역무의 일종으로서 공역무로 고양되기 위한 기초적

---

8) Vandermeeren, R., *op. cit.*, p. 1916.

9) Duguit, Léon, *Traité de droit constitutionnel*, tome 2, 1923, p. 54. Minet, C.-É., *op. cit.*, p. 59에서 재인용.

10) Bigot, Grégorie·Bouvet, Marc, 'Léon Duguit et la mission du juge administratif (à propos de la hiérarchie entre ordres et normes juridiques)', *Regards sur l'histoire de la justice administrative*, LexisNexis, Paris, 2006, p. 280.

인 활동들 중 하나로 설명되었고,[11] 행정이 사용하는 모든 경찰수단 및 권력수단은 그것을 정당화하는 일반이익이라는 목적과 비교하여서만 의미와 정당성을 가질 수 있다고 주장되었다.[12] 이처럼 공역무학파는 모든 공권력 활동에 대하여 사회적 유용성이라는 목적을 부여하여 공역무라는 관념을 정립하고, 경찰 개념을 여기에 부속시켜 경찰이 공역무 안에서 용해되도록 함으로써 "자유와 진보를 위한 작업"을 구상하였던 것이다.[13] 이러한 뒤기의 입장은 이후 사회연대를 강조하는 좌파와 공무원노동조합에 의해 지지되었는데 이들은 국가가 공무원에 대해 행사하는 권력을 부인하기에 이르렀으며, 이에 오리우는 뒤기가 주관적 요소를 무시함으로써 "강단의 무정부주의자"가 되었다고 비판하면서 뒤기 이론의 단점을 보완한 제도이론을 주장하게 되었다.[14]

3. 최근의 논의

(1) 학설의 태도

공역무학파의 영향으로 인하여 공역무 개념의 우위가 강하게 주장되었지만, 학자들 사이에 논란은 계속되었다. 그리하여 행정이 시민들의 활동을 규율하는 것뿐 아니라 일반이익을 위해 개입하는 모든 것이 경찰행정이라고 하거나,[15] 이와 반대로 경찰행정은 공역무의 일종일 뿐이라고 하는 견

---

11) Minet, C.-É., *op. cit.*, p. 59.
12) Bigot, G.·Bouvet, M., *op. cit.*, p. 284.
13) Vedel, Georges, *Les bases constitutionnelles du droit administratif*, E.D.C.E., 1954, p. 21. Picard, É., *op. cit.(La notion de police administrative)*, p. 35에서 재인용.
14) 박정훈, 「Maurice Hauriou의 法思想과 方法論 - 制度·二元·均衡」, 2000. 1. 22. 한국법철학회독회자료, 2-5면; Donzelot, Jacques(주형일 譯), 『사회보장의 발명』, 동문선, 2005, 77-93면 참조.
15) Bénoit, F.-P., *op. cit.*, p. 740. Vandermeeren, R., *op. cit.*, p. 1916에서 재인용.

해가 여전히 대립되었다. 경찰이 공역무에 포함된다고 보는 견해에서는 경찰이 공공질서의 유지를 목적으로 하는 공역무 활동이라고 설명하거나,[16) 경찰행정은 공역무의 고전적 정의, 즉 공법인이 수행하는 일반이익을 위한 활동이라는 점에 완벽히 부합한다고 설명하고 있다.[17)

그러다가 1950년대에 들어서면서부터 경찰행정이 공역무와는 별도로 행정작용의 두 번째 유형으로서 독자적인 법적 범주를 구성한다는 생각이 자리 잡게 되었다. 즉, 경찰행정은 인간의 욕구를 충족하기 위한 사적 활동들이 행사되는 틀을 형성하는 것이고, 이에 비해 공역무는 인간의 욕구를 직접적으로 충족시켜주기 위한 것인데, 이러한 경찰행정은 '명령규제'(la prescription)를 통해 이뤄지고, 공역무는 급부를 통해 이뤄지는 것이라는 주장이 제기되었다.[18) 이후 경찰행정과 공역무가 행정작용의 두 가지 기본적인 형태로서 공공질서와 일반이익이라는 서로 다른 목적을 추구하는 것이라는 설명이 이루어졌다.[19)

그럼에도 불구하고 경찰행정과 공역무는 실제상 완전히 구별되기는 어렵다는 점이 지적되고 있다. 특히 경찰은 명령규제를, 공역무는 급부를 수단으로 한다는 점에서 두 활동을 대비하는 것은 부정확한 것인데, 경찰행정도 적극적인 급부를 제공할 수 있고 공역무도 그 기능수행을 위하여 각종 규칙을 포함한 최소한의 명령규정이 필요하기 때문이다.[20) 또, 넓게 보

---

16) Chapus, R., *op. cit.*, p. 697.

17) Lebreton, G., *Droit administratif général*, Armand Colin, coll. Cmpact, 3ᵉ éd., 2004, p. 168. Minet, C.-É., *op. cit.*, p. 61에서 재인용.

18) Vedel, G., *op. cit.(les bases constitutionnelles)*, p. 25. Vandermeeren, R., *op. cit.*, p. 1917; Minet, C.-É., *op. cit.*, p. 59에서 재인용.

19) 예컨대 Waline, J., *op. cit.*, pp. 321-322 등.

20) Linotte, D., 'L'unité fondamentale de l'action administrative, ou l'inexistence de la police administrative en tant que catégorie juridique autonome', *La police administrative existe-t-elle?*, Economica et PUAM, coll. "Droit public positif", 1985. Minet, C.-É., *op. cit.*, p. 60에서 재인용.
   CE Ass. 1942. 7. 31. *Monpeurt* 판결에서는 산업별협력체(le comité d'organisation)

면 공공질서를 근거로 한 경찰행정 역시 일반이익에 부합하는 것이므로 이러한 점에서는 경찰행정도 공역무에 접근하고 있다고 할 수 있으며,21) 경찰행정의 주요 작용형식 중 하나인 경찰명령 역시 공역무를 실현하기 위한 수단으로 볼 여지도 없지 않다.22) 이는 특히 공역무가 제대로 수행될 수 있도록 하기 위하여 역무책임자가 공역무에 무질서나 혼란이 발생하는 것을 예방하기 위한 조치들을 취하게 되는 경우에 그러하다.23)

나아가 역무책임자가 아닌 경우에도 경찰기관이 공역무활동에 경찰권을 행사하는 경우가 있다. 예컨대, 시장은 프랑스대혁명 기념일인 7월 14일에 전통의식행렬이 지나가게 될 것이 분명히 예견되므로 그날 전차 운행을 금지할 수 있으며,24) 공공질서 유지에 필요한 경우에는 공역무수탁자에게 계약규정에 반하는 조치를 경찰작용으로 부과할 수 있고,25) 파업 중인 공역무수행자에게 국가 차원의 경찰명령이 부과될 수 있다.26)

(2) 실정법의 태도

이처럼 경찰행정과 공역무의 관계는 학설상으로는 여전히 논란이 되고 있지만, 실정법에서 이를 고려하고 있지는 않다.27) 여기에 관심이 없는 것

가 공역무의 집행을 규율의 형태로 행할 수 있음을 인정하고 있다. R. Chapus, *op. cit.*, p. 179.

21) Waline, J., *op. cit.*, pp. 321-322 참조.

22) Dellis, G., *op. cit.*, p. 135.

23) 공역무수행자의 파업권을 제한한다거나 특정 이용자들의 이용을 금지하는 경우를 예로 들 수 있다. Vandermeeren, R., *op. cit.*, p. 1917.

24) CE 1899. 1. 27. *Société des chemins de fer sur route d'Algérie*. 전차의 운행은 공역무에 속한다.

25) CE 1917. 6. 22. *Compagnie Générale des Eaux*.

26) Minet, C.-É., *op. cit.*, p. 64. 파업이 공역무기능수행을 중단시킴으로써 공공질서에 대한 장애를 야기하기 때문인데, 이처럼 파업이 실행된 이후 경찰기관이 개입하는 것과는 달리, 역무책임자가 역무수행자들의 파업권을 미리 제한하는 것은 공역무 내부의 질서유지권에 속하는 것임에 유의해야 한다.

은 국사원도 마찬가지인데,28) 다만 국사원은 경찰을 '그 본질상' 위임될 수 없는 공역무라고 판단하기도 하였고,29) 경찰활동에 대해 공역무라는 표현을 명시적으로 사용하기도 하였으며,30) 경찰행정에 관하여 '공역무 임시협력자 이론'(la théorie des collaborateurs occasionnels du service public)을 적용한 바 있고,31) 경찰기관의 활동이 통상적인 것을 초과하는 "매우 특별한 감독"으로 인한 것일 경우에만 역무의 수익자에게 요금을 부담시킬 수 있다고 함으로써 '공역무무상원칙'도 적용하고 있다.32)

III. 현대에서 공역무와 경찰행정의 관계

이러한 논란에도 불구하고, 현재 프랑스에서 공역무는 사법(私法)에 대해 행정법의 특수성을 드러내 주는 것이면서, 어떤 행위가 행정법원의 관할에 속하는 것임을 정하는 기준이 되고 있을 만큼 핵심적인 위치를 차지하고 있다.33) 그리하여 경찰행정 역시 공역무의 일종으로 평가되기에 이르렀는데, 다만 다른 행정행위와는 구별되는 특수성이 인정되고 있다.

---

27) Vandermeeren, R., *op. cit.*, p. 1917.
28) Vandermeeren, R., *op. cit.*, p. 1917; Minet, C.-É., *op. cit.*, p. 61.
29) CE Ass. 1932. 6. 17. *Ville de Castelnaudary*. Minet, C.-É., *op. cit.*, p. 61.
30) CE Ass. 1957. 4. 12. *Mimouni*. Vandermeeren, R., *op. cit.*, p. 1917.
31) CE Sect. 1957. 10. 11. *Commune de Grigny*(묘지에 관한 시(市)의 행정작용이 경찰작용의 실질을 가짐에도 이를 공역무로 인정). Vandermeeren, R., *op. cit.*, p. 1917; Minet, C.-É., *op. cit.*, p. 61.
32) CE Ass. 1996. 10. 30. *Wajs et Monnier*. Minet, C.-É., *op. cit.*, p. 61.
33) Waline, J., *op. cit.*, p. 337.

제2항 경찰행정의 특수성

I. 일반적인 특수성

경찰행정이 일종의 공역무활동이라고 하더라도, 이는 특수한 공역무이다. 우선, 경찰행정의 목적은 공공질서의 유지로서 그보다 넓은 개념인 일반이익을 목적으로 하는 공역무와 구별된다. 또 경찰행정은 국가가 존재할 때부터 존재하였고, 국가는 경찰행정의 가장 큰 존재 이유이므로 별도로 창설이 필요하지도 않고 사라질 수도 없는 특수한 공역무이며,[34] 아울러 국가는 경찰작용을 해야 할 의무를 부담한다. 이외에도 경찰행정은 별도로 이용자가 특정되지 않으며, 모든 개인들이 상황에 따라 경찰임무수행을 요구할 권리를 보유한다는 특색이 있다.[35]

II. 경찰행정의 위임금지

1. 원칙

원칙적으로 경찰행정은 위임될 수 없는 공역무이다. 이러한 경찰행정의 위임금지는 국사원의 '까스뗄노다리시(市)'(Ville de Castelnaudary) 판결[36]

---

34) Minet, C.-É., *op. cit.*, pp. 61-62.
35) Minet, C.-É., *op. cit.*, p. 62.
36) CE Ass. 1932. 6. 17. *Ville de Castelnaudary*(농촌경찰임무는 그 본질상 행정에 속하는 공무원들에만 위임될 수 있다고 판시). Lemaire, Élina, 'Actualité du principe de prohibition de la privatisation de la police', *R.F.D.A.*, 2009, p. 769; Chapus, R., *op. cit.*, pp. 700-701.

이래 판례상 일관되게 인정되어 왔는데, 이는 경찰행정의 주요한 특징으로 설명되어 왔으며, 헌법위원회도 주권의 행사와 분리될 수 있는 역무만을 사인에 위임할 수 있다고 함으로써 이를 인정하고 있다.[37]

2. 최근의 논의

(1) 안전임무의 위임 확대

그러나 이러한 위임금지원칙에는 상당한 변화가 일고 있다. 이는 특히 안전임무의 위임과 관련하여 문제되고 있는데, 사설경호·현금수송활동에 관한 1983년 7월 12일 제83-629호 법률에서 일정한 감시, 경호, 현금수송과 같은 임무를 민간업체에 위임할 수 있도록 한 것을 계기로, 안전정향·프로그램설정에 관한 1995년 1월 21일 제95-73호 법률 제Ⅰ부속서 제Ⅰ-3항은 사설경호업체, 사설보안업체, 현금수송업체 및 탐정업체가 국가의 일반적인 안전에 협력한다는 내용과 함께 사인에게 경찰임무의 집행을 위임하였고,[38] 국내안보를 위한 2003년 3월 18일 제2003-239호 법률[39]에서는 사설경호·보안업체의 직원들이 수화물검사 및 외표검사(外表檢査)를 할 수 있도록 하였으며,[40] 범죄예방에 관한 2007년 3월 5일 제2007-297호 법률에서도 자격증 취득을 전제로 사설경호·보안업체 직원들의 안전관련 임무수행을 인정하였다.[41] 현재에는 국내안전법전 제6권에서 사설경호·보안활동에 관한 상세한 규정을 두고 있다.

---

37) CC 2002. 8. 29. 2002-461DC *Loi d'orientation et de programmation pour la justice*. Lemaire, É., *op. cit.*, pp. 768, 770.
38) Latour, Xavier, 'La puissance publique et les contrôles exercés sur les entreprises de sécurités privée', *A.J.D.A.*, 2009, p. 800; Lemaire, É., *op. cit.*, p. 767.
39) 일명 '사르코지 법률'(la loi Sarkozy)이라고 한다.
40) Minet, C.-É., *op. cit.*, p. 151.
41) Latour, X., *op. cit.*, p. 800.

(2) 위임의 한계

이처럼 사설경호·보안업체가 일정한 법적 지위를 인정받고, 또 그 직원수도 급증하고 있는 것은 부인할 수 없는 현상이다. 2009년 현재 프랑스에는 약 2,500개의 사설경호·보안업체가 있으며, 국가헌병대보다도 많은 15만명의 직원들이 여기에 속해 있다고 한다.42) 그러나 이러한 업체의 직원들이 간단한 직무교육만을 거친 다음 안전관련 임무를 수행한다는 점에서이들의 업무범위가 확장되는 것에는 우려가 표명되고 있다.43)

그리하여 사설경호·보안업체에 대한 위임은 경찰권 자체나 경찰명령에대해서까지 이뤄져서는 안 되며, 현장에서 구호조치를 취하는 것과 같은급부제공적 성질의 사실행위나 경찰명령의 집행을 위임하는 것에 그쳐야한다는 주장이 제기되었으며,44) 국사원도 "의회심의에서 나타난 1983년 7월 12일 법률의 규정들을 살펴보면, 동법에 규정된 회사들이 상기한 시법전(市法典)의 규정에 따라 시에서 자치경찰의 임무에 속하는 공도상의 감시임무를 위임받을 수 없음을 알 수 있다"고 판시한 바 있다.45) 헌법위원회의 경우, 사인이 전자감시장비를 통해 수용자들을 원격감시 하는 임무를담당하도록 하는 법률46)과 항공회사가 추방명령이 내려진 불법이민자를수송하는 임무를 위임받을 수 있도록 한 법률47)에 대한 위헌심사에서, 대상 법률들은 국가가 반드시 행사해야 하는 임무를 위임한 것이 아니라 단순한 기술적 임무만을 위임하고 있으므로 합헌이라고 판단하였는데, 그 판

---

42) Latour, X., *op. cit.*, p. 800.
43) Latour, X., *op. cit.*, p. 802 참조.
44) Lemaire, É., *op. cit.*, p. 776.
45) CE 1997. 12. 29. *Commune d'Ostricourt.*
46) CC 2002. 8. 29. 2002-461DC *Loi d'orientation et de programmation pour la justice.*
47) CC 2003. 11. 20. 2003-484DC *Loi relative à la maîtrise de l'immigration, au séjour des étrangers en France et à la nationalité.*

시 내용상 경찰권의 위임에는 한계가 있음을 인정한 것으로 볼 수 있다.[48]

〈CE 1997. 12. 29. *Commune d'Ostricourt*〉

이 판결에서는 시장이 사설보안회사와 계약을 통해 공도상에서의 야간순찰임무를 위임한 것이 문제되었는데, 사설보안회사의 직원들이 공공시설을 감시하고, 일체의 의심스러운 행동들을 경찰서에 알리는 것이 핵심적인 내용이었다. 국사원은 경찰행정의 위임금지라는 전통적인 원칙을 원용하지 않고, 그저 위와 같은 계약은 1983년 7월 12일 제83-629호 법률에 따라 사설보안회사에 위임할 수 있는 범위를 벗어난 것이어서 위법하다고만 판시하였다.[49]

이 밖에도 사설경호·보안업체와 관련된 것은 아니지만, 시장이 공역무를 위임하는 경우에도 자신의 경찰권까지 이전할 수는 없다는 점이 국사원의 판례로 인정되고 있으며,[50] 따라서 유료주차나 차량견인에 관한 임무를 위임하는 경우에도 이는 경찰작용을 위임한 것이 아니라, 이와는 분리된 독자적인 공역무를 위임하는 것으로 보아야 한다는 설명이 제시되고 있다.[51]

---

48) 권세훈, 「경찰권의 민간위임 경향과 한계 - 프랑스 판례를 중심으로」, 『성균관법학』, 제24권 제4호, 2012. 12., 382-383면 참조.

49) Lemaire, É., *op. cit.*, p. 768.

50) 해수욕장특허가 있다고 하여 시장의 경찰권이 공역무수탁자에게 이전되는 것은 아니라는 판결로 CE Sect. 1958. 5. 23. *Consorts Amoudruz* 판결 참조. 또, 자동차경주에 관한 시 규칙에서 "청년들이 이웃들과 원만한 관계를 유지하고 이용자들이 정해진 날짜와 시간을 준수하게 할 임무를 담당할 수임대표자를 선출해야 한다"고 규정한 것이 적법하다는 판결로 CE 1983. 7. 29. *Baffroy-Lafitte* 판결 참조. Minet, C.-É., *op. cit.*, p. 100.

51) Minet, C.-É., *op. cit.*, p. 170.

제3항 비교법적 평가

I. 프랑스 법상황의 요약

공역무는 일반이익을, 경찰은 공공질서를 목적으로 한다는 점에서 양자는 구별되며, 프랑스에서 공역무와 경찰의 관계는 오랫동안 논란거리였으나, 현재 경찰은 공역무의 일종으로 파악되는 경우가 많다.

그러나 모든 행정활동이 공역무위임의 대상이 될 수는 없으며, 질서유지에 관한 본질적인 부분까지 사인에게 위임되어 경찰권이 개입하지 않는 것은 국가의 의무를 방기하는 것이 될 수 있다. 경찰은 질서유지를 위하여 언제든 보충적으로 개입할 수 있어야 하며, 다만 경찰작용이 필요한 영역이 어떠한 것인지는 사회통념에 따라 결정될 것이므로 시대에 따라 그 내용이 변할 수 있다.

II. 우리나라에의 시사점 : 경비업의 경우

1. 문제점

경찰행정의 성질과 관련하여 우리나라에서 특히 시사점을 얻을 수 있는 것은 경찰행정의 위임금지에 관한 논의이다. 상기한 바와 같이 프랑스에서는 경찰행정이 공역무의 성질을 띠고 있음을 인정하면서도, 그 특수성에 따라 근본적인 위임은 제한하고 있는데, 이는 우리나라에서 활성화되고 있는 경비업에 대해 많은 시사점을 던져 준다. 현재 우리나라에서 민간 경비업은 호황을 누리고 있는데, 시설경비, 호송, 신변보호 등을 비롯하여 각종 행사의 안전업무 등에까지 용역경비가 확대되고 있고, 사인뿐만 아니라 국가나 지방자치단체에 대해서까지 확장되고 있으며,[52] 2012년 현재 3,836개 업체에 150,030명의 경비원이 종사하고 있다.[53] 이러한 민간경비는 경찰관에 의한 보호가 현실적으로 미흡한 데 따른 공백을 메워주는 장점이 있지만, 이는 어디까지나 사인의 활동이므로 그 한계가 분명히 정해질 필요가 있다.

2. 경비업에 관한 법제도

경비업은 경비업법에 근거를 두고 있는데, 동법 제7조는 경비업자의 의무를 정하고 있다. 구체적으로 살펴보면, 동조 제1항은 경비업자가 경비대상시설의 소유자 또는 관리자의 관리권 범위 안에서 업무를 수행하여야 하며, 다른 사람의 자유와 권리를 침해하거나 그의 정당한 활동에 간섭할 수 없음을 분명히 하고 있고, 제2항은 경비업자의 성실의무, 제3항은 경비원의 권익을 보장할 의무, 제4항은 비밀누설금지의무, 제5항은 허가받은 경비업무에만 경비원을 종사하게 해야 할 의무를 각 규정하고 있다.

이러한 경비업무는 경찰의 임무와 유사한 안전보호임무에 해당하지만, 그 목표는 다르다고 할 수 있다. 즉, 경찰은 공익의 관점에서 공적 안전을 보호하고 공적 안전의 요소로서 사익을 보호하지만, 경비는 위탁자인 사인의 사익을 보호하고 그러한 범위 안에서 공익이 보호되는 효과를 가지며, 나아가 경비업자는 공법적 지위를 갖지 아니하므로 제3자에 대해 공공의 안녕을 위한 아무런 권한도 지니지 않는다.[54]

---

52) 홍정선, 전게서, 149면.
53) 경찰청, 『2013 경찰백서』, 2013. 10. 106-107면.
54) 홍정선, 전게서, 149면.

3. 경비업의 한계

위와 같이 경비업무의 내용과 경비업자·경비원의 권한이 경비업법에 규정되어 있고, 또 그 법적 성질이 경찰작용과 명확히 구별되는 것이므로 그 업무범위에 한계가 설정되어야 하지만, 현실적으로 이들의 역할은 매우 확대되고 있다. 특히 국가, 지방자치단체와 같은 공공단체가 안전보호임무를 위해 경비원을 이용하는 경우에는 경비업법 제7조 제1항에서 말하는 관리권이 문제될 수 있다. 국가, 지방자치단체가 안전보호와 관련하여 갖는 관리권은 결국 경찰권이 될 수 있을 것이고, 따라서 이러한 공공단체가 경비원을 사용하는 경우에는 사실상 현장에서의 경찰임무 자체가 경비업자에 위임될 여지도 발생하기 때문이다.

그러므로 국가, 지방자치단체가 경비업을 이용하는 경우에는 사인의 경우와는 달리 그 책임주체를 분명히 하고, 이용범위 및 한계도 명확히 할 필요가 있다고 본다. 또 어디까지나 공공안전의 확보는 경찰 본연의 임무임을 인식하여야 할 것이고, 단지 예산절감 등의 목적으로 경비업을 대폭 활용하려는 것은 위험할 수 있다. 경비업은 어디까지나 국가의 경찰기능을 보완하기 위한 수단일 뿐이며, 공적 안전에 대한 책임 전부를 경비업에 위임하여서는 안 될 것이다.[55]

---

55) 홍정선, 전게서, 150면도 같은 취지인 것으로 보인다.

제2장
경찰권의 법적 근거

제1절 개관

경찰작용은 강제력이 수반되는 공권력작용이며, 현대 법치주의국가에서 경찰권이 아무런 법적 근거 없이 행사될 수는 없다. 다만, 이러한 법적 근거가 어떤 형태로, 그리고 어떤 내용과 밀도로 마련되어야 하는지에 대해서는 명확히 설명하기 어렵다. 이와 관련하여 프랑스의 경찰법이론은 상당히 많은 점을 시사하며, 특히 일반경찰의 법적 근거와 일반조항의 역할을 하는 공공질서 개념의 경우에 그러하다. 나아가 프랑스에서는 일반경찰 간의 관계와 일반경찰과 특별경찰의 관계에 대해서도 판례를 중심으로 많은 논의가 축적되어 있다.

본장에서는 경찰권의 법적 근거에 대한 프랑스의 논의를 살펴본다. 우선 일반경찰권의 경우, 그 법적 근거에 관한 논의는 일반조항 역할을 하는 공공질서 개념을 중심으로 이루어져 있으며, 공공질서의 유지에 필요한 권한을 일반적으로 행사하는 경찰기관으로는 수상, 도지사, 시장이 있다. 프랑스에서 일반경찰기관이라 함은 이러한 수상, 도지사, 시장을 의미하는데, 이 기관들이 일반경찰권을 행사하는 법적 근거는 각기 다르기도 하거니와, 매우 특징적이기도 하다. 다만 일반경찰기관이 직접 물리적 집행행위를 하지는 않으며, 이는 제도적 의미의 경찰의 몫이다. 물론 제도적 의미의 경찰도 일반경찰기관이 발령한 경찰조치의 집행만을 담당하는 것은 아니며 일반조항에 기해 스스로 경찰권을 행사할 수 있지만, 이는 주로 현장에서 이뤄지는 사실행위의 경우에 그러하고, 빠리경시청을 제외하면 직접 경찰규범을 발령할 수는 없다.

다만 프랑스의 경우 조직법적 근거와 작용법적 근거의 분류가 명확하지 않으며, 임무규범과 권한규범도 명확히 구별되고 있지 않다. 그러므로 이하에서 조직법적 근거와 작용법적 근거를 논하는 것은 엄밀한 구별기준에 의한 것은 아니다.

이 밖에 공공질서의 개념과 내용에 대해서는 상당히 많은 논의가 축적되어 있으므로 별도의 절에서 상세히 고찰할 것인데, 다만 이와 관련한 프랑스의 논의는 제도적 의미의 경찰의 작용이 아닌 경찰기관의 작용에 대한 것이 주를 이루고 있으므로 여기에 초점을 맞추고자 한다.

한편, 특별경찰권의 경우에는 우리나라의 특별수권에 따른 경찰작용과 유사한 모습을 보인다. 그리하여 각 영역별로 경찰권의 행사주체와 내용이 정해져있다. 그러나 본서에서 프랑스의 모든 특별경찰영역에 대한 법적 근거를 일일이 열거할 수는 없으므로, 몇 가지 대표적인 영역들에 대해서만 간략히 언급하게 될 것이다.

마지막으로 경찰권이 중첩되는 경우에 대한 논의인 경찰권의 경합에 대해서도 본장에서 함께 살펴볼 것인데, 여기에서는 경찰규범 간의 충돌이 문제되기 때문에 주된 논의의 대상은 제도적 의미의 경찰이 아닌 경찰기관이다.

제2절 일반경찰권의 근거

제1항 국가 차원의 일반경찰권

I. 수상

1. 고유권한이론

(1) 기원

프랑스에서 국가 차원의 원칙적인 일반경찰기관은 수상이다. 수상은 일반경찰영역에서 특정 규율이 전 국토에 적용되어야 할 필요가 있음에도 법률이 그에 관한 규정을 두고 있지 않은 경우 정부를 대표하여 그러한 조치를 취할 권한을 지니고 있다.

수상의 일반경찰권은 판례를 통해 수상의 고유권한으로 인정되고 있는데, 그 기원은 제3공화국 시절인 1919년, 국사원의 '라본느'(*Labonne*) 판결[1]로 거슬러 올라간다. 이 사건의 원고는 도지사로부터 1913년 12월 4일자로 자동차운전능력증명[2] 취소처분을 받자 이의 취소를 구하면서 그 근거가 된 1899년 3월 10일 명령의 적법성까지 다투었는데, 위 명령에서 자동차운전을 위해 능력증명을 받도록 하는 것은 법률의 근거가 없어 월권에

---

1) CE 1919. 8. 8. *Labonne*.
2) 현재의 운전면허에 해당한다.

해당한다는 이유에서였다. 이에 대해 국사원은 "국가수반은 법률이 위임하고 있는 경우 외에도 그 고유권한에 의해 전국에 적용되는 경찰조치들을 발령할 수 있다"고 판시하면서 위 명령의 적법성을 인정하였다.[3] 여기서 현재까지 수상의 일반경찰권의 근거가 되고 있는 '고유권한이론'이 나타났다.

위 판결 당시의 국가수반이었던 대통령은 공권력의 조직에 관한 1875년 2월 25일 '헌법률'(la loi constitutionnelle) 제3조에 따라 "법률의 집행을 감독하고 보장"할 임무를 지니고 있었다.[4] 그런데 이는 과거 국왕에게 "공공질서 및 공공평온을 유지할 책임"을 부여하고 있던 1791년 헌법 및 "국왕은 법률의 집행 및 국가안보에 필요한 명령 및 칙령(l'ordonnance)을 제정한다"라고 규정한 1814년 헌장과는 달리, 권한이 상당히 축소되어 있는 것으로 해석되었다.[5] 이는 위 1875년 헌법률이 정치적 타협의 산물에 불과하였기 때문으로 추측되는데, 여하튼 위 헌법률 제3조의 규정만으로는 일반경찰권의 근거가 되기에는 부족한 것으로 여겨졌다.

〈프랑스 헌법률의 규범적 가치〉

프랑스 헌법률의 규범적 가치는 그 시대상과 밀접하게 결부되어 있는데, 특히 프랑스 헌정사에서 가장 혼란스러운 시기 중 하나였던 제3공화국(1875-1940) 시기와 연관이 깊다. 1870년에 나폴레옹 3세가 스당(Sedan) 전투에서 프로이센에 대패함으로써 왕정이 몰락하자, 임시정부가 구성되어 1871년 2월 8일 국민의회(l'Assemblée Nationale)가 성립되었고, 여기에서 왕당파가 다수를 차지하면서 왕정복고의 흐름 속에 1873년 30인위원회가 구성되어 새로운 정치제도를 제안하는 임무를 부여받게 되었다. 그러나 공화파와의 견제 속에 어느 정파도 확고한 지위를 차지하지 못한 채, 1875년 1월 30일 앙리 왈롱(Henri Wallon)이 제안한 수정

---

3) 그러면서도 지방경찰기관이 해당 지역의 공익상 요구되는 규정들을 보충적으로 추가할 수 있는 권한이 있다는 점도 아울러 인정하였다. Lachaume, J.-F.·Pauliat, H., *op. cit.*, p. 315; Minet, C.-É., *op. cit.*, p. 92.

4) Lachaume, J.-F.·Pauliat, H., *op. cit.*, p. 318.

5) Minet, C.-É., *op. cit.*, p. 92.

안에 따라 의회 간접선거방식의 대통령제가 채택되기에 이르렀다. 이후 3개의 헌법률, 즉 상원의 조직에 관한 1875년 2월 24일 헌법률, 공권력의 조직에 관한 1875년 2월 25일 헌법률, 공권력 간의 관계에 관한 1875년 7월 16일 헌법률이 차례로 제정되었다. 첫 번째 헌법률은 동등한 권한을 지닌 양원제를 원했던 우파의 강력한 희망에 따라 제정된 것이었고, 세 번째 헌법률은 두 번째 헌법률의 흠결을 보충하기 위하여 제정된 것이었다. 위 헌법률들은 어떤 체계성을 가지고 제정된 것이 아니라, 왕당파, 공화파, 보나파르트파(派)의 정치적 이해관계 속에서 타협적으로 제정된 것으로서 특정 헌법이념이나 사상이 담겨있지 않은 기술적인 것에 불과하였다. 그러나 이후에도 헌법은 제정되지 못하였고, 결국 위 헌법률들은 제3공화국 헌법으로서의 의미를 갖게 되었다.6) 그런데 현재에는 'la loi constitutionnelle'이 의회가 주도한 '헌법개정법률'의 의미로 쓰이기 때문에 주의를 요한다. 헌법을 개정할 때 헌법조문 자체를 변경하는 우리나라와 달리 프랑스에서는 헌법의 일부를 변경하는 내용을 담은 법률을 통과시키는 형식으로 헌법개정을 하는데, 이러한 법률을 의회주도 헌법개정법률이라고 일컫는 것이다. 예컨대 2005년 3월 1일 헌법개정법률은 1958년 헌법전문에 '2004년 환경헌장'을 삽입하고 있다.7)

이처럼 국가수반의 일반경찰권은 헌법상 명문근거도 없고, 헌법조문들의 합리적 해석을 통해 도출되지도 않았는데, 그럼에도 불구하고 국가 차원의 일반경찰권을 인정할 실제적 필요가 존재하자 국사원은 국가수반의 법률 집행임무에서 일반경찰권 및 독립명령제정권의 근거를 찾게 된 것이다.8) 결국 1875년 헌법률 제3조에서 말하는 "법률의 집행"에는 특정 법률을 적용하는 것은 물론, 프랑스에서 법률의 집행을 위해 필수적인 것으로 일반적으로 인정되는 공공질서, 즉 공공안전·공공평온·공중위생의 유지가 포함된다고 해석되었다.9) 그리고 이를 통해 대통령은 위 1875년 헌법률

---

6) Ardant, Philippe, *Institutions politiques & droit constitutionnel*, 12ᵉ éd., L.G.D.J., 2000, pp. 380-383.

7) Waline, J., *op. cit.*, pp. 255-256 참조.

8) É. Picard, *op. cit.(La notion de police administrative)*, p. 592; Minet, C.-É., *op. cit.*, p. 93.

9) 경찰작용에 관한 것은 아니지만, 국사원은 '에레스'(*Heyriès*) 판결에서 이미 "1875

제3조에서 부여한 법률의 집행이라는 일반적 임무를 유지하고, 아울러 법치국가에서 용인될 수 없는 법적 흠결을 메우면서 국가의 공공질서를 확보하기 위하여 행사되는 독립명령제정권을 지니게 되었다.[10]

이후 1946년 헌법은 제47조에서 "각료회의의장(le président du conseil des ministres)은 법률의 집행을 확보한다"라고 규정하였고, 이에 따라 제4공화국에서는 각료회의의장인 수상이 대통령을 대신하여 국가 차원의 일반경찰권을 보유하게 되었다.[11]

(2) 제5공화국 이후의 상황

제5공화국과 함께 1958년 헌법이 발효되어 상황이 변하였지만 국사원은 '고유권한이론'을 포기하지 않았다. 그리하여 국사원은 1960년에 '니꼴라스 유한회사'(SARL "*Restaurant Nicolas*") 판결[12]을 통해 수상이 그 고유권한에 따라 전국에 적용되는 경찰조치를 발령할 권한이 있음을 확인하였다. 이 사건에서는 사냥물매매를 규율하기 위한 1957년 1월 25일 제57-85호 명령이 문제되었는데, 원고 회사는 수상에게 사냥물매매를 규율할 권한을 부여한 법률이 없으므로 위 명령은 위법하다고 주장하였다. 이에 대해 국사원은 위 명령이 야생동물에 영향을 미칠 수 있는 질병을 예방하고 이의 확산을 방지하기 위하여 사냥물매매에 관한 상시통제장치를 정한 것으로서, 가축의 질병에 대처하기 위한 조치들만을 규정하고 있던 구 농촌법

년 2월 25일 헌법률 제3조에 따라 대통령은 프랑스행정의 정점에 위치하고, 법률의 집행을 확보할 임무를 지니며, 따라서 법령에 의해 창설된 공역무의 수행내용을 감시하는 것은 대통령에 부과된 의무이다"라고 판시한 적이 있었다. CE 1918. 6. 28. *Heyriès*. Lachaume, J.-F.·Pauliat, H., *op. cit.*, p. 318; Minet, C.-É., *op. cit.*, p. 92.

10) Lachaume, J.-F.·Pauliat, H., *op. cit.*, pp. 318-319 참조.
11) Minet, C.-É., *op. cit.*, p. 93.
12) CE 1960. 5. 13. *SARL "Restaurant Nicolas"*.

전 L.214조나 전염병에 대처하기 위하여 필요한 임시조치들만을 규정하고 있던 공중보건의 보호에 관한 1902년 2월 15일 법률 제8조에 이에 대한 근거가 없기는 하지만, 수상은 특별히 권한을 부여하는 법률이 없더라도 자신의 고유권한에 따라 전국에 적용되는 공중위생의 보호에 필요한 경찰조치를 발령할 수 있다면서 위 명령은 적법하다고 판시하였다.13) 이러한 국사원의 입장은 이후 '북아프리카출신 유태인문화협회 빠리지부' (Association culturelle des israélites nord-africains de Paris) 판결에서도 확인되었다.14)

국사원이 고유권한이론을 유지한 것은 1958년 헌법의 내용에 비추어볼 때 주목할 만한 것이었다. 1958년 헌법 제21조는 수상에게 법률의 집행에 관한 위임명령제정권을 부여하면서 아울러 제37조15)에서 독립명령제정권도 인정하고 있기 때문이다. 물론, 제37조는 법률사항 이외의 사항들을 명령으로 규율할 수 있도록 규정하고 있고, 제34조는 "공적 자유의 행사를 위하여 시민들에게 부여된 기본적 안전장치들"에 관한 규정은 법률로 정하도록 하고 있으므로,16) 제34조에 따른 입법자의 권한영역 이외의 영역에 대해서만 수상이 개입할 수 있다. 그러나 제37조에 따른 독립명령은 헌법 조문에 의하여 의회의 개입으로부터 보호를 받는데, 제41조17)는 의회가 명

---

13) Lachaume, J.-F.·Pauliat, H., op. cit., pp. 315-316.
14) CE 1973. 5. 2. Association culturelle des israélites nord-africains de Paris. Minet, C.-É., op. cit., p. 93.
15) "법률영역에 속하는 것 이외의 사항은 명령사항이다.
    명령사항을 법률의 형식으로 규정한 조문들은 국사원의 의견을 거쳐 명령으로 변경될 수 있다. 본 헌법이 발효된 이후에 제정된 위와 같은 조문들은 헌법위원회가 전항에 따라 명령사항이라고 선언한 경우에만 변경될 수 있다."
16) 따라서 경찰권 행사의 일반적 범위를 정하는 것은 원칙적으로 의회의 권한에 속한다. Lachaume, J.-F.·Pauliat, H., op. cit., p. 316.
17) "입법절차 중에 제출된 법률안 또는 개정안이 법률영역에 속하지 않거나 제38조에 따른 위임에 반하는 것으로 보이는 경우, 정부 또는 이를 접수한 의회의장은 접수 불가를 선언할 수 있다(의회의장의 권한은 2009. 3. 1.부터 발효된다).

령영역에 개입할 경우 정부가 이에 대응하기 위하여 필요한 법적 수단들을 사용할 수 있도록 규정하고 있다.[18)

이처럼 수상의 독립명령제정권이 인정됨에도 불구하고, 국사원이 여전히 고유권한이론에 기해 수상의 일반경찰권을 인정한 것은 헌법 제37조가 수상의 경찰명령제정권의 근거가 되는 경우, 이는 헌법 제34조에 의해 제한될 수밖에 없기 때문이라는 설명이 있다.[19) 실제로, 국사원은 처음에는 "헌법 제21조, 제37조에 따라 수상은 전국에 적용되는 경찰조치를 발령할 권한이 있으며, 특히 자동차운전자 및 승객의 안전을 대상으로 하는 경우에 그러하다"라고 판시하여 경찰권의 근거를 헌법 제37조에 두었다가,[20) 이후 입장을 변경하여 "헌법 제34조는 수상이 이전부터 행사했던 일반경찰권을 박탈하는 것이 아니므로 합리적인 대책을 마련해 전국에서 공도이용자의 안전을 추구하는 것은 수상의 권한에 속한다"고 판시하여 고유권한이론을 분명히 하였다.[21) 헌법위원회 역시 "헌법 제34조는 정부수반이 법률의 수권 없이도 그 고유권한에 따라 행사하는 일반경찰권을 박탈하는 것이 아니다."라고 판시함으로써,[22) 고유권한이론의 합헌성을 인정하고 있다.

다만, 상기한 '라본느' 판결 및 '니꼴라스 유한회사' 판결 등을 근거로 하여 전국적으로 취해진 경찰조치들은 많지 않다. 보충성원칙에 따라 국가기관은 지방기관의 대처가 불충분할 때에만 개입하며, 또한 당해 경찰조치가 전국적인 측면에서 필요한 것일 경우에만 이를 행하기 때문이다. 또한, 입법

정부와 의회의장의 견해가 일치하지 않는 경우, 헌법위원회는 어느 일방의 요청에 따라 이를 심사할 수 있으며, 8일 내에 결정하여야 한다."

18) Lachaume, J.-F.·Pauliat, H., *op. cit.*, p. 320.

19) Chapus, R., *op. cit.*, p. 675.

20) CE 1975. 6. 4. *Bouvet de la Maisonneuve*.

21) CE 1978. 2. 17. *Association dite "Comité pour léguer l'esprit de la Résistance".* Minet, C.-É., *op. cit.*, p. 94.

22) CC 2000. 7. 20. 2000-434DC *Loi relative à la chasse.*

자는 공공질서의 유지를 위하여 필요한 규범을 언제나 제정할 수 있으며, 그렇게 함으로써 헌법 제34조에 따라 "공적 자유의 행사를 위하여 시민들에게 부여된 기본적 안전장치들"을 정하는 권한을 행사할 수 있다. 그렇지만 수상의 일반경찰권 행사가 예외적인 것이라고 하더라도 완전히 사라진 것은 아니며, 국사원은 최근까지도 수상이 일반경찰권에 기하여 비행동호회의 비행과 관련한 안전에 대해 규율할 권한이 있다고 판시한 바 있다.[23]

2. 정리

이처럼 수상의 일반경찰권은 헌법 제21조에서 말하는 법률의 집행을 위한 위임명령제정권도 아니고, 법률영역 이외의 것으로 그 한계가 정해지는 제37조의 독립명령제정권도 아니다. 수상은 공공질서의 보전을 위하여 필요한 때에는 법률의 수권 없이도 공적 자유의 행사를 제한할 수 있는 권한을 인정받고 있으며,[24] 이처럼 수상의 일반경찰권을 그 고유권한으로 인정하는 것은 공역무의 계속을 위한 것이고,[25] 나아가 진정한 공적 자유로 볼 수 없는 활동들에 대해서는 헌법 제34조에 따른 의회의 개입의무가 없으므로 이러한 행위들을 규율할 필요성이 있기 때문이기도 하다. 결국 현재 프랑스에서 수상의 일반경찰권의 조직법적 근거는 고유권한이론이고, 작용법적 근거는 공공질서라고 할 수 있으며, 이들 각각의 내용은 판례를 통해 형성되어 있다고 할 수 있다.

---

23) CE 2001. 3. 19. *Syndicat national des industriels et professionnels de l'aviation générale*. Minet, C.-É., *op. cit.*, pp. 94-95.

24) Minet, C.-É., *op. cit.*, p. 94. 국사원은 1958년 헌법 제34조가 시민의 자유권보장에 관한 규율을 입법자에 위임하고 있다고 해서 이와 같은 수상의 권한행사가 방해받는 것은 아니라고 판시하였다(CE 1982. 1. 22. *Association auto-défense*). Laubadère, A.·Venezia, J. C.·Gaudemet, Y., *op. cit.*, p. 272.

25) CC 2000. 7. 20. 2000-434DC *Loi relative à la chasse*. Lachaume, J.-F.·Pauliat, H., *op. cit.*, pp. 158-159, 320.

II. 제도적 의미의 국가경찰

1. 국가경찰

(1) 조직법적 근거

현재의 국가경찰은 국가경찰의 조직에 관한 1966년 7월 9일 제66-492호 법률에 의해 창설되었다. 동법 제1조는 국가경찰이 내무부 산하에 조직됨을 규정하고 있고, 제2조는 '국가안보국'(la sûreté nationale)과 빠리경시청을 통합하여 국가경찰을 창설함을 규정하고 있으며, 제3조는 동법의 집행을 위한 위임명령에 따라 국가안보국과 빠리경시청의 직원들을 통합하여 일반공무원과는 다른 별도의 조직을 창설한다는 점을 규정하고 있다.

한편, 1986년 3월 18일 제86-592호 명령으로 법전화된 국가경찰관직무법전 제4조는 국가경찰이 위계적으로 조직되며, 형사절차법전에 따라 사법경찰임무를 수행하는 경우 외에는 내무부장관에 속한다는 점을 분명히 하였다. 현재에는 2012년 3월 12일 제2012-351호 오르도낭스로 법전화된 국내안전법전 L.411-1조에서 같은 내용을 규정하고 있다.

결국 제도적 의미의 국가경찰은 내무부장관의 책임에 속해 있으며, 구체적으로는 '경찰총장'(le directeur général de la police nationale)이 지휘하는 내무부 산하 '국가경찰총국'(la direction générale de la police nationale, DGPN)의 책임 하에 있다.

참고로, 사법경찰권과 관련하여서는 형사절차법전에서 별도의 규정을 두고 있는데, 동법전 제16조는 국가경찰의 경감(le commissaire), 경위(l'officier) 및 '관계부처합동규칙'(l'arrêté interministériel)으로 임명된 경찰관을 사법경찰관으로 규정하고 있으며, 제20-1조는 국가경찰공무원으로 퇴직한 자에 대해 국사원의 동의를 얻은 데크레로 정해진 바에 따라 사법경찰관의 자격을 부여할 수 있는 경우를 규정하고 있다. 또, 형사절차법전

제20조는 사법경찰관에 해당하지 않는 국가경찰관 중 일부 직군을 사법경찰리로 정하고 있으며, 제20-1조는 국가경찰공무원으로 퇴직한 후 국사원의 동의를 얻은 명령으로 정해진 바에 따라 사법경찰리의 자격을 부여받을 수 있음을 규정하고 있다. 그리고 동법전 제21조는 사법경찰리보(司法警察吏補)를 정하고 있는데, 제16조, 제20조의 요건을 갖추지 못한 국가경찰공무원이 여기에 해당한다.

(2) 작용법적 근거

안전정향·프로그램설정에 관한 1995년 1월 21일 제95-73호 법률 제4조는 다섯 가지 임무를 국가경찰에 부여하면서, 이러한 임무가 국가경찰직무법전을 통해 실행되어야 한다고 규정하였다. 여기서 다섯 가지 임무는 ① 도시범죄, 소규모 범죄, 도로에서의 불안 방지, ② 불법이주의 통제 및 불법체류 외국인노동자의 고용 방지, ③ 마약, 조직범죄, 대규모 경제·재정범죄 방지, ④ 테러 및 국익에 대한 침해 방지, ⑤ 공공질서의 유지이다.

그리고 국가경찰직무법전 제1조는 국가경찰이 전 국토에서 자유의 보장, 국가기관의 보호, 평화 및 공공질서의 유지, 신체·재산의 보호임무를 수행한다고 규정하고 있고, 제2조는 인권선언, 헌법, 국제협약 및 법률에 규정된 임무를 수행하도록 규정하고 있으며, 제3조는 모든 프랑스시민은 법령에 정해진 조건에 따라 국가경찰에 의지할 수 있음을 규정하고 있다. 아울러 제7조는 국가경찰관의 국가기관에 대한 충실의무 및 중립성을 강조하고 있고, 제8조는 구호의무 및 공공질서에 장애를 초래하는 모든 행위를 예방 또는 억제할 임무에 대해, 제9조는 비례원칙에 대해 각 규정하고 있으며, 제14조는 국가경찰관의 명령에 대한 성실한 집행의무를, 제17조는 상급기관의 지시에 대한 복종의무를 각 규정하고 있다.

2. 국가헌병대

(1) 조직법적 근거

국가헌병대는 최근 조직상 큰 변화를 겪었다. 과거 국가헌병대는 국방부 산하의 조직이었는데, 다만 국가헌병대의 일반조직에 관한 2005년 3월 24일 제2005-274호 명령 제1조에 따라 군대의 일부를 구성하면서도 경찰임무를 본래 임무로 수행하고 있었다. 그리하여 국방부 및 내무·국토정비부의 권한에 관한 2005년 6월 16일 제2005-669호 명령 제4조는 "국내 안보에 관한 임무를 수행하기 위하여, 내무·국토정비부장관은 국가헌병대의 역무를 사용할 책임을 진다"고 규정하면서, 이를 위하여 내무·국토정비부장관이 국방담당 장관과 협조 하에 경찰권의 행사, 임무수행조건 및 그에 따른 조직유형들을 정하도록 규정하고 있었다.26)

이후 2009년 1월 1일부터 '항공교통국가헌병대'(la gendarmerie des transports aériens), '해양국가헌병대'(la gendarmerie maritime)를 제외하고는 모두 내무부 산하가 되었으며, 이때부터 예산법적으로 내무부에 속하게 되었다.27) 이러한 조직개편은 국가헌병대에 관한 2009년 8월 3일 제2009-971호 법률을 통해 완성되었는데, 동법은 새롭게 개편된 국가헌병대의 법적 근거가 되고 있다.28) 그리하여 동법 제1조 제4항은 국가헌병대가 사법경찰권을 행사하는 경우를 제외하고는 내무부장관에 속한다는 내용을 담은 국방법전 L.3225-1조를 추가하도록 규정하였고, 제14조 제1항에서도 국가헌병대의 인사에 관한 주무부서가 내무부장관이라는 내용을 국방법전 L.4136-3조에 삽입하도록 규정하였다. 이러한 조문들이 바로 새로운 국가

---

26) Minet, C.-É., *op. cit.*, p. 137.
27) http://fr.wikipedia.org/wiki/Gendarmerie_nationale_(France) 참조.
28) 그러나 국가헌병대원의 군인으로서의 지위는 그대로 유지된다. 동법 제6조, 제9조 참조.

헌병대의 조직법적 근거라고 할 수 있다.

한편, 국가헌병대의 사법경찰권에 대해서는 국가경찰과 마찬가지로 형사절차법전에서 규정하고 있다. 그리하여 동법전 제16조는 국가헌병대 장교 및 부사관과 관계부처합동규칙으로 임명된 국가헌병대원을 사법경찰관으로 규정하고 있고, 제20조는 사법경찰관에 해당하지 않는 모든 국가헌병대원을 사법경찰리로 규정하고 있다.

(2) 작용법적 근거

위 2009년 8월 3일 법률 제1조 제3항은 국방법전 L.3211-3조에 국가헌병대의 임무를 삽입하고 있다. 그리하여 국가헌병대는 법률의 집행을 확보한다는 점, 사법경찰임무가 국가헌병대의 본질적 임무 중 하나에 해당한다는 점, 국가헌병대는 도로를 비롯하여 특히 농촌지역과 준도시지역에서 공공안전, 공공질서를 확보한다는 점, 테러방지 및 시민보호를 위해 정보를 수집한다는 점, 국익을 위하여 국방에 참여하는 것을 비롯하여 핵무기에 대한 통제 및 안전 확보에 참여한다는 점이 명문으로 규정되었으며, 이러한 모든 임무를 전 국토에서 수행한다는 점도 아울러 규정되었다. 국내안전법전이 제정된 이후에는 동법전 L.421-1조에서 동일한 내용을 규정하고 있다.

제2항 지방 차원의 일반경찰권

I. 도지사

1. 일반경찰권

도지사는 대혁명 이후부터 지방 차원의 일반경찰권을 부여받았는데, 도의 조직에 관한 1789년 12월 22일 내지 1790년 1월 8일 법률에서는 도정(道政) 및 이에 속하는 모든 부분, 특히 공중위생, 공공안녕, 공공평온의 유지에 관한 임무를 도지사가 담당하도록 규정하고 있었다.[29] 현재 국내안보를 위한 2003년 3월 18일 제2003-239호 법률 제34조는 도지사가 국가가 각 도에 파견한 대표자로서 각료회의의 명령으로 임명된다는 점 및 도지사가 국내안보, 법률의 준수, 공공질서에 관한 임무를 담당한다는 점을 명시하고 있다.[30]

또한 도지사는 국내안전법전 L.131-4조에 따라 지방자치법전 제2부 제2권 제1편 제5장에 규정된 일반경찰권을 행사할 수 있는데, 지방자치법전 L.2215-1조에 그 권한이 구체화되어 있다. 특히, L.2215-1조 2°는 도지사가 둘 이상의 인접한 시에서 공공질서가 위협받는 경우 '이유가 첨부된 명령'(l'arrêté motivé)으로 시장을 대신하여 지방자치법전 L.2212-2조, L.2213-23조에 규정된 권한을 행사할 수 있도록 하고 있는데, 후술하겠지만 L.2212-2조는 시장의 일반경찰권을 규정한 일반조항이므로 결국 도지사는 둘 이상의 인접한 시에서 시장의 모든 일반경찰권을 행사할 수 있게

---

29) Minet, C.-É., *op. cit.*, p. 95.

30) Frier, Pierre-Laurent·Petit, Jacques, *Précis de droit administratif,* 5ᵉ éd., Montchrestien, 2008, p. 256.

된다. 또, L.2213-23조는 수상활동에 관한 시장의 특별경찰권을 규정하고 있는 조항이다.

한편, 지방자치법전 L.2215-1조 3°은 그 적용범위가 한 시의 영역을 넘어서는 질서유지작용은 도지사만이 행할 수 있다고 규정하고 있다. 이 경우, 도지사의 개입은 도 전체 또는 관계 시에 대한 특별한 상황에 의해 정당화되어야 한다.[31]

도지사가 행사하는 일반경찰권의 조직법상 근거와 작용법상 근거가 명확히 구별되지는 않지만, 국내안보를 위한 2003년 3월 18일 제2003-239호 법률 제34조가 조직법상 근거의 역할을 한다고 볼 수 있으며, 국내안전법전 L.131-4조, 지방자치법전 L.2215-1조 및 시장의 일반경찰권을 규정한 지방자치법전 L.2212-2조가 작용법상 근거가 된다고 볼 수 있다. 이러한 도지사의 일반경찰권 행사는 시장의 태만 또는 부작위를 요건으로 하지 않으며, 따라서 이하에서 살펴볼 대체작용권과는 달리 도지사가 경찰작용을 하기 전에 시장에게 경찰조치를 취할 것을 촉구할 필요가 없다.[32]

〈프랑스 도지사의 법적 지위〉

프랑스의 도지사는 국가에서 지명되는 공무원이다. 1982년 3월 2일 제82-213호 법률이 제정된 이후부터 도의 집행기관은 도의회의장이 되었으며, 도의회와 도의 회의장은 도의 행정부서의 창설 및 조직, 예산, 복지, 소방 및 구호, 도로 유지에 관한 권한을 지닌다.[33] 하지만 도지사는 여전히 도에서 공공질서의 유지를 담당

---

31) 이러한 점은 일정시간 이후 주유소에서 주류판매를 금지한 도의 경찰명령에 대한 판결에서 잘 드러난다. 국사원은 바르(Var) 도지사의 명령의 경우에는 특별한 상황이 존재한다고 하였지만(CE 1993. 3. 3. *Ministre de l'intérieur c. Société Carmag*), 센느-에-마른느(Seine-et-Marne) 도지사의 명령의 경우에는 그렇지 않다고 하였다 (CE 1992. 7. 3. *Ministre de l'intérieur c. Société Carmag*). Minet, C.-É., *op. cit.*, p. 96.

32) Minet, C.-É., *op. cit.*, p. 96.

33) Waline, J., *op. cit.*, pp. 135-140; Laubadère, A.·Venezia, J. C.·Gaudemet, Y., *op. cit.*, pp. 210-211.

하며, 이에 따라 경찰권을 행사할 수 있다. 또, 1972년 9월 20일 명령 이후부터 '안전부지사'(le préfet adjoint pour la sécurité)를 두어 안전에 관한 임무를 부여할 수 있게 되었다. 다만 1993년 1월 4일 제93-2호 법률에서는 구 범죄심리법전 제10조에 의해 도지사에 부여되었던 사법경찰권을 폐지하였다.[34]

2. 대체작용권

1884년 4월 5일 '지방관련 법률' 제99조는 시장이 필요한 조치를 취하지 않는 경우, 도지사가 도내의 하나 또는 그 이상의 시에서 공중위생, 공공안녕, 공공평온의 유지에 관한 모든 조치를 취할 수 있는 권한을 부여하였는데, 이 조문은 도지사의 대체작용권, 즉 도지사는 스스로 고유한 경찰행정권을 행사하지 못하고, 시장이 경찰권을 행사하지 않는 경우에만 시장을 대신하여 자치경찰권을 행사할 수 있음을 규정한 것으로 해석되었다. 이러한 해석에 대해서는 비판이 제기되었는데, 도는 그 자체로 일정한 지역을 구성하므로 도 차원의 공공질서 유지가 필요하고, 이를 위해 도 차원에서 법규범을 통해 필요한 조치들을 취할 권한이 필요하기 때문이었다.[35] 실제로 위 1884년 법률에 대한 의회의사록를 보면, 동법 제99조는 1789년 12월 22일 내지 1790년 1월 8일 법률에 의해 도지사가 보유하던 일반경찰권을 환기시킨 것일 뿐이었다는 점이 드러나 있으며, 다만 이러한 도지사의 경찰권은 지방 차원이 아니라 국가의 이름으로 행사되는 것이었다.[36]

이후 대체작용권은 지방자치법전까지 이어졌고, 현재 도지사는 국내안전법전 L.131-5조, 지방자치법전 L.2215-1조 1°에 따라 대체작용권을 행사하여 시장의 자치경찰권을 행사할 수 있다. 이는 시장이 시내에서 발생한 공공질서에 대한 장애에 대하여 불충분한 조치를 취하거나, 전혀 조치를

---

34) Waline, J., *op. cit.*, pp. 80-81.

35) Picard, É., *op. cit.(La notion de police administrative)*, pp. 623-631. Minet, C.-É., *op. cit.*, p. 95에서 재인용.

36) Minet, C.-É., *op. cit.*, pp. 95-96.

취하지 않는 등 제 기능을 수행하지 못하는 경우 도지사가 시장을 대신할
수 있도록 하는 것이다. 도지사는 이 권한을 사용하기 전에 해당 시장에게
직무이행을 촉구해야 하며, 시장이 이를 거부하거나 응답을 하지 않은 경
우에만 시장을 대체할 수 있다.[37] 과거에는 도지사가 시장에게 직무이행을
촉구하기 전에 그와 관련되어 발령된 시의 명령 또는 처분을 취소해야 했
지만, 1982년 3월 2일 제82-213호 법률로 국가의 지방자치단체에 대한 감
독권이 폐지된 이후로는 도지사는 더 이상 시장의 행위에 대한 취소권을
행사하지 못하고, 단지 행정법원에 제소할 수 있을 뿐이다. 이러한 제소권
은 잘 사용되지 않으며, 제소권과 대체작용권은 별도로 행사된다.[38]

한편, 지방자치법전 L.2215-1조 1°는 L.2212-2조, 즉 시장의 일반경찰권
을 대체작용권의 대상으로 하고 있으며, 따라서 시장의 특별경찰권에 대해
서는 대체작용권을 행사할 수 없다. 그러나 국사원은 명문규정이 없음에도
불구하고 시장의 폐기물에 관한 특별경찰권에 대해 도지사의 대체작용권
을 인정한 예도 있다.[39] 이 밖에, 국내안전법전 L.131-5조, L.3211-4조,
L.3211-5조, 지방자치법전 L.2215-1조 1°은 도지사가 시의회의장이 공물의
관리에 관한 경찰권을 대체하여 행사할 수 있음을 규정하고 있지만, 시의
회의장의 공물경찰권은 일반경찰권으로 해석하기에 난점이 없지 않다.

〈판례 - CE 2007. 1. 11. *Ministre de l'écologie et du
développement durable c. Société Barbazanges Tri Ouest*〉

르와르-아뜰랑띠끄(Loire-Atlantique) 도지사가 원고 회사(la société Barbazanges
Tri Ouest)에 폐기물의 제거를 명하자, 원고 회사는 낭뜨지방행정법원(le Tribunal
administratif de Nantes) 가처분재판부에 이 명령에 대한 집행정지를 구하였고,
재판부는 이를 받아들였다. 그러자 환경부장관이 국사원에 항고하였는데, 국사원

---

37) Minet, C.-É., *op. cit.*, p. 102.
38) Minet, C.-É., *op. cit.*, p. 102.
39) CE 2007. 1. 11. *Ministre de l'écologie et du développement durable c. Société
Barbazanges Tri Ouest.*

은 시장의 부작위가 있는 경우 도지사가 시장의 폐기물에 관한 경찰권을 대신 행
사할 수 있지만, 위 가처분사건의 심리 당시 시장이 경찰권을 행사하지 않았다는
점에 대한 주장·입증이 없었으므로 재판부의 가처분명령은 정당하다고 판시하였
다. 이 판결에서 국사원은 명문규정이 없음에도 시장의 폐기물에 관한 특별경찰
권에 있어 도지사의 대체작용권을 인정하였는데, 이의 근거에 대해서는 설명하고
있지 않다.

도지사는 대체작용권을 통해 시의 이름으로 자치경찰권을 행사하며, 따
라서 도지사의 경찰작용으로 인한 배상책임은 시가 부담하게 된다.[40] 반
면, 도지사가 대체작용권을 행사할 의무가 있음에도 이를 행사하지 않는
경우에는 국가가 배상책임을 지며,[41] 이때에는 중과실이 있어야 한다.[42]
이러한 프랑스의 도지사가 보유하는 대체작용권은 시장의 경찰권 불행
사에 대해 이행명령을 내린 후 시장이 여기에 불응하는 경우 행사할 수 있
다는 점에서 우리 지방자치법 제17조에서 규정하고 있는 대집행권과 유사
한 측면이 있다. 다만 대체작용권의 행사범위가 우리나라와는 달리 위임사
무에 국한되지 않고 자치경찰권 전체에 미치며, 따라서 집행작용에 한정되
지 않는다는 차이가 있다.

---

40) CE 1979. 2. 16. *Mallison*. Minet, C.-É., *op. cit.*, p. 102.
41) CE Sect. 1962. 12. 14. *Doublet*.
42) CAA Versailles 2005. 5. 19. *Ministre de l'intérieur c. France Télécom*. Minet,
   C.-É., *op. cit.*, p. 102.

II. 시장

1. 자치경찰이 조직되어 있는 경우

(1) 법적 근거

시장은 자치경찰의 주체로서 시의 일반경찰기관이다. 1884년 4월 5일 '지방관련 법률'에서 비롯된 이 권한은 오늘날 지방자치법전 L.2211-1조 및 국내안전법전 L.131-1조 이하에 그 근거를 두고 있다.[43] 특히, 지방자치법전 L.2212-1조는 "시장은 국가가 도에 파견한 대표자의 행정적 감독 하에 자치경찰, 농촌경찰,[44] 그리고 그와 관련된 국가의 행위의 집행을 담당한다"고 규정하고 있고, L.2212-2조는 자치경찰이 선량한 질서, 공공안녕, 공공안전, 공중위생의 확보를 임무로 하고 있음을 명시하고 있으며, L.2215-1조 또한 자치경찰권이 원칙적으로 시장에 의해 행사된다고 규정하고 있다. 결국 이들 조항이 시장의 경찰권에 대한 조직법적 근거이자 작용법적 근거라고 할 수 있다.

한편, 시장은 지방자치법전 L.2122-27조에 따라 국가의 이름으로 도지사의 감독 하에, 전국 또는 도 차원에서 국가기관이 취한 질서행정작용의 집행을 확보할 임무도 지닌다.[45]

---

43) Minet, C.-É., *op. cit.*, p. 98.
44) 농촌경찰은 그 대상이 한정되어 있을 뿐, 관할구역이 농촌으로 한정되어 있는 것은 아니다. 자치경찰도 농촌경찰권을 행사할 수 있으며, 농촌경찰은 시장이 담당하는 행정경찰의 한 종류라고 할 수 있다. 1898년 6월 21일 법률에는 농촌경찰의 대상이 규정되어 있었는데, 제1장 공공안전, 제2장 공중위생(위생경찰, 동물위생경찰, 동물 수·출입의 세 가지로 나뉘어 있다), 제3장 가축보호, 제4장 수확물에 관한 농촌경찰로 세분되어 있다. Bianchi, 'La Police rurale en France', *FIP*, 2008, pp. 2, 7.
45) 이처럼 시장이 지방자치단체의 장으로서의 지위와 국가공무원으로서의 지위를 동시에 갖는 것을 시장의 '이중기능'이라고 한다. Minet, C.-É., *op. cit.*, p. 102.

(2) 내용

지방자치법전 L.2212-2조는 8개의 조항을 통해 자치경찰권의 내용을 다음과 같이 구체화하고 있다.

〈지방자치법전 L.2212-2조〉

1° 통행의 안전 또는 편의, 또는 상기한 도로의 소유권에 어떠한 방식으로든 해를 끼치는 성질을 지닌 온갖 물질 또는 물건의 적치, 방출, 배출, 분출을 제거할 임무를 비롯하여 청소, 채광, 혼잡의 제거, 붕괴 위험이 있는 묘비 및 건물의 파괴 또는 복구, 추락시 피해를 야기할 수 있는 물건을 창문 또는 기타 건물의 일부분에 대해 노출시키는 행위의 금지, 행인을 다치게 하거나 악취를 유발할 수 있는 물건의 투척 금지를 포함한 거리, 부두, 광장, 공도상의 통행의 안전 및 편의에 관한 모든 것

2° 거리에서 소요를 동반한 난투극 및 언쟁, 공개회합장소에서 촉발된 소동, 집회, 소란, 이웃 간 다툼, 주민의 휴식에 방해가 되는 야간회합과 같이 공공평온을 해하는 행위 및 기타 공공평온을 해하는 성질을 지닌 모든 행위들을 억제할 임무

3° 장터, 시장, 축제, 공개의식, 공연, 시합, 카페, 교회, 기타 공공장소 등 많은 사람들이 모이는 장소에서 선량한 질서의 유지

4° 무게 또는 용기 단위로 판매하는 식료품점의 진정성 및 진열되어 판매중인 음식물의 위생에 대한 검사

5° 각종 환경오염, 화재, 홍수, 제방파열, 토사 또는 암벽의 붕괴, 눈사태, 기타 자연재해, 유행병 또는 전염병, 가축전염병 등과 같은 사고 및 천재지변을 적절한 사전조치를 통하여 예방하고, 필요한 구호조치를 동반하여 중단시키며, 긴밀하게 모든 원조 및 구호조치를 취하고, 경우에 따라서는 상급행정기관의 개입을 촉구할 임무

6° 그 상태에 비추어 공중도덕, 타인의 안전, 또는 소유권보존을 해할 우려가 있는 정신장애자에 대하여 필요한 조치들을 일시적으로 취할 임무

7° 해롭거나 사나운 동물의 방임으로 인하여 야기될 수 있는 유해한 사태를 예방 또는 타개하는 임무

8° 유급휴가에 관한 법률의 적용을 위하여 필요하다고 판단되는 경우 제과점을 1년간 폐쇄하도록 할 임무. 단, 사용자단체 및 피용자단체의 자문을 구한 후 가능하며, 시민에 대한 식량공급을 확보할 수 있어야 한다.

(3) 행사방식

자치경찰권은 시장의 고유권한이며, 시장은 이를 시의 이름으로 행사한다. 시의회는 경찰조치를 발령할 권한이 없으며, 시장이 시의회의 의견에 구속된다고 생각하여 자신의 권한범위를 인식하지 못할 경우, 이는 법리오해에 해당하여 월권소송에서 취소사유가 된다.[46) 따라서 시장은 경찰권을 행사하기 전에 시의회의 자문을 구할 필요가 없으며, 시의회는 시장으로 하여금 시의회에 자문을 구하도록 할 수 있지만 이 경우에도 시의회의 의견에 구속되지 않는 것을 조건으로 한다.[47)

〈판례 - CE 1997. 1. 31. *Société Cochery-Bourdin-Chaussé*〉

몽트뢰이-쉬르-외르(Montreuil-sur-Eure) 시장은 1989년 6월 30일자 규칙으로 관할구역 내에 위치한 303-7번 도립도로 중 일부 구간에서 9톤 이상 차량이 다닐 수 없도록 하였고, 이에 운송이 불가능해진 원고 회사(la société Cochery-Bourdin-Chaussé)가 이의 취소를 구하였다. 이 사건에서 국사원은 시법전(市法典) L.131-3조에 의하면 국도 및 도립철도상의 교통, 도시권 내에서의 교통수단에 관한 경찰권은 시장이 가지고 있는데, 1989년 6월 30일자 심의록을 보면 시의회가 위 명령의 내용과 동일한 내용으로 심의하였음을 알 수 있고, 시장은 시의회의 심의결과에 구속된다고 생각하여 여기에 서명 후 그대로 공표하였으므로 이는 월권에 해당한다고 판단하고 원고 회사의 청구를 인용하였다.

하지만 시장이 자치경찰권을 단독으로 행사할 수 없는 경우도 있다. 예컨대, 두 개의 시 경계를 구성하는 공도의 교통에 관한 경찰권은 두 시의 시장이 함께 행사해야 한다.[48) 이 경우 시장들은 양립하는 두 개의 규칙을 발령하거나 두 시장이 하나의 규칙에 서명하여 이를 발령할 수 있으며, 시

---

46) CE 1997. 1. 31. *Société Cochery-Bourdin-Chaussé*. Minet, C.-É., *op. cit.*, p. 98; Lachaume, J.-F.·Pauliat, H., *op. cit.*, p. 317.
47) CE 1983. 6. 22. *Ville de Lyon*. Minet, C.-É., *op. cit.*, p. 98.
48) CE 1980. 5. 9. *Commune de Champagne-de-Blanzac*.

장들 간에 합의가 이루어지지 않는 경우에는 도지사가 이를 규율한다. 이
러한 해결방식은 특정 시의 교통에 관한 규율이 인접 시의 도로교통에 영
향을 미치는 경우에도 적용된다.49)

〈판례 - CAA Douai 2004. 5. 24. *Marin*〉

이 사건에서는 앙글로스(Englos) 시장의 경찰조치가 문제되었는데, 이 조치는 인
접한 알랑느(Hallennes)시까지 연장되어 있는 도로에서의 교통을 규율하는 것이
었다. 앙글로스 시장은 위 도로를 일방통행으로 결정하였는데, 위 도로 중 알랑
느시에 위치한 부분에서는 여전히 양방으로 통행이 이루어졌기 때문에, 위 결정
으로 인하여 알랑느시내에서 진입한 운전자들에게는 출구가 없는 도로가 되어
버렸다.50)

(4) 범죄예방에 관한 새로운 역할

프랑스에서는 1980년대 이후부터 기존 공공안전정책의 허점을 보완하기
위한 새로운 범죄예방정책의 핵심으로 경찰행정의 지역밀착을 강조하고
있으며, 이에 따라 시장의 역할이 새로이 강조되고 있다. 그리하여 안전정
향·프로그램설정에 관한 1995년 1월 21일 제95-73호 법률 제1조에 의해
"시장은 그 경찰권을 통하여 공공안전임무의 수행에 협력한다"는 조항이
지방자치법전 L.2211-1조에 삽입되었고, 범죄예방에 관한 2007년 3월 5일
제2007-297호 법률에서는 시장이 범죄예방정책을 장려하고, 이의 시행을
총괄하는 임무를 지닌다는 점을 지방자치법전 L.2211-4조에 명시하였는
데,51) 이후 국내안전법전이 제정되면서 지방자치법전 L.2211-1조는 "시장
은 국내안전법전 제1권 제3편 제2장 제1절에 규정된 조건들에 따라 범죄
예방정책에 협력한다"로 변경되었고, 대신 국내안전법전 L.132-1조에서

---

49) CAA Douai 2004. 5. 24. *Marin*.
50) Minet, C.-É., *op. cit.*, pp. 98-99.
51) Minet, C.-É. *op. cit.*, p. 114.

"시장은 그 경찰권을 통하여 공공안전임무 수행 및 범죄예방에 협력한다" 라고 규정하게 되었다.

한편, 1992년 4월 1일 제92-343호 명령은 시장이 주재하는 '시 범죄예방 위원회'(le conseil communaux de prévention de la délinquance)를 창설하여 지역의 범죄예방정책을 수립하도록 하였으며, 동 위원회는 2002년 7월 17일 제2002-999호 명령에 의하여 '지역안전·범죄예방위원회'(le conseil local de sécurité et de prévention de la délinquance)로 발전하였다.[52] 또, 범죄의 발전상에 맞는 사법작용을 위한 2004년 3월 9일 제2004-204호 법률에서는 검찰이 시에서 행하는 예방·조사·지원에 필요하다고 생각되는 재판, 민·형사상의 모든 조치 또는 결정을 시장 또는 기초지방자치단체조합의 장에게 알리도록 하는 규정을 지방자치법전 L.2211-2조 제3항에 도입하였는데,[53] 이는 현재 국내안전법전 L.132-2조에 규정되어 있다. 아울러 국내안전법전 L.132-3조는 시에서 발생한 범죄가 공공질서에 대한 중대한 장애를 야기하는 경우, 경찰 및 국가헌병대가 이를 시장에게 지체 없이 알려야 한다고 규정하고 있다.

2. 국가경찰관할시의 경우

(1) 법적 근거

국가경찰관할시(la commune à police d'État)는 1941년 4월 23일 법률에 의해 창설되었는데, 그 설치요건 및 절차는 지방자치법전 L.2214-1조 및 R.2214-2조에서 정하고 있다. 동법전 R.2214-2조는 인구가 2만 명 이상이고 해당 지역의 범죄가 도시범죄의 특징을 지니는 경우 창설이 가능하도록 규정하고 있으며, L.2214-1조는 시의회가 요청하거나 시의회의 동의가 있

---

52) Minet, C.-É. *op. cit.*, pp. 110, 112.
53) Minet, C.-É. *op. cit.*, p. 112.

는 경우에는 '관계장관합동결정'(l'arrêté conjoint des minsitres intéressés)
으로 국가경찰관할시가 설치될 수 있고,[54] 시의회가 동의하지 않는 경우에
는 국사원의 동의를 얻은 명령으로 설치근거가 마련되어야 하며, 국가경찰
관할시를 폐지하는 경우에도 동일한 요건과 절차를 따르도록 규정하고 있
다. 정부는 국가경찰관할시의 설치 또는 폐지 여부를 결정할 권한을 가지
며, 이 결정은 월권소송의 대상이 된다.[55]

(2) 내용

국가경찰관할시에서는 지방자치법전 L.2212-2조 2°에 열거된 시장의 경
찰권 중 일부, 즉 공공평온에 대한 중대한 장애를 예방하는 권한이 국가의
권한으로 이전되며, 국가를 대표하는 도지사가 이를 행사하게 된다. 여기서
공공평온은 기존 질서를 위협할 수 있는 정치적 충돌 또는 장애가 없는 것
을 의미하는데, 특히 시위의 경우 도지사만이 이를 금지할 권한을 갖는
다.[56] 도지사의 작용에 하자가 있는 경우, 시가 아닌 국가가 배상책임을
진다.[57] 자치경찰관들도 국가경찰에 포함되어 국가공무원이 되며, 국가는
시를 대신하여 이들에 대한 비용을 지급해야 한다.[58] 그러나 시장은 여
전히 이들에게 자신의 고유권한에 속하는 경찰조치들의 집행을 맡길 수
있다.[59]

---

54) 여기서 관계장관에는 내무부장관, 국방부장관, 예산부장관, 그리고 필요한 경우 해
   외도장관이 포함된다. Minet, C.-É., *op. cit.*, p. 103.
55) CE 2001. 12. 30. *M. de Courson et autres.* Minet, C.-É., *op. cit.*, p. 103.
56) CE 1989. 4. 28. *Commune de Montgeron.* 시장은 이에 관하여 권한이 없으며, 다
   만 교통안전과 같이 공공안전 이외의 목적으로 개입할 여지는 있다. Minet, C.-É.,
   op. cit., pp. 103-104.
57) CAA Nantes 1993. 4. 14. *Maire*(영국여왕의 방문으로 인하여 껭(Caen)에서 '일시
   적인' 대규모 회합이 발생하였는데, 회합 도중 경찰견에 물린 원고에 대해 국가배
   상책임이 인정됨). Minet, C.-É., *op. cit.*, p. 104.
58) Minet, C.-É., *op. cit.*, p. 105.

반면, 시장은 "장터, 시장, 축제, 공개 의식, 공연, 시합, 카페, 교회, 기타 공공장소"에서 일어나는 사람들의 '통상적인 회합'의 경우나,60) 이웃 간의 소동과 같은 경우에는 공공평온을 유지할 권한을 여전히 보유한다.61)

3. 기초지방자치단체조합의 경우

(1) 법적 근거

민생치안 현대화에 관한 2004년 8월 13일 제2004-811호 법률에서 비롯된 개혁에 따라, 구 지방자치법전 L.5211-9-2조는 시장의 경찰권 중 일부를 '기초지방자치단체조합'(l'établissement public de coopération intercommunale; EPCI)62)의 장에게 이전할 수 있도록 규정하였는데,63) 현재에는 지방자치법전 L.5210-1조 이하에서 기초지방자치단체조합에 관한 상세한 규정을 두고 있다.

---

59) Minet, C.-É., *op. cit.*, p. 105.

60) 따라서 도지사는 해마다 열리는 재래시장에서 공공평온에 관한 조치를 취할 권한이 없다(TA(Tribunal administratif) Orléans 1987. 4. 7. *Préfet d'Eure-et-Loir c. maire de Dreux).*

61) 이러한 사소한 무질서는 공공평온에 '정치적인' 장애를 일으킬 위험이 없기 때문이다. Minet, C.-É., *op. cit.*, p. 104.

62) 이는 일정한 범위의 영토를 기준으로 설립된 단체이지만, 지방자치단체가 아닌 공공단체(l'établissement public)의 성격을 부여받고 있다. Waline, J., *op. cit.*, p. 208.

63) 이에 앞서 '근거리민주주의'(la démocratie de proximité)에 관한 2002년 2월 27일 제2002-276호 법률에서는 재정이 자립되어 있는 기초지방자치단체조합이 그에 속하는 시 전체에 공통되는 자치경찰관과 농촌감시원을 선발할 수 있도록 규정하고 있었다. Minet, C.-É., *op. cit.*, p. 147.

(2) 내용

기초지방자치단체연합의 장에 대한 경찰권 이전은 구 지방자치법전 L.5211-9-2조에서 열거하고 있는 5가지 활동에 대해서만 가능하였는데, 하수처리, 폐기물, 여행객, 문화 및 스포츠행사, 도로교통이 그것이다.[64] 반면, 현행 지방자치법전에서는 '농촌·준도시지역조합'(la communauté de commune), '도시지역조합'(la communauté urbaine), '도시권조합'(la communauté d'agglomération), '대도시권조합'(la Métropole) 등을 창설할 수 있고, 각 조합은 지역정비, 경제발전을 비롯하여, 환경 보호, 주택정책, 도로유지·보수, 문화 및 스포츠시설 유지·보수, 하수처리 등과 관련한 다양한 권한을 행사하도록 규정하고 있으며, 국내안전법전 L.132-13조는 기초지방자치단체조합이 범죄예방에 관한 권한을 행사할 수 있음을 규정하고 있다.

III. 제도적 의미의 자치경찰

1. 자치경찰

(1) 조직법적 근거

자치경찰은 자치경찰에 관한 1999년 4월 15일 제99-291호 법률 및 근거리민주주의에 관한 2002년 2월 27일 제2002-276호 법률에 의해 시법전 L.412-49조에 법적 근거를 갖게 되었는데,[65] 동 조항은 지방공직에 관한

---

64) Minet, C.-É., *op. cit.*, p. 107.
65) Stahl, Bernard, *Mémento de police administrative*, Groupe Territorial, 2008, p. 58 참조.

1984년 1월 26일 제84-53호 법률 제6조에 따라 국사원의 동의를 얻은 명령에 규정된 조건 하에 임명된 지방공무원들이 자치경찰 직무를 행사할 수 있다고 규정하면서, 아울러 자치경찰관은 도지사와 검사의 동의를 얻어 시장 또는 기초지방자치단체조합의 장에 의해 임명되며, 임명시 선서를 해야 한다는 점과 국가경찰관할시의 경우에는 국가경찰로 편입될 수 있다는 점도 규정하고 있다. 여기서 도지사의 동의는 행정경찰임무의 수행을 위한 것이며, 검사의 동의는 사법경찰임무의 수행을 위한 것이다.[66] 현재에는 국내안전법전 L.511-2조에서 위 사항들을 규정하고 있다. 또, 자치경찰관 직무법전 제5조는 자치경찰이 사법경찰권을 행사하는 경우를 제외하고는 행정경찰임무에 관하여 시장에 속한다는 점을 규정하고 있다.

(2) 작용법적 근거

자치경찰관직무법전 제3조는 자치경찰이 인권선언, 헌법, 국제협약 및 법률에 규정된 임무를 수행하도록 규정하고 있으며, 제4조는 모든 프랑스 시민은 법령에 정해진 조건에 따라 자치경찰에 의지할 수 있음을 규정하고 있다. 그리고 제6조는 국가경찰관의 국가기관에 대한 충실의무 및 중립성을 강조하고 있고, 제7조는 시장의 권한에 속하는 임무를 집행하고, 선량한 질서, 공공평온, 공공안전, 공중위생에 대한 장애를 예방할 의무가 있음을 규정하고 있으며, 제8조는 비례원칙을 규정하고 있다. 또, 제18조는 시장 및 상급자의 명령에 대한 자치경찰관의 성실한 집행의무를, 제19조는 시장 및 상급자의 지시에 대한 복종의무를 각 규정하고 있다.

또, 자치경찰관은 지방자치법전 L.2212-2조에 규정된 임무를 담당하며, 동법전 L.2212-5조는 자치경찰이 국내안전법전 제5권 제1편에 규정된 임

---

66) Denion, Franck, *Police Municipale - missions et moyens*, Groupe Territorial, 2008, p. 20. 사법경찰권과 관련하여, 형사절차법전 제21조는 자치경찰관에 사법경찰리보의 자격을 부여하고 있다.

무를 행한다고 규정하고 있고, 국내안전법전 L.511-1조는 자치경찰관직무법전 제7조와 마찬가지로 자치경찰이 국가경찰과 국가헌병대의 권한을 침해하지 않는 범위에서 선량한 질서, 공공평온, 공공안전, 공중위생의 유지와 관련하여 시장의 권한에 속하는 임무를 수행한다고 규정하고 있다.

2. 농촌감시원

(1) 조직법적 근거

국내안전법전 L.522-1조는 농촌감시원이 검사의 동의와 선서를 거친 다음 시장에 의해 임명된다고 규정하고 있다. 자치경찰관과의 차이는 도지사의 동의를 요하는 규정이 별도로 존재하지 않는다는 점이며, 검사의 동의를 요하는 것은 농촌감시원 역시 일정한 사법경찰권을 지니기 때문이다. 사법경찰권과 관련하여, 형사절차법전 제21조는 농촌감시원이 지방자치법전 L.2213-18조에 규정된 권한(자치경찰명령에 대한 위반행위를 조사할 수 있는 권한으로, 현재는 국내안전법전 L.521-1조에 규정되어 있다)을 행사할 때에만 사법경찰리보의 자격을 갖는다고 규정하고 있다.

(2) 작용법적 근거

농촌감시원의 채용에 관한 1994년 8월 24일 제94-731호 명령 제2조는 시장이 경찰권을 행사하여 내린 지시들을 농촌감시원들이 이행하도록 규정하였으며, 현재 국내안전법전 L.521-1조는 농촌감시원이 농촌경찰의 임무를 수행하고, 자치경찰명령에 대한 위반행위를 조사할 수 있도록 규정하고 있다.

제3절 일반조항으로서의 공공질서

제1항 공공질서의 의의

I. 공공질서의 개념

1. 공공질서의 기원

프랑스에서 공공질서라는 개념이 언제부터 어떻게 법적 개념으로 인정되었는지에 대해서는 정확한 설명을 찾기 어렵다. 하지만 경찰권의 근거로서의 공공질서 개념은 대혁명 이후 제정된 지방에 관한 법률들, 즉 도(道)의 조직에 관한 1789년 12월 22일 내지 1790년 1월 8일 법률 제3절 제2조와 현재 지방자치법전 L.2212-2조에 해당하는 1884년 4월 5일 '지방관련 법률' 제97조에서 찾아볼 수 있는데, 특히 위 1884년 법률 제97조는 시장이 공공안전, 공공평온, 공중위생을 담당한다고 규정하고 있었다.1) 통상 이를 '자치경찰 3요소'(la trilogie municipale)라 부르는데,2) 현재 이러한 자치경찰 3요소가 공공질서의 주된 내용을 이루고 있다.3)

---

1) 이 밖에도, 국왕에게 "공공질서 및 공공평온을 유지할 책임"을 부여하고 있던 1791년 헌법에서도 공공질서라는 표현이 등장한다. Minet, C.-É., *op. cit.*, p. 92 참조.
2) Minet, C.-É. *op. cit.* p. 34; Chapus, R., *op. cit.*, p. 702.
3) Stahl, B., *op. cit.*, p. 41.

2. 공공질서의 정의

공공질서 개념은 시대에 따라 달라지고 있고, 그 내용도 다양하여 이를
정하는 것은 쉬운 일이 아니다. 이러한 공공질서는 선험적이거나 일반적·
추상적인 개념이 될 수 없고, 그 내용이 무엇인지에 따라서 정의된다.4)
즉, 공공질서는 일종의 '필요성규범'(la norme de nécessité)으로서, 어떤
사실상태의 실재 속에 함축되어 있는 가치들을 통해 평가된다. 그러므로
공공질서는 사후적으로 정의될 수밖에 없으며, 이는 어떤 경찰조치가 권
리나 자유의 제한을 정당화할 수 있을 정도로 필요하고 적절한 것인지에
대한 판단, 즉 법원의 판결들을 살핌으로써 정의될 수 있다.5) 여기서 일반
경찰작용의 목적이 되는 공공질서는 "경찰기관이 그 고유권한을 행사하여
적법하게 발령한 것으로 법원의 판결에서 인정된 법규범의 총체"라고 정
의된다.6)

이러한 공공질서는 경찰작용 이외의 행정작용의 목적인 일반이익과는
구별되는 것으로,7) 상기한 '자치경찰 3요소'를 비롯하여 이하에서 살펴볼
여러 구성요소들에 의해 그 개념범위가 결정된다.

---

4) 다만 여기서 문제되는 것은 일반조항으로서의 공공질서, 즉 '일반적인 공공질서'
   개념이며, 특별경찰의 수권법률에서 그 목적으로 규정하고 있는 공공질서, 즉 '특
   별한 공공질서'는 여기에 포함되지 않는다.
5) Picard, Étienne, 'L'influence du droit communautaire sur la notion d'ordre
   public', *A.J.D.A.*, 1996. 6. 20., p. 55. Minet, C.-É. *op. cit.*, pp. 34-35에서 재인용.
6) Picard, É., *op. cit.(La notion de police administrative)*, p. 563.
7) Waline, J., *op. cit.*, pp. 321-322. 국사원 역시 공공질서와 일반이익을 명시적으로
   구별하면서, 외국인의 비자발급요청에 대한 거부결정은 일반이익을 고려하여 취해
   진 것이어서 1979년 7월 11일 제79-587호 법률에서 말하는 경찰조치로 볼 수 없
   고, 따라서 동법에 따른 이유제시의무가 적용되지 않는다고 판시한 바 있다(CE
   1986. 2. 28. *Ngako Jeuga*). Minet, C.-É. *op. cit.*, p. 33; Chapus, R., *op. cit.*,
   p. 699 각 참조.

II. 공공질서의 기능

공공질서는 프랑스 경찰법 연구의 핵심이라고 할 수 있는데, 이것이 경찰작용의 묵시적 수권규범이자,[8] 일반경찰작용의 유일한 목적이기 때문이다.[9] 그리하여 공공질서는 법치국가에서 자유의 행사범위를 정하는 척도가 되며, 국가의 질서유지기능은 이러한 공공질서 개념의 내용 및 범위에 따라 그 내용 및 범위가 결정된다고 할 수 있다. 앞서 설명한 바와 같이 수상의 경찰권에 대해서는 별도의 근거규정이 없지만, 그럼에도 불구하고 공공질서의 기본적인 구성요소인 '자치경찰 3요소'는 판례와 학설에 의해 "지방 차원을 넘어 공공질서에 관한 경찰의 일반적인 대상들을 정한 것"으로 인정되고 있다.[10]

또한, 공공질서의 유지라는 목적은 경찰행정 개념을 정의하는 기준이 되기도 하는데, 경찰행정의 대상에는 사실상 제한이 없기 때문에 이러한 목적적 기준은 경찰행정의 대상을 기준으로 하는 것보다 더 유용하다고 할 수 있다.[11] 특별경찰작용의 경우에도 개별적인 수권법률에서 일반적인 공공질서에 비해 더 넓은 목적이 부여될 수 있기는 하지만, 기본적으로는 공공질서의 유지가 핵심적인 이념임은 부인하기 어렵다.

---

8) Picard, É., *op. cit.(La notion de police administrative)*, p. 558.
9) Minet, C.-É. *op. cit.*, p. 32.
10) Pacteau, Bernard, *La notion d'ordre public en droit administratif*, L.G.D.J., 1962, p. 13. Minet, C.-É. *op. cit.*, p. 36에서 재인용.
11) Minet, C.-É. *op. cit.*, p. 31.

III. 공공질서와 자유의 관계

공공질서와 자유는 상호 대립적인 것으로 생각할 수 있지만, 자유에 대한 일정한 제한은 필요하고도 정당하다. 각자의 자유가 조화를 이루기 위해서는 한 사람의 자유의 행사가 다른 사람의 그것을 침해해서는 안 되기 때문이다. 이와 관련하여, 프랑스 인권선언 제4조는 "자유는 다른 사람을 침해하지 않는 모든 것을 행할 수 있다는 것이다. 따라서 각자의 자연권의 행사는 사회의 다른 구성원들이 동일한 권리를 향유할 수 있도록 해야 한다는 한계만을 지닐 뿐이다. 이러한 한계는 법률에 의해서만 정해질 수 있다."라고 규정하고 있다.12)

그러므로 사회의 실질적 기초나 윤리를 보호하기 위해 자유를 제한할 필요가 있다. 이는 타인에게 해를 끼치는 자유의 행사를 금지하는 것과 무관하지 않은데, 사회의 실질적 기초를 위협할 수 있는 자유의 행사는 타인의 권리도 침해할 가능성이 높기 때문이다.13) 요컨대, 공공질서와 자유는 대립이 아닌 조화의 관점, 또는 상호보완의 관점에서 파악되어야 한다. 무질서 속에서 자유는 완전히 행사될 수 없으므로 공공질서 없는 자유는 있을 수 없고, 자유주의 국가에서 자유는 국가의 존재이유에 해당하는 것이므로 공공질서는 자유 없이 존재할 수 없다.14)

헌법위원회도 공공질서의 보호가 헌법적 가치를 갖는 대상이라고 하면서, 공공질서와 자유의 조정에 관한 심사권을 행사하고 있다.15) 이러한 자

---

12) Minet, C.-É. *op. cit.*, p. 24.
13) Minet, C.-É. *op. cit.*, p. 24.
14) Minet, C.-É. *op. cit.*, p. 25.
15) 헌법위원회는 통신의 자유가 "공공질서의 보호, 타인의 자유에 대한 존중, 사회문화적 표현에 대한 다원주의적 성격의 보전과 같은 헌법적 가치를 지니는 대상들"과 조화되어야 한다고 판시한 바 있다(CC 1982. 7. 27. 82-141DC *Loi sur la communication audiovisuelle*). Minet, C.-É. *op. cit.*, pp. 24-25. 이 밖에도 CC

유와 공공질서의 유지 간의 조화는 유럽인권보호협약 및 유럽인권법원 (Cour européenne des droits de l'homme)의 판례에서도 마찬가지이다. 동 협약은 공공질서를 이유로 사생활의 존중,[16] 표현의 자유,[17] 집회·결사의 자유,[18] 소유권[19] 등이 제한될 수 있음을 규정하고 있는데, 유럽인권법원 에 따르면 이러한 자유에 대한 제한은 다음의 3가지 조건, 즉 ① 법률에 근거가 있어야 하고, ② 정당한 목적이 있어야 하며, ③ "민주사회에서의" 필요성에 의해 정당화될 수 있어야 한다는 조건을 충족해야 한다.[20]

제2항 공공질서의 내용

지방자치법전 L.2212-2조는 "자치경찰은 선량한 질서, 공공안녕, 공공안 전, 공중위생을 확보를 목적으로 한다"라고 규정하고 있다. 여기서 말하는 공공안녕은 일반적으로 공공안전에 포함되는 것으로 해석되고 있으며, 선 량한 질서는 공공평온의 예를 열거하고 있는 L.2212-2조 2°("거리에서 소 요를 동반한 난투극 및 언쟁, 공개 회합장소에서 촉발된 소동, 집회, 소란,

---

1993. 8. 13. 93-325DC *Loi relative à la maîtrise de l'immigration et aux conditions d'entrée, d'accueil et de séjour des étrangers en France,* CC 1995. 1. 18. 94-352DC *Loi d'orientation et de programmation relative à la sécurité,* CC 1997. 4. 22. 97-389DC *Loi portant diverses dispositions relatives à l'immigration* 판결에서도 공공질서의 헌법적 가치를 인정하고 있다. Chapus, R., *op. cit.,* p. 699.
16) 동 협약 제8조.
17) 동 협약 제10조.
18) 동 협약 제11조.
19) 동 협약 제1추가의정서.
20) CEDH(Cour européenne des droits de l'homme) 1976. 12. 7. *Handyside c. Royaume-Uni.* Minet, C.-É. *op. cit.,* p. 25.

이웃 간 다툼, 주민의 휴식에 방해가 되는 야간 회합과 같이 공공평온을 해하는 행위 및 기타 공공평온을 해하는 성질을 지닌 모든 행위들을 억제할 임무")과 선량한 질서의 예를 열거하고 있는 동조 3°("장터, 시장, 축제, 공개 의식, 공연, 시합, 카페, 교회, 기타 공공장소 등 많은 사람들이 모이는 장소에서 선량한 질서의 유지")의 유사성에 비추어 공공평온과 동의어로 여겨지는 경우가 많다.21) 이에 대해서는 선량한 질서에도 고유한 내용이 있다고 하면서 그 예로 미관을 드는 견해도 있지만,22) 본절 제3항 Ⅲ. 1.에서 후술하는 바와 같이 미관은 공공질서에 포함된다고 보기 어렵다.

그러므로 공공질서는 크게 공공안전, 공공평온, 공중위생으로 구성된다고 할 수 있다. 여기서 공공안전은 개인의 자유, 신체·재산의 보호에 관한 것이고, 공공평온은 집회, 시위, 소동 등에 관한 것이며, 공중위생은 위생 및 보건에 관한 것이다.23) 공공안전의 예로는 도로교통의 안전을 확보함으로써 사고위험 및 개인과 재산에 대한 손해발생의 위험을 예방하거나, 붕괴위험 건물, 위험한 동물, 홍수 등을 방지하는 것을 들 수 있고, 공공평온의 예로는 야간의 소동으로 인한 위험, 시위로 인한 장애를 예방하는 것을 들 수 있으며, 공중위생의 예로는 시장에서 거래되는 음식물의 위생을 확보하고, 사람과 가축의 전염병 등 질병발생을 예방하는 것을 들 수 있다.24)

이러한 관념들은 시간이 흐름에 따라서 적용범위가 구체화되고, 또 확대되고 있다고 볼 수 있다. 예컨대 현재 도로교통에 관한 공공안전의 개념에는 '차량소통의 편리와 원활'도 포함되고 있는데, 이에 따라 도로에서 특정 종류의 차량이 통행할 수 없도록 제한하거나,25) 도로를 일정 시간동안 폐쇄하는 것,26) 주차시간의 제한27) 또는 금지,28) 유료주차제의 설정29)이 경

---

21) Minet, C.-É. *op. cit.*, p. 35; Stahl, B., *op. cit.*, p. 42.
22) Chapus, R., *op. cit.*, pp. 705-707.
23) Long, M.·Weil, P.·Braibant, G.·Delvolvé, P.·Genevois, B., *op. cit.*, p. 734.
24) Chapus, R., *op. cit.*, p. 702; Stahl, B., *op. cit.*, p. 42.
25) 지방자치법전 L.2213-2조.

찰작용으로 가능하다.30) 또, 운전학원의 운영자에게 차고 설치의무를 부과하고, 운전학원의 차량이 공도상에 주차하는 것을 금지할 수도 있다.31)

그러나 판례 중에는 공공질서의 개념을 다소 불분명하게 사용하는 경우도 있는데, 국사원의 '레쎄-레 비브르 협회'(Association "laissez-les vivres - SOS futures mères") 판결을 예로 들 수 있다.

〈판례 - CE 1993. 7. 28. Association "laissez-les vivres - SOS futures mères"〉

이 사건은 메리엘(Mériel)시에서 기획된 적법한 시위에 관한 것인데, 원고 단체는 임산부의 자발적 임신중절을 허용하는 입법에 반대하기 위하여 메리엘시의 사망자추모비에 "낙태로 인해 사망한 3백만명의 아이들에게" 바치는 꽃다발을 놓아두고자 했다. 시장은 시위참가자들에게 이를 반대한다는 의사를 알렸으나 시위는 그대로 진행되었고, 이에 시장은 사망자추모비에 놓인 꽃다발을 치워버렸는데, 이 조치의 적법성이 행정법원에서 다퉈지게 되었다. 시위참가자들은 꽃다발을 놓아둔 것이 메리엘시에서 공공질서에 어떠한 장애도 야기하지 않는다고 주장했으며, 여기에는 당사자 사이에 다툼이 없었다. 하지만 국사원은 공공질서에 대한 장애를 초래할 위험이 없더라도 시의 사망자추모비의 본래 특성을 잃게 하는 상징물의 적치를 금지하는 것은 시장의 경찰권에 속한다고 하여 원고의 청구를 기각하였다.32)

---

26) CE Sect. 1972. 12. 8. *Ville de Dieppe.*

27) CE 1974. 12. 4. *Barrois.*

28) CE 1973. 3. 14. *Almeia.*

29) CE 1969. 2. 26. *Chabrot et Fédération nationale des clubs automobiles de France.* 또, 국사원은 유료주차제가 도로변의 건물들에 접근할 권리나 이러한 건물이 도로교통에 연결되는 것을 침해하지 않는다고 한다(CE 1997. 7. 30. *Commune de Dunkerque*).

30) Chapus, R., *op. cit.*, p. 703.

31) CE Sect. 1968. 1. 5. *Préfet de police c. Chambre syndicale patronale des enseignants de la conduite des véhicules à moteur.* 마찬가지로, 렌트업자가 렌트 차량을 공도상에 주차시키는 것도 금지된다(CE Sect. 1990. 11. 9. *Ville d'Angers*). Chapus, R., *op. cit.*, p. 703.

32) Minet, C.-É. *op. cit.*, p. 32.

위 판결에서 인정된 시장의 경찰작용의 근거가 무엇인지 논란이 되었는데, 이에 관해서는 시장이 '공공재산에 대한 경찰'이라는 특별경찰의 자격으로 경찰작용을 한 것으로 보거나, 아니면 지방자치법전 L.2212-2조의 선량한 질서를 근거로 하였다고 보아야 하고, 그것도 아니라면 새로운 공중도덕의 요소를 인정한 것으로 볼 수밖에 없을 것이라는 설명이 제시되고 있다.33)

현재 국내안전법전 제2권은 '공공질서 및 공공안전'이라는 표제 하에 다양한 유형의 경찰작용에 대해 규정하고 있고, 특히 제1편에서는 '공공질서'라는 제목을 사용하고 있지만, 공공질서의 대한 정의는 찾아보기 어렵다. 위 제2권은 집회·시위, 반테러 등에 대해 규정하고 있으며, 공공안전에 관한 내용이 주를 이루고 있다.

제3항 공공질서의 확장

I. 공공질서에 포함되는 경우

1. 공중도덕

(1) 공중도덕의 의의

이론적으로 공중도덕은 "어떤 시기에 평균적인 시민들에 의해서 일반적으로 인정되는 윤리적 관념"34) 또는 "공동체를 구성하는 평균적인 개인들

---

33) Minet, C.-É. *op. cit.*, p. 32.
34) CE 1957. 12. 20. *Société nationale d'éditions cinématographiques* 판결에 대한 논고담당관 귈드너(Guldner)의 정의이다. Minet, C.-É. *op. cit.*, pp. 37-38.

이 어떤 시기·장소에서 일반적으로 자연스럽게 인정하고 실행하는 최소한의 윤리적 사고로서 사회가 그것을 준수하도록 해야 하는 것"35)이라고 정의되며, 이는 특정 소수의 가치관과는 구별된다. 그러므로 공중도덕은 경찰기관 또는 이와 관련된 집단이 옹호하는 윤리를 강권하는 것과 구별되지만, 양자 사이의 경계는 명확하지 않다.36)

이와 관련하여, 오리우는 일찍부터 공공질서는 외적·물적 질서임을 강조하면서, 경찰은 사상·감정과 관련하여 소수의 특정 가치관을 부과하려 해서는 안 된다고 주장하였다. 경찰이 개인의 양심을 억압할 우려가 있기 때문이다.37) 오리우의 지적처럼, 공중도덕과 같이 정신적인 관념을 근거로 경찰작용이 행해지는 것은 분명 남용의 우려가 있다. 그러나 공중도덕이 공공질서를 구성하는 또 하나의 요소라는 점은 현재 일반적으로 인정되고 있다.38)

(2) 판례의 태도

프랑스 판례가 처음부터 '공중도덕'이라는 표현을 사용하면서 이를 공공질서의 한 내용으로 인정한 것은 아니다. 공중도덕은 처음에는 선량한 질서의 한 내용으로 인정되었으며,39) 이후에는 선량한 질서라는 표현이 사라

---

35) 셰리니(B. Chérigny)의 정의이다. Canedo-Paris, Marguerite, 'La dignité humaine en tant que composante de l'ordre public : l'inattendu retour en droit administratif français d'un concept controversé', R.F.D.A., 2008, p. 991.

36) Minet, C.-É. op. cit., pp. 37-38.

37) Hauriou, M., op. cit., pp. 549-550

38) Canedo-Paris, M., op. cit., p. 991; Minet, C.-É. op. cit., p. 38.

39) CE 1909. 12. 17. Chambre syndicale de la corporation des marchands de vins et liquoristes de Paris; CE Sect. 1930. 5. 30. Beaugé 등. '보제'(Beaugé) 판결에서는 "강과 바다에서의 선량한 질서 및 품위 유지"를 위하여 수영객들이 "해변과 낭떠러지에서 옷을 벗거나 갈아입는 것"과 "단정하지 못하게, 특히 도로 및 공공장소에서 가운 없이 수영복만을 입고" 산책하는 것을 금지할 수 있다고 판시하였는

지고 공중도덕의 한 내용으로 포섭될 수 있는 표현들이 사용되고 있다.40)
예컨대, 국사원은 시장이 권투시합의 "폭력적이고 때로는 야만적인" 성격
을 근거로 이를 "정신건강에 반하는" 것으로서 금지할 수 있다고 판시하고
있다.41) 물론, "공중도덕"을 이유로 장터에서의 공연허가를 거부하거나,42)
"공중도덕을 침해할 우려가 있는" 풍기문란업소를 폐쇄할 수 있다고 판시
하는 경우43)와 같이 공중도덕이라는 표현을 직접 사용하는 경우도 있으나,
이런 예가 많은 것은 아니다.44)

　공중도덕이 공공질서의 한 내용으로 포함된 것은 영화상영금지에 관한
판례가 중요한 역할을 하였다고 볼 수 있다. 특히 국사원이 '뤼뜨시아 영화
사'("Les films Lutetia") 판결에서 영화의 비도덕성과 해당 지역의 상황으
로 인하여 공공질서에 심각한 장애를 초래하거나 해를 끼칠 수 있는 경우
이의 상영을 금지할 수 있다고 판시한 것이 시초가 되었다.45) 여기서 국사
원은 영화의 비도덕성을 공공질서에 대한 장애요소로 봄으로써 공중도덕
을 공공질서의 한 내용으로 보았는데, 특히 위 판결에 대한 논고담당관의
논고에서는 "공중도덕에 대한 침해, 즉 의식상의 장애만으로는 영화상영의

데(다만, 수영객들이 가운을 입고 산책하는 것은 금지할 수 없다고 하였다), 여기서
품위는 독자적인 가치를 갖는 요소가 아니고 선량한 질서에 부가된 표현에 불과하
다. Long, M.·Weil, P.·Braibant, G.·Delvolvé, P.·Genevois, B., *op. cit.*, p. 735;
Minet, C.-É. *op. cit.*, p. 38 각 참조.

40) Long, M.·Weil, P.·Braibant, G.·Delvolvé, P.·Genevois, B., *op. cit.*, p. 733.

41) CE 1924. 11. 7. *Club indépendant sportif châlonnais.* Chapus, R., *op. cit.*,
p. 708.

42) CE 1953. 2. 13. *de Ternay.*

43) CE 1960. 9. 30. *Jauffret.* Chapus, R., *op. cit.*, pp. 707-708.

44) 프랑스정부의 공식 법령·판례정보 사이트인 http://www.legifrance.gouv.fr에서
'moralité publique'로 검색되는 행정관례는 2013년 9월 현재 국사원과 행정항소법
원(Cour administrative d'appel)을 통틀어 242개에 불과하다.

45) CE Sect. 1959. 12. 18. *Société "Les films Lutetia" et Syndicat français des
producteurs et exportateurs de films.* 영화상영에 관한 경찰작용에 대해서는 제4
장 제6절 제3항 참조.

금지를 정당화하는 사유가 될 수 없다"고 함으로써 공중도덕이라는 표현을 사용하여 영화의 비도덕성을 지칭하고 있다.46) 그런데 위 판결에서 드러나는 바와 같이, 비도덕적인 영화의 상영을 금지하기 위해서는 해당 지역의 상황, 즉 특별한 지역상황이 있어야 하며, 이후 공중도덕은 이러한 요건과 함께 공공질서의 한 내용으로 인정되기에 이르렀다.47)

2. 인간의 존엄성 존중

(1) 인간의 존엄성 존중의 의의

① 인간의 존엄성의 정의

인간의 존엄성은 본질적으로 철학적인 개념이며, 이것이 법개념으로 포섭된 것은 비교적 최근의 일이다.48) 철학자 리꾀르(Paul Ricœur)에 따르면 인간의 존엄성이란 "사람이기 때문에 사람으로서 받아야 할 어떤 것"을 말하며,49) 모든 사람이 나이, 성별, 신체적·정신적 상태, 종교, 사회적 조건, 인종 등에 관계없이 무조건적으로 존중받아야 함을 의미한다고 할 수 있다.50)

② 법적 근거

인간의 존엄성은 판례를 통해 헌법적 가치를 인정받게 되었다. 헌법위원회는 '생명윤리에 관한 법률'(*Loi sur la bioéthique*) 결정에서 1946년 헌법전문을 근거로 "모든 유형의 예속과 박탈로부터 인간의 존엄성을 보호"하는 것이 헌법적 가치를 갖는 것으로 판단하였다.51) 또, 경찰영역에 관한 것

---

46) Long, M.·Weil, P.·Braibant, G.·Delvolvé, P.·Genevois, B., *op. cit.*, p. 536.

47) Lachaume, J.-F.·Pauliat, H., *op. cit.*, pp. 323-324.

48) Long, M.·Weil, P.·Braibant, G.·Delvolvé, P.·Genevois, B., *op. cit.*, p. 732.

49) Ricoeur, Paul, in Raymond, J.-F. (de), *Les Enjeux des droits de l'homme*, Larousse, 1988, pp. 236-237.

50) http://fr.wikipedia.org/wiki/Dignit%C3%A9 참조.

은 아니지만 국사원 역시 피용자들의 인간의 존엄이 유지될 필요성을 강조한 바 있으며,[52] 의사들이 환자가 죽음에 이를 때까지 인간으로서의 존엄성을 존중하는 것은 직업상 기본적인 원칙이라고 판시하기도 하였다.[53]

프랑스에서 인간의 존엄성이 판례를 통해서 인정된 배경은 프랑스 헌법에 인간의 존엄성이라는 표현이 직접적으로 담겨있지 않았기 때문이다. 그러나 헌법적 근거가 전혀 없는 것은 아니며, 인간의 존엄성은 인권선언의 "불가양의 신성한 자연권"이라는 문구에 내포되어 있는 것으로 볼 수 있다. 또, 프랑스가 1980년 6월 25일 제80-460호 법률을 통해 가입한 '1966년 12월 16일 시민적·정치적 권리에 관한 규약'에서는 동 규약상의 권리들이 인간의 존엄에서 비롯된 것임을 선언하고 있으며, 유럽인권법원은 유럽인권보호협약의 본질이 "인간의 존엄성 및 자유의 존중"이라고 판시하고 있고, 동 협약 제3조는 비인간적이고 박탈적인 취급을 금지하고 있으므로[54] 유럽법 차원에서도 법적 근거가 마련되고 있다.[55]

게다가 프랑스 실정법에도 "인간의 존엄"이라는 표현이 등장하고 있다. 통신의 자유에 관한 1986년 9월 30일 제86-1067호 법률 제1조는 최초로 인간의 존엄이라는 표현을 사용하였으며,[56] 신체의 존중에 관한 1994년 7월 29일 제94-653호 법률에서는 "동법은 인간의 우위를 확보하고, 인간의 존엄성에 대한 일체의 침해를 금지하며, 태어날 때부터 인간으로서 존중받을 것을 보장한다"라고 규정하였는데 이는 민법전 제16조로 도입되었다.[57]

---

51) CC 1994. 7. 27. 94-343, 94-344DC *Loi sur la bioéthique.* Canedo-Paris, M., *op. cit.*, p. 980; Minet, C.-É. *op. cit.*, p. 43.

52) CE 1990. 7. 11. *Ministre des affaires sociales et de l'emploi c. Syndicat CGT de la Société Griffine-Maréchal.*

53) CE Ass. 1993. 7. 2. *Milhaud.*

54) CEDH 1955. 11. 22. *SW c. Royame-Uni.*

55) Long, M.·Weil, P.·Braibant, G.·Delvolvé, P.·Genevois, B., *op. cit.*, p. 732.

56) Canedo-Paris, M., *op. cit.*, pp. 979-980.

57) Long, M.·Weil, P.·Braibant, G.·Delvolvé, P.·Genevois, B., *op. cit.*, p. 732.

그러므로 현재 프랑스에서 인간의 존엄이 오로지 판례를 통해서만 인정
되는 개념이라고 보기는 어려우며, 일정한 실정법적 근거를 바탕으로 판례
의 법해석을 통해 인정되는 것으로 보는 것이 상당할 것이다. 후술할 '난쟁
이 발사'(lancer de nains) 판결 역시 이의 연장선상에 있는 것으로 볼 수
있다.58)

(2) 판례의 태도

국사원은 '난쟁이 발사'를 금지하는 판결을 통해 인간의 존엄성 존중을
공공질서의 요소로 포함시킨바 있다.59) 이러한 인간의 존엄성 존중이 문제
되는 경우에는 공중도덕의 경우와는 달리 특별한 지역상황이 없는 경우에
도 일반경찰권의 행사가 가능하며, 경찰작용을 통한 보호대상자의 의사에
관계없이 경찰조치를 강제할 수 있다.60)

이처럼 인간의 존엄성 존중은 판례에 의해 공공질서의 한 내용에 포함되
었지만, 현재 프랑스 행정판례에서 인간의 존엄성이라는 표현은 잘 사용되
지 않고 있으며,61) 인간의 존엄성 존중이 경찰행정의 근거로 인정된 사례
도 그리 많지 않다. 다만, 국사원은 성인대화방 광고가 인간의 존엄성을 침
해하지 않는다고 판시한 바 있으며,62) 두에(Douai)행정항소법원도 가스·전

---

58) Long, M.·Weil, P.·Braibant, G.·Delvolvé, P.·Genevois, B., *op. cit.*, p. 733.
59) CE Ass. 1995. 10. 27. *Commune de Morsang-sur-Orge.* 난쟁이 발사에 관한 상세
    는 제4장 제6절 제4항 Ⅰ. 참조.
60) Long, M.·Weil, P.·Braibant, G.·Delvolvé, P.·Genevois, B., *op. cit.*, p. 733.
61) http://www.legifrance.gouv.fr에서 1960년 이후 2008년 6월까지 인간의 존엄이라
    는 문구가 들어간 판결은 국사원과 행정항소법원을 통틀어 364개에 불과하다고 한
    다. Canedo-Paris, M., *op. cit.*, p. 983.
62) CE 1997. 12. 8. *Commune d'Arcueil c. régie publicataire des transports
    parisiens.* 또, 최근 국사원은 의사의 진찰을 받아야 할 수형자의 호송안전 조건
    에 관한 법무부장관의 훈령이 인간의 존엄을 침해한다는 국제감옥연구소
    (l'Observatoire international des prisons)의 주장을 배척하기도 하였다(CE 2005.

기 차단을 금지하는 시의 규칙이 인간의 존엄성 존중의 측면에서 법적 근거를 찾을 수 없다고 판시한 바 있다.[63]

다만, 최근 국사원 가처분재판부에서는 한 자선단체가 무료급식을 하면서 이슬람 신앙을 가진 '집 없는 사람'을 급식에서 배제하기 위하여 돼지고기를 바탕으로 한 요리들만을 제공하자 빠리경시청장이 이를 금지한 것과 관련하여, 이와 같은 금지처분은 급식에서 배제된 사람들의 존엄에 대한 침해와 공공질서에 장애를 초래할 수 있는 행위로 인한 위험을 고려한 것이라고 판시하면서 위 금지처분에 대한 집행정지신청을 배척한 예가 있다.[64]

(3) 한계

인간의 존엄성의 개념 범위는 명확하지 않다. 난쟁이 발사가 인간의 존엄을 침해하는 것인지에 대해서도 각자의 양심 또는 신념에 따라 다른 판단이 가능할 것인데,[65] 다만 단순한 외설이나 포르노를 연상케 하는 정도의 공연은 인간의 존엄을 침해한다고 보기 어렵다.[66]

인간의 존엄성을 침해하는 행위에 대해서는 지역상황에 관계없이 경찰작용이 가능하므로, 이러한 사유가 남용되면 공적 자유에 큰 위협이 될 수 있다는 우려가 존재한다.[67] 이에 대해서는 시장이 경찰권 사용을 절제할

---

　　3. 30. *Observatoire international des prisons*). Minet, C.-É. *op. cit.*, p. 44.

63) CAA Douai 2005. 12. 29. *Commune de Waziers*. Minet, C.-É. *op. cit.*, p. 44.

64) CE réf. 2007. 1. 5. *Ministre de l'intérieur c. Association "Solidarité des Français"*. 반면, 빠리지방행정법원에서는 이에 대한 집행정지신청을 인용하였다. Minet, C.-É., *op. cit.*, p. 44.

65) Chapus, R., *op. cit.*, p. 710.

66) CE Ass. 1995. 10. 27. *Commune de Morsang-sur-Orge* 판결에서 논고담당관 프리망(Frydman, P.)의 논고. Minet, C.-É. *op. cit.*, p. 43.

67) Lebreton, G., *op. cit.(l'ordre moral)*, p. 363 et s. Minet, C.-É., *op. cit.*, p. 46에서 재인용.

것이라고 믿어야 한다는 반론이 있었는데,[68] 상기한 바와 같이 프랑스 판
례에서 인간의 존엄성 존중이 원용되는 경우는 매우 드물기 때문에 현재까
지는 이의 남용을 우려할 정도는 아닌 것으로 보인다.[69]

3. 정리

현재 프랑스의 공공질서의 내용으로는 공공안전, 공공평온, 공중위생 외
에 공중도덕, 인간의 존엄성 존중이 추가적으로 인정된다고 할 수 있다.[70]
다만, 공중도덕의 경우에는 특별한 지역상황을 요건으로 하며, 반면 인간의
존엄성 존중의 경우에는 이러한 지역상황이 필요 없고 경찰작용의 보호대
상자의 의사에 반해서도 경찰조치가 가능하다는 특징을 지닌다.

이와 관련하여, 국사원의 '아르꿰이시(市)'(*Commune d'Arcueil*) 판결[71]
은 이러한 공공질서의 각 구성요소, 즉 외적·물적 질서인 기존의 3요소, 공
중도덕, 인간의 존엄성 존중에 대한 요건을 분설하고 있어 주목할 만하다.
이 사건에서는 성인대화방 광고에 대한 금지처분의 적법성이 다투어졌는
데, ① 위 광고는 시에서 심각한 물적 장애를 야기할 수 있다는 점이 인정
되지 않았고, ② 특별한 지역상황도 존재하지 않는데, 이처럼 특별한 지역
상황이 없는 경우에는 성인대화방의 비도덕성이 인정된다고 하더라도 이
에 대한 광고를 적법하게 금지할 수 없으며, ③ 위 금지처분이 인간의 존
엄을 침해하는 행위를 예방하기 위한 것으로서 정당화될 수 있는 것도 아
니라고 판시하였다.[72]

---

68) CE Ass. 1995. 10. 27. *Commune de Morsang-sur-Orge* 판결에서 논고담당관 프
리망의 논고. Minet, C.-É. *op. cit.*, p. 46.
69) Minet, C.-É., *op. cit.*, p. 46.
70) 공공질서는 보통 5가지 요소, 즉 공공안전, 공공평온, 공중위생, 공중도덕, 인간의
존엄성 존중으로 구성된다는 서술로는 Fournales, Renaud, concl. sur TA Cergy-
Pontoise 2005. 7. 21. *SARL Jasmeen, A.J.D.A.*, 2006, p. 440.
71) CE 1997. 12. 8. *Commune d'Arcueil c. régie publicataire des transports parisiens.*

위 판결에서는 외적·물적 공공질서에 대한 장애를 야기할 우려가 있는 경우, 공중도덕을 침해하면서 특별한 지역상황이 존재하는 경우, 그리고 인간의 존엄을 침해하는 경우에 경찰조치가 가능하다는 점이 드러나며, 나아가 이러한 사유들에 대한 법원의 판단순서도 간접적으로 드러나 있다. 즉, 위 판결은 인간의 존엄성 존중을 공공질서의 다른 요소들에 대해 보충적인 것으로 고려하였다고 할 수 있다.

II. 논란이 되는 경우

1. 자신에 대한 보호

(1) 좌석안전띠 및 승차용안전모 착용

차량운전자에게 좌석안전띠 착용을 강제하거나, 이륜자동차운전자에게 승차용안전모 착용을 강제하는 것이 적법한 경찰작용인지 문제될 수 있다. 좌석안전띠나 승차용안전모를 착용하지 않은 운전자는 다치게 될 가능성을 증대시켜 스스로를 위험에 빠뜨리고 있기는 하지만, 이것만으로 도로의 다른 이용자들의 안전을 위협하지는 않으며 공공평온이나 공중위생에 대해서도 장애를 유발하지 않기 때문이다. 즉, 이러한 운전자는 물적·외적 측면에서 공공질서에 대한 장애를 유발하지 않고 있다. 그럼에도 불구하고 프랑스 수상은 일반경찰권에 기해 1973년 6월 28일 제73-561호 명령으로 운전자들에게 좌석안전띠 및 승차용안전모 착용의무를 부과한 바 있다.[73]

이에 대하여 국사원은 위 명령은 "교통사고로 인한 결과"를 줄이기 위하

---

72) Minet, C.-É., *op. cit.*, p. 45.
73) Minet, C.-É., *op. cit.*, p. 46.

여 좌석안전띠 착용의무를 부과하는 것으로서 수상에 부여된 권한을 넘은 것이 아니라고 판시하였다.[74] 형사법원 하급심에서는 좌석안전띠 착용의 무위반으로 인한 위경죄 성립 여부를 판단함에 있어 위와 같은 착용의무가 적법한 것인지에 대해 판결이 엇갈렸는데, 일부 법원에서는 위 착용의무가 지나치게 구속적이고, 그러한 의무를 부과한다고 하여 모든 위험을 배제할 수 있는 것이 아니라는 이유로 위법하다고 판시한 반면, 다른 법원에서는 교통사고가 야기하는 금전적 결과[75]를 감소시킬 수 있음을 이유로 적법하 다고 판시하였는데, 파기원은 후자의 견해를 취하였다.[76]

이때 국사원이 말하는 "교통사고로 인한 결과"가 무엇인지 의문이 제기 된다. 운전자 스스로에 대한 교통사고의 결과가 공공안전에 대한 장애로서 문제된다는 의미라면, 공공안전은 도로의 다른 이용자들과 관련된 것이라 는 점에서 부당하다. 사고로 인하여 사회보험이나 공적 부조의 재정상 부 담 증가를 의미하는 것이라면, 이는 경찰의 목적이 아니므로 역시 부당하 다.[77] 국사원은 이에 대해 명확히 답하고 있지 않으며, 파기원의 경우도 마 찬가지이다.

여기서 개인의 자기 자신에 대한 보호가 공공질서의 새로운 구성요소로 인정된 것이라는 주장이 가능하다. 그러나 이에 대해서는 국사원과 파기원 이 법적 해결을 추구하지 않았고, 법적 사고를 하지 않은 채 판결을 내린 것이며, 좌석안전띠 착용이 습관이 되면 별로 구속적이지 않을 것 같고, 실 보다는 득이 많아 보이므로 적법하다고 판단한 것에 불과하다고 설명하면 서, 법적이지 않은 것을 법적으로 논의하는 것은 무용하다는 주장도 제기

---

74) CE 1975. 6. 4. *Bouvet de la Maisonneuve.* Chapus, R., *op. cit.*, p. 712.
75) 입원비와 재활교육비의 증가, 연금 증가로 인한 사회보험 및 공공재정상의 부담 등 을 의미한다. Chapus, R., *op. cit.*, p. 711.
76) Cass. crim. 1980. 3. 20. Chapus, R., *op. cit.*, p. 711.
77) Minet, C.-É., *op. cit.*, pp. 46-47. 다만, 재정상 부담에 대한 고려는 일반이익에는 해당할 수 있을 것이다.

되고 있다.78)

　(2) 기타

　자신에 대한 보호는 상기한 '난쟁이 발사' 판결에서도 문제된다. 난쟁이 발사를 금지함에 있어 문제되는 인간의 존엄성은 다른 사람이 아닌 바로 난쟁이 자신의 존엄성이기 때문이다.79) 또, "극심한 악천후"로 "치명적 위험"이 발생한 경우 거리의 노숙자들을 그들의 의사에 반하여 대피소로 강제 이동시키는 것 역시 적법한 조치로 인정되고 있는데, 이러한 조치 역시 자신에 대한 보호와 관련이 있다.80) 최근 문제되고 있는 지나치게 마른 패션모델의 출연금지와 '여호와의 증인' 신자에 대한 강제수혈의 경우에도 마찬가지이다.81)

　이러한 판결들의 결론이 구체적으로 타당하다는 점에 대해서는 별로 논란이 없지만, 이것이 과연 공공질서의 한 요소로 인정될 수 있는 것인지는 아직 불분명하다.82) 다만, 흡연자의 흡연을 완전히 금지하거나,83) 격렬한 운동을 즐기는 사람들이 그들이 좋아하는 시합을 하는 것을 금지하는 것은 위법하다는 견해가 제시되고 있을 뿐이다.84)

---

78) Chapus, R., *op. cit.*, p. 712.

79) Minet, C.-É., *op. cit.*, p. 47.

80) CAA Paris 2004. 12. 21. *Association droit au logement Paris et environs.* 반면, TA Versailles 1998. 1. 23. *Préfet de l'Essonne c. maire de Longjumeau* 판결에서는 집 없는 사람들의 방황은 공공질서를 침해하지 않는다고 판시하였다. Minet, C.-É., *op. cit.*, p. 47.

81) 이에 관한 상세는 제4장 제6절 제1항, 제4항 Ⅱ. 각 참조.

82) Minet, C.-É., *op. cit.*, p. 48.

83) 2006년 11월 15일 제2006-1386호 명령에서는 공공장소에서 흡연을 금지할 수 있는 조건들을 정한 바 있으며, 현재는 공중보건법전 R.3511-1조 이하에서 규율하고 있다.

84) Minet, C.-É., *op. cit.*, p. 48.

2. 미성년자 보호

(1) 야간통행 제한

미성년자 보호가 공공질서의 한 내용이 될 수 있는지 여부도 논란이 되고 있다. 이는 특히 국사원의 '르와레 도지사'(*Préfet du Loiret*) 판결에서 문제되었다. 이 판결에서 국사원은 13세 미만자에 대한 야간통행 제한이 가능함을 인정하였는데, 이는 미성년자의 신체적 보호뿐만 아니라 야간에 비행청소년들과의 접촉으로 인한 타락 방지를 목적으로 경찰작용이 가능함을 인정한 것이라고 할 수 있다. 다만, 이러한 금지는 그 필요성이 인정되어야 하고, 달성하고자 하는 목적과의 비례에 엄격하게 맞아야 하며, 강제력을 통해 이를 실행하는 것은 긴급한 경우에만 정당화될 수 있을 것이다.[85]

〈판례 - CE réf. 2001. 7. 9. *Préfet du Loiret*〉

오를레앙(Orléans) 시장은 2001년 6월 15일부터 같은 해 9월 14일까지 시내 일정 지역에서 23시부터 다음날 6시까지 성인이 동반되지 않은 13세 미만자의 통행을 금지하고, 이에 위반한 13세 미만자에 대해서는 긴급한 경우 국가경찰관 또는 자치경찰관이 귀가시키며, 범죄가 될 수 있는 모든 행위를 검사에게 즉시 통보하도록 하는 내용의 규칙을 발령하는데, 오를레앙지방행정법원은 13세 미만자들이 통행의 자유를 제한당할 만큼의 위험에 처해있지 않다고 하여 위 규칙에 대한 집행정지신청을 인용하였다. 그러나 국사원은 실정법상 미성년자 보호에 관한 다양한 규정들이 존재한다고 하여 시장이 특별한 지역상황에 따라 미성년자 보호를 위해 지방자치법전 L.2212-1조 이하의 일반경찰권을 행사할 수 없는 것은 아니라고 하면서, 13세 미만자가 일정한 시간·장소에서 노출되는 위험으로부터 이들을 보호하고, 또 이들이 개인적으로 폭력행위의 피해자가 되는 경우뿐만 아니라 폭력행위에 연루되거나, 부추김을 당하거나, 익숙해질 우려를 불식시키기 위하여 이들의 통행금지를 명하는 규칙을 적법하게 발령할 수 있다고 판시하였다.[86]

---

85) Minet, C.-É., *op. cit.*, p. 48.
86) Minet, C.-É., *op. cit.*, pp. 48-49.

(2) 성인용품점 제한

이외에도 학교 인근에 성인용품점을 개장하는 것을 금지하는 시의 규칙에 대해서도 적법성이 인정되었다. 이는 국사원은 '우이유시(市)' (*Commune de Houilles*) 판결에 따른 것이다.

〈판례 - CE réf. 2005. 6. 8. *Commune de Houilles*〉

이 사건에서는 유아·초등·중등교육시설로부터 100미터 이내에 성인용품점의 설치를 금지하는 1987년 7월 30일 제87-588호 법률 제99조가 이미 존재하였고, 아울러 구 형법전 L.227-4조(현행 형법전 L.227-23조)가 미성년자에게 외설적 정보를 전달하는 행위를 처벌함으로써 성인용품점 운영자가 상품을 유리창에 진열할 수 없도록 하고 있었음에도 불구하고, 시장이 지역상황에 비추어 청소년 또는 시민의 평온에 대해 특별한 위협이 될 수 있는 시설에 대하여 일반경찰권을 행사할 수 있음이 인정되었다. 그리하여 국사원은 성인용품점을 설치하려는 장소 부근에 유치원과 초등학교가 있을 뿐만 아니라, 특히 시에서 청소년들을 위한 만화·정보·여가 관련 역무를 제공하기 위하여 정비 중이던 청소년중심지가 인근에 있음을 고려할 때, 시장이 성인용품점 개장을 금지하는 것은 시민의 평온과 청소년 보호를 위한 것으로서 적법하고, 상공업의 자유(영업의 자유)를 침해하지 않는다고 판시하였다.[87]

(3) 정리

이상의 두 사례에서는 모두 '특별한 지역상황'을 전제로 일반경찰권 행사가 인정되고 있다. 그러나 공공질서의 어떤 요소를 근거로 한 것인지는 불분명하다. 이에 대해서는 미성년자 보호 자체가 공공질서의 새로운 요소라고 보는 견해도 있으나,[88] 상기한 사례들에서는 미성년자 또는 청소년 보호를 위한 교육적 판단이 고려되어 있다는 점에서 공중도덕의 일부에 속한다고 볼 수 있을 것 같다.

---

87) Minet, C.-É., *op. cit.*, p. 49.
88) Minet, C.-É., *op. cit.*, p. 48.

III. 공공질서에서 제외되는 경우

1. 미관 보호

미관 보호는 20세기 초에는 공공질서의 요소로 인정되었지만, 현재는 그렇지 않다. 과거에는 시장이 자치경찰권을 통해 미관상 이익을 이유로 시내의 벽보나 광고판을 규율할 수 있었으나,[89] 이후 역사적 기념물의 보호, 도시계획, 광고 등은 특별법을 통해 특별경찰화 되었고, 국사원도 더 이상 미관 보호를 일반적인 공공질서의 구성요소로 보지 않고 있다.[90]

구체적으로 살펴보면, 국사원은 시장이 "건물 전체의 미관구상"을 유지하기 위하여 묘지에 설치된 묘비의 유형을 규율할 수 없다고 하면서, 이러한 조치는 "묘지에서의 선량한 질서 및 품위의 유지를 직접적인 목적으로" 하지 않는다고 판시하였고,[91] 고물자동차 장애물경주의 잔류물이 비록 보기 싫은 것이라고 하더라도 그것이 공공안전, 공공평온, 또는 공중위생을 침해하지 않는다면, 시장이 일반경찰기관의 자격으로 이의 제거를 명할 수는 없다고 판시하였다.[92]

---

89) CE Ass. 1938. 6. 3. *Société des usines Renault*; CE 1941. 3. 14. *Compagnie nouvelle des chalets de commodité.*

90) Minet, C.-É., *op. cit.*, p. 50.

91) CE Sect. 1972. 2. 18. *Chambre syndicale des entreprises artisanales du bâtiment de la Haute-Garonne*; TA Lille 1999. 3. 30. *Mme Tillieu*("시장은 미관을 이유로 허가를 받은 자가 묘지에 세우는 묘비나 나무의 유형을 제한할 (지방자치법전 L.2213-9조의 규정에 따른) 권한이 없다"고 판시).

92) CE 1975. 8. 9. *Commune de Janvry.* 다만, CE 1984. 6. 22. *Préfet de police de Paris c. Société "Le monde du tennis"* 판결에서는 빠리경시청장이 "공중위생 및 미관의 보호와 더불어 질서와 평온의 유지에 필수적인 조치들을 취할 권한"이 있다고 판시하였는데, 이는 미관을 공공질서의 요소로 본 것이라기보다는 미관이 공중위생과 같은 다른 구성요소들과 연관되어 있다는 의미로 해석된다. Minet, C.-É., *op. cit.*, pp. 50-51.

2. 국제관계 유지

이에 관한 예로는 '재불(在佛)티베트공동체연합'(*Association Communauté tibétaine en France*) 판결을 들 수 있는데, 이 사건에서 국사원은 국제관계 유지가 공공질서의 내용이 될 수 없다고 판단하였다. 독일에서도 타국의 정책에 반대하는 시위에 의하여 야기된 외교관계상의 부담은 일반조항에 기해 저지될 수 없다고 한다.[93]

〈판례 - CE 1997. 11. 12. *Ministre de l'intérieur c. Association*
"Communauté tibétaine en France et ses amis"〉

이 사건에서 원고 단체는 프랑스에 중국 주석이 방문하자, 중국의 대 티베트 (Tibet) 정책을 규탄하기 위해 중국대사관 부근에서 시위를 하겠다고 신고하였는 데, 빠리경시청장은 질서유지강화를 위한 1935년 10월 23일 법률명령(le décret-loi)[94]으로부터 위임받은 권한에 따라, 위와 같이 예정된 시위가 "공화국의 국제관계를 침해"할 우려가 있다는 이유로 이를 금지하였다. 그러자 원고 단체는 국사원에 월권소송을 제기하였는데, 국사원은 위와 같은 사유는 공공질서에 장애 를 초래할 위험에 관한 것으로 볼 수 없고, 이러한 사유만으로는 시위 금지처분을 정당화할 수 없다고 판시하였다.[95]

3. 남녀차별금지원칙

이에 관한 예로는 '쟈스멩 유한회사'(*SARL Jasmeen*) 판결을 들 수 있는 데, 이 사건은 남녀차별금지를 이유로 경찰작용이 행해졌다는 점에서 주목 받았다. 여기서 남녀차별금지는 프랑스법상의 양성평등과는 구별되는 것인

---

93) Drews·Wacke·Vogel·Martens, *Gefahrenabwehr*, 9. Aufl., 1986, S. 234. 서정범 외 2인, 전게서, 제5장 「경찰법에 있어서의 공공의 안녕의 개념」, 84면에서 재인용.
94) 이 법률명령에서 정하고 있는 유일한 시위금지사유는 "공공질서에 대한 장애를 초 래할 위험"이었다.
95) Minet, C.-É., *op. cit.*, p. 51; Chapus, R., *op. cit.*, p. 699.

데, 전자는 유럽인권보호협약의 차별금지원칙에서 유래한 것이고, 후자는 프랑스 헌법 제1조에 규정되어 있으면서 국사원의 '보바르'(*Demoiselle Bobard*) 판결96) 이래 법의 일반원리로 인정되어 오던 평등원칙에서 유래한 것이다.97) 프랑스법상의 평등원칙은 같은 지위에 있는 사람을 같게 취급하는 것을 의미하며, 다른 지위에 있는 사람을 다르게 취급할 것까지는 요구하지 않는 반면, 유럽법상의 차별금지원칙에서는 예컨대 성별을 직접적인 근거로 하여 다르게 취급하는 것을 금지함은 물론, 객관적인 정당화 사유가 없이 사실상 남녀를 차별취급 하는 것도 금지한다.98) 따라서 프랑스법상으로는 어떤 규범을 일률적으로 적용하는 것만으로는 평등원칙에 반하지 않지만, 유럽법에서는 이러한 일률적 적용은 결국 각기 다른 지위에 있는 사람들을 간접적으로 차별취급 하는 것이 되어 차별금지원칙에 반하게 된다.

그런데 '쟈스멩 유한회사' 판결에서는 비록 유럽법상의 차별금지원칙을 근거로 하였지만, 차별금지원칙의 의의나 프랑스법상 평등원칙과의 차이가 크게 부각되지는 않았으며, 차별금지원칙이 진정으로 공공질서의 요소가 될 수 있는지에 대해서도 분명하게 판단되지는 않았다. 이는 차별금지원칙을 적용한다고 하더라도 시장이 여성들만 참여하는 패션쇼를 금지하는 것에는 정당한 사유가 없었기 때문이라고 할 수 있는데, 구체적으로는 패션쇼가 남녀차별을 야기한다는 점이 실증된 바 없고, 차별금지원칙이나 평등원칙은 주로 어떤 규율조치·공무원선발 등과 관련하여 차별취급을 하지 못하도록 하는 의미를 갖는 것이지 사인 간의 관계에서 발생하는 일을 특별히 규율하고자 하는 것이 아니며, 여성복만 등장하는 패션쇼에 여성들만 참여하도록 하는 것이 비합리적인 차별이라고 볼 이유는 없기 때문이다.99)

---

96) CE Ass. 1936. 7. 3. *Demoiselle Bobard*.
97) Fournales, R., *op. cit.*, p. 440.
98) Fournales, R., *op. cit.*, p. 441.
99) Fournales, R., *op. cit.*, p. 441 참조.

〈판례 - TA Cergy-Pontoise 2005. 7. 21. *SARL Jasmeen*〉

원고 회사는 몽트뢰이(Montreuil)시(市)에서 베일을 쓴 이슬람 여인들만을 대상으로 하는 기성복 패션쇼를 기획하였는데, 여기에는 여성들만 참여할 수 있었다. 몽트뢰이 시장은 이 패션쇼가 공공질서에 심각한 장애를 초래할 위험이 있다는 점과 여기에 여성들만 참여할 수 있도록 한 것이 남녀차별금지원칙에 반한다는 이유로 이를 금지하였다. 그러나 세르쥐-뽕뜨와즈(Cergy-Pontoise)지방행정법원은 위 패션쇼로 인하여 공공질서에 심각한 장애가 초래될 수 있는 위험이 드러나지 않았고, 위 패션쇼에 여성들만 참여할 수 있다는 것만으로는 이를 금지할 수 없다고 판시하면서 시장의 금지명령을 취소하였다.100)

4. 공역무의 질에 대한 우려

'공역무의 질에 대한 우려' 역시 공공질서에 포함될 수 없는데, 이에 관한 예로는 '레위니옹 도지사'(*Préfet de la Réunion*) 판결을 들 수 있다.

〈판례 - TA Saint-Denis de la Réunion 2006. 2. 22. *Préfet de la Réunion*〉

이 사건에서 생-뽈(Saint-Paul)시의 시장은 노인·장애인 독립을 위한 연대에 관한 2004년 6월 30일 제2004-626호 법률에 따라 '노인과 장애인들의 자치를 위한 연대의 날'로 지정되어 있던 2005년 5월 16일에 "공역무의 질을 저해"할 수 있는 규모의 파업이 예정되어 있다는 이유로 시의 일부 공역무를 중단하도록 명하였다. 그러나 '생-드니 들 라 레위니옹'(Saint-Denis de la Réunion)지방행정법원은 이러한 사유만으로는 시장이 일반경찰권에 기하여 역무의 중단을 명할 수 없다고 판시하였다.101)

---

100) Minet, C.-É., *op. cit.*, p. 52.
101) Minet, C.-É., *op. cit.*, p. 52.

제4항 비교법적 평가

I. 프랑스 법상황의 요약

이상에서 살펴본 바와 같이 공공질서는 기존의 전통적인 3요소인 공공안전, 공공평온, 공중위생 외에 공중도덕과 인간의 존엄성 존중에까지 확대되고 있다. 이때, 공중도덕의 경우에는 특별한 지역상황이라는 요건이 추가로 요구된다.

이 밖에 자신에 대한 보호, 미성년자 보호를 위한 경찰작용이 인정되고 있지만, 이러한 목적들이 별도로 공공질서의 새로운 구성요소가 될 수 있는지에 대해 논란이 있다. 그러나 미관 보호, 국제관계 유지, 남녀차별금지원칙, 공역무의 질에 대한 우려는 공공질서의 내용에 포함되지 않는다.

II. 우리나라에의 시사점

1. 일반조항의 인정 여부에 관한 시사점

(1) 견해의 대립

우리나라에서는 경찰관직무집행법을 근거로 경찰작용의 일반조항을 인정할 수 있는지 여부가 문제되고 있다. 특히 동법 제2조 제5호, 제5조, 제6조가 일반조항이 될 수 있는지에 대해 논란이 있다.

① 부정설

경찰관직무집행법을 근거로 한 일반조항을 부정하는 견해이다. 이 견해에서는 ① 경찰관직무집행법 제2조는 경찰의 일반적 직무범위를 정하고 있는 조직법적 규정, 즉 임무규범에 그치는 것으로서 이러한 임무규범에서 경찰권발동을 위한 수권조항, 즉 권한규범이 도출될 수는 없고, ② 제5조는 모든 종류의 위해에 대해 경찰권 발동이 가능함을 규정하고 있는 것이 아니라 "인명 또는 신체에 위해를 미치거나 재산에 중대한 손해를 끼칠 우려가 있는 천재, 사변, 공작물의 손괴, 교통사고, 위험물의 폭발, 광견·분마류등의 출현, 극단한 혼잡 사태"에 관한 경찰권만을 규정하고 있으며, 나아가 동 조항의 "기타 위험한 사태"는 이와 같이 열거된 사태와의 관련에서 의미나 내용이 제한될 것이므로 일반조항이 될 수 없다고 한다.102)

이러한 부정설은 다시 두 가지로 나뉘는데, 하나는 일반조항의 필요성은 긍정하면서도 이는 입법에 의해 채택되어야 한다는 견해이며,103) 다른 하나는 일반조항의 필요성까지 부정하는 견해이다. 일반조항의 필요성까지 부정하는 견해에서는 일반조항을 긍정한다면 경찰기관은 이를 근거로 사실상 모든 경우에 경찰권을 발동할 수 있게 되어 경찰권의 부당한 확대를 가져오며, 게다가 현재 경찰관직무집행법 제3조 이하에서는 경찰권 발동의 요건과 효과를 폭넓게 규정하고 있어서 굳이 일반조항을 두지 않더라도 위해를 방지하지 못하는 경우는 거의 없다는 점을 근거로 한다.104)

② 긍정설

긍정설에서는 경찰관직무집행법에서 일반조항을 도출하는 것을 긍정하

---

102) 김동희, 전게서(행정법 Ⅱ), 222면; 홍정선, 전게서, 266면; 최영규,『경찰행정법』, 제3판, 법영사, 2007, 181-182면 참조.
103) 김동희, 전게서(행정법 Ⅱ), 222면, 홍정선, 전게서, 266면에서는 이러한 입장을 취하는 것으로 보이나, 그 취지가 분명하지는 않다.
104) 최영규, 전게서, 182면.

는데, 다만 그 구체적인 근거와 관련하여 제2조를 근거로 하는 견해, 제5조를 근거로 하는 견해, 제2조, 제5조, 제6조를 결합하여 근거로 하는 견해로 나뉜다.

우선, 경찰관직무집행법 제2조를 근거로 하는 견해에서는 일반조항은 명확하게 입법할 필요가 있지만, 이러한 입법이 있을 때까지는 불충분하나마 동조 제5호의 "기타 공공의 안녕과 질서유지"를 일반조항으로 보아 경찰권발동이 가능하게 해야 한다고 주장한다.[105]

다음으로, 경찰관직무집행법 제5조을 근거로 하는 견해에서는 동 조항이 경찰은 공공의 안녕과 질서에 대한 위험방지를 위하여 필요한 조치를 취할 수 있다는 경찰법상 일반원칙의 기본요소를 가장 충실하게 담고 있기 때문이라고 설명하거나,[106] 동 조항이 보호이익을 법질서와 같은 이른바 집단적 법익을 포함하지 않고 주로 생명, 신체 등의 개인적 법익에 한정하고 있으며 또한 그에 대한 이른바 목전의 위험 또는 급박한 위험을 방지하는 경찰조치만을 수권하는 데 그치고 있지만, 개별적 권한규범이 체계적이고 필요한 정도로 정비되어 있지 못한 현실에서 부득이 이를 근거로 할 수밖에 없다고 설명하고 있다.[107]

마지막으로 경찰관직무집행법 제2조, 제5조, 제6조를 결합하여 근거로 하는 견해에서는 제2조 제5호에 규정된 "공공의 안녕과 질서유지"를 제1의 일반조항으로 보면서, 제5조 제1항 제3호를 개인적 법익의 보호를 위한 제2의 일반조항으로, 제6조를 국가적·사회적 법익의 보호를 위한 제3의 일

---

105) 김남진, 『경찰행정법』, 경세원, 2004, 132면; 한견우, 『현대행정법』, 세창출판사, 2009, 787면 참조.
106) 이운주, 「경찰법상의 개괄수권조항에 관한 연구」, 서울대학교 대학원 박사학위논문, 2005, 205면. 서정범 외 2인, 전게서, 제3장 「경찰권발동의 근거 - 개괄적 수권조항을 중심으로」, 44-45면에서도 경찰관직무집행법 제5조 제1항을 일반조항으로 보고 있다.
107) 김성태, 『위험방지작용의 이해』, 홍익대학교 출판부, 2007, 38면.

반조항으로 보고 있다.108)

(2) 검토

① 일반조항의 필요성

특별법에 의한 경찰작용과 경찰관직무집행법에 규정된 표준조치로 많은 경찰영역이 규율될 수 있는 것은 사실이다. 그러나 이것만으로는 법적 공백을 완전히 메우기 어려우며, 따라서 일반조항을 통해 보충적으로 개입할 필요가 있다. 상기한 프랑스의 '르와레 도지사' 판결109)과 같은 사안에서, 우리나라에서도 미성년자 보호를 위한 통행 및 영업제한과 같은 조치가 필요한 경우가 발생할 수 있으며, 이때 이러한 조치는 경찰관직무집행법상 표준조치만으로는 불가능하다.110) 이 밖에도 인간의 존엄성을 침해하는 '난쟁이 발사'와 같은 공연을 비롯하여, 본서에서 후술할 많은 사례들, 즉 카지노개설의 제한, 스키사고를 대비한 안전조치, 운동장출입금지, 영화상영금지, 강제수혈 등 다양한 분야에서 특별경찰작용의 공백이 발생할 수 있다.

그리고 경찰권이 남용되는 것에 대해서는 일반조항의 요건에 대한 자의적인 해석을 금지하고, 비례원칙, 국가배상책임 등 각종 법치주의 제도를 엄격하게 적용하여 통제함으로써 상당 부분 예방이 가능할 것이며, 경찰권의 남용을 우려하여 필요한 조치를 취하지 못하는 것은 자유에 대한 더 큰 위협이 될 수 있다. 이러한 관점에서 일반조항은 필요하다고 생각된다.

② 일반조항의 근거

일반조항의 필요성이 인정된다고 하더라도, 그 근거에 대해서는 여전히

---

108) 박정훈, 전게서(행정법의 체계와 방법론), 제9장(컴퓨터프로그램 보호), 391-394면.
109) CE réf. 2001. 7. 9. *Préfet du Loiret.*
110) 제3장 제4절 제2항 II. 2. (1) 참조.

논란이 존재한다. 입법에 의해 명확하게 일반조항이 인정되는 것이 가장 바람직한 것이지만, 일반조항의 부재로 인하여 발생하는 현실적 공백을 고려한다면 일단 경찰관직무집행법의 여러 조항들을 일반조항으로 인정해야 할 필요가 있다.

여기서 다시 경찰관직무집행법의 어떤 조항을 일반조항으로 보아야 할 것인지 생각해보아야 하는데, 제2조 제5호를 우선적으로 고려하는 것이 타당하다고 본다. 우리 경찰관직무집행법에서 임무규범과 권한규범을 명확히 분리하고 있는 것인지 의문이기도 하거니와, 어차피 경찰관직무집행법상의 근거가 불분명한 상태에서 부족하나마 일반조항을 인정하는 것이니만큼 굳이 임무규범이기 때문에 일반조항이 될 수 없다고 하기보다는 긍정적으로 확대해석 하는 것도 나쁘지 않을 것이기 때문이다. 다만, 경찰관직무집행법 제2조 제5호의 임무규범으로서의 성질이 강조되는 한, 제5조 제1항, 제6조가 보완적인 역할을 할 수밖에 없을 것이다.

그러나 이와 같이 일반조항을 인정하더라도 이것이 경찰관직무집행법을 전제로 하는 이상, 이는 제도적 의미의 경찰 외에 일반행정기관에는 적용되기 어렵다.111) 이에 대해서는 입법을 통해 보완할 필요가 있을 것이다.

2. 일반조항의 내용에 관한 시사점

(1) 공공의 안녕 및 질서와의 비교

우리나라에서 경찰관직무집행법 제2조, 제5조, 제6조 등을 근거로 일반조항이 인정된다는 보는 경우, 일반조항에 기하여 경찰권이 발동되기 위해서는 ① 公共의 安寧이나 ② 公共의 秩序에 대한 ③ 위험이 존재하거나 이미 장해가 발생하였어야 한다.112)

---

111) 이운주, 전게논문, 175면 참조.
112) 박균성·김재광, 『경찰행정법』, 박영사, 2010, 165면. 한편, 우리 헌법 제76조 제1

우선, 공공의 안녕은 국가의 법질서와 공공시설 및 개인의 생명·신체·재산·자유·명예 등에 대하여 어떠한 침해도 없는 상태를 말하며, 따라서 법질서 전체의 불가침성, 국가·공동체의 존립과 기능성, 개인의 법익의 불가침성 등을 그 내용으로 한다.113) 이는 결국 프랑스의 공공안전 및 공공평온에 유사하다고 할 수 있다.

한편, 공공의 질서는 통상적인 사회·윤리개념상 그 준수가 사회에서의 공동생활을 위하여 불가결한 것으로 인정되는 불문규범의 총체를 말하며,114) 법규범은 여기에 포함되지 않는다. 그러므로 공공의 질서는 프랑스의 공중도덕에 유사하다고 할 수 있다. 그러나 이에 대해서는 윤리나 도덕은 시간과 장소에 따라 일정하지 않아 이것이 경찰작용의 근거가 되는 것은 남용의 우려가 적지 않고, 현재 이에 해당하는 규범이 실정법규에 의해 구체화되어 있으므로 별도로 공공의 질서라는 개념을 인정할 필요는 없다는 주장도 제기되고 있다.115)

(2) 전통적인 3요소에 관한 시사점

이러한 우리나라의 공공의 안녕 및 질서와 프랑스의 전통적인 공공질서

항은 긴급재정경제명령권의 목적으로 '공공의 안녕질서'를 들고 있고, 경찰법 제3조는 "국가경찰은 국민의 생명·신체 및 재산의 보호와 범죄의 예방·진압 및 수사, 치안정보의 수집, 교통의 단속 기타 공공의 안녕과 질서유지를 그 임무로 한다."고 규정하여 공공질서의 유지가 경찰의 임무임을 명시하고 있으며, 경찰관직무집행법 제2조 제5호에서도 "기타 공공의 안녕과 질서유지"를 경찰관의 직무로 규정하고 있다. 이처럼 우리나라에서 공공의 안녕 및 질서는 실정법상의 개념이며, 관습법상의 개념은 아니다.

113) 박균성·김재광, 전게서, 166면; 박정훈, 전게서(행정법의 체계와 방법론), 제9장(컴퓨터프로그램 보호), 381-392면; 서정범 외 2인, 전게서, 제5장(공공의 안녕), 67면.

114) 박균성·김재광, 전게서, 166면.

115) 서정범 외 2인, 전게서, 제6장 「경찰법에 있어서의 공공의 질서의 개념 - 성도덕에 관한 실증적 사례분석을 토대로 하여」, 98-99면; 한견우, 전게서, 777면 각 참조.

의 3요소를 비교해보면, 우선 공중위생의 측면에서 차이가 발생한다. 즉, 우리 경찰관직무집행법 제2조, 제5조, 제6조 어디를 보더라도 공중위생은 일반조항의 내용으로 인정되기 어려우며, 동법 제2조 제5호의 "기타 공공의 안녕과 질서유지"에는 공공안전, 공공평온, 공중도덕이 포함될 수 있을 뿐, 여기에 공중위생이 포함된다는 이론은 우리나라에서 찾아보기 어렵다. 동법 제5조도 그 문언상 공중위생이 포함되기는 어려우며, 제6조에서도 "인명·신체에 위해를 미치거나 재산에 중대한 손해를 끼칠 우려가 있어 긴급을 요하는 경우"에 경찰작용이 가능하도록 하고 있는데 인명, 신체를 예로 들고 있는 것으로 볼 때 이는 공공안전에 해당하는 것이지 공중위생과는 거리가 있어 보인다.

그러나 경찰행정의 목적 중 공중보건·위생은 공공안전, 공공평온에 비해 결코 비중이 작다고 볼 수 없다. 의료법, 약사법, 「감염병의 예방 및 관리에 관한 법률」, 식품위생법, 가축전염병예방법, 축산물위생관리법 등에 의해 위생경찰영역의 상당 부분이 특별경찰의 임무로 이전되어 있기는 하지만, 이것만으로는 질서유지에 부족한 경우가 얼마든지 나타날 수 있다.

예컨대, 수입쇠고기에서 심각한 발암물질이 검출된 경우, 이것이 이미 시중에 상당부분 유통되었다면 수입금지조치만으로는 공중보건에 발생한 장애를 회복시키기에 부족하고, 기존에 유통된 물량을 전부 폐기 또는 회수할 필요가 발생한다. 이와 관련하여 축산물위생관리법 제36조 제2항은 식품의약품안전처장과 지방자치단체장은 "공중위생상 위해가 발생하였거나 발생할 우려가 있다고 인정되는 때에는 영업자에 대하여 유통 중인 해당 축산물을 회수 또는 폐기하게 하거나 해당 축산물의 원료, 제조방법, 성분 또는 그 배합비율을 변경할 것을 명할 수 있다."라고 규정하고 있는데, 그 요건부분에도 불명확한 점이 있지만, 효과부분에도 선택재량·결정재량이 존재한다.

여기서 식품의약품안전처장과 지방자치단체장이 폐기 또는 회수조치가 불필요하다고 판단하여 이를 하지 않거나, 혹은 다른 사유로 폐기 또는 회수조치가 지연되는 경우에 이를 그대로 방치하는 것은 옳지 않다. 이런 경우에는 제도적 의미의 경찰이 우선 개입하여 필요한 조치를 일시적으로라도 취할 필요가 있으며, 따라서 이러한 작용을 위한 개입근거가 마련되어야 한다. 이때 제도적 의미의 경찰이 행하는 작용은 긴급성과 보충성, 그리고 비례원칙과 배상책임제도에 의해 통제될 수 있을 것이므로 이의 남용을 지나치게 우려할 이유는 없다고 본다. 다만, 이는 입법을 통해 해결되어야 하고, 현재의 경찰관직무집행법상으로는 공중위생이 제도적 의미의 경찰의 작용근거가 될 수는 없다고 할 것이다. 이 밖에, 위 사례에서는 후술할 일반경찰과 특별경찰의 관계도 문제될 수 있지만, 특별경찰이 적시에 행해질 수 없는 경우 일반경찰이 개입하는 것이므로 별다른 문제가 없다고 본다.116)

(3) 공중도덕에 관한 시사점

우리나라에서 공공의 질서는 그 개념상 공동체의 가치관을 의미하는 것으로서 프랑스의 공중도덕과 유사하다. 또, 프랑스에서는 공중도덕과 특정 집단의 가치관을 개념상 구별하고 있지만 이의 경계가 불분명하다는 점이 비판되고 있는데,117) 우리나라의 공공의 질서 개념에 대한 우려와 비슷한 측면이 있다.

프랑스에서 오리우가 엄격한 3요소설을 주장하였음에도 불구하고 결국 공중도덕이 공공질서의 내용에 포함된 것은 시대의 흐름에 따른 새로운 필요에 적절히 대처하기 위한 것이었다고 볼 수 있다. 우리나라에서도 모든 사회규범을 법에서 수용할 수 없을 뿐만 아니라 사회의 급속한 변화로 인해 성문법률로 미처 수용되지 못한 영역이 나타나기 마련이므로 공공의 안녕에

---

116) 본장 제5절 제3항 Ⅱ. 참조.
117) Minet, C.-É., *op. cit.*, pp. 37-38.

대한 보충적 개념으로 공공의 질서는 여전히 인정될 필요가 있다.[118]

다만, 프랑스에서 공중도덕을 일반경찰의 근거로 인정하기 위해 '특별한 지역상황'을 요건으로 하고 있음은 상기한 바와 같은데, 이러한 지역상황 요건은 공중도덕이 소수의 가치관을 강요하는 것으로 변질되지 않게 하는 데 일정한 역할을 할 수 있다. 따라서 특별한 지역상황이 우리의 공공의 질서의 내용에 그대로 편입될 수는 없다고 하더라도, 공공의 질서에 위험이 발생하였는지 여부를 판단함에 있어 하나의 중요한 고려사항이 될 수는 있을 것이다.

한편, 상기한 '르와레 도지사' 판결에서와 같은 아동들에 대한 통행금지 등 보호조치는 아동들의 신체에 대한 위험을 제거하기 위한 것으로서 공공의 안녕을 유지하기 위한 경찰작용이므로 경찰관직무집행법상 일반조항을 인정하는 한 법적 근거가 없는 것은 아니다. 물론 일반조항을 인정하더라도 경찰명령형식을 취할 수는 없음은 상기한 바와 같다. 그런데 아동들의 신체에 위험을 발생시킬 우려가 있는 지역이 아니라, 음란한 물건 또는 서적을 파는 가게와 퇴폐적인 유흥업소가 밀집되어 있는 지역에서 아동들의 출입을 금지시키는 경우에는 프랑스의 공중도덕, 즉 우리나라의 공공의 질서가 근거로 작용할 수 있을 것이다. 이때에는 특별한 지역상황의 존재로 인하여 공공의 질서에 대한 위험이 긍정될 여지가 있다.

(4) 인간의 존엄성 존중에 관한 시사점

인간의 존엄성 존중을 위해 경찰작용이 가능한 것은, 이것이 다른 모든 자유들의 전제가 되기 때문이며, 따라서 헌법이 보장하는 자유라고 하더라도 이를 곧바로 경찰작용의 목적으로 하는 것은 경찰권의 무제한 확장을 야기할 수 있으므로 쉽게 허용해서는 안 된다.[119] 그러므로 헌법적 가치를

---

118) 한견우, 전게서, 777면 참조.
119) 이는 하나의 자유를 보호하기 위해 다른 자유를 억압하는 결과가 될 수 있다.

갖는 원리 또는 기본권이 공공질서의 내용으로 직접 편입되는 것은 모든 기본권의 전제라고 할 수 있는 인간의 존엄성 존중의 경우로 국한되어야 한다.

그러나 '난쟁이 발사' 판결에서 드러나는 바와 같이, 일단 인간의 존엄성 존중이 문제되는 이상 일반경찰은 지체 없이 개입할 필요가 있으며, 이때 특별경찰의 부재 또는 흠결은 문제되지 않는다. 다만, 일반경찰의 개입을 완전히 배제하기 위해 특별경찰이 존재하는 경우라면, 특별경찰의 불충분해 보이는 점은 해당 영역을 그 정도 수준으로만 규율하겠다는 입법자의 의도로 보아야 할 것이다. 그렇지만 인간의 존엄성과 관련하여 특별경찰에서 예기치 못한 상황이 발생한 경우라면 일반경찰의 개입근거가 인정되는 것이 타당하다.

우리 헌법 제10조에서도 인간의 존엄과 가치를 규정하고 있으며, 이는 기본권이면서도 전(前) 국가적 자연권이자 근본규범에 해당하는 것으로서 국가작용에 있어 목적과 가치판단의 기준이 된다.[120] 경찰법은 헌법의 목적인 인간의 존엄과 가치를 실천하는데 봉사해야 하는 것이므로,[121] 인간의 존엄성이 침해될 때에는 언제든지 이에 개입하여 공공질서를 회복시키는 것을 책무로 삼아야 할 것이다. 그러므로 난쟁이 발사와 같은 비인격적 공연은 물론 여호와의 증인의 신자들에 대한 강제수혈의 경우에도 이는 국가의 기본권보호의무를 다하는 것으로서 위법하다고 볼 수 없다. 참고로, 독일에서는 자살을 기도하는 사람을 경찰이 강제로 보호할 수 있는지에 대해 논란이 있는데, 자살을 인격의 발현이라고 할 수는 없으므로 자살을 할 권리가 헌법상의 자유로운 인격발현의 권리로부터 도출된다고 볼 수는 없고, 나아가 생명에 대한 국가의 일반적인 보호의무를 인정하는 독일 연방

Fournales, R., *op. cit.*, p. 441.

120) 성낙인, 『헌법학』, 제5판, 법문사, 2005, 285-287면.

121) 홍정선, 전게서, 47면.

헌법재판소의 입장122) 등을 고려할 때, 경찰의 개입의무를 긍정하는 것이
바람직하다는 설명이 제시되고 있다.123)

인간의 존엄성 존중을 위한 경찰작용은 우리 경찰관직무집행법상의 일
반조항을 근거로 가능하다고 본다. 인간의 존엄성 존중은 각 개인에 대하
여 문제되는 것이므로 이것이 위협받은 상황은 공공의 안녕에 대한 위험
발생으로 볼 수 있을 것이다. 또, 인간의 존엄성 존중은 헌법원리에 속하므
로 이에 대한 침해는 국가의 객관적 법질서에 대한 침해로 볼 수 있고, 이
러한 점에서도 인간의 존엄성 존중은 공공의 안녕에 속한다고 하겠다. 이
러한 인간의 존엄성 존중이 문제되어 경찰작용이 행해지는 경우에는 그 상
대방의 의사에 반하는 조치도 가능하며, 다만 인간의 존엄성 존중은 보충
적으로만 경찰권의 근거가 될 수 있다고 해석해야 한다.124)

(5) 자신 및 미성년자 보호에 관한 시사점

자기 자신에 대한 보호는 그것이 보호대상자의 의사에 반하는 경찰작용
을 인정하는 것이기 때문에 함부로 인정되어서는 안 되며, 따라서 이는 독
자적인 공공질서의 요소라기보다는 인간의 존엄성 존중의 한 내용으로 보
는 것이 바람직하다. 다만, 자연재해가 우려되어 시민들을 강제로 대피시키
는 경우와 같이 경찰작용의 상대방의 추정적 승낙이 인정될 수 있는 경우
에는, 공공의 안녕에 포함되는 것으로 보아도 좋을 것이다.

그러나 좌석안전띠·승차용안전모 착용의무와 같이, 자신에 대한 보호가
문제되지만 인간의 존엄성 존중에 포함된다고 보기 어려운 경우에는 다른
이론구성이 필요하다. 이때 공공재정상의 부담 축소와 같은 것은 헌법적
가치로 인정되기 어려우므로 이를 근거로 경찰작용이 가능하다고 하는 것

---

122) BVerfGE 39, 1ff.(40)
123) 서정범 외 2인, 전게서, 제5장(공공의 안녕), 75-76면 참조.
124) 프랑스에서도 비슷한 견해가 제시되고 있다. Canedo-Paris, M., *op. cit.*, p. 979.

은 무리가 있다. 그러므로 좌석안전띠·승차용안전모 착용의무는 우리나라
에서는 특별법에 기한 특별경찰작용으로서만 부과할 수 있다고 생각된다.
우리나라에서는 도로교통법 제50조 제1항, 제3항에서 자동차 운전자 및
동승자에 대한 좌석안전띠 착용의무와 이륜자동차·원동기장치자전거의
운전자 및 동승자에 대한 승차용안전모의 착용의무를 부과하고 있으므로,
프랑스와 같이 일반경찰권의 행사범위에 속하는지 여부가 논란이 될 가능
성은 낮다.

미성년자 보호의 경우, 특별한 지역상황을 요건으로 하고 있다는 점에서
공중도덕에 내용에 포함되는 경우가 많을 것이다. 특히 미성년자의 윤리나
교육적 측면이 반영되는 경우에는 더욱 그러하다고 볼 수 있다. 그러므로
이러한 측면에서의 미성년자 보호를 별도로 공공질서의 요소로 인정할 실
익은 크지 않아 보인다.

(6) 공공질서의 한계에 관한 시사점

미관 보호, 국제관계 유지, 공역무의 질 저하와 같은 목적은 공공질서에
포함되지 않지만, 다만 이는 그 자체만으로는 공공질서에 포함되지 않는다
는 것일 뿐 이러한 목적들이 공공질서의 요소와 결부될 때에는 경찰작용의
근거가 될 수도 있다. 예컨대, 국제관계 경색을 이유로 집회신고를 거부할
수는 없는데, 집회신고를 「집회 및 시위에 관한 법률」에 명시된 요건이 아
닌 다른 이유로 거부하는 것은 그 자체로 집회에 관한 신고제를 허가제로
운영하는 것이어서 헌법 제21조 제2항에 반하는 것이기도 하지만,125) 국제
관계 유지는 공공의 안녕에 포함된다고 볼 수 없기 때문이기도 하다.126)

---

125) 프랑스에서도 사전허가제는 입법자의 권한에 속하는 것으로서, 경찰작용으로는
    창설할 수 없다. CE 1982. 1. 22. *Association Foyer de ski de fond de Crévoux.*
    Minet, C.-É., *op. cit.*, p. 167.
126) 상기한 CE 1997. 11. 12. *Ministre de l'intérieur c. Association "Communauté*

그러나 민감한 국제관계와 관련하여 폭력행위가 명백히 예견되는 경우에
는 집회금지사유에 해당할 수 있다.

한편, 남녀차별금지원칙의 경우에는 이것이 공공질서의 요소가 될 수
있는 것인지 분명하지는 않지만, 공공질서의 내용을 함부로 확장하는 것
은 경찰권의 남용을 가져올 수 있다는 점에서 일단 부정적으로 봐야 할 것
이다.

이처럼 위와 같은 목적들은 프랑스의 공공질서 개념에 포함되지 않으며,
우리나라의 공공의 안녕 및 질서에도 포함되기 어렵다. 이들이 공공질서
개념에서 배제된다는 것은 한편으로는 공공질서 개념이 경찰권발동의 한
계로서의 역할도 하고 있음을 보여주는 것이라고 하겠다.

---

tibétaine en France et ses amis" 참조.

제4절 특별경찰권의 근거

제1항 특별경찰의 의의

특별경찰은 특별한 수권법률을 통해 개별영역을 규율하는 경찰을 의미한다. 특별경찰도 넓은 의미의 사회질서를 보호하기 위한 행정활동이지만 특별법을 통해 창설되는 것이므로, 일반경찰과는 달리 그 행사기관, 적용되는 법제도, 목적이 다양하다.

특별경찰은 조직적 측면에서는 일반경찰과 구별되기 어렵다. 적용되는 법제도를 보더라도 특별경찰에 일반경찰과 구별되는 별도의 절차규정이 마련되어 있는 경우가 많지 않으며,[1] 특별경찰의 목적도 일반경찰과 동일하거나 이를 구체화한 것인 경우가 많다.[2]

결국 특별경찰의 가장 큰 특징은 명문의 수권법률이 존재한다는 점이라고 할 수 있다. 이러한 수권법률은 그 대상을 명확하게 규정하기 위해서, 또는 해당 영역에서 일반경찰만으로는 공공질서의 유지가 불충분해 보이기 때문에 이를 보완하기 위해서 마련된다.[3] 수권법률의 내용에 따라 특별경찰의 행사기관, 목적, 절차, 작용의 근거사유 등이 정해지며, 일반경찰과 다른 모습을 띠게 된다.

---

1) Minet, C.-É., *op. cit.*, p. 55.
2) 예컨대 붕괴위험 건물에 관한 경찰은 공공안전을 보호하는 것이고, 시위에 관한 경찰은 공공평온 및 공공안전을 보호하는 것이다. Minet, C.-É., *op. cit.*, p. 55.
3) 다만, 시장의 경찰권을 부연설명하고 있는 지방자치법전의 조문들(L.2212-2-1조 이하)은 특별경찰을 창설하고 있는 것이 아니다. Minet, C.-É., *op. cit.*, pp. 55-56.

제2항 수권법률의 종류

I. 개별영역별 수권법률

우선 공공안전을 위한 경찰작용에 관해서는, 도로교통에 관한 경찰의 수권법률인 도로법전, 도로관리법전, 지방자치법전 L.2213-1조 내지 L.2213-6-1조가 있고, 여객운송과 관련한 경찰에 대해서는 운송법전과 민간항공법전이 있다. 또, 건축물에 관한 경찰의 수권법률인 건축법전과 도시계획에 관한 경찰의 수권법률인 도시계획법전이 있으며, 새로 제정된 국내안전법전 제3권 제1편은 무기 소지·판매에 관한 경찰작용의 근거가 되고 있다.

다음으로 공공평온을 위한 경찰작용에 관해서는, 집회에 관한 경찰의 수권법률로 옥외집회의 시간을 제한하고 있는 1881년 6월 30일 법률이 있으며, 국내안전법전 제2권 제1편 제1장(L.211-1조 이하)에서는 집회 및 시위에 대해 상세한 규정을 두고 있다.

또 풍속 및 공중위생을 위한 경찰작용에 관해서는 국내안전법전 제3권 제2편(L.320-1조 이하)에서 규율하고 있고, 영화에 관한 경찰의 수권법률로 영화·만화법전을 들 수 있으며, 공연에 관한 경찰의 수권법률로 1945년 10월 13일 제45-2339호 오르도낭스를 들 수 있다. 주류판매나 주점영업과 관련하여서는 공중보건법전 및 국내안전법전 제3권 제3편(L.331-1조 이하)이 경찰작용의 근거가 되며, 이 밖에 적치된 폐기물의 제거를 명하거나, 광고·간판·입간판을 규제하는 것과 같은 환경에 관한 경찰에 대해서는 환경법전에서 규정하고 있고, 동물 및 가축에 관한 경찰에 대해서는 농촌·수산법전에서 규정하고 있다.

II. 지방자치법전상의 특별경찰

한편, 지방자치법전 L.2213-1조 내지 L.2213-32조는 자치경찰의 특별경찰권에 대해 규정하고 있다. 구체적으로, L.2213-1조 내지 L.2213-6-1조는 교통 및 주차에 관한 경찰을, L.2213-7조 내지 L.2213-15조는 장례 및 묘지에 관한 경찰을, L.2213-23조는 해수욕 및 해상 여가활동에 관한 경찰을, L.2213-24조와 건축법전 L.511-1조 내지 L.511-4-1조는 붕괴위험 건물에 관한 경찰을 규정하고 있다.

이외에도 주변의 주거환경 등에 장해를 야기할 수 있는 부동산의 원상복구에 관해 규정하고 있는 L.2213-25조, 굴뚝, 가마 등의 청소에 관해 규정하고 있는 L.2213-26조, 공공안전에 위험을 야기하는 우물, 동굴 등의 폐쇄에 관해 규정하고 있는 L.2213-27조, 부동산 번지수의 유지에 관한 L.2213-28조, 수질 유지 및 늪의 정화 등 공중위생에 관한 L.2213-29조 내지 L.2213-31조 역시 특별경찰영역을 규율하고 있는 조문들이라 할 수 있다.

제3항 수권법률의 내용

I. 행사기관

특별경찰의 수권법률에는 특별경찰권의 행사기관이 정해져 있다. 그리하여 장관과 같이 통상적으로는 일반경찰권을 행사하지 못하는 행정기관에 권한이 위임될 수도 있고, 시장이 도지사를 대리하는 경우와 같이 일반경찰기관이 특별경찰권을 행사하기도 한다.[4]

이처럼 행정기관에 특별경찰임무를 부여하는 것은 법률사항으로서 의회의 권한에 속하지만, 수권법률에서 특별경찰기관을 지정하지 않은 경우 어떠한 기관에 해당 특별경찰임무를 부여할 것인지를 정하는 것은 명령사항이다.5)

II. 목적

특별경찰의 목적도 일반경찰과는 다르다. 일반경찰의 목적인 공공질서는 우리나라에서 말하는 경찰소극의 원칙과 유사한 기능을 하는데, 경찰작용이 공공질서유지를 넘어 적극적인 급부행정을 할 수 없게 하기 때문이다.6) 그러나 특별경찰의 경우에는 공공질서 이외의 목적을 가질 수 있고 나아가 일반이익도 목적으로 할 수 있는데, 이는 특별한 수권법률을 전제로 하기 때문이다. 예를 들면, 광고·간판·입간판에 관한 경찰은 "생활환경의 보호"를 목적으로 하는데,7) 여기서는 특히 시장이 일정한 부동산의 "미적·역사적 성질 또는 풍광(風光)"을 보호하기 위해 일정한 광고를 금지할 수 있도록 하고 있다.8)

그렇지만 특별경찰작용의 경우에도 기본적인 이념은 공공질서이다. 그러므로 일반경찰의 목적이 '일반적인 공공질서'라면, 특별경찰의 목적은 '특별한 공공질서',9) 즉 넓은 의미의 공공질서라고 할 수 있을 것이다. 그

---

4) Minet, C.-É., *op. cit.*, p. 53.
5) CC 1987. 2. 20. 87-149DC *Nature juridique de dispositions du code rural et de divers textres relatifs à la protection de la nature.* Lachaume, J.-F.·Pauliat, H., *op. cit.*, p. 320.
6) 다만, 프랑스 경찰법에서 '경찰소극의 원칙'과 같은 표현을 찾아보기는 쉽지 않다.
7) 환경법전 L.581-2조.
8) 환경법전 L.581-4조.
9) Minet, C.-É., *op. cit.*, p. 55.

리고 특별경찰이 일반이익을 목적으로 할 수 있다고 하더라도 그러한 일반이익은 공공질서의 유지와 결부된 것이어야 하고, 오로지 일반이익만을 목적으로 하는 행정작용이라면 이는 공역무에 해당할 수 있을지언정 경찰작용이라고 부르기는 어려울 것이다.

III. 절차

특별경찰의 수권법률에는 경찰조치의 상대방의 권리를 보호하기 위한 절차가 규정되기도 한다. 예컨대, 영화의 경우 문화부장관은 상영허가를 부여하거나 거부하기 전에 영화·만화위원회의 자문을 구해야 한다.[10] 그리고 외국인의 추방은 "절대적으로 긴급한" 경우를 제외하고는 추방위원회의 의견을 들어야 한다.[11] 유전자변형식물의 보급허가는 분자생물학전문위원회의 의견을 들은 후 농업부장관에 의해 발급될 수 있다.[12]

IV. 작용근거

수권법률에서 경찰작용의 근거사유들을 명시하거나 행사 가능한 조치들을 제한적으로 열거하기도 하는데, 이러한 사유나 조치들의 명시 정도에 따라 재량의 정도가 달라지며, 이는 행정법원의 심사강도에 영향을 미친다.[13] 반대로 특별경찰은 수권법률을 통해 통상 일반경찰기관이 보유하지

---

10) 영화·만화법전 L.211-1조, L.211-2조.
11) 외국인의 입국·체류 및 망명권에 관한 법전 L.522-1조.
12) 환경법전 L.531-4조. Minet, C.-É., *op. cit.*, pp. 54-55, 350.
13) Minet, C.-É., *op. cit.*, p. 55.

못하는 권한을 부여받을 수도 있다.14)

---

14) Minet, C.-É., *op. cit.*, p. 55.

제5절 경찰권의 경합

제1항 서론

프랑스에서 경찰권에 관한 특수한 문제로 복수의 경찰권이 중첩되는 경우에 관한 문제가 있다. 이는 동일한 대상에 대해 여러 경찰기관이 경찰권을 보유할 때 발생하는데, 수상·시장과 같은 일반경찰기관이 경찰권을 행사하는 관할지역이 중첩됨에 따라 일반경찰의 경합이 발생하기도 하고, 일반경찰기관과 특별경찰기관이 별도의 법적 근거에 따라 활동함에 따라 일반경찰과 특별경찰 간의 경합이 발생하기도 한다. 나아가 특별경찰 간에도 경합이 발생할 수 있다.

경찰권은 시민의 자유를 제한하는 것인 만큼, 이들 간에 경합이 발생한다고 하여 각 경찰권을 그대로 인정할 수는 없고, 이에 대한 일정한 제한이 필요하다. 이때 경합을 통해 권한이 배제되는 경찰기관이 임의로 경찰권을 행사한 경우, 이는 형식적 적법성을 갖추지 못한 것으로서 월권소송에서 취소의 대상이 될 수 있다.

프랑스에서 경찰권의 경합에 관한 이론은 주로 판례를 통하여 형성되었지만, 판례의 해결책이 항상 완전한 것만은 아니다. 이하에서는 일반경찰의 경합, 일반경찰과 특별경찰의 경합, 특별경찰의 순으로 관련 판례와 그 의미에 대해 살펴보기로 한다.

제2항 일반경찰권의 경합

I. 가중조치의 경우

1. 일반경찰의 중복 가능성

(1) 원칙

지방경찰기관은 상급경찰기관의 조치를 가중시킬 수 있다. 이에 관한 일 반원칙을 제시하고 있는 것이 국사원의 '네리-레-뱅 시장'(maire de Néris-les-Bains) 판결이다.[1] 이 판결에서 국사원은 1884년 4월 5일 '지방관련 법 률' 제99조에서 도지사의 일반경찰권이 도내의 모든 시에 미친다고 규정하 고 있더라도, 이것이 동법 제97조[2])에 기한 시장의 경찰권 행사에 원칙적으 로 장애가 되지 않는다고 판시하면서, 도지사가 온천장에서 도박을 허용하 였다고 하더라도, 시장은 이를 금지할 수 있다고 결론을 내렸다.

이에 따라 도지사와 시장은 각자의 경찰권에 기하여 동일한 분야에 대해 규율할 수 있으며, 어느 한 쪽의 권한행사가 다른 한 쪽의 권한행사를 배제 하지 않는다는 점이 분명해졌다. 이러한 법리는 이후 국사원의 '라본느' (Labonne) 판결에 의해 재확인되었는데, 국사원은 국가의 일반경찰기관인 수상이 어떤 분야를 규율한다고 하여 지방경찰기관(시장, 도지사)이 개입 할 수 없는 것이 아니며, 지방경찰기관은 "각자 관련된 범위 내에서 국가 수반이 발령한 일반적인 규정들에 해당 지역의 공익상 요구되는 보충적인 규정들을 추가할 수 있는 전적인 권한"을 보유한다고 판시하였다.[3]

---

1) CE 1902. 4. 18. *maire de Néris-les-Bains*. 이 판결에 대한 상세는 제4장 제6절 제2항 I. 1. (1) ① 참조.
2) 현행 지방자치법전 L.2212-1조에 해당한다.

이러한 지방경찰기관의 권한은 경우에 따라 의무가 될 수도 있다. 즉, 어떤 대상에 관하여 상급기관의 경찰조치가 있었다고 하더라도 이러한 조치가 공공질서에 대한 장애를 회피하기에 불충분한 경우에는 지방경찰기관, 특히 시장이 개입해야 할 의무가 있고,4) 지방경찰기관이 이러한 임무를 해태하는 경우에는 해당 지방자치단체의 배상책임을 야기할 수 있다.5)

(2) 문제점

그러나 이러한 해결방식에는 문제가 있다. 상급기관이 발한 경찰조치를 하급기관이 가중시키는 것 역시 상급기관의 경찰조치에 대한 위반이 될 수 있기 때문이다.6) 상기한 '네리-레-뱅 시장' 판결을 예로 들면, 상급기관이 온천장에서만 도박을 승인하고 있는 경우, 만약 그 취지가 온천장 이외의 장소에서는 도박을 해서는 안 된다는 적극적 금지 형태의 규제라면 하급기관이 온천장에서의 도박까지 금지하는 것은 가중조치로서 적법할 수 있겠지만, 이와는 달리 그 취지가 최소한 온천장에서만은 도박을 해도 좋다는 소극적 허용 형태의 규제라면 온천장에서의 도박까지 금지하는 것은 상급기관의 명령에 위반하여 위법한 것일 수 있다. 그리고 경우에 따라서는 무엇이 더 가중한 것이고 무엇이 더 완화한 것인지조차 불분명할 수도 있다.

그럼에도 불구하고 이러한 해결방식은 판례상 여전히 인정되고 있으며, 도로법전 R.411-20조는 "본법의 규정들은 도지사, 꼬르스집행위원회(le conseil exécutif de Corse) 위원장, 도의회의장 및 시장이 법령에 따라 위

---

3) CE 1919. 8. 8. *Labonne*. Lachaume, J.-F.·Pauliat, H., *op. cit.*, pp. 321-322; Minet, C.-É., *op. cit.*, p. 117. 이 판결에 대한 상세는 본장 제2절 제1항 I. 1. (1) 참조.

4) CE 1959. 10. 23. *Doublet*.

5) CE 2003. 11. 28. *Commune de Moissy-Cramayel*. Lachaume, J.-F.·Pauliat, H., *op. cit.*, p. 325.

6) Lachaume, J.-F.·Pauliat, H., *op. cit.*, p. 326.

임받은 것으로서 도로교통 안전을 위하여 필요한 경우 자신의 권한범위 내에서 보다 엄격한 조치를 명할 수 있는 권한에 장애가 되지 않는다"고 규정함으로써 교통경찰영역에서 명문으로 인정되기까지 하였다.[7]

2. 중복에 대한 법적 통제

한편, '네리-레-뱅 시장' 판결은 시장의 금지처분을 취소한 도지사의 결정에 대하여 시장이 행정법원에 월권소송을 제기할 수 있음을 인정하였다는 점에서도 의의를 지닌다. 하급기관은 원칙적으로 공역무의 조직 및 기능과 관련하여 상급기관이 발령한 행위를 다툴 수 없다는 것이 기존 판례의 입장이었는데,[8] 국사원은 이러한 입장을 변경하여, 경찰영역에서 시장이 도지사에 종속되는 것이 아니고 다만 1881년 4월 5일 '지방관련 법률'에 따라 도지사의 감독을 받을 뿐이므로 월권소송을 제기할 수 있다고 판시하였다.[9]

이후 1982년 3월 2일 제82-213호 법률에서 시장의 명령에 대한 도지사의 감독이 폐지됨으로써 위 판결은 더 이상 현실적인 의미는 없게 되었다. 현재 지방자치법전 L.2131-6조에 따르면 시(市)행정기관의 행위가 위법하다고 보이는 경우 도지사는 통상 월권소송의 제소기간과 같은 기간 내에 이를 행정법원에 제소할 수 있을 뿐이며, 위 행위에 대한 취소권은 행정법원만이 보유한다.[10] 아울러 도지사는 공적 자유 또는 개인적 자유의 행사를 위법하게 침해하는 성질을 지닌 시장의 명령에 대하여 행정법원 가처분 재판부에 정지를 신청할 수 있고, 법원은 48시간 내에 이에 대한 결정을

---

7) Lachaume, J.-F.·Pauliat, H., *op. cit.*, p. 326; Minet, C.-É., *op. cit.*, p. 117.
8) CE 1956. 10. 26. *Association générale des administrateurs civils.*
9) Lachaume, J.-F.·Pauliat, H., *op. cit.*, p. 326.
10) 우리 법에서도 항고소송은 인정되기 어려울 것이고, 행정소송법 제45조, 지방자치법 제169조에 따라 기관소송이 가능할 것이다.

내려야 한다.[11] 이외에도 도지사는 행정소송법 L.521-2조의 자유보호가처
분(le référé-liberté)을 활용할 수 있는데, 법원은 위 가처분절차에서 기본적
자유에 중대한 침해를 야기하는 것으로서 명백히 위법한 행정조치를 즉시
정지시킬 수 있다.[12]

II. 완화조치의 경우

일반경찰행정권이 경합하는 경우, 국사원의 '네리-레-뱅 시장' 판결에서
는 지방경찰기관이 지역상황에 따라 상급경찰기관이 정한 경찰조치들을
가중시킬 수 있다고 판시하였는데, 반면 더 완화하는 경우에는 지방경찰기
관의 명령이 국가경찰기관의 명령에 반하는 것으로서 위법한 것이 될 수
있다.[13] 상급기관의 경찰조치는 그 관할범위 내에서 공공질서의 유지에 필
요한 것으로 추정되기 때문이다.[14]

다만, 예외적으로 일반경찰기관이 상급기관이 발한 규율조치를 완화할
수도 있는데, 이는 명문규정이 있는 경우에만 가능하다. 예컨대, 도로법전
R.413-3조는 "도시권에서 차량의 속도는 매시 50km를 초과할 수 없다. 그
러나 이러한 제한은 해·강안에 대한 접근 및 보행자의 횡단이 상당히 제한
되면서 아울러 적절한 조치를 통해 보호되는 구역에서는 매시 70km로 상
향될 수 있다"라고 규정하고 있다.[15]

---

11) 지방자치법전 L.2131-6조 제5항 참조. 이러한 절차는 특히 도지사가 시장이 발한
    미성년자에 대한 야간통행제한규칙의 위법성을 다투면서 사용되었다(CE réf.
    2001. 7. 9. *Préfet du Loiret.* 이 판결에 대한 상세는 본장 제3절 제3항 II. 2. (1)
    참조). Lachaume, J.-F.·Pauliat, H., *op. cit.*, p. 327.
12) Lachaume, J.-F.·Pauliat, H., *op. cit.*, pp. 326-327.
13) Lachaume, J.-F.·Pauliat, H., *op. cit.*, pp. 322, 325.
14) Minet, C.-É., *op. cit.*, p. 117.
15) Minet, C.-É., *op. cit.*, p. 118; Chapus, R., *op. cit.*, p. 717.

제3항 일반경찰권과 특별경찰권의 경합

I. 같은 경찰기관 내의 경합

1. 원칙 : 일반경찰의 개입 금지

하나의 기관이 일반경찰권과 특별경찰권을 모두 보유하는 경우, 즉 일반경찰기관이 특별법에 의해 특별경찰권도 아울러 보유하고 있고, 이러한 특별경찰의 목적이 공공질서와 유사한 경우에는 일반경찰권과 특별경찰권의 경합이 발생한다. 그러나 이때에는 특별경찰권만을 행사할 수 있는 것이 원칙인데, 이는 입법자가 특별법을 제정하여 경찰기관에 특정한 형식 또는 절차를 부과한 이상, 이를 존중할 필요가 있기 때문이다.16)

2. 예외

(1) 특별경찰이 불필요한 중복인 경우

그러나 특별경찰이 일반경찰에 대하여 불필요한 중복에 불과한 경우에는 그 상대방에 대한 결과가 동일하므로, 경찰기관은 둘 중 하나를 선택적으로 행사할 수 있다.17) 이러한 법리는 '까르누-앙-프로방스시(市)'(*Commune de Carnoux-en-Provence*) 판결18)에서 확인되고 있는데, 위 판결에서 국사

---

16) Minet, C.-É., *op. cit.*, p. 119.
17) CE 1977. 11. 16. *Sevin.* 이 사건에서 국사원은 벌집의 소유자에게 수확물 보호와 아울러 사람과 동물의 안전을 확보하기 위한 조치를 명함에 있어, 시장은 시법전(일반경찰) 또는 구 농촌법전(특별경찰)을 적용할 수 있다고 판시하였다. Minet, C.-É., *op. cit.*, pp. 119-120. 그러나 이는 진정한 의미의 경합은 아닌 것으로 보인다.
18) CE 1993. 12. 22. *Commune de Carnoux-en-Provence.*

원은 공중에 개방된 시설들에 관하여 "시장이 특별경찰의 범위 내에서 권한을 보유한다는 점이 공공안전의 유지를 확보하기 위하여 시장이 일반경찰권을 행사하는 것에 장애가 되지 않는다. 다만, 긴급한 경우를 제외하고는, 일반경찰권을 사용하는 것이 특별경찰에 관해 규정된 절차를 회피할 것을 목적으로 하거나, 그러한 효과를 낳는 경우에는 그렇지 않다."라고 판시하였다.[19]

(2) 특별경찰을 보완하기 위한 경우

공공질서의 유지를 위하여 필요한 때에는 경찰기관이 특별경찰권을 보완하거나 그에 앞서 신속하게 조치를 취하기 위하여 일반경찰권을 사용할 수 있다.

우선, 상황에 따라 특별경찰작용보다 더 엄격한 경찰조치가 필요한 경우에 그러한데, 이때 일반경찰작용은 특별경찰작용을 보완하는 것이다.[20] 그러므로 시장은 택시에 관한 특별경찰에서 허용하는 범위를 넘어 교통안전 유지를 위한 일반경찰권에 기하여 65세 이상의 택시운전사들이 매 2년마다 진단서를 통해 적성을 확인받도록 할 수 있고,[21] 이웃간 소음방지에 관한 공중보건법전상의 특별경찰권이 존재하더라도 공공평온의 보전을 위하여 예초기와 같이 소음을 유발하는 기계의 야외사용을 제한할 수 있다.[22]

다음으로, 극도로 긴급한 상황, 즉 특별경찰권의 행사절차가 엄격하여 공공질서에 대하여 현존하는 위험에 충분히 신속하게 대응할 수 없는 경우에 그러하다.[23] 이때에는 행정의 실효성 확보를 위하여 일반경찰작용이 특

---

19) Minet, C.-É., *op. cit.*, p. 120.
20) Minet, C.-É., *op. cit.*, p. 120.
21) CE 1978. 3. 1. *Ville de Mulhouse c. Syndicat des taxis artisanaux de Mulhouse*.
22) CE 1997. 7. 2. *Bricq*. Minet, C.-É., *op. cit.*, p. 120; Lachaume, J.-F.·Pauliat, H., *op. cit.*, p. 328 각 참조.
23) Minet, C.-É., *op. cit.*, p. 121.

별경찰작용에 선행하게 되는데, 붕괴위험 건물에 관하여 극도로 긴급한 상황에서 경찰기관이 건축법전에 정해진 의견제출절차나 법원의 승인 등을 거칠 시간적 여유가 없는 경우를 예로 들 수 있다.[24]

II. 다른 경찰기관 간의 경합

1. 일반경찰의 개입이 허용되는 경우

(1) 특별경찰이 부작위하는 경우

일반경찰권과 특별경찰권이 다른 기관에 속해있는 경우, 특별경찰권이 일정한 상황에서 행사되지 않는다면 일반경찰기관은 공공질서 유지를 위하여 개입할 수 있는 것이 원칙이다. 예컨대 청소년에게 유해한 광고를 규율할 필요가 발생한 경우, 이에 관한 경찰권이 내무부장관에 속한 특별경찰권이라고 하더라도 시장은 이에 대해 규율할 수 있으며, 다만 이때에는 특별한 지역상황에 의해 정당화될 수 있어야 한다.[25]

또, 소유자가 점유하고 있지 않거나 일부만 점유하고 있는 주거용 건물을 집 없는 사람들에게 분배하기 위하여 징발하는 경우에도 일반경찰기관의 개입이 가능하다.[26] 징발을 명하는 것은 원칙적으로 건축법전 L.641-1조 이하에 정해진 절차에 따라 도지사의 특별경찰권에 속하는 것이지만, 시장 역시 지방자치법전 L.2212-2조의 문언에 따라 "긴밀하게 모든 원조 및 구호조치를 취할" 임무를 지니므로 일반경찰권에 기한 징발이 가능할 수 있다. 따라서 시장은 집 없는 사람들의 주거를 위하여 징발을 명할 수

---

24) Minet, C.-É., *op. cit.*, p. 121. 이에 관한 상세는 제4장 제4절 제2항 I. 참조.
25) CE 1996. 10. 9. *Commune de Taverny.* Chapus, R., *op. cit.*, p. 722.
26) CE Sect. 1961. 2. 15. *Werquin*; CE 1997. 12. 29. *Préfet du Val-de-Marne.*

있는데, 다만 국사원은 이의 요건을 엄격하게 보고 있다. 즉, "이러한 권한은 긴급한 경우 예외적으로 시장에 의해 행사될 수 있으며, 가족의 주거가 없는 것이 공공질서에 중대한 장애를 야기할 수 있는 성질의 것인 경우"에만 가능하다. 나아가 시장은 권한을 행사하기 전에 건축법전의 규정들에 따라 반드시 먼저 도지사에게 징발을 요청해야 한다.[27]

(2) 가중조치가 필요한 경우

특별경찰권이 행사되었다고 하더라도, 일반경찰기관은 보다 엄격한 조치를 취할 수 있는데, 물론 이때에는 그에 맞는 정당화사유가 있어야 한다.[28] 반면, 완화된 경찰조치를 발령할 수는 없는데, 예컨대 시장은 상영허가가 거부된 영화의 상영을 허가할 수는 없다.[29]

특히, 영화상영의 경우에는 국가의 특별경찰작용에 대해 시의 가중조치가 인정된다.[30] 이는 오래전부터 판례에 의해 인정되어 오던 것인데, 국사원은 지역상황이 명백히 예외적인 성질을 띠는 것으로서 일반경찰의 개입을 정당화할 정도인 경우에는 시장이 특별경찰이 부여한 의무보다 더 엄격한 의무를 부과할 수 있다고 판시한 적이 있으며,[31] 이러한 입장은 이후에도 계속 유지되었다.[32]

---

27) Minet, C.-É., *op. cit.*, pp. 125-126.

28) CE Sect. 1959. 12. 18. *Société "Les films Lutetia" et Syndicat français des producteurs et exportateurs de films*. Chapus, R., *op. cit.*, p. 722.

29) Minet, C.-É., *op. cit.*, p. 122.

30) CE Sect. 1959. 12. 18. *Société "Les films Lutetia" et Syndicat français des producteurs et exportateurs de films*. 이 판결에 대한 상세는 제4장 제6절 제3항 Ⅰ. 2. (2) ① 참조.

31) CE 1924. 1. 25. *Chambre syndicale de la cinématographie*. Lachaume, J.-F.·Pauliat, H., *op. cit.*, p. 328.

32) CE Sect. 1971. 7. 20. *Méhu*(야외채석장(les carrières à ciel ouverte) 사용에 관하여 내려진 결정); CE Sect. 1968. 1. 5. *Préfet de Police c. Chambre syndicale*

결국 지방의 일반경찰기관은 해당 지역에 심각한 장애를 야기할 우려가 있는 경우 상급기관이 특별경찰의 자격으로 취한 조치들을 가중시킬 수 있으며, 이는 적법하다. 그러나 일반경찰기관이 개입할 때에는 문제가 되는 심각한 장애가 실질적인 것이어야 한다.[33] 다만, 일반경찰기관은 긴급한 경우를 제외하고는 특별경찰의 수권법률에 정해진 절차규정들을 배제할 수 없다.[34]

2. 특별경찰의 전속권한인 경우

(1) 원칙

특별경찰의 수권법률이 그 취지상 일반경찰의 개입을 금지하는 것으로 해석되는 경우에는 일반경찰기관이 개입할 수 없다. 이는 특별경찰권이 어떤 기관에 전속하는 경우에 그러한데, 예컨대 역 및 철도에 관한 특별경찰은 도지사의 전속권한이므로 시장이 역 내부의 주차를 규율하기 위하여 일반경찰권을 사용할 수 없다.[35]

---

patronale des enseignants de la conduite des véhicules à moteur(자동차운전학원에 관한 경찰); CE 1993. 3. 8. Commune des Molières(항공기모델 제조기계의 사용에 대한 규율조치); CE 1995. 9. 13. Fédération départementale des chasseurs de la Loire(시장이 주민들 주변의 수렵행위를 제한할 수 있다고 판시); CAA Nancy 1999. 12. 9. Commune de Saint-Avold(도지사가 화학단지 주변에 일정한 보호구역을 설정하여 주거용 건물의 신축을 금지한 조치에 대하여, 시장은 일반경찰권에 기하여 필요에 따라 도지사가 환경보호를 위하여 도시계획 및 위험시설에 관한 권한범위 내에서 부과한 조치들을 보충하거나 가중할 권한이 있다고 판시) 등. Lachaume, J.-F.·Pauliat, H., op. cit., pp. 328-329; Minet, C.-É., op. cit., pp. 122-123.

33) CE 1963. 4. 19. ville de Dijon. Lachaume, J.-F.·Pauliat, H., op. cit., p. 329.

34) CE 1996. 4. 5. SARL "Le Club Olympique". Lachaume, J.-F.·Pauliat, H., op. cit., p. 329.

35) CE 1935. 7. 30. Société établissements SATAN. Lachaume, J.-F.·Pauliat, H., op.

항공영역에서도 마찬가지인데, 국사원은 민간항공법전 L.133-1조에 의
해 담당 장관에게 특별경찰권이 위임되어 있기 때문에, 시장은 지방자치법
전 L.2212-1조, L.2212-2조에 의한 경찰권을 행사하여 시의 상공을 지나는
항공학교 비행체의 진로를 규율할 수 없다고 판시하고 있다.36) 결국, 비행
장 및 비행시설에 관한 경찰은 시장의 권한에서 완전히 벗어나 있으며,37)
이는 국가의 규율이 불충분한 경우라고 하더라도 마찬가지이다.38)

　(2) 예외

　그러나 법률에서 일반경찰의 개입을 배제하는 경우에도, 특별경찰기관
이 예상치 못한 것으로서 즉시 대처할 수단을 갖고 있지 않은 상황과 같이
극도로 긴급한 경우에 효율적으로 대처하기 위하여, 시장이 일반경찰권을
행사할 수 있는 여지가 없는 것은 아니다.

　예컨대, 시장이 공공질서에 대한 중대하고도 즉각적인 위협을 확인하였
고, 도지사가 효율적으로 개입할 시간 또는 수단이 없는 경우, 역·철도에
관한 특별경찰이 존재함을 이유로 부작위하는 것은 잘못된 것이다.39) 특별
경찰의 수권법률의 내용이 어떠하든 간에, 그것이 상황에 제대로 대처하지
못하거나 또는 불충분하게 규율하여 일반적인 공공질서를 해하는 이상, 일
반경찰기관의 개입할 권한이 있고, 따라서 특별경찰이 일반경찰을 배제하
는 것인지 여부는 매우 상대적이다.40)

---

cit., p. 328

36) CE 2002. 4. 10. *Ministre de l'équipement, des Transports et du Logement.* 그러
　나 이러한 특별경찰은 시장이 일반경찰권에 기하여 시내에서 모형항공기의 사용을
　규율하는 것에 장애가 되지 않는다. CE 1993. 3. 8. *Commune des Molières.*
　Minet, C.-É., *op. cit.*, p. 123.

37) CE 1987. 3. 25. *Commune de Colombier-Saugnieu*; CE 1995. 10. 18. *Commune
　de Rechesy.*

38) CAA Paris 2002. 8. 7. *Commune de Deuil-la-Barre.* Minet, C.-É., *op. cit.*, p. 123.

39) Minet, C.-É., *op. cit.*, p. 124.

결국 일반경찰과 특별경찰을 불문하고, 모든 경찰은 전체적으로 하나의 기능을 실현하기 위하여 각자의 영역범위에서 작용하는 것이며, 상호보완적인 것으로 보아야 한다. 그러나 특별경찰과 일반경찰 간에 충돌이 발생하는 경우 모든 특별경찰에 앞설 수 있는 것은 궁극적으로는 일반경찰일 수밖에 없는데, 이는 일반경찰권이 법규정의 가장 본질적인 가치들 속에서 직접적으로 도출되기 때문이다.[41]

특히, 최근 프랑스에서는 '현저한 위험'(le péril imminent)[42]을 근거로 일반경찰의 예외적 적용이 허용되고 있다. 예컨대, 위험시설에 관한 특별경찰에서는 위험시설에 대한 허가를 발급하기 전에 검사기관에서 토양을 조사해야 하고, 지역상황을 고려해야 하며, 해당 시의 자문을 구해야 하고, 도지사는 각종 권한을 통해 긴급상황에 대처할 수 있으므로 이에 대해서는 원칙적으로 일반경찰이 개입할 수 없지만, 현저한 위험이 있는 예외적인 경우에는 정당하게 개입할 수 있음이 인정되고 있다.[43] 이의 연장선상에서 최근 여러 지방행정법원에서는 시의 유전자변형식물 금지규칙의 적법성을 현저한 위험의 존재 여부에 따라 심사하기도 하였다.[44]

---

40) Picard, É., op. cit.(La notion de police administrative), p. 724. Minet, C.-É., op. cit., p. 124 참조.

41) Picard, É., op. cit.(La notion de police administrative), p. 724. Minet, C.-É., op. cit., p. 124 참조.

42) 이러한 표현은 지방자치법전 L.2212-4조에 근거한 것으로 보이는데, 동조는 "L.2212-2조 5°에서 정한 자연재해와 같은 중대한 또는 현저한 위험이 있는 경우 (en cas de danger grave ou imminent), 시장은 상황에 따라 요구되는 안전조치들의 집행을 명한다. 시장은 국가가 도에 파견한 대표자에 긴급성을 통보하고, 그가 명한 조치들을 알린다."라고 규정하고 있다. Minet, C.-É., op. cit., p. 124.

43) CE 1986. 1. 15. Société Pec-Engineering. Minet, C.-É., op. cit., pp. 124-125.

44) TA Poitiers 2004. 12. 20. Préfet des Deux-Sèves c. Commune d'Azay-le-Brûlé; TA Toulouse 2005. 1. 18. Préfet de la Haute-Garonne c. Commune de Bax; CAA Bordeaux 2004. 9. 22. Préfet de la Haute-Garonne; CAA Lyon 2005. 8. 26. Commune de Ménat; CAA Versailles 2006. 5. 18. Commune de Dourdan. Minet, C.-É., op. cit., p. 132.

제4항 특별경찰권의 경합

I. 유사경합인 경우

특별경찰권이 경합하는 것은 진정한 의미의 경찰권의 경합이라고 하기 어렵다. 이때에는 각 특별경찰기관이 수권법률에 정해진 절차에 따라 각자의 대상에 대해 경찰권을 행사하면 되며, 이들 상호간에 권한의 대체 또는 침해의 문제는 발생하지 않기 때문이다.[45]

이의 예로는 건물이 파손되어 행인의 안전을 위협하는 경우를 들 수 있다. 이에 대해서는 붕괴위험 건물에 관한 특별경찰이 적용됨에 따라, 시장은 건축법전 L.511-3조에 따라 위험방지명령을 발하여 건물의 소유자로 하여금 건물의 파괴 또는 위험 제거를 위한 대규모 공사 중 하나를 선택하게 할 수 있다. 하지만 건물의 소유자가 건물의 파괴를 원하더라도, 해당 부동산이 역사경관지구에 위치하고 있다면 역사적 기념물에 관한 특별경찰이 적용되어, 건축법전 R.511-2조 2°, 문화유산법전 L.621-30-1조 이하 규정에 따라 프랑스건축설계관의 의견을 들어야 한다. 그런데 건축설계관이 파괴에 대해 부동의 의견을 제시한 경우, 빠리경시청장의 위험방지명령 승인요청을 접수한 지방행정법원은 소유자가 보수공사를 해야 한다고 결정할 수밖에 없다.[46] 여기서 부동산의 파괴를 명하는 빠리경시청장의 위험방지명령과 이러한 파괴에 동의하지 않는 프랑스건축설계관의 의견은 일응 모순되는 것처럼 보일 수 있으나 실제로는 그렇지 않은데, 붕괴위험 건물에 관한 경찰은 공공안전의 유지를 목적으로 하고, 역사적 기념물에 관한 경찰은 기념물의 보호를 대상으로 하는 것이므로 그 목적이 서로 다르기 때문

---

45) Chapus, R., *op. cit.*, p. 722.
46) CE Sect. 1976. 12. 31. *SCI "La clairvoyance"*.

이다.[47]

다만, 예외적으로 복수의 특별경찰작용이 동일한 대상에 대해 거의 완전히 중첩되는 경우가 발생할 수 있다. 예컨대, 동물을 방임한 경우에 관한 시장의 규율조치[48]와 광견병 예방을 위하여 적절한 조치를 취하도록 하는 농업부장관의 규율조치[49]가 서로 충돌할 수 있는데, 이때 장관은 광견병이 침투한 지역에서 시장이 동물의 방임에 대하여 취한 조치들보다 가중된 조치를 취할 수 있다.[50] 이는 더 엄격한 조치가 해당 경찰작용의 목적 달성에 더 필요한 것이기 때문이다.[51]

II. 내부적인 권한배분인 경우

예컨대, 외국인의 출국을 명할 수 있는 권한을 도지사와 내무부장관에 배분하고 있는 경우와 같이 수권법률에서 경찰권의 행사기관을 정하고 있는 경우에는 이는 권한배분의 문제이지 경합의 문제라고 할 수 없다.[52] 나아가 수권법률에서 특정한 경찰기관이 보충적으로 경찰권을 행사하도록 하고 있는 경우에도 그에 따르면 될 뿐이다. 예컨대 장례에 관한 경찰영역에서, 지방자치법전 R.2213-43조, R.2213-52조는 시장의 경찰권 행사가 어려운 예외적인 상황에서 내무부장관과 보건부장관이 임시조치를 통해 시장을 대신할 수 있도록 하고 있다.[53]

---

47) Minet, C.-É., *op. cit.*, p. 127.
48) 농촌·수산법전 L.211-22조.
49) 농촌·수산법전 L.223-13조.
50) CE 1977. 10. 7. *Nungesser.*
51) Minet, C.-É., *op. cit.*, p. 128.
52) Minet, C.-É., *op. cit.*, pp. 125-126.
53) Minet, C.-É., *op. cit.*, p. 127.

제5항 비교법적 평가

I. 프랑스 법상황의 요약

이상의 프랑스의 논의를 요약하면 다음과 같다. 우선, 일반경찰권이 경합하는 경우 지방경찰기관은 상급경찰기관이 발령한 조치를 가중시키는 것만 가능하며, 다만 명문규정이 있는 경우에는 완화하는 것도 가능하다.

다음으로 일반경찰권과 특별경찰권이 동일한 기관 내에서 경합하는 경우에는 특별경찰권만을 행사하는 것이 원칙이나, 상황에 따라 특별경찰작용보다 더 엄격한 경찰조치가 필요한 경우 또는 긴급한 경우에는 일반경찰권의 행사가 가능하다. 양자가 불필요하게 중복되어 있을 뿐인 경우라면 둘 중 하나를 선택적으로 행사할 수 있다. 반면, 일반경찰권과 특별경찰권이 다른 기관 간에 경합하는 경우에는 특별경찰권이 일정한 상황에서 행사되지 않을 때 일반경찰기관이 개입할 수 있으며, 특별경찰권이 행사되었다고 하더라도 일반경찰기관은 보다 엄격한 조치를 취할 수 있는데, 이 두 가지 경우 모두 특별한 지역상황을 전제로 한다. 그러나 특별경찰의 수권법률에서 특별경찰권을 특별경찰기관에 전속시킴으로써 일반경찰을 배제한 경우에는 일반경찰기관이 개입할 수 없는데, 다만 이 경우에도 현저한 위험이 있거나 특별경찰기관이 부작위하는 경우로서 긴급한 때에는 일반경찰기관이 개입할 수 있다.

마지막으로 특별경찰이 경합하는 것은 진정한 의미의 경합이 아니므로 각 특별경찰기관이 각자의 권한을 행사하면 되며, 다만 예외적으로 복수의 특별경찰권이 동일한 대상에 중첩되는 경우에는 보다 가중된 조치를 인정하면 족하다.

이러한 경찰권의 경합에 관한 프랑스 이론을 살펴보면 일정한 흐름을 읽

어낼 수 있다. 즉, 특별경찰조치가 불충분한 경우 일반경찰이 개입할 여지를 언제나 남겨둔다는 것이다. 이러한 흐름은 일반경찰권의 경합 간에도 마찬가지인데, 지방의 경우에는 국가 차원의 표준화된 경찰조치를 해당 지역상황에 맞추어 적용할 필요가 있기 때문에 지방 차원의 가중조치를 인정한다고 볼 수 있다. 다만, 이를 무작정 인정하는 것이 아니라, 緊急性, 特別한 地域狀況, 急迫한 危險과 같은 상황요건을 반드시 부과함으로써 일반경찰의 보충성을 강조하면서 남용을 방지하고 있다.

II. 우리나라에의 시사점

1. 일반경찰권의 경합에 관한 시사점

(1) 우리나라의 상황

우리나라에는 제주특별자치도의 경우를 제외하면 자치경찰이 존재하지 않고, 수상, 도지사, 시장이 일반경찰기관의 지위를 인정받는다고 보기 어려우므로 프랑스식의 일반경찰의 경합은 존재하지 않는다고 할 수 있다. 그러나 우리나라에서 법령과 조례·규칙의 관계는 국가 차원에서 적용되는 상위법령과 지방 차원의 하위법령 간의 관계라는 점에서 프랑스의 일반경찰의 경합과 유사한 측면이 있으며, 게다가 자치경찰의 도입이 논의되는 현 시점에서 이에 관한 논의는 상당한 의미를 지닐 수 있다.

법령과 조례·규칙의 관계와 관련하여, 우리 대법원은 "지방자치단체는 법령에 위반되지 아니하는 범위 내에서 그 사무에 관하여 조례를 제정할 수 있는 것이고, 조례가 규율하는 특정사항에 관하여 그것을 규율하는 국가의 법령이 이미 존재하는 경우에도 조례가 법령과 별도의 목적에 기하여 규율함을 의도하는 것으로서 그 적용에 의하여 법령의 규정이 의도하는 목적과 효과를 전혀 저해하는 바가 없는 때, 또는 양자가 동일한 목적에서 출발한 것이라고 할지라도 국가의 법령이 반드시 그 규정에 의하여 전국에 걸쳐 일률적으로 동일한 내용을 규율하려는 취지가 아니고 각 지방자치단체가 그 지방의 실정에 맞게 별도로 규율하는 것을 용인하는 취지라고 해석되는 때에는 그 조례가 국가의 법령에 위반되는 것은 아니다."라고 판시함으로써,[54] 법령과 조례의 규율대상이 같더라도 그 목적이 다르면 조례를 제정하는 데 문제가 없고, 규율대상 및 목적이 모두 같다면 법령의 취지가 전국에 걸쳐 일률적으로 규정하려는 것인지 여부를 살펴서 판단한다는 입장을 취하고 있다.

다만, 현재 지방자치법 제22조 단서에 따라 국민의 권리를 제한하거나 의무를 부과하는 조례의 경우에는 법률의 위임이 필요하므로, 결국 지방의 실정에 맞게 조례로 규율하는 것을 용인하는 것이 법령의 취지라고 하더라도 이는 수익적 조치나 급부를 정하는 조례에 한정될 것이다.[55]

(2) 시사점

자치경찰이 도입되는 경우에는 지역의 실정에 맞는 근거리경찰행정을 실현한다는 취지에 맞도록 해당 지역의 특수성에 따른 자치경찰법령이 적용될 수 있도록 해야 할 것이다. 그러므로 프랑스와 같이 지방 차원의 가중조치를 허용할 필요가 있는 것은 물론, 국가 차원의 경찰법령의 취지를 살펴 이것이 전국에 걸쳐 일률적으로 동일한 내용을 규율하려는 취지가 아닌 때에는 완화조치도 가능하다고 본다. 예컨대, 어떤 지역에 위치한 도로가 교통량이 매우 적다면 그 지역에 한해서 제한속도를 완화하는 것을 반드시 금지할 필요는 없다고 본다.

---

54) 대법원 1997. 4. 25. 선고 96추244 판결; 대법원 2007. 12. 13. 선고 2006추52 판결. 김동희, 전게서(행정법 Ⅱ), 86면.
55) 대법원 1997. 4. 24. 선고 96추251 판결 참조. 김동희, 전게서(행정법 Ⅱ), 86-87면.

2. 일반경찰권과 특별경찰권의 경합에 관한 시사점

(1) 우리나라의 상황

우리나라에서 일반경찰과 특별경찰의 경합과 관련하여서는 위험의 예방·진압을 위한 법적 근거가 특별경찰법에도 없고 경찰관직무집행법에도 없는 경우에 비로소 일반조항의 인정 여부가 문제된다고 하거나,56) 개별적 수권규범이 존재하지 않는 경우에 공공의 안녕 또는 질서에 대한 위험을 방지 또는 제거하기 위하여 경찰권을 발동할 수 있도록 일반조항을 두는 것이 허용되는지 여부에 대해 논의가 필요하다고 하여,57) 특별경찰이 존재하는 경우에는 그것이 일반조항을 배제하는 것으로 해석되고 있는 것 같다. 그러나 일반경찰이 어떤 경우에 예외적으로 특별경찰영역에 개입할 수 있는지에 대한 논의는 활발하지 않다.

(2) 시사점

우리나라에서도 대부분의 경우에는 특별경찰법령이 특별법으로서 우선 적용된다고 보아야 할 것이며, 또 통상적으로 예견할 수 있는 대부분의 위험 또는 장애가 이러한 특별경찰권을 통해 해결될 수 있을 것이다.

그러나 특별한 수권법률이 있다고 하여 일반경찰이 보충적·최후적으로 개입하는 것이 완전히 차단되어서는 안 된다. 공공질서에 대한 장애는 언제 어떠한 형태로든 나타날 수 있으며, 특별법에서 이러한 모든 상황을 예견하기란 쉽지 않기 때문이다. 나아가 특별법에서 일종의 특별영역에 대한 일반조항을 둠으로써 언제든 해당 영역에서 특별경찰기관이 개입할 수 있는 근거를 마련한다고 하더라도, 이러한 기관이 언제나 적시에 경찰임무를

---

56) 홍정선, 전게서, 261면.
57) 김동희, 전게서(행정법 Ⅱ), 219면.

수행할 것이라고는 장담할 수 없다. 그러므로 일반경찰기관은 언제나 전체 사태의 추이를 지켜보다가 필요한 경우에는 즉시 개입하여 공공질서에 대한 장애를 예방할 수 있어야 한다. 달리 보면, 특별경찰이 존재함에도 공공질서에 대한 장애가 발생한다는 것은 결국 특별경찰규범에 흠결 또는 공백이 있는 것이나 마찬가지며, 이러한 경우에 일반경찰이 개입하는 것은 특별경찰에 우선하는 것이 아니라 특별경찰이 규율하지 않는 곳에 일반경찰이 당연히 적용되는 것에 불과하다고 할 수 있다. 그러나 우리 법의 해석상 일반조항이 인정되더라도 이것이 경찰명령의 근거가 되기는 어려울 것이기 때문에, 제도적 의미의 경찰이 아닌 질서행정기관이 일반경찰권을 행사하여 보충적으로 개입하는 것은 현재로서는 생각하기 쉽지 않다.

다만, 일반경찰권이 보충적으로 행사되는 경우에도 한계가 있어야 할 것이며, 이는 결국 공공의 안녕 및 질서 개념에 의해 정해질 것이지만, 추가적으로 긴급성과 같은 요건이 필요할 것이다. 그러나 특별한 지역상황, 현저한 위험과 같은 요건은 긴급성을 추단케 하는 요소로 고려할 필요가 있다. 이와 관련하여 우리 경찰법상으로도 재량권이 영으로 수축되는 경우 개인에게는 경찰개입청구권이, 경찰기관에게는 경찰개입의무가 인정되고 있지만, 이는 생명·건강·재산 등 개인의 중요한 법익이 침해되거나 그 침해의 위험이 긴박하고 중대한 경우와 같은 예외적인 경우에 인정되는 것이므로,[58] 이보다는 일반경찰기관의 개입영역을 더 넓힐 필요가 있다. 여기서 상기한 프랑스 공공질서 개념을 기준으로 하여, 이러한 공공질서에 장애가 발생하는 것을 예방하기 위하여 긴급한 필요가 있는 때에는 일반경찰기관의 개입을 허용하는 것도 충분히 생각해 볼 수 있을 것이다. 통상 대규모 위법 집회의 해산과정에서 발생할 수 있는 「집회 및 시위에 관한 법률」과 경찰관직무집행법의 관계도 이러한 관점에서 해결이 가능한데, 「집회 및 시위에 관한 법률」상 해산명령만으로 과격·위법집회의 해산이 어렵다

---

58) 김동희, 전게서(행정법 Ⅱ), 254-255면; 홍정선, 전게서, 91면.

고 판단되거나, 3회의 해산명령을 발할 시간적 여유가 없다고 판단될 때에
는 경찰기관은 경찰관직무집행법을 일반조항으로 삼아 이를 해산할 수 있
다고 보아야 한다. 이때 경찰권이 비례원칙에 맞게 행사되어야 함은 물론
이다.

제3장
경찰조직

제1절 개관

프랑스의 경찰조직은 크게 제도적 의미의 경찰조직과 질서행정기관으로 나누어 볼 수 있다. 제도적 의미의 경찰조직은 관할지역의 범위에 따라 국가경찰조직과 자치경찰조직으로 나뉘며, 이 중 국가경찰조직은 다시 직원의 신분과 업무영역 등의 차이에 따라 국가경찰과 국가헌병대로 구분된다. 그리고 자치경찰조직은 자치경찰과 농촌감시원으로 구성된다. 제도적 의미의 경찰조직은 우리와 유사한 측면이 많지만, 군인신분을 지닌 경찰조직인 국가헌병대가 존재한다는 점과 지방경찰조직으로 자치경찰이 조직되어 있다는 점에서 상당한 차이를 보인다.

질서행정기관으로서의 프랑스 경찰기관의 모습은 우리에게 생소할 수 있는데, 이는 1차 탈경찰화와 관련이 있다. 여기서 1차 탈경찰화란 독일법에서 유래한 용어로, 종래의 압제적인 경찰작용에 대한 개혁의 일환으로 경찰권의 남용을 방지하기 위하여 그동안 실질적 의미의 경찰의 권한영역에 속했던 광범위한 영역의 행정작용들이 '감독'(Aufsicht, Überwachung)으로 개칭되면서 그 업무관할과 공공의 안녕 및 질서에 대한 위험방지 임무가 대폭 일반행정기관에 이전되고, 행정작용으로서 행하는 경찰은 제도적 의미의 경찰의 집행활동, 즉 '집행경찰'(Vollzugspolizei)에 한정된 현상을 지칭하는 것이다.[1] 이에 따른 경찰 개념의 혼선을 피하기 위하여 종래

---

1) 박정훈, 「행정법특수연구 - 경찰행정법」, 사법연수원 전공과목 강의자료, 2005, 5면; 전게서(행정법의 체계와 방법론1), 제9장(컴퓨터프로그램 보호), 388면; 서정범 외 2인, 전게서, 제2장(경찰의 개념), 30-31면; 박규하, 전게논문, 2005. 1., 10면 각 참조.

사용되어 오던 용어를 바꾸어야 한다면서, 실질적 의미의 경찰은 '감시행
정'(Überwachungsverwaltung)이라 하고, 그 중 제도적 의미의 경찰이 담당
하고 있는 것만을 경찰이란 용어를 사용하며, 타 행정기관이 관장하는 실질
적 의미의 경찰을 '질서행정' 또는 '질서유지행정'(Ordnungsverwaltung)이라
고 부르는 견해도 있다.[2]

우리나라에서도 이러한 탈경찰화가 이루어짐으로써 공공질서를 유지하
기 위한 작용들 중 많은 것들이 일반행정기관의 권한 및 책임으로 이전되
어 있다. 이에 따라 제도적 의미의 경찰이 사법경찰 및 광의의 행정경찰 중
보안경찰(집회·결사·대중운동에 관한 경찰, 풍속영업경찰, 교통경찰 등)을
담당하고,[3] 일반행정기관이 광의의 행정경찰 중 보안경찰을 제외한 나머
지, 즉 노동경찰, 위생경찰, 건축경찰, 산업경찰 등을 포괄하는 협의의 행정
경찰을 담당한다.[4]

그렇지만 프랑스에서는 이러한 탈경찰화가 완전히 이루어져 있지는 않
다. 그리하여 여전히 수상과 시장이 일반경찰기관으로서의 지위를 보유하
고 있으며, 경찰기관이라는 명칭 자체도 제도적 의미의 경찰이 아닌 수상,
시장과 같은 질서행정기관에 부여되어 있다. 또, 시장은 자치경찰의 책임자
이며, 따라서 제도적 의미의 경찰에 속하는 자치경찰은 질서행정기관인 시
장의 지휘·감독을 받게 된다.

다만, 여기서 주의할 점은 프랑스 경찰법에서 시장이 주목받는 것은 시
장이 지방자치법전에 의해 자치경찰의 책임자로 규정되어 있기 때문이지,
시의 일반공무원들이 경찰작용을 집행하는 주체이기 때문인 것은 아니라
는 점이다. 프랑스에서도 현장에서 경찰작용을 집행하는 주체는 대개 제도

---

2) Wolff·Bachof, *a. a. O.*, S. 26f. 서정범 외 2인, 전게서, 제1장(경찰개념의 역사적
   발전), 31면에서 재인용.
3) 이상이 '형식적 의미의 경찰'에 해당한다.
4) 보안경찰과 협의의 행정경찰을 포괄하는 개념인 광의의 행정경찰이 바로 '실질적
   의미의 경찰'이다. 김동희, 전게서(행정법 Ⅱ), 194-195면.

적 의미의 경찰이며, 이러한 제도적 의미의 경찰은 질서행정기관이 내린 결정을 물리적으로 집행하고, 공공질서를 현장에서 유지하는 임무를 담당한다.[5)]

이하에서는 프랑스의 경찰조직을 제도적 의미의 경찰과 질서행정기관의 순으로 살펴보되, 그 법적 근거에 대해서는 이미 제2장에서 서술하였으므로, 이를 제외한 연혁, 조직의 구성 및 임무에 대해서만 살펴보기로 한다.

---

5) Minet, C.-É., *op. cit.*, p. 135.

제2절 제도적 의미의 경찰

제1항 국가경찰조직

I. 국가경찰

1. 연혁

프랑스 국가경찰은 근대에 이르러서야 형성되었다. 오랜 기간 동안 공공질서의 유지는 주민들 스스로에 의해, 또는 군대에 의해 확보되었는데, 특히 11세기에 빠리에서 나타난 '프레보'(Prevo)는 '시민순찰대'(le guet des citoyens)의 지원을 받아 공공질서를 유지하였다.[1] 이후 루이 14세 시절인 1667년 3월 15일 생-제르멩-앙-레(Saint-Germain-en-Laye) 칙령에 의해 '치안감독관'(le lieutenant général de police)이 창설되었으며, 치안감독관은 국왕의 임명을 받아 범죄, 화재, 홍수를 방지하는 임무와 함께 경제활동 및 풍속에 대한 경찰임무를 수행하였다.[2]

대혁명시기에 '민·군분리원칙'이 나타났고, 이후 군대는 민간이 요청하는 경우에만 공공질서 유지에 참여했다. 비슷한 시기에 조직된 부르주아민병대는 1789년에 '국가민병대'(la Garde nationale)로 이어졌는데, 국가민병대는 군대 및 국가헌병대와 함께 일반경찰임무를 맡았으며, 1791년부터는

---

1) Minet, C.-É., *op. cit.*, pp. 139-140.
2) http://www.interieur.gouv.fr/sections/a_l_interieur/la_police_nationale/histoire.

18세에 달한 시민들이 의무적으로 국가민병대에 참여해야 했다. 이후 1796년 초에 '경찰부'(le ministère de la Police générale)가 창설되었는데, 경찰부장관은 국가 차원에서 공공질서를 유지할 임무를 수행하였다.3)

이후 프랑스 행정구역에 관한 공화력 8년 비의 달 28일(1800년 2월 17일) 법률에 의해 '빠리경시청'(la préfecture de police de Paris)이 창설되었고, 아울러 각 도시마다 인구비례에 따라 하나 이상의 경찰감을 두었으며, 대도시에는 '경찰총감'(le commissaire général de police)을 두어 경찰감을 감독하였고, 도지사 또는 경찰부장관이 경찰총감을 지휘하였다. 1818년에 경찰부가 폐지되고, 이후 내무부 소속의 '치안총국'(la Sûreté générale)이 그 역할을 이어받았는데, 치안총국은 1934년에 '국가안보국'(la Sûreté nationale)이 되었다. 이후 19세기 중반부터 20세기에 걸쳐 대도시의 경찰이 점차 국가화되어 현재의 국가경찰의 기초가 되었다.4)

현대적인 모습의 경찰은 '비시'(Vichy)체제에서 나타났다. 1941년 4월 23일 법률에 의해 최초로 국가경찰이 창설되었는데, 동법에 따라 내무부에 '국가경찰총국'(la direction générale de la police nationale, DGPN)이 설치되었고, 인구 1만 명 이상의 시(市)에서 경찰이 국가화되었다. 이후 국가경찰의 조직에 관한 1966년 7월 9일 제66-492호 법률에서 빠리경시청까지 통합하여 현재의 국가경찰을 창설하였으며,5) 2012년 5월 12일부터는 국내안전법전에서 국가경찰의 설치근거를 규정하고 있다.

---

3) 한편, 지방에서는 1791년 9월 21일·29일 명령, 1792년 6월 1일·8일 명령에 의해 경찰감(le commissaire de police)이 기초지방자치단체가 내린 결정의 집행을 감독하는 임무를 맡았는데, 다만 그 휘하에 별도의 인력이 조직되어 있지 않았으며, 국가헌병대, 군대, 국가민병대에 요청하여 경찰력을 지원받았다. Minet, C.-É., op. cit., p. 140.

4) Minet, C.-É., op. cit., p. 140.

5) http://www.interieur.gouv.fr/sections/a_l_interieur/la_police_nationale/histoire.

2. 일반조직

(1) 내부조직 및 임무

국가경찰의 조직과 관련하여, 국내안전법전 L.411-1조는 "국가경찰은 내무부에 속하며, 다만 형사절차법전에 따라 사법경찰권을 행사하는 경우에는 예외로 한다."고 규정하고 있다. 그리하여 내무부 국가경찰총국이 국가경찰을 담당하는데, 국가경찰총국은 '경찰총장'(le directeur général de la police nationale)이 지휘하며, 주요 부서는 다음과 같다.6)

> DRCPN(la direction des ressources et des compétences de la police nationale): 인사·조직국
>
> IGPN(l'inspection générale de la police nationale): 감찰국
>
> DCPJ(la direction centrale de la police judiciaire): 사법경찰국
>
> DCRI(la direction centrale du renseignement intérieur): 정보국
>
> DCSP(la direction centrale de la sécurité publique): 공공안전국
>
> DCPAF(la direction centrale de la police aux frontières): 국경경찰국
>
> DCCRS(la direction centrale des compagnies républicaines de sécurité): 공화국보안국
>
> DCI(la direction de la coopération internationale): 국제협력국
>
> SDLP(la service de la protection): 요인보호부(要人保護部)

이 중 특기할 만한 것은 기동부대인 공화국보안대이다. 공화국보안대의 조직에 관한 1948년 3월 26일 제48-605호 명령에 의해 공공안전을 위한 예비부대를 구성하게 되었는데, 평소에는 도로·해변·산악지대에서 감시활동을 하다가, 시위를 비롯한 각종 소요가 발생하여 공공질서의 유지가 필요한 경우 자치경찰에 경찰력을 지원하는 역할을 하고 있다.7) 이때 경찰력

---

6) http://www.interieur.gouv.fr/sections/a_l_interieur/la_police_nationale/organisation.

7) Stahl, B., *op. cit.*, p. 62; Dubois, Christophe·Dubois, Claude, *Gendarmes au coeur de l'action*, E.T.A.I, 2008, p. 84. 19세기 프랑스에서는 유혈시위와 폭동이

의 지원이 필요한지 여부를 판단하는 것은 시장이 아니라 공화국보안대이
며,8) 공화국보안대의 각 단위부대는 원칙적으로 해당 지역을 관할하는 방
어지역담당관(le préfet de la zone de défense)의 지시에 따라 활동한다.9)
다만 피서철에 여행객이 밀집한 지역에 대해서는 시장이 공화국보안대에
지원요청을 할 수 있고, 이때에는 공화국보안대도 자치경찰관과 동일한 임
무를 수행한다.10) 2002년부터 공화국보안국이 창설되어 공화국보안대를
관리하고 있다.11)

한편, 국가경찰총국의 직속부대로는 경찰특공대(le Recherche, Assistance,
Intervention et Dissuasion, RAID), 테러대응반(l'Unité de Coordination de
la Lutte AntiTerrorisme, UCLAT), 정보통신부(le Service d'Information et
de Communication de la Police nationale, SICoP), 마약대응반(la Mission
de Lutte Anti-Drogue, MILAD), 피해자협력반(la Délégation aux Victimes,
DAV) 등이 있다.12)

(2) 외부조직 및 임무

국가경찰의 외부조직은 임무에 따라 나뉘는데, 우선 사법경찰국 산하에
'지역사법경찰청'(la service régionale de police judiciaire, SRPJ)과 여러
지역사법경찰청을 통합한 '광역사법경찰국'(la direction interrégionale de

찾았는데, 이를 해결함으로써 무질서를 방지함과 동시에 표현의 자유를 보장하
기 위하여 1921년에 '국가헌병기동소대'(le peloton de gendarmerie mobile)가
조직되었고, 2차 세계대전 이후인 1948년에 공화국보안대가 조직되었다. Fillieule,
Olivier, 'Du pouvoir d'injonction au pouvoir d'influence?', *Police et manifestants*,
Sciences Po, 2006, p. 86.

8) Stahl, B., *op. cit.*, p. 62.

9) Minet, C.-É., *op. cit.*, p. 142.

10) Stahl, B., *op. cit.*, p. 62.

11) Minet, C.-É., *op. cit.*, p. 142; Vlamynck, H., *op. cit.*, pp. 31-34.

12) http://www.interieur.gouv.fr/sections/a_l_interieur/la_police_nationale/organisation.

la police judiciaire, DIPJ)이 설치되어 있다.13) 또한, 공공안전국은 각 도별로 설치되어 있는 '도공공안전국'(la direction départementale de la sécurité publique, DDSP)으로 구성되는데, 도공공안전국은 도지사의 지휘·감독을 받으며,14) 도공공안전국은 '범죄대응반'(la brigade anti-criminalité, BAC)을 포함하는 '근거리안전부'(le service de sécurité de proximité, SSP)와 '공공질서교통안전부'(le service d'ordre public et de sécurité routière, SOPSR) 등으로 구성된다.15)

3. 빠리경시청

(1) 연혁

빠리에서는 11세기부터 '프레보'가 경찰권을 행사하는 등 오래 전부터 독자적인 경찰제도를 보유하고 있었다. 이후 야간순찰을 담당하는 '용병순찰대'(le guet soldé), '형무감'(le commissaire du Châtelet)이 생겨났으며, 1526년에는 '형사감독관'(le lieutenant criminel de robe courte)이 창설되어 프레보를 보좌하였다.16)

1667년에 치안감독관이 창설되어 경찰권이 통합되었고, 형무감은 경찰감으로 변경되어 치안감독관에게 자신의 활동을 보고하였다. 치안감독관은 대혁명 때 폐지되었다가, 공화력 8년 비의 달 28일(1800년 2월 17일) 법률에서 빠리경시청장으로 계승되었다. 빠리경시청장은 수도 빠리에서 강력한 치안을 원하던 나뽈레옹(Napoléon Bonaparte)의 의지에 따라 많은 권한을 행사하였는데, 이는 체제를 전복할 수 있는 대규모 정치집회를 통제할 필

---

13) Minet, C.-É., *op. cit.*, p. 142.
14) Minet, C.-É., *op. cit.*, pp. 142-143.
15) http://fr.wikipedia.org/wiki/Direction_centrale_de_la_s%C3%A9curit%C3%A9_publique.
16) Minet, C.-É., *op. cit.*, p. 143; Vlamynck, H., *op. cit.*, p. 30.

요에 따른 것이었다. 그리하여 빠리경시청은 국가경찰과 별도로 독자적으로 발전하면서 국가경찰을 능가할 정도에 이른 적도 있었으나, 이후 1966년 7월 9일 제66-492호 법률에 의해 국가경찰에 통합되었다.[17]

(2) 조직 및 임무

빠리경시청의 조직은 그 임무에 따라 행정부서, 업무부서, 지원부서, 민간구호부서의 4가지로 구분될 수 있다.[18]

① 행정부서

행정부서로는 빠리경시청의 모든 임무를 총괄하는 '경찰총국'(la direction de la police générale, DPG)과 위생 및 환경에 관한 경찰행정, 건축물에 관한 위험관리, 교통안전에 관한 각종 법령 제정을 담당하는 '대중보호·수송국'(la direction des transports et de la protection du public, DTPP)이 있다.

② 업무부서

구체적인 경찰작용을 지휘하는 업무부서로는 사법경찰임무를 담당하는 '사법경찰국'(la direction de la police judiciaire, DPJ), 테러위협 등 신종 범죄를 예방하기 위한 정보수집을 담당하는 '정보국'(la direction du renseignement, DR), 공도상에서 발생하는 일상적인 중·소규모 범죄를 예방·제지하고, 공동상의 각종 행사를 규율하며, 교통안전을 확보하는 임무를 담당하는 '공공질서·교통국'(la direction de l'ordre public et de la circulation, DOPC)과 '빠리근교경찰국'(la direction de la police urbaine

---

17) 다만, 빠리경시청은 수도에서 질서행정기관으로서의 권한도 지닌다는 점에 유의해야 한다. 즉, 빠리에서 공공질서를 유지하는 책임은 빠리시장이 아닌 빠리경시청장이 진다. Minet, C.-É., *op. cit.*, pp. 105, 143, 145.

18) http://prefecturedepolice.interieur.gouv.fr/La-prefecture-de-police.

de proximité de l'agglomération parisienne, DSPAP)이 있고, 이 외에도 '경찰의 경찰'이라고 불리면서 경찰관들의 직무감찰과 민원을 담당하는 '감찰국'(l'inspection générale des services, IGS), 각종 장비지원을 담당하는 '기술지원국'(la direction opérationnelle des services techiniques et logistique, DOSTL)이 설치되어 있다.

③ 지원부서

지원부서로는 경찰관을 비롯한 빠리경시청의 직원들의 인사를 담당하는 '인사국'(la direction des ressources humaine), 재정과 예산을 담당하는 '재정국'(la direction des finaces, de la commande publique et de la performance), 빠리경시청이 보유한 토지, 건물 등 부동산의 관리를 담당하는 '부동산사건부'(la service des affaires immobilières), 빠리경시청 및 그 소속 경찰관에 대하여 사법법원에 제기된 소송을 담당하는 '쟁송사건부'(la service des affaires juridiques et du contentieux)가 '행정총비서국'(le secrétariat général pour l'administration, SGA) 산하에 설치되어 있다.

④ 민간구호부서

민간구호부서로는 화재위험에 대비하기 위한 '빠리소방구조대'(la brigade des sapeurs-pompiers de Paris, BSPP)와 '중앙연구소'(le laboratoire central)가 있다.

⑤ 임무별 조직도

II. 국가헌병대

1. 연혁

국가헌병대는 오랫동안 프랑스 전역에서 경찰임무를 수행하던 군대조직인 '기마대'(la maréchaussée)를 계승한 것이다. 기마대는 1439년에 창설된 프랑스 최초의 상비 무장조직인데, 1536년 1월 25일 칙령 이후부터 사법·경찰기능을 담당하였다. 특히 기마대는 구체제 하에서 농촌에서의 질서유지를 담당하였고, 이에 따라 '향토경찰'(la police des campagnes)이라는 별칭을 얻게 되었다. 이후 1791년 2월 16일 법률에 따라 '근위대'(la compagnie d'ordonnace)와 기마대를 통합하여 국가헌병대가 창설되었다.[19]

1791년에 국민의회(l'Assemblée nationale)는 국가헌병대에 "농촌 및 주요 도로"에 대한 안전을 확보하는 임무를 부여하였으며, 응원요청이 있을 때에는 도시지역의 안전 확보를 위해 개입할 수 있도록 하였다. 이후 국가헌병대의 조직에 관한 공화력 8년 싹의 달 28일(1798년 4월 17일) 법률에서는 국가헌병대를 상설조직으로 만들면서 행정경찰 및 사법경찰임무를 부여하였는데, 동 법률은 오랫동안 국가헌병대의 기본헌장의 역할을 하였다.[20] 2009년 8월 3일 제2009-971호 법률에 의해 국가헌병대가 내무부 소속으로 재편되었음은 전술한 바와 같다.[21]

2. 조직

국가헌병대는 '국가헌병대장'(le directeur général de la gendarmerie nationale)을 정점으로, 중앙조직 및 직속부대, '도(道)헌병대'(la gendarmerie départementale), 기동부대, 특별조직으로 구성된다.

(1) 중앙조직 및 직속부대

중앙조직으로는 '국가헌병총국'(la direction générale de la gendarmerie nationale, DGGN), '국가헌병감찰국'(l'inspection de la Gendarmerie nationale)', 행정·지원부서, 인사부서 등이 있으며, 특별임무를 수행하는 조직으로 '공화국경비대'(la garde république)와 '국가헌병특공대'(le groupe

---

19) Minet, C.-É., *op. cit.*, p. 137; Gendarmerie Nationale, *Mémogend 2011*, SIRPA Gendarmerie, 2011, p. 5.

20) Minet, C.-É., *op. cit.*, p. 137; Gendarmerie Nationale, *op. cit.*, p. 5.

21) 이에 관한 상세는 제2장 제2절 제1항 Ⅱ. 2. 참조.

d'intervention de la gendarmerie nationale, GIGN)가 있다. 공화국경비대는 엘리제궁(le palais de l'Elysée), 상원, 국민의회를 비롯한 주요 관서의 경비를 담당한다. 국가헌병특공대는 뮌헨올림픽 테러사건을 계기로 1974년에 창설되었는데, 대 테러작전, 집단범죄 억제, 인질구출, 항공기납치 및 해적활동 차단 등의 임무를 수행하며, '수색대'(la Force Observation Recherche), '보안대'(la Force Sécurité Protection) 등으로 구성된다.22)

(2) 도헌병대

도헌병대의 경우, 2005년 7월 1일부터 광역도 차원에서 22개의 '광역헌병대'(la région de gendarmerie)가 조직되어 국가헌병대장 직속의 '광역사령관'(le commandant de la région de gendarmerie)이 관할범위 내의 도헌병대를 지휘하고 있다. 각 도에는 '국가헌병대대'(le groupement de la gendarmerie départementale)가 조직되어 있으며, 도 이하에는 구(l'arrondissement)별로 '국가헌병중대'(la compagnie de la gendarmerie départementale)가 구성되어 있는데 국가헌병중대는 도의회선거구(le canton)별로 '독립소대'(la brigade autonome) 또는 '소대연합'(la communauté de brigades)으로 조직되어 있다.23)

이러한 지역조직 외에도, 사법경찰임무를 수행하는 각종 수사조직,24) 도

---

22) Gendarmerie Nationale, *op. cit.*, pp. 45-46, 53-54; Dubois, Christophe·Dubois, Claude, *op. cit.*, pp. 106, 122, 132-141; http://fr.wikipedia.org/wiki/Groupe_d%27intervention_de_la_gendarmerie_nationale 각 참조.

23) Gendarmerie Nationale, *op. cit.*, pp. 46, 48.

24) 여기에는 사법경찰관의 자격을 가진 대원들로만 구성되어 광역헌병대에 설치되어 있는 '수사단'(la section de recherches, SR), 도(道)의 국가헌병대대에 설치되어 있는 '정보대'(la brigade départementale de renseignements et d'investigations judiciaires, BDRIJ), 구(區)의 국가헌병중대에 설치되어 있는 '수사대'(la brigade de recherches, BR) 등이 포함된다. 이 중 정보대는 엄밀한 의미의 수사조직은 아니며, 도헌병대의 각 지역조직이 요청하는 경우 필요한 전문인력을 활용하여 조사

로상에서 순찰, 불심검문 등을 행하는 '순찰대'(le peloton de surveillance et d'intervention de la gendarmerie, PSIG), 국가헌병대가 공공안전의 유지임무를 수행하는 준도시지역에서 청소년을 보호하기 위한 '청소년범죄 예방대'(la brigade de prévention de la délinquance juvénile) 등이 있으며, 오토바이를 활용하여 도로망을 감시하는 역할을 하는 '도로안전관리대' (l'escadron départemental de sécurité routière, EDSR), 산악지역에서의 구호 및 원조를 담당하는 '산악구조대'(le peloton de gendarmerie de haute montagne, PGHM) 등이 도헌병대에 설치되어 있다.[25]

(3) 기동부대

국가헌병대의 기동부대로는 광역사령관의 지휘를 받으며, 각 방어지역 단위로 설치되어 있는 '국가헌병기동대'(la gendarmerie mobile)가 있다. 국가헌병기동대는 공공질서와 국가안보를 유지·확보하는 임무를 수행하며, '기동중대'(l'escadron)를 기본단위로 한다. 기동중대는 5개의 소대(le peloton)로 이뤄지며, 4개 내지 7개의 기동중대가 모여 대대(le groupement)가 구성되기도 한다.[26]

(4) 특별조직

특별조직으로는 해양순찰 및 경비를 담당하는 '해양국가헌병대'(la gendarmerie maritime, GM), 공중에서의 국토경비를 담당하는 '항공국가헌병대'(la gendarmerie de l'air, GA), 민간항공교통의 안전을 담당하는 '항공교통국가헌병대'(la gendarmerie des transports aériens, GTA), 프랑스 군

를 돕는 역할을 한다. http://fr.wikipedia.org/wiki/Gendarmerie_nationale_(France).
25) Gendarmerie Nationale, *op. cit.*, pp. 49-50; Dubois, Christophe·Dubois, Claude, *op. cit.*, p. 24 각 참조.
26) Gendarmerie Nationale, *op. cit.*, pp. 51-52.

대가 사용하는 무기를 구매하고 무기체계를 평가하는 '무기관리대'(la gendarmerie de l'armement) 등이 있다.27)

(5) 조직도28)

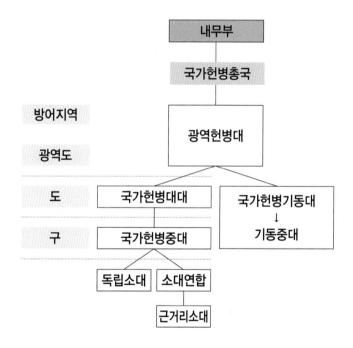

3. 임무

(1) 행정경찰임무

국가헌병대의 기본임무는 공공안전을 확보하는 것이며, 프랑스 국토면

---

27) Gendarmerie Nationale, *op. cit.*, pp. 56-57.
28) Gendarmerie Nationale, *op. cit.*, p. 47.

적의 95%, 인구로는 50%에 해당하는 지역에서 행정경찰 임무를 수행하고 있다. 특히 도로에서의 안전을 확보하고, 국경에서 불법이주를 억제하며, 산, 바다, 강, 지하 등에서 구호임무를 수행하고, 국가헌병기동대를 통해 국가안보를 유지한다.29)

또, 국가헌병대는 시장이 자치경찰권을 통해 발령한 명령 또는 처분을 집행하는 임무를 자치경찰과 병존적으로 수행하고, 해당 시(市)에서의 안전을 확보한다.30) 국가경찰과 국가헌병대의 권한배분 및 협력조직에 관한 1996년 9월 19일 제96-828호 명령에 따라 국가경찰관할시에서는 국가경찰이 공공안전임무를 담당하며, 국가헌병대는 이외의 지역, 특히 준도시지역과 농촌지역에서 공공안전임무를 담당한다.31)

국방법전 L.3211-3조, 국내안전법전 L.421-1조는 이상과 같은 국가헌병대의 행정경찰임무를 명시하고 있는데, 특히 국내안전법전 L.422-1조는 다음과 같이 규정하고 있다.

〈국내안전법전 L.422-1조〉

국가헌병대는 법률의 집행을 확보하기 위하여 구성된 무장조직이다.
사법경찰은 국가헌병대의 본질적 임무 중 하나를 구성한다.
국가헌병대는 특히 농촌지역 및 준도시지역에서 공공안전 및 공공질서를 확보하며, 공도상에서도 같은 임무를 수행한다.
국가헌병대는 시민 보호를 비롯하여 공공기관의 정보수집, 대테러 임무를 수행한다.
이러한 모든 민간임무들은 전 국토 및 프랑스가 체결한 국제조약이 적용되는 곳에서 행해진다.

(2) 사법경찰임무

국내안전법전 L.421-1조는 사법경찰임무가 국가헌병대의 본질적 임무

---

29) Gendarmerie Nationale, *op. cit.*, pp. 21-29.
30) http://fr.wikipedia.org/wiki/Police_municipale_(France); Stahl, B., *op. cit.*, p. 63.
31) Stahl, B., *op. cit.*, p. 62.

중 하나임을 선언하고 있다. 국가헌병대 장교 및 부사관과 관계부처합동규칙으로 임명된 국가헌병대원은 형사절차법전 제16조에 따라 사법경찰관의 자격을 지니며, 나머지 국가헌병대원들은 동법전 제20조에 따라 사법경찰리의 자격을 갖는다. 이러한 국가헌병대원들은 형사절차법전 제17조 내지 제20조에 따라 사법경찰관 또는 사법경찰리의 임무를 수행한다.

(3) 국방임무

국가헌병대는 군인신분을 보유하며, 이는 국가헌병대가 내무부의 소속으로 변경된 지금에도 마찬가지이다.[32] 그리하여 국가헌병대는 국방법전 L.3211-3조에 따라 여전히 국방의 일부를 담당한다.

제2항 자치경찰조직

I. 자치경찰

1. 연혁

1884년 4월 5일 '지방관련 법률' 이래 시는 자치경찰을 둘 수 있었으며, 1980년대 들어 일부 시의 재정능력이 성장함과 동시에 지역주민들의 치안에 대한 불안감이 가중됨에 따라 자치경찰이 발전하기 시작하였다. 이후 1990년대에 자치경찰은 기하급수적으로 증가하여, 1994년부터 1998년까지 자치경찰을 갖춘 시가 73% 증가하였고, 자치경찰관 총원도 132%가 증가

---

32) 국가헌병대에 관한 2009년 8월 3일 제2009-971호 법률 제6조, 제9조 참조.

하는 등 성장세를 보였다.[33)]

자치경찰의 성장에 맞게 법제 또한 보완되었는데, 자치경찰에 관한 1999년 4월 15일 제99-291호 법률에 의해 자치경찰의 지위와 권한이 분명해졌고,[34)] 이후 근거리민주주의에 관한 2002년 2월 27일 제2002-276호 법률을 거쳐 현재 시법전 L.412-49조에 법적 근거가 마련되었으며, 아울러 자치경찰관직무법전이 제정되어 있다. 그리고 최근 제정된 국내안전법전 제5권 제1장(L.511-1조 이하)에서는 자치경찰관의 임무에 대해 상세한 규정을 두고 있다.

2. 임무

(1) 행정경찰임무

자치경찰은 지방자치법전 L.2212-5조, 국내안전법전 L.511-1조에 따라 국가경찰과 국가헌병대의 권한을 침해하지 않는 범위 내에서 "시장이 선량한 질서, 공공평온, 공공안전, 공중위생에 관한 예방 및 감시에 대해 부여한 임무"를 수행하고, 시장이 발령한 경찰명령 또는 경찰처분의 집행을 확보할 임무를 지닌다. 그러므로 자치경찰이 행정경찰임무를 수행하는 경우에는 시장의 역할이 중요한 비중을 차지한다.

자치경찰은 여러 시에 걸쳐서 권한을 행사할 수도 있는데, 국내안전법전 L.512-3조는 문화·오락·스포츠에 관한 이례적 행사가 있는 경우, 많은 주민이 모인 경우, 자연재해가 발생한 경우에 인접한 시의 시장들이 한정된 기간 동안 자치경찰의 전부 또는 일부를 지원할 수 있도록 규정하고 있다. 이는 행정경찰 영역에 국한되며, 도지사의 허가를 받아야 한다.

---

33) Minet, C.-É., *op. cit.*, p. 145.
34) Minet, C.-É., *op. cit.*, p. 145.

(2) 사법경찰임무

자치경찰은 일정한 사법경찰임무를 수행한다. 우선, 자치경찰관은 형사
절차법전 제21조에 따라 사법경찰리보의 자격을 지니게 되므로, 이에 따른
사법경찰권을 행사하게 된다.

또, 자치경찰은 지방자치법전 L.2212-5조, 국내안전법전 L.511-1조에 따
라 시장의 경찰규율에 대한 위반행위를 조사하며, 도로법전상의 위경죄 및
형법전 제6권의 위경죄 중 국사원의 동의를 얻은 명령으로 정해진 범죄를
조사하도록 규정하고 있다. 이 밖에 특별법에서 부여된 사법경찰권을 행사
하는데, 광고·간판·입간판,[35] 도로유지, 소음공해, 역(驛), 위험한 개에 관
한 경찰조치에 대한 위반행위를 예로 들 수 있다.[36]

아울러 자치경찰관직무법전 제9조에서도 자치경찰관이 법령이 정한 위
경죄를 범한 자에 대해 신분증 제시를 요구하고 일정한 조사를 할 권한이
있음을 규정하고 있고, 제10조는 음주측정을 할 권한이 있음을 규정하고
있는데, 이러한 경우 사법경찰관의 자격을 지닌 국가경찰관 또는 국가헌병
대원에게 이러한 사실을 즉시 통보해야 하고, 이들이 요구할 때에는 지체
없이 위반행위자를 출두시켜야 한다. 이와 같이 사법경찰관이 출두를 요구
하는 경우에는 비례원칙에 부합하는 범위 내에서 강제력을 사용할 수 있
다. 나아가 제11조는 자치경찰관이 사법경찰관의 자격을 지닌 국가경찰관
또는 국가헌병대원이 요구하는 경우 중죄 또는 경죄를 범한 자를 출두시켜
야 한다는 점을 규정하고 있다.

---

35) 환경법전 L.581-40조.
36) Minet, C.-É., *op. cit.*, pp. 146-147.

II 농촌감시원

1. 연혁

농촌감시원은 14세기에 창설된 '초원담당관'(le sergent de verdure)을 계승한 것이다.[37] 농촌감시원은 1791년 10월 6일 법률[38]에서 최초로 등장하였는데, 동법 제II편에서는 "향토경찰은 특히 치안판사와 지방공무원의 관할에 속하며, 농촌감시원과 국가헌병대의 감독을 받는다"라고 규정하였다.[39]

이후 농촌경찰에 관해 규율하고 있던 1898년 6월 21일 법률은 제16조에서 개의 방임에 관하여, 제78조에서 수확물보호에 관한 조치들이 집행되지 않은 경우에 관하여 농촌감시원의 역할을 규정하였고, 제73조는 수확물보호를 위한 법령에 대한 경죄 및 위경죄에 관하여 농촌감시원이 이를 조사할 권한이 있음을 규정하였다.[40] 이후 이러한 권한들은 축소되어, 현재에는 농촌·수산법전 L.215-3-1조에서 개의 방임에 관하여 일정한 권한을 부여하고 있을 뿐이다.

현재 농촌감시원은 지방자치법전 L.2213-17조, 국내안전법전 L.521-1조에 따라 향토경찰로서 경찰임무를 수행하고 있으며, 자치경찰의 일부를 구성하고 있다.[41]

---

37) Minet, C.-É., *op. cit.*, p. 145.
38) 이후 2007년 12월 20일 법률로 폐지되었다.
39) Bianchi, *op. cit.*, p. 3.
40) Bianchi, *op. cit.*, pp. 4-5.
41) 농촌감시원의 채용에 관한 1994년 8월 24일 제94-731호 명령 제1조는 농촌감시원을 자치경찰 직군으로 C종에 속한다고 규정하고 있다. Bianchi, *op. cit.*, p. 8.

2. 임무

(1) 행정경찰임무

농촌감시원은 국내안전법전 L.521-1조에 의해 도로상에서의 안전을 확보할 권한을 인정받고 있다. 즉, 농촌감시원은 도로법전에 위반한 것으로 보이는 운전자에게 운전면허증을 비롯하여, 운전을 함에 있어 요구되는 행정적 서류들, 예컨대 보험가입증서의 제시를 요구할 수 있다. 이러한 제시의무는 범죄확인을 위해서만 가능하며, 증서의 진위를 심사할 수는 없다.[42]

(2) 사법경찰임무

형사절차법전 제21조는 농촌감시원이 지방자치법전 L.2213-18조의 권한을 행사할 때에만 사법경찰리보의 자격을 갖는다고 규정하고 있는데, 지방자치법전 L.2213-18조는 현재 국내안전법전 L.521-1조로 변경되어 있다. 국내안전법전 L.521-1조는 농촌감시원이 자치경찰의 규율에 위반한 행위들을 확인할 수 있도록 규정하면서, 아울러 도로법전상의 위경죄 및 형법전 제6권의 위경죄 중 국사원의 동의를 얻은 명령으로 정해진 범죄를 확인하도록 규정하여 농촌감시원에게 일정한 사법경찰권을 부여하고 있다. 이에 따라 농촌감시원은 도로법전 L.234-3조에 따라 음주측정 등을 할 수 있고, 형사절차법전 제22조 내지 제25조, 제27조의 절차에 따라 형법전 제6권의 위경죄 중 일부에 대해 조사할 권한을 갖는다.[43]

또, 국내안전법전 L.522-4조는 농촌감시원이 위반행위를 조사함에 있어 형사절차법전 제78-6조의 절차에 따라 신분증제시를 요구할 수 있도록 규

---

42) Adda, Joëlle·Demouveaux, Jean-Pierre·Léglise, Pascale, *Les pouvoirs de police du maire*, 4e éd., Berger-Levrault, 2008, p. 309.

43) Minet, C.-É., *op. cit.*, p. 145; Adda, J.·Demouveaux, J.-P.·Léglise, P., *op. cit.*, p. 309.

정하고 있다. 또, 농촌감시원은 도로법전상의 위반행위를 확인하기 위해 도로법전 L.225-5조에 따라 운전면허증 제시를 요구할 수 있고, L.330-2조에 따라 차량등록관련 서류의 제시를 요구할 수 있다.

그리고 환경법전 L.332-20조 4°의2, L.415-1조 4°의2는 특별한 보호규정이 있거나 '워싱턴협약'(la convention de Washington)의 보호대상에 속하는 동·식물에 관한 규율 및 야생동물 관련 규율에 위반한 행위에 대해 농촌감시원이 확인할 수 있는 권한을 부여하고 있다. 다만, 농촌감시원이 사인의 소유지 내에 들어가기 위해서는 사법경찰관을 동반해야 한다.44) 이 밖에 농촌감시원은 농촌·수산법전 L.215-3-1조에 따라 개의 소유 및 방임에 관한 위반행위를 조사할 권한을 보유한다.

---

44) Adda, J.·Demouveaux, J.-P.·Léglise, P., *op. cit.*, pp. 309-310.

제3절 질서행정기관

제1항 일반경찰기관

I. 국가경찰기관

1. 수상

수상은 국가의 원칙적인 일반경찰기관이다. 이러한 수상의 경찰기관으로서의 지위는 헌법 제21조의 위임명령제정권이나 제37조의 독립명령제정권에 기인한 것이 아니라, 수상의 고유권한에 기한 것이다.[1]

2. 대통령

대통령은 매우 예외적인 경우에만 경찰기관으로서의 지위를 갖는다. 즉, 대통령은 헌법 제13조에 따라 각료회의에서 심의한 명령에 서명하거나,[2] 헌법 제16조에서 부여하고 있는 비상대권을 사용하는 경우에 경찰권을 행사하며,[3] 이때 경찰기관의 지위를 갖게 된다. 대통령이 비상대권을 행사하여 내린 결정이라고 하더라도 그것이 명령영역에 관한 것인 한 월권소송의

---

1) 이는 국사원의 판례에 의한 것이다. 이에 관한 상세는 제2장 제2절 제1항 Ⅰ. 1. 참조.
2) CE 1992. 9. 10. *Meyet.* Lachaume, J.-F.·Pauliat, H., *op. cit.*, p. 320.
3) Minet, C.-É., *op. cit.*, p. 95.

대상이 된다.4)

〈판례 - CE 1962. 3. 2. *Rubin de Servens*〉

대통령이 1961년 5월 3일에 헌법 제16조에 따라 군사법원 설치를 결정하자, 이에 대하여 월권소송 및 집행정지신청이 제기된 사건이다. 정부는 이러한 결정은 통치행위에 해당하므로 국사원이 이의 적법성을 심사할 수 없다고 주장하였는데, 국사원은 통치행위를 근거로 하지 않고, 다른 논거를 내세워 청구를 각하하였다. 즉, 대통령은 상황에 따라 요구되는 조치들을 취하기 위하여 헌법 제34조의 법률제정권과 제37조의 명령제정권을 모두 행사할 수 있는데, 헌법 제34조는 형사절차 및 새로운 법원의 창설에 관한 규정들을 법률로 정하도록 규정하고 있고, 대통령이 설치하고자 하는 군사법원도 여기서 말하는 법원에 해당하므로 결국 대통령의 위 결정은 법률사항에 관한 것인 바, 국사원은 법률에 대하여 심사할 수 없으므로 위 청구에 대해 재판권이 없다고 판시하였다.

II. 지방경찰기관

1. 도지사

프랑스에서 도지사는 법령이나 문헌에서 "국가가 도에 파견한 대표자" (le représentant de l'Etat dans le département)로 표시되는 경우가 많은데, 이는 도지사가 조직상 국가기관임을 보여주는 것이다.5) 도지사는 지방자치법전 L.2215-1조 2°, 3°, 국내안전법전 L.131-4조에 의해 둘 이상의 인접한 시에 걸쳐 발생하는 문제에 대해 일반경찰기관의 지위를 갖는다. 이는

---

4) CE 1962. 3. 2. *Rubin de Servens*. Lachaume, J.-F.·Pauliat, H., *op. cit.*, pp. 320-321.

5) 따라서 도지사는 지리적인 측면에서는 지방경찰기관이지만, 조직적인 측면에서는 국가경찰기관이라고 할 수 있다. 도지사의 국가기관으로서의 지위에 관해서는 제2장 제2절 제2항 I. 1. 참조.

시장의 부작위를 요건으로 하지 않으며, 이러한 점에서 지방자치법전 L.2215-1조 1°, 국내안전법전 L.131-5조에 규정된 대체작용권과 구별된다. 대체작용권은 시장이 자치경찰권을 행사하지 않는 경우에 도지사가 이를 대신 행하는 것으로, 이때 도지사는 독립된 일반경찰기관의 지위가 아니라 시장의 지위에서 경찰권을 행사하는 것이다.[6]

2. 시장

시장은 자치경찰의 책임자로서 시의 일반경찰기관이며, 지방자치법전 L.2212-1조, L.2212-2조, 국내안전법전 L.131-1조가 그 근거가 되고 있다.[7] 또한, 시장은 자신의 경찰권을 보조자에게 위임할 수도 있고(보조자에게 장애사유가 있는 경우에는 시의회의 의원에게도 위임할 수 있다),[8] 해당 업무부서의 국장 및 부국장에게도 위임이 가능하다.[9] 그러나 이러한 시장의 보조자, 시의원, 국장, 부국장 등이 일반경찰의 지위를 갖는 것은 아니며, 위와 같은 위임은 일종의 위임전결에 해당한다.[10] 나아가 시장이 사인에게 경찰기관으로서의 지위를 위임하는 것은 불가능한데, 경찰행정은 그 본질상 사인에게 위임될 수 없는 공역무이기 때문이다.[11] 이러한 법리는 일반경찰뿐만 아니라 특별경찰에 대해서도 마찬가지로 적용된다.[12]

---

6) 이에 관한 상세는 제2장 제2절 제2항 Ⅰ. 참조.
7) 이에 관한 상세는 제2장 제2절 제2항 Ⅱ. 1. 참조.
8) 지방자치법전 L.2122-18조.
9) 지방자치법전 L.2122-19조.
10) CE 2000. 5. 19. *Commune du Cendre.* Minet, C.-É., *op. cit.*, p. 99.
11) 경찰행정의 위임 금지에 대한 상세는 제1장 제4절 제2항 Ⅱ. 참조.
12) CE 1983. 9. 30. *Fédération département des associations agréées de pêche de l'Ain et autres.* 다만, 특별경찰의 수권법률에서 위임을 허용하는 경우는 예외이다 (CE 1980. 11. 7. *Commune de Falicon et Ministre de l'Équipement et de l'Aménagement du territoire c. Bana).* Minet, C.-É., *op. cit.*, pp. 99-100.

3. 빠리경시청장

빠리경시청장은 공화력 8년 수확의 달 12일(1800년 7월 1일) '집정관규칙'(l'arrêté des consuls)에서부터 수도 빠리의 일반경찰기관이 되었으며,[13] 지방자치법전 L.2512-13조에도 빠리경시청장의 권한이 위 규칙에서 비롯된 것임을 명시하고 있다. 또한 국내안전법전 L.132-1조는 빠리경시청장이 빠리시장과 함께 빠리에서 범죄예방임무를 수행하도록 규정하고 있으며, 지방자치법전 L.2512-14조는 빠리경시청장에게 빠리시장의 의견을 거쳐 빠리 시내의 교통 및 주차에 관한 규율권한을 부여하고 있다.

한편, 빠리시장은 빠리시의 행정·재정제도에 관한 1986년 12월 29일 제86-1308호 법률에 따라 한정된 권한을 부여받았는데, 현재 지방자치법전 L.2512-13조는 "빠리시장은 공도의 위생, 이웃 간 소란, 장터 및 시장에서 선량한 질서의 유지에 관한 자치경찰임무를 담당한다"고 규정하고 있다.

III. 경찰기관으로서의 지위가 문제되는 경우

1. 내무부장관

장관은 개별적인 수권법률에 따라 특별경찰권만을 행사할 수 있는 것이 원칙이다.[14] 다만, 내무부장관은 자신의 감독을 받는 도지사들에게 각 상황에 따른 경찰조치를 취하도록 요구함으로써 간접적으로 경찰권을 행사할 수 있다.[15] 그러나 엄밀한 의미에서 일반경찰기관이라고 보기는

---

13) Minet, C.-É., *op. cit.*, p. 105.
14) CE 1997. 12. 29. *Syndicat national des industries de la boulangerie-pâtisserie.* Lachaume, J.-F.·Pauliat, H., *op. cit.*, p. 321.
15) Minet, C.-É., *op. cit.*, p. 95.

어렵다.

2. 도의회의장

(1) 도의회의장의 권한

1982년 3월 2일 제82-213호 법률 제25조 제5항은 이후 지방자치법전 L.3221-4조로 법전화 되었는데, 여기서는 도의회의장이 도의 재산을 관리하며, 이러한 관리에 관한 경찰권을 행사하고, 특히 위 재산상의 통행에 관한 권한을 행사한다고 규정하고 있으며,[16] 국내안전법전 L.131-3조도 이러한 권한을 확인하고 있다. 따라서 도의회의장은 도의 공공재산의 일부를 이루는 도로상의 안전을 유지하기 위하여 필요한 경찰조치를 취할 수 있으며,[17] 도지사는 도의회의장이 부작위하여 최고를 하였으나 응답이 없는 경우에는 필요에 따라 도의회의장을 대신하여 도의회의장의 지위에서 도의회의장의 경찰권을 행사할 수 있다.[18]

(2) 견해의 대립

이러한 도의회의장의 권한을 근거로 도의회의장은 일반경찰기관의 지위를 갖는다는 것이 기존의 해석이었다. 지방자치법전 L.3221-4조는 도의회의장이 도의 재산을 관리하는 자격으로 이러한 재산상의 교통을 규율할 수 있다고 규정하고 있는데, 공도상의 교통에 관한 규율조치는 공공안전에 속

---

16) 다만, 이에 관한 권한이 시장 및 도지사에게 권한이 부여된 경우에는 권한을 행사할 수 없다. Minet, C.-É., *op. cit.*, p. 97.

17) 반면, 국도에 관한 경찰권은 전적으로 도지사의 권한에 속하며, 도시권(l'agglomération) 내에 위치한 도립도로, 국도는 지방자치법전 L.2213-1조에 따라 시장의 경찰권에 속한다. Minet, C.-É., *op. cit.*, p. 97.

18) Minet, C.-É., *op. cit.*, p. 97.

하는 것으로서 일반경찰의 대상이기 때문이다.[19)]

그러나 이에 대해서는 L.3221-4조가 일종의 특별경찰을 창설한 것이라는 반론이 제기되고 있다.[20)] 이 견해에서는 국사원의 1996년 7월 23일자 의견을 근거로 삼고 있는데, 여기서는 도의회의장이 공공재산인 도로를 보호하기 위하여 예방적인 목적으로 눈사태를 일으킬 수 있는 권한이 있는지가 문제되었다. 이에 대해 국사원 내무전문부는 지방자치법전 L.3221-4조에 따라 도의 재산의 관리를 담당하는 도의회의장은 그에 관한 경찰권을 행사하며, 특히 도의 재산상의 교통에 관한 권한을 행사하는데, 눈사태를 일으키는 것과 같은 조치는 도의회의장의 재산관리권의 한계를 넘는 것으로서 일반경찰권을 통해서만 가능하고, 위 L.3221-4조는 도의회의장에게 일반경찰권을 부여하고 있지 않으므로 도내의 도로에서 교통안전을 확보하기 위하여 눈사태를 일으킬 것을 결정하고 실행하는 것은 시장 및 도지사만이 갖는 권한이라는 의견을 제시하였다.[21)]

(3) 정리

국사원의 위 의견에서는 도의회의장이 도내의 도로교통에 관해 규율할 수 있는 경찰권 자체는 인정하면서도 그 범위를 재산관리 차원에 한정함으로써 도의회의장의 일반경찰기관으로서의 지위를 부정하고 있는 것으로 보인다. 재산관리 차원에 한정되는 경찰권이라면 이는 공역무관리권에 불과한 것으로 진정한 의미의 경찰권이라고 보기는 어려울 것이고, 따라서 도의회의장의 일반경찰기관으로서의 지위는 부정될 수밖에 없을 것이다.

---

19) 다만, 교통영역에 한정되는 일반경찰권을 지닌다고 보았다. Minet, C.-É., *op. cit.*, p. 97.

20) Frier, P.-L.·Petit, J., *op. cit.*, p. 257.

21) CE avis de la section de l'intérieur 1996. 7. 23. 제359284호. Minet, C.-É., *op. cit.*, p. 97.

따라서 지방자치법전 L.3221-4조에 따른 도의회의장의 권한은 특별경찰권
으로 해석하기에도 어려운 측면이 있다.

제2항 특별경찰기관

특별경찰권의 행사기관은 그 근거법령에 규정되어 있다. 앞서 살펴본 일
반경찰기관들은 대부분 특별경찰기관들이기도 하다. 예컨대, 수상은 상법
전 L.410-2조에 따라 독점 등을 해소하기 위해 명령으로 가격을 규율할 수
있으며, 도지사 역시 외국인의 입국·체류 및 망명권에 관한 법전 L.511-1
조에 따른 외국인의 강제퇴거조치, 공중보건법전 L.3332-15조에 따른 주류
판매업소 폐쇄명령, 환경법전 L.511-1조 이하에 따른 위험시설에 관한 경
찰조치를 행할 수 있고, 스포츠법전 L.332-16조에 따라 과격한 스포츠팬들
의 운동장출입을 금지할 수도 있다.[22]

시장 역시 건축법전 L.511-1조에 따라 붕괴위험 건물에 관한 경찰권을
행사하며,[23] 외국인의 입국·체류 및 망명권에 관한 법전 L.211-4조,
L.421-1조에 따른 외국인에 대한 경찰조치[24]와 환경법전 L.581-1조 이하
에 따른 벽보에 관한 경찰조치[25]는 국가의 이름으로 행한다.[26]

---

22) Minet, C.-É., *op. cit.*, p. 107.
23) 시장은 붕괴위험 건물에 대해 보수 또는 파괴를 명할 수 있다.
24) L.211-4조는 가족 등의 초청으로 입국한 외국인에 대해 초청자의 확인서를 시장에
    게 제출하여 확인받도록 하고 있고, L.421-1조는 가족이 되기 위해 입국하는 경우
    시장으로부터 주거조건 등을 확인받도록 하고 있는데, 이러한 경우 시장은 국가의
    이름으로 활동한다.
25) 시장은 위법한 벽보 등의 제거를 명하거나(환경법전 L.581-27조), 시정명령을 하고
    (L.581-28조), 직접 제거하는(L.581-29조) 등의 권한을 행사할 수 있다.
26) Minet, C.-É., *op. cit.*, pp. 107-108.

통상적으로는 일반경찰권을 인정받지 못하는 장관의 경우에도 특별법에 따라 특별경찰기관이 될 수 있다. 예컨대, 영화·만화법전 L.211-1조에 따라 영화상영허가는 문화부장관에 위임되어 있고, 청소년출판물에 관한 1949년 7월 16일 제49-956호 법률 제14조에 따른 청소년에게 유해한 출판물에 대한 경찰권과 외국인의 입국·체류 및 망명권에 관한 법전 L.521-2조, L.521-3조에 따라 절대적으로 긴급한 경우에 취해지는 출국명령은 내무부장관의 권한이다. 또, 교육법전 L.712-2조는 공공시설의 장인 대학총장에게 특별경찰권을 부여하고 있다.[27]

---

27) 교육법전 L.712-2조 6°에서는 대학총장이 질서유지에 관한 책임을 지고, 국사원의 동의를 얻은 명령으로 정해진 조건에 따라 공권력 투입을 요청할 수 있도록 규정하고 있다. Minet, C.-É., *op. cit.*, p. 108.

제4절 비교법적 평가

제1항 프랑스 법상황의 요약

I. 제도적 의미의 경찰조직의 특색

프랑스의 제도적 의미의 경찰은 국가경찰조직과 자치경찰조직으로 나뉘며, 국가경찰조직에는 빠리경시청을 포함한 국가경찰과 국가헌병대가, 자치경찰조직에는 자치경찰과 농촌감시원이 존재한다.

이 중 빠리경시청, 국가헌병대와 자치경찰조직은 우리나라에서는 찾아볼 수 없는 조직이다. 우선, 빠리경시청의 경우에는 프랑스의 역사에 따라 자연스럽게 발전한 조직이며, 현재 국가경찰에 편입되어 있기는 하지만 수도에서의 치안이 갖는 중요성에 비추어 볼 때 여전히 상당한 비중을 차지하는 경찰조직이라고 할 수 있다. 게다가 빠리경시청은 질서행정기관으로서의 지위도 보유한다는 특징을 지닌다.

다음으로 국가헌병대는 단순히 국가경찰을 보조하는 조직이 아니라, 전국토에서 발생하는 공공질서에 대한 각종 장애를 물리력을 통해 제거할 수 있는 권한과 능력을 갖춘 조직으로, 국가경찰에 비해 결코 비중이 작지 않다. 이들은 특화된 조직과 전문성을 지니고 있으며, 특히 국가헌병기동대는 대규모의 경찰력이 필요한 경우 개입할 수 있는 예비조직으로서도 큰 의미를 지니고 있다.

마지막으로 자치경찰조직의 경우에는 지역에 맞는 현장지향형 치안을 담당하고 있다고 할 수 있으며, 다만 사법경찰영역을 포함한 전체 치안이라는 측면에서는 여전히 국가경찰과 국가헌병대가 핵심적인 역할을 담당하고 있고, 자치경찰은 해당 지역에서 이를 보완하는 역할을 할 뿐이다.

II. 질서행정기관의 특색

프랑스에서는 국가 차원에서는 수상이, 지방 차원에서는 시장이 일반경찰기관으로서 핵심적인 지위를 지니고 있다. 특히 시장은 자치경찰의 책임자로서 경찰행정에 있어 중요한 역할을 담당하며,[1] 다만 시의 규모에 따른 현실적인 문제들을 고려하여 국가경찰관할시와 기초지방자치단체조합이 인정되기도 한다.[2] 도지사도 한 시의 영역을 넘어서는 부분에 대해서는 경찰권을 행사하여 여러 시에서 발생하는 장애상황을 통제하며, 대체작용권을 통해 시장의 부적절·불충분한 경찰권행사에 대비하고 있다.

하지만 프랑스에서도 수많은 개별영역에 특별법이 제정되어 특별경찰이 활성화되어 있으며, 일반경찰기관인 시장과 도지사도 특별경찰기관으로서 특별경찰권을 행사하는 경우가 많다. 개별영역에 대한 경찰행정은 특별경찰이 우선하며, 일반경찰기관은 특별경찰을 보충하는 범위 내에서 활동하게 된다. 그러나 일반경찰의 수권규범으로 기능하는 공공질서 개념의 내용과 범위에 비추어 볼 때, 일반경찰기관의 역할은 결코 작지 않다.

---

1) 프랑스의 자치경찰은 시장의 행정권을 중심으로 한 행정경찰 중심의 자치경찰이라는 설명이 있다. 안영훈, 「시장의 자치경찰권 중심의 프랑스 자치경찰제도」, 『지방자치』, 제200호, 현대사회연구소, 2005. 5., 71면.
2) 제2장 제2절 제2항 II. 2, 3. 참조.

제2항 우리나라에의 시사점

I. 우리나라의 경찰조직

1. 제도적 의미의 경찰조직

(1) 경찰관청

우리나라에서 제도적 의미의 경찰은 제주특별자치도의 자치경찰단을 제외하고는 모두 국가경찰에 속한다. 국가중앙경찰관청으로 경찰청장과 해양경찰청장이 있는데, 경찰청장 산하에는 16개 지방경찰청과 5개 부속기관(경찰대학, 경찰교육원, 중앙경찰학교, 경찰수사연구원, 경찰병원)이 있고,[3] 해양경찰청장 산하에는 4개 지방해양경찰청과 4개 부속기관(해양경찰교육원, 해양경찰연구소, 해양경찰정비창)이 있다.[4]

그리고 특별경찰관청으로 산림경찰의 경우 산림청장, 보건위생경찰의 경우 보건복지부장관, 영업경찰의 경우 안전행정부장관, 출입국경찰의 경우에 법무부장관, 관세경찰의 경우 관세청장, 항공경찰의 경우 국토교통부장관, 군경찰의 경우 국방부장관 등이 있으며, 이 밖에 특수경찰로 국가정보원장, 헌법 제77조 제1항에 따른 계엄사령관, 위수령에 따른 위수사령관이 있고, 의결·자문기관으로 경찰위원회가 있다.[5]

---

3) 경찰청, 전게서, 419면.
4) http://www.kcg.go.kr/main/user/cms/content.jsp?menuSeq=86.
5) 홍정선, 전게서, 106-111면 참조.

(2) 경찰청

경찰청의 경우, 경찰청장 산하에 경무국, 생활안전국, 수사국, 경비국, 정보국, 보안국, 외사국이 설치되어 있다.6) 경무국은 프랑스 국가경찰의 조직국(DFPN), 행정국(DAPN)과 비슷한 역할을 한다고 할 수 있고, 생활안전국은 행정경찰과 관련이 있다는 점에서 프랑스 국가경찰의 공공안전국(DCSP)과 비슷한 기능을 하는 측면이 있다. 사법경찰임무를 담당하는 수사국은 프랑스 국가경찰의 사법경찰국(DCPJ)에 대응한다고 볼 수 있는데, 여기에는 수사과, 특수수사과, 형사과, 지능범죄수사과, 과학수사센터, 사이버테러대응센터가 설치되어 있다. 그리고 경비국에는 경비과, 위기관리센터, 경호과, 항공과가 설치되어 경비업무, 대테러 예방 및 진압대책, 전투경찰순경의 훈련·관리 등을 담당하며,7) 정보국은 집회·시위 등 집단사태의 관리를 담당하고,8) 보안국은 간첩 및 대북관련 업무를 담당한다.9) 이들 조직은 프랑스 국가경찰 중 정보통신부(SICoP), 정보국(DCRI), 공화국보안대(CRS), 테러대응반(UCLAT), 요인보호부(SPHP)의 역할을 담당한다고 볼 수 있다. 외사국의 기능은 프랑스 국가경찰에서는 국제협력부(DCI)가 맡고 있다.

이 밖에, 경찰특공대가 편성되어 프랑스 국가경찰의 경찰특공대(RAID), 국가헌병대의 국가헌병특공대(GIGN)와 같은 역할을 하고 있으며, 다만 프랑스 국가경찰 중 국경을 담당하는 중앙국경경찰국(DFPN)이나, 빠리경시청 중 빠리소방구조대(BSPP)와 같은 구호업무를 하는 조직은 법무부 산하 출입국·외국인정책본부와 안전행정부 산하 소방방재청에서 별도로 권한을 보유하고 있다. 또, 우리나라의 경우 국경 부근의 안보에 대해서는 육·해·

---

6) 경찰청과 그 소속기관 직제 제4조 제1항.
7) 경찰청과 그 소속기관 직제 제13조.
8) 경찰청과 그 소속기관 직제 제14조.
9) 경찰청과 그 소속기관 직제 제15조.

공군이 상당한 역할을 하고 있다.

이처럼 프랑스 국가경찰 및 국가헌병대가 수행하는 기능 중 상당 부분은 우리 경찰조직에도 반영되어 있으며, 다만 그 직제와 형태가 약간 다를 뿐이라고 할 수 있다.

2. 질서행정기관

(1) 일반경찰의 경우

① 국가 차원의 일반경찰

우리나라에서 대통령의 경찰권은 프랑스 수상의 경찰권과 차이가 있다. 우리 대통령은 프랑스 수상과 같이 평시에 그 고유권한으로 경찰권을 행사한다고 보기는 어려우며,[10] 다만 헌법 제76조, 제77조에 따라 전시 또는 그에 준하는 사태가 발생한 경우 국가긴급권을 통해 질서유지와 위험방지를 위해 개입할 수 있고, 이외에 헌법 제75조에 따라 법률에서 구체적으로 범위를 정하여 위임받은 사항과 법률을 집행하기 위하여 필요한 사항에 관하여 대통령령을 발하거나, 헌법 제52조에 따라 법률안제출권을 행사하고, 헌법 제66조 제4항에 규정된 행정부의 수반으로서 정부조직법 제11조에 따른 행정감독권을 행사하여 안전행정부와 국가경찰을 지휘·감독할 수 있다.

또, 우리나라와 같이 대통령제를 취하고 있는 나라에서 국무총리는 행정부의 수반이 아니므로 프랑스의 수상과 같은 지위를 인정받기는 어렵다. 그러나 국무총리는 대통령의 명을 받아 각 중앙행정기관의 장을 지휘·감독하며,[11] 안전행정부장관은 치안에 관한 사무를 관장하기 위해 경찰청을 두

---

10) 게다가 우리 헌법에는 프랑스 수상의 독립명령의 근거가 되는 프랑스 헌법 제37조와 같은 규정이 없고, 다만 헌법 제75조에 위임명령만을 발할 수 있도록 하고 있다.
11) 정부조직법 제18조 제1항.

고,12) 아울러 국가경찰의 주요정책, 인권과 관련한 운영·개선, 다른 국가기관으로부터의 업무협조요청, 제주특별자치도의 자치경찰에 관한 사항 등을 심의·의결하기 위하여 경찰위원회를 직속으로 두고 있으므로,13) 간접적으로 경찰권을 행사한다고 볼 여지는 있을 것이다.

② 지방 차원의 일반경찰

우리나라에서는 프랑스와 같은 지방 차원의 일반경찰기관이 없다고 할 수 있다. 즉, 우리나라의 도지사, 도의회의장, 시장은 지방자치법에 규정된 권한만을 행사할 수 있으며, 프랑스에서와 같은 일반적인 경찰권을 지닌다고 볼 근거가 없다. 특히, 우리 지방자치법 제22조는 "지방자치단체는 법령의 범위 안에서 그 사무에 관하여 조례를 제정할 수 있다"고 하면서도, "다만, 주민의 권리 제한 또는 의무 부과에 관한 사항이나 벌칙을 정할 때에는 법률의 위임이 있어야 한다"고 규정하여 법률상의 근거를 요구하고 있고, 동법 제23조에 따라 지방자치단체의 장이 정하는 규칙의 경우에도 "법령이나 조례가 위임한 범위"에 국한하고 있다. 게다가 경찰관직무집행법은 제도적 의미의 경찰에 대해서만 적용되므로, 지방자치단체가 이를 근거로 경찰권을 행사할 여지도 없다.

위와 같이 지방자치단체의 조례제정권을 제한하고 있는 지방자치법 제22조 단서에 대해서는 위헌 여부가 문제되었는데, 조례는 헌법 제117조 제1항에 의하여 부여된 자치입법권에 근거하에 제정되는 것이므로 법령에 저촉되지 않는 한 법률의 위임이 없이도 제정될 수 있는 것이어서 위 지방자치법 제22조 단서는 헌법 제117조 제1항에 반하는 것이라는 견해도 있지만,14) 국민의 기본권은 법률로써만 제한하도록 하고 있는 헌법 제37조 제2

---

12) 정부조직법 제34조 제4항, 경찰법 제2조 제1항.
13) 경찰법 제5조 제1항, 제9조 제1항.
14) 박윤흔, 『최신행정법강의(下)』, 박영사, 1997, 134면.

항의 규정과 지방의회의 민주적 정당성이 국회에 비해 미약하다는 점을 감안할 때,15) 법률의 위임 없이 지방자치단체의 조례만으로 주민의 권리와 의무를 정한다고 해석하기는 어려워 보인다. 다만, 조례에 대한 법률의 위임은 구체적일 필요는 없으며,16) 조례제정권은 이러한 범위에서 존중될 수 있을 것이다.

또한, 우리나라에서는 제주특별자치도를 제외하고는 자치경찰이 조직되어 있지 않다. 우리의 지방경찰청은 경찰청장의 지휘·감독을 받는 국가경찰의 일부를 이루고 있으며,17) 다만 「지방분권 및 지방행정체제개편에 관한 특별법」 제12조 제3항은 "국가는 지방행정과 치안행정의 연계성을 확보하고 지역특성에 적합한 치안서비스를 제공하기 위하여 자치경찰제도를 도입하여야 한다."고 규정하고 있다.

(2) 특별경찰기관

우리나라에서도 프랑스와 마찬가지로 다양한 특별법에서 특별경찰기관을 정하고 있다. 예컨대 보건영역의 경우, 의료법, 약사법, 「감염병의 예방 및 관리에 관한 법률」에 따라 보건복지부장관이 경찰임무를 수행하고 있고, 식품위생법에서는 식품의약품안전처장이 경찰임무를 수행하도록 규정하고 있다. 또, 도로·하천영역의 경우, 도로법에서는 도로의 종류에 따라 국토교통부장관 또는 지방자치단체장이 경찰임무를 수행하도록 규정하고 있고, 이는 하천법의 경우에도 마찬가지이다.

교통영역의 경우, 선박안전법, 선원법에서는 해양수산부장관을, 항공법에서는 국토교통부장관을 경찰임무의 주체로 규정하고 있고, 건축영역의

---

15) 김동희, 전게서(행정법 Ⅱ), 88면; 성낙인, 전게서, 906면.
16) 헌재 1995. 4. 20. 선고 92헌마264 결정, 대법원 1991. 8. 27. 선고 90누6613 판결 등. 김동희, 전게서(행정법 Ⅱ), 89면; 성낙인, 전게서, 906면.
17) 김동희, 전게서(행정법 Ⅱ), 202면.

경우에는 건축법상 지방자치단체의 장이 경찰임무를 수행하도록 규정되어 있다. 영업과 관련하여서는 직업안정법에 따라 고용노동부장관과 지방자치단체장이, 수렵과 관련하여서는 「야생생물 보호 및 관리에 관한 법률」에 따라 환경부장관과 지방자치단체장이 각각 경찰임무를 수행하며, 외국인과 관련하여서는 출입국관리법에 따라 법무부장관과 출입국관리사무소가 경찰기관이 된다. 문화예술영역의 경우, 「게임산업진흥에 관한 법률」에서는 게임물등급위원회와 지방자치단체장이, 공연법과 「영화 및 비디오물의 진흥에 관한 법률」에서는 영상물등급위원회와 지방자치단체장이, 「음악산업진흥에 관한 법률」에서는 지방자치단체장이 경찰기관의 역할을 한다. 그리고 재난영역에서 「재난 및 안전관리 기본법」에서는 중앙안전관리위원회와 지방자치단체장이, 민방위기본법에서는 중앙관서의 장과 소방방재청 등이, 수난구호법상 하천에서의 수난구호에 대해서는 소방서장과 해양경찰청장이, 소방기본법에서는 지방자치단체장과 소방본부장, 소방서장이, 「소방시설 설치·유지 및 안전관리에 관한 법률」에서는 소방방재청장, 소방본부장, 소방서장이 경찰기관이 된다.[18]

한편, 제도적 의미의 경찰이 특별경찰임무를 담당하는 경우로는, 「집회 및 시위에 관한 법률」과 도로교통법에 의해 집회·시위 및 도로교통을 규율하는 경우, 「풍속영업의 규제에 관한 법률」과 「사행행위 등 규제 및 처벌특례법」에 따라 영업 관련 규율을 하는 경우, 「총포·도검·화약류 등 단속법」과 「사격 및 사격장 안전관리에 관한 법률」에 따른 무기류 관련 규율과 수난구호법상 해상에서의 수난구호의 경우를 예로 들 수 있다.

---

18) 이상과 같은 경찰영역의 분류는 홍정선, 전게서, 586면 이하 참조.

II. 시사점

1. 국가경찰에 관한 시사점

(1) 공화국보안대와 관련한 시사점

그간 우리나라에서 집회·시위의 관리 및 해산에는 병역의무 이행을 위해 입대한 국민들로 구성된 전투경찰조직이 활용되어 왔다. 즉, 전투경찰대설치법 제2조의3 제1항은 병역법 제24조 제2항에 따라 전환복무된 자 중에서 대간첩작전의 보조를 임무로 하는 전투경찰순경을 임용하도록 규정하고 있는데, 이들이 주로 집회·시위 현장에 활용되고 있었던 것이다.

그런데 이와 같은 의무복무자들을 정치적 기본권의 행사와 공권력이 충돌하는 현장에 투입하는 것은 이들의 양심의 자유나 행복추구권에 반한다는 지적이 계속 제기되었다. 물론 헌법재판소는 전투경찰대설치법 제2조의3 제1항에 대해 합헌으로 판시한 바 있지만,[19] 이는 위 조항이 위헌으로 선언되기에는 그 위헌성의 정도가 부족하다는 것일 뿐, 이러한 규정과 이를 지지하는 정책이 바람직하거나 타당하다는 것은 아니었다.

게다가 현실적으로도 청년층 인구감소로 인하여 병역의무자가 크게 줄어들고 있어, 향후 전투경찰순경만으로 집회·시위의 관리를 감당하기에는 인력이 부족하게 될 것으로 예상되었고, 또 정식 경찰공무원이 아니라 단순히 병역의무를 이행하기 위해 소집된 자를 상대로 집회·시위 진압작용을 체계적으로 훈련시키기에는 그 의욕이나 열의라는 측면에서 아무래도 미흡한 점이 많을 수밖에 없었다.

다행스럽게도 지난 2012년 1월부터 전투경찰제도가 폐지되었고, 2013년 9월 25일 마지막 전투경찰대원들이 전역하면서 전투경찰대는 역사 속으로

---

19) 헌재 1995. 12. 28. 선고 91헌마80 결정.

완전히 사라졌다. 현재 전투경찰순경의 명칭을 의무경찰 등으로 바꾸는 법 개정이 추진 중이다.

앞으로 전투경찰대나 그와 유사한 조직으로 집회·시위를 관리할 것이 아니라, 정식 경찰관들로 구성된 부대를 편성하여 소수의 병력으로도 체계적으로 집회·시위의 관리가 가능하도록 하는 것이 바람직할 것이다. 이러한 측면에서 프랑스 국가경찰의 공화국보안대는 우리 경찰조직에 시사하는 바가 있다. 일단 이러한 부대를 편성함으로써 체계적인 양성교육을 거칠 수 있다는 측면에서도 그러하거니와, 이들이 단순히 집회·시위영역에 국한된 부대가 아니라 기동순찰대의 역할도 한다는 점에서 활용도가 높기 때문이다. 그리고 의무복무자들의 병역의무 이행과 관련한 각종 갈등요소를 사전에 예방하는 효과도 아울러 가져올 수 있을 것으로 보인다.

(2) 국가헌병대와 관련한 시사점

① 문제점

한편, 우리나라에는 프랑스와 같은 국가헌병대 조직은 없다. 다만, 육군 병력을 필요에 따라 치안에 동원할 수 있는 위수령이 제정되어 있는데, 위수령 제10조는 위수사령관이 재해 또는 비상사태에 있어서 치안유지에 대한 조치에 관하여 그 지구를 관할하는 시장·군수 및 경찰서장에게 협의하여야 한다고 규정하고 있고, 제11조는 위수사령관이 미리 재해 또는 비상사태에 있어서의 육군에 속하는 제반건축물 기타 시설의 보호 및 경비에 관한 조치를 준비하여 두어야 한다고 규정하고 있다. 나아가 제12조 제1항은 위수사령관이 재해 또는 비상사태에 즈음하여 서울특별시장·부산시장 또는 도지사로부터 병력출동의 요청을 받았을 때에는 육군 참모총장에게 상신하여 그 승인을 얻어 이에 응할 수 있다고 규정하여, 육군 병력에 대한 응원요청을 가능케 하고 있다.[20]

이처럼 위수령에 기해 병력을 출동시키는 것에 대해서는 위헌 논란이 제기되고 있다. 합헌설에서는 군사기관에 의한 독자적인 경찰작용이 아니고, 경찰기관의 요청에 의하여 이를 응원하는 데 그치는 것이며, 위수근무는 주로 경비 및 순찰로써 행하며, 자위적인 병기나 현행범의 체포 외에는 특별한 강제력을 행사할 수 없다는 점에서 법률적으로 큰 문제가 없다고 한다.[21] 반면, 위헌설에서는 위수근무가 오로지 경비 및 순찰로써 행해진다면 위헌이 아니지만 경우에 따라서는 병기를 사용할 수도 있고, 병기사용은 국민의 생명·신체에 대한 침해를 가져올 수 있으므로, 위수령 중에서 병기사용에 관한 조항은 헌법 제37조 제2항에 비추어 반드시 법률의 근거가 필요하고, 또 위수령 제12조에 따른 병력출동이 행정응원의 일종으로서 경찰관직무집행법이 정한 활동을 할 수 있다고 하더라도 경찰관직무집행법상 무기사용에 관한 조항을 위수활동을 하는 병력의 무기사용 근거로 보기는 어려우므로, 현재로서 대통령령인 위수령 중에서 병기사용에 관한 조항은 위헌이라고 한다.[22]

이처럼 우리나라에서는 군대의 병력을 치안유지에 활용할 수 있는 규정이 많지 않고, 군 병력 활용의 근거가 되는 위수령마저도 위헌 논란이 있다. 그러나 공공질서에 대한 장애가 대규모로 발생하는 경우에는 군대의 활용 필요성을 배제하기 어려우므로 이에 대한 보완이 필요한 실정이다.

② 대책

이에 관한 대책으로 프랑스의 국가헌병대와 같은 조직을 별도로 창설하여 활용할 필요까지는 없을 것이다. 다만 군대가 경찰력이 채 미치지 못하는 지역에서 긴급한 경우 기동경찰로서의 임무를 수행하고, 테러와 같은 특수범죄나 각종 폭력사태 등을 야기하는 집단범죄, 자연재해를 포함한 공

---

20) 위수령 제12조상의 병력출동요청에 따른 출병(出兵)은 행정응원에 해당한다. 김동희, 전게서(행정법 Ⅱ), 208면; 홍정선, 전게서, 110면.
21) 박윤흔, 전게서, 321면.
22) 홍정선, 전게서, 111면.

공질서에 대한 대규모 장애사태가 발생하였을 때에는 경찰청장 또는 안전행정부장관의 지시에 따라 즉각 출동하여 작용할 수 있도록 하는 법적 근거를 마련한다면 위수령에 대한 위헌 논란을 해소할 수 있음은 물론, 신속한 치안유지에 도움이 될 수 있을 것이다.

2. 자치경찰에 관한 시사점

(1) 문제점

우리나라의 지방자치단체는 경찰작용에 대한 일반조항의 인정 여부를 논하기에 앞서 조직법상 경찰권 자체를 인정받기 어렵다. 경찰관직무집행법의 행위주체가 제도적 의미의 경찰에 국한되어 있기 때문이다. 그러나 지역의 관심사에 가장 밀접한 지방자치단체가 그 지역특성에 맞는 질서유지작용을 할 수 없는 것에는 문제가 있다. 또, 경찰관직무집행법상의 표준조치만으로는 각 지역에서 세밀하게 치안을 확보하기는 어렵고, 일반조항을 인정하더라도 경찰하명이 아닌 경찰명령의 경우에는 제도적 의미의 경찰이 이를 발령할 수 없다는 문제도 있다.

이처럼 우리나라에서 특별한 수권법률이 없는 한 지방자치단체나 제도적 의미의 경찰 모두 일반적인 적용범위를 갖는 경찰조치를 취할 수 없다는 점은 경찰의 본래 기능을 약화시키고 법적 공백을 초래할 우려가 있다. 만약 지방자치단체나 제도적 의미의 경찰이 법률이 없는 경우에도 필요한 조치를 취할 수 있고, 또 법률이 제정된 후에도 법률의 흠결이나 공백을 보충할 수 있는 준비가 되어 있다면, 시민들의 치안에 대한 불안감은 상당 부분 해소될 수 있을 것이다. 그러므로 우리나라에서도 자치경찰 도입에 대한 논의가 필요하다.

(2) 대책 : 자치경찰의 도입

① 자치경찰의 기본형태

자치경찰은 지역과 밀착해 있는 지방자치단체에서 주민 생활주변의 기본적인 치안수요를 해결함으로써 주민의 불안감을 해소하는 것을 목적으로 한다.23) 여기서 자치경찰의 권한을 어디까지 인정할 것인지 문제되는데, 자치경찰은 어디까지나 국가경찰의 부족한 부분을 메우는 측면에서 보충적 역할을 하는 것이 바람직하며, 그러므로 국가경찰의 권한을 그대로 두면서 지역특성에 맞는 경찰행정을 자치경찰이 추가적으로 수행하는 형태가 되어야 할 것이다.24)

다만, 재정이 어려운 지방자치단체의 경우에는 그 선택에 따라 자치경찰을 포기하거나 국가경찰소속 경찰관들이 지방자치단체의 자치경찰작용을 집행할 수 있도록 할 필요가 있으며, 여러 지방자치단체가 연합하여 자치경찰을 구성하는 것도 충분히 생각해볼 수 있을 것이다.

② 자치경찰의 도입방식

자치경찰은 입법을 통해 도입될 수밖에 없다. 다만, 이를 경찰관직무집행법이나 지방자치법에 편입시킬 것인지, 아니면 별도의 입법을 해야 하는지 문제될 수 있다. 경찰관직무집행법은 어디까지나 '제복을 입은 경찰의 개별조치'에 대한 일반적인 수권규범이므로, 여기에 자치경찰을 편입시키는 것은 지방자치단체가 관리·감독하게 될 자치경찰의 모습과는 어울리기 힘든 점이 많을 것이다. 또, 지방자치법은 지방자치단체의 조직과 더불어 국가와 지방자치단체 사이의 기본적인 관계를 정하기 위하여 제정된 것이

---

23) 한견우, 「우리나라 자치경찰의 기본원리」, 『경찰위원회논총』, 경찰위원회, 2006, 222면.
24) 한견우, 전게논문(자치경찰), 224면. 프랑스에서도 치안의 핵심은 여전히 국가경찰에 속해 있다.

므로,25) 자치경찰의 도입이 지방자치단체에 시민의 권리·의무에 관한 중
요한 권한을 부여하는 결과를 낳을 것임을 고려할 때 위와 같은 제정목적
과 어울리지 않는 측면이 있다. 제주특별자치도에 설치된 자치경찰도「제
주특별자치도 설치 및 국제자유도시 조성을 위한 특별법」에 따라 제정된
것으로, 향후 다른 지방자치단체에까지 자치경찰을 확대할 때에는 별도의
입법이 필요할 것이다.

③ 경찰명령의 허용

자치경찰을 입법으로 도입하는 경우 명문의 근거를 만들어 그 범위 내에
서 지방자치단체 규칙의 형식으로 일정 범위 내에서 경찰명령을 발할 수
있도록 하는 것이 바람직하다. 이는 현행 지방자치법상 조례의 제정범위를
확대함으로써 해결할 수도 있겠지만, ① 질서유지를 위한 법규명령의 경우
에는 그 기본적인 성질이 경찰작용에 해당하고, ② 지역의 공공질서에 장
애를 일으키는 문제에 신속하게 대처하기 위해서는 지방의회보다는 지방
자치단체의 장이 경찰권을 행사하는 것이 타당하며, ③ 이처럼 지방자치단
체의 장이 정한 경찰명령을 자치경찰관이 집행하고 그 준수여부를 감독하
는 것이 체계적이라는 점에서 자치경찰을 설치하는 특별법에 근거를 마련
하는 것이 옳다고 본다.

다만, 이러한 경찰명령의 성질을 지니는 규칙에 대해서는 현행 지방자치
법 제169조와 같이 상급지방자치단체가 개입할 수 있는 규정을 두어야 할
것이며, 항고소송에서의 대상적격을 인정함과 동시에 효력정지 또는 집행
정지가 가능하도록 해야 할 것이다.

반대로 지방자치단체가 경찰규칙을 통한 개입이 필요함에도 불구하고
이를 태만히 하는 경우에는 지방자치법 제170조의 직무이행명령의 수준에
그칠 것이 아니라, 프랑스의 도지사가 보유하는 대체작용권과 같이 긴급한

---

25) 지방자치법 제1조 참조.

경우 상급지방자치단체가 직접 개입할 수 있는 근거를 두는 것도 좋을 것
으로 본다.

제4장
경찰작용

제1절 개관

경찰기관은 여러 방식으로 권한을 행사한다. 이러한 경찰권 행사는 경찰기관의 재량일 수도 있지만, 경찰의 기본임무가 공공질서의 유지라는 점에서 공공질서에 대한 장애가 임박한 때에는 경찰권을 행사해야 할 의무가 발생한다. 경찰기관이 이러한 개입의무를 태만히 하는 경우에는 행정의 배상책임을 야기할 수 있다. 그러나 경찰권의 행사는 공공질서의 유지를 위하여 필요한 경우로 국한되어야 하며, 비례원칙에 맞아야 한다.

한편, 공공질서를 유지하는 것은 범죄를 처벌하는 것과는 다르다. 그러므로 행정경찰작용과 사법경찰작용은 서로 그 목적을 달리 하며, 그에 적용되는 법제도도 다르다. 이의 구별기준과 구별실익에 대해서는 이미 제1장에서 논의하였으며, 본장에서는 행정경찰과 사법경찰의 구체적인 작용유형 및 특징에 대해 살펴보고, 양자 사이에 문제되는 쟁점들을 논의하게 될 것이다.

경찰기관은 여러 영역에서 그에 맞는 경찰작용을 행한다. 이러한 각 영역은 특별법에 의해 개별적으로 규율되는 것이 보통이지만, 각 영역에서는 언제나 공공질서라는 일반조항을 통해 일반경찰이 보충적으로 개입할 여지가 있다. 여기서 개별 경찰영역을 나누는 기준은 여러 가지가 제시될 수 있겠지만, 본서에서는 공공질서의 개념요소를 중심으로 하여, 공공안전을 위한 경찰작용, 공공평온을 위한 경찰작용, 공중위생 및 풍속을 위한 경찰작용으로 나누어 보려 한다. 다만, 각 경찰영역의 모든 쟁점을 논할 수는 없으므로, 이하에서는 프랑스에서 특징적인 논의가 있거나, 우리나라에 시사점을 줄 수 있는 부분들을 중심으로 고찰하고자 한다.

제2절 경찰작용 일반

제1항 경찰작용의 행위형식

I. 경찰명령

1. 의의

경찰명령은 경찰기관이 불특정다수를 대상으로 한 일반적인 규정을 통해 공공질서의 유지를 위해 필요한 범위 내에서 개인의 자유를 제한하는 것을 내용으로 사전에 정해진 법규범을 말한다.[1] 이러한 경찰명령은 특정한 개인을 상대로 하는 구체적인 처분인 경찰하명[2]과 구별된다.

2. 법적 근거

프랑스에서 국가경찰기관은 헌법 제37조의 독립명령제정권 또는 고유권한에 따라, 지방경찰기관은 지방자치법전에 따라 경찰명령을 제정할 수 있으며, 이를 통해 공공질서의 이름으로 사인의 활동에 구속적인 규율들을 일방적으로 부과할 수 있게 된다.[3] 이 밖에도 특별한 수권법률이 있는 경

---

1) Minet, C.-É., *op. cit.*, p. 160.
2) 프랑스에서는 주로 '개별결정'(la décision individuelle)이라는 표현을 사용한다.
3) Minet, C.-É., *op. cit.*, p. 160.

우에는 그에 따라 경찰명령을 발령할 수 있다.[4]

3. 종류

경찰명령은 금지규범과 명령규범으로 나뉜다. 일정한 지역에서 미성년자 단독으로 야간에 통행하는 것을 금지하는 것,[5] 교량을 통과하는 차량의 하중을 일정 범위 내로 제한하는 것,[6] 시의 규칙으로 일정한 시간·장소에서 행상을 금지하는 것,[7] 공공시설에서 흡연을 금지하는 것[8] 등이 금지규범의 예이고, 자동차운전을 하기 위해서는 운전면허를 보유하거나,[9] 좌석안전띠를 착용하도록 하는 것[10] 등이 명령규범의 예이다.[11]

II. 경찰하명

경찰기관은 일반적 규율이 아닌 개별조치로 특정 행위를 금지하거나 명할 수 있다. 이러한 경찰하명을 할 때 그 근거가 되는 경찰명령이 반드시 사전에 존재해야 할 필요는 없으며, 공공질서라는 일반조항에 기해 곧바로 하명이 가능하다. 이러한 예로는 영화상영금지,[12] '난쟁이 발사' 금지,[13]

---

4) 경찰권의 법적 근거에 관한 상세는 제2장 제2절, 제4절 각 참조.

5) CE réf. 1997. 7. 29. *Préfet du Vaucluse.*

6) CE 2003. 10. 22. *Société "Les sablières de la Perche".*

7) CE Sect. 1980. 1. 25. *Gadiaga*; CE 1991. 9. 23. *Lemoine.*

8) 단체이용이 가능한 장소에서 흡연금지의 적용조건들을 정하기 위한 2006년 11월 15일 제2006-1386호 명령 참조.

9) CE 1919. 8. 8. *Labonne.*

10) CE 1975. 6. 4. *Bouvet de la Maisonneuve.*

11) Minet, C.-É., *op. cit.*, pp. 160-161.

12) CE Sect. 1959. 12. 18. *Société "Les films Lutetia" et Syndicat français des producteurs et exportateurs de films.*

공공평온에 장애를 초래할 수 있는 대중무도회에 대한 폐장시간 부과,[14) 위험한 장소에서의 대피명령[15) 등을 들 수 있다.[16) 이 밖에 특별법상 수권에 기해 다양한 경찰하명이 가능하다.

III. 경찰허가

1. 의의

법률에서 미리 자유의 행사를 제한한 다음, 사전에 경찰기관으로부터 허가 또는 동의를 받은 경우에만 이를 허용하는 경우가 있다. 이때 법령의 요건을 충족한 경우 경찰기관은 허가나 동의를 발급하게 되는데, 이를 경찰허가라고 한다. 이는 공공질서에 대한 위협이 될 수 있는 활동들을 사전에 규제하는 것으로서, 이러한 규제방식도 경찰작용의 유형에 속한다.[17)

2. 효력

경찰허가는 제한되어 있던 자유를 회복시켜 주는 것이므로, 수허가자에게 권리를 창설하는 것과 같은 효력을 낳게 된다.[18) 이에 따라 수허가자는 기득권을 갖게 되는데, 이로 인해 경찰기관은 원칙적으로 허가를 발급한 때로부터 4월의 기간이 지나면 그 허가를 취소하여 이의 효력을 소급적으

---

13) CE Ass. 1995. 10. 27. *Commune de Morsang-sur-Orge.*
14) CE 1970. 6. 17. *Combault.*
15) CE 1958. 3. 14. *Dame Fleury.*
16) Minet, C.-É., *op. cit.*, p. 162.
17) Minet, C.-É., *op. cit.*, pp. 163-164 참조.
18) CE 2003. 6. 13. *Préfet du Jura c. Cattin*; CAA Lyon 2003. 6. 24. *Faucher.*

로 소멸시킬 수 없다.

〈프랑스법상 행정행위의 취소〉[19]

프랑스법상 취소는 기득권을 발생시키지 않는 행정행위의 경우, 즉 단순한 호의, 무상행위, 잠정적 행위, 기망으로 인하여 발급받은 행정행위에 대해서는 언제나 가능하며(CE Sect. 1955. 6. 17. Silberstein; CE 2006. 4. 3. *SIVU de l'Amana* 등), 수익자가 취소를 요구하는 경우에도 그러한 취소가 제3자의 권리를 침해하지 않는 한 언제나 가능하다. 또, 행정과 이용자의 관계에 관한 1983년 11월 28일 제83-1025호 명령에서는 개별결정의 근거법령이 취소되면 해당 개별결정에 대한 취소의무가 있다고 규정하고 있다.

반면, 기득권을 발생시키는 행정행위의 경우에는, 그것이 적법한 행위라면 취소할 수 없고(즉, 단순히 부당을 이유로 해서는 취소할 수 없다), 위법한 행위라면 일정기간 내에 취소가 가능하다. 국사원은 처음에는 위법한 행위에 대한 취소는 월권소송의 제소기간 내에 가능하다고 하였다가(CE 1922. 11. 3. *Dame Cachet*), 이후 태도를 변경하여 처분일로부터 4월내에만 가능하다는 입장을 취하고 있다(CE Ass. 2001. 10. 26. *Ternon*). 경찰허가는 기득권을 발생시키는 개별결정에 해당하므로, 그에 대한 취소에 4월의 제한이 부과되는 것이다.

반면, 허가의 효력을 장래를 향하여 소멸시키는 철회는 원칙적으로 이러한 제한 없이 가능하며, 이때 수허가자는 허가의 유지에 관한 어떠한 권리도 보유하지 못한다는 것이 일관된 판례의 입장이다. 그리하여 국사원은 경찰허가는 확정적인 것이 아니어서 철회할 수 있음은 "모든 경찰허가에 결부되어 있는 성질"이라고 판시하였으며,[20] 또한 공공질서의 필요에 따라 기간의 제한 없이 철회될 수 있다고도 판시하였다.[21] 또, 경찰허가의 근거

---

19) Waline, J., *op. cit.*, pp. 407-408; Laubadère, A.·Venezia, J. C.·Gaudemet, Y., *op. cit.*, pp. 247-248.

20) CE 1989. 1. 20. *Syndicat national des pilotes professionnels d'ULM*.

21) 예컨대 CE Sect. 1953. 7. 17. *Constantin*(주점의 심야영업허가); CE 1969. 3. 7. *Association touristique des cheminots*(야영장소 이용허가); CE Sect. 1994. 2. 25. *Ministre délégué à la santé c. Laboratoires d'Artois*(연구소의 의료생물학 연구수행허가. 이 판결에 대한 상세는 제1장 제3절 제2항 Ⅲ. 1. (3) ② 참조) 등.

가 된 경찰명령이 변경된 경우, 기존의 경찰명령을 근거로 발급된 경찰허가 역시 새로운 경찰명령을 고려하여 철회될 수 있다.[22]

나아가 경찰기관은 수허가자가 경찰허가상의 조건들을 더 이상 만족시키지 못하거나, 그 허가로 인하여 공공질서에 위험이 야기되어 위법하게 되는 경우, 해당 경찰허가를 철회할 의무가 있다.[23] 이때 경찰허가가 처분 당시부터 위법하였는지는 중요하지 않으며, 경찰허가의 위법성이 사정변경에 의한 것이거나, 허가 자체로 인하여 피해가 발생한 경우 해당 허가를 철회해야 한다.[24] 요컨대, 경찰허가는 기득권을 발생시키는 행정행위에 해당함에도 불구하고, 일반적인 행정행위와는 달리 철회가 넓게 인정되는 특수한 행정행위이며, 경찰허가를 통해 부여되는 기득권 역시 특수한 기득권이라고 할 수 있을 것이다.[25]

〈프랑스법상 행정행위의 철회〉[26]

프랑스법상 철회는 행정입법에 대해서는 일반적으로 가능하며(이는 행정입법이 권리를 창설하지 않기 때문이 아니라, 누구도 이의 유지를 요구할 권리가 없기 때문이다), 행정이 위법한 행정입법의 철회를 요청받은 경우에는 이를 철회해야 한다. 행정과 이용자의 관계에 관한 1983년 11월 28일 제83-1025호 명령에서는 행

---

22) CE Sect. 1980. 2. 1. *Rigal.* Minet, C.-É., *op. cit.*, p. 163.

23) CE 1963. 4. 17. *Blois.* 이 사건에서 시장은 시민에게 시의 묘역에 개를 데려갈 수 있도록 허가하였는데, 국사원은 원고인 시민에게 허가의 유지에 관한 특별한 권리가 부여되어 있는 경우가 아닌 한, 시장으로서는 위 허가의 효력을 소멸시킴으로써 위와 같이 위법하게 부여된 허가에 의해 야기된 위법상태를 제거해야 할 법적 의무가 있다고 판시하였다.

24) CE 1989. 1. 20. *Pineau.* 발 드와즈(Val d'Oise) 도지사의 성토(盛土)허가로 인하여 그 밑에 있던 광산의 갱도 2개가 붕괴된 사건인데, 국사원은 도지사가 이러한 붕괴로 인해 야기된 위험을 예방하기 위하여 허가를 철회할 의무가 있고, 따라서 도지사의 부작위는 위법하다고 판시하였다.

25) Minet, C.-É., *op. cit.*, pp. 163-164 참조.

26) Waline, J., *op. cit.*, pp. 408-409; Laubadère, A.·Venezia, J. C.·Gaudemet, Y., *op. cit.*, pp. 248-250.

정입법이 처음부터 위법했건, 나중에 사실적·법적 상황이 변하여 위법하게 되었건 불문하고 철회요청을 받아들일 의무가 있다고 규정하였으며, CE 1989. 2. 3. *Compagnie Alitalia* 판결에서도 비슷한 취지로 판시하였다. 이처럼 행정입법의 철회는 위법·부당 여부, 기득권 유무를 불문하고 가능하며, 다만 적법한 행정입법을 부당을 이유로 철회하기 위해서는 그 명령이 적용되기 전이어야 한다.

반면, 개별행위의 경우에는 기득권이 없다면 위법·부당을 불문하고 언제나 철회가 가능하지만, 기득권이 있다면 원칙적으로 철회가 불가능하다(CE 2006. 6. 30. *Société Neuf Telecom SA*). 그러므로 부당(합목적성)이나 행정청의 견해변경만을 이유로는 철회할 수는 없다. 기득권을 발생시키는 행위를 철회하기 위해서는 그 행위에 대한 상반행위(l'acte contraire)를 해야 하는데, 예컨대 공무원을 해임하기 위해서는 해당 공무원의 임용결정을 철회하는 것이 아니라, 임용결정에 대한 상반행위로서 공무원에 대한 해임결정을 해야 한다. 그러나 경찰영역에서의 허가나 동의에 있어서는 허가조건이 충족되지 않거나, 새로운 사실적·법적 상황이 발생하여 기존 허가의 유지가 위법하게 되는 경우 경찰기관이 허가를 철회할 수 있다.

3. 한계

다만, 경찰기관은 명문의 근거 없이 사전신고를 요구하거나 사전허가를 받도록 할 수 없으며, 이러한 사전신고 또는 사전허가제를 창설하는 것은 프랑스 헌법 제34조에 따라 입법자의 권한이다.[27] 그러므로 산에서 산책하는 것을 사전신고대상으로 규정한 시의 규칙은 위법하며,[28] 길거리사진사의 영업행위,[29] 광고차량의 통행,[30] 어떤 단체의 활동에 대한 광고[31] 등에 대해 사전허가를 받도록 하는 것 또한 마찬가지이다.[32]

---

27) CE 1982. 1. 22. *Association Foyer de ski de fond de Crévoux*(골짜기의 스키활강로 이용에 대한 사전허가). Minet, C.-É., *op. cit.*, p. 167.

28) CE 1927. 2. 23. *Carrier*.

29) CE Ass. 1951. 6. 22. *Daudignac*.

30) CE Sect. 1954. 4. 2. *Petronelli*.

31) CE 1996. 7. 31. *Société France Affichage Vaucluse*.

32) Minet, C.-É., *op. cit.*, p. 167.

IV. 사실행위

경찰기관은 공공질서의 유지를 위하여 각각의 위험상황에 대응하기 위한 다양한 물리적 행위들을 할 수 있다. 실제로 지방자치법전 L.2212-2조는 일정한 사실행위를 경찰기관의 임무로 열거하고 있다. 즉, 동조 1°은 "청소, 채광, 혼잡의 제거, 붕괴위험이 있는 묘비 및 건물의 파괴 또는 복구"를, 5°은 각종 환경오염 등과 같은 "사고 및 천재지변을 적절한 사전조치를 통하여 예방하고 필요한 구호를 동반하여 중단시키며, 긴밀하게 모든 원조 및 구호조치"를 취할 임무를 각 규정하고 있고, 7°은 "해롭거나 사나운 동물의 방임으로 인하여 야기될 수 있는 유해한 사태를 예방 또는 타개"하는 임무를 규정하고 있는데, 이는 모두 사실행위를 통해 실현될 수 있는 것들이다.33)

경찰기관의 사실행위의 예로는 도로상의 빙판을 제거하는 행위,34) 고장 난 신호등을 수리하는 행위,35) 해변에서 수영객에 상해를 입힐 수 있는 물체들을 제거하는 행위,36) 붕괴 우려가 있는 암벽의 파괴37) 등을 들수 있다.38)

---

33) Minet, C.-É., *op. cit.*, p. 165.
34) CE 1977. 1. 26. *Commune de Villeneuve-le-Roi.*
35) CE 1987. 6. 22. *Ministre de la défense c. Bouesnard.*
36) CAA Lyon 1993. 7. 8. *Commune du Pradet.*
37) CE 1958. 3. 14. *Dame Fleury.*
38) Minet, C.-É., *op. cit.*, pp. 165-166.

제2항 경찰재량과 개입의무

I. 서론

경찰기관은 공공질서를 유지할 의무가 있지만, 공공질서를 유지하기 위한 수단과 시점을 선택할 권한도 아울러 가지고 있다. 이러한 선택권을 경찰재량이라고 하는데, 프랑스에서 경찰재량에 관한 법리는 특히 무단점유자에 대한 퇴거판결과 같은 사법판결의 집행원조와 관련하여 발전하였다. 우리나라에서는 이러한 집행원조를 경찰작용으로 파악하고 있지 않지만, 프랑스에서 사법판결에 대한 집행원조는 행정경찰작용으로 인정되고 있기 때문에,39) 이에 관한 논의는 경찰재량 전반에 관해 시사점을 줄 수 있다.

한편, 경찰기관에는 경찰권 발동에 관한 재량이 인정되지만, 일정한 조건 하에서는 공공질서를 유지해야 할 의무를 지게 되며, 이러한 상황에서 개입하지 않는 것은 위법한 것으로, 이는 행정의 배상책임을 야기하게 된다.40)

이하에서는 경찰재량과 집행원조에 관한 프랑스의 논의와 경찰기관의 개입의무에 관한 논의를 차례대로 살펴보기로 한다.

---

39) CE Sect. 1959. 6. 3. *Dame Veuve Sablayrolles*. Minet, C.-É., *op. cit.*, pp. 269, 278 참조.

40) 이 밖에도 경찰기관의 위법한 부작위에 대해서는 월권소송을 통해 거부처분의 취소와 '이행명령'(l'injonction)을 구할 수 있다. Minet, C.-É., *op. cit.*, p. 247.

II. 경찰재량과 집행원조

1. 집행원조의 재량성

프랑스의 경우, 민사집행절차개혁에 관한 1991년 7월 9일 제91-650호 법률 제16조에서 도지사가 경찰력을 동원해 사법판결의 집행을 원조해야 한다고 규정하고 있지만, 그럼에도 불구하고 도지사의 경찰권 발동에 대한 재량이 넓게 인정되고 있다. 학설상으로도 국가가 어떤 대가를 치러서라도 시위를 진압하거나 공장에 근로자들을 강제로 퇴거시킬 의무를 진다는 법 원칙은 없다는 견해가 제시되고 있고, 경찰기관은 공공질서가 회복될 수 있는 조건들을 평가하고, 상해나 사망을 야기할 수 있는 공권력작용에 대해 비용편익분석을 행할 의무가 있으며, 또 개입시간을 정하고 강제력보다는 협상을 선택할 수 있는 권리가 있다는 견해가 제시되고 있다.41) 그러므로 경찰기관은 언제, 어떠한 강도로, 어떤 강제수단을 사용할 것인지 선택할 수 있다.42)

판례 역시 마찬가지 태도를 보이고 있는데, 파업노동자들이 점거하고 있는 공장에 대한 퇴거판결을 집행함에 있어 상당한 장애발생이 우려되거나,43) 집 없는 자가 무단점유하고 있는 사인 소유의 부동산에 대한 퇴거판결을 집행하는 것이 인간의 존엄성에 대한 침해가 될 수 있는 경우,44) 집행원조 거부의 적법성이 인정되고 있다.45)

---

41) Bonichot, Jean-Claude, 'Devoir d'agir ou droit de ne pas agir : l'État entre les exigences de l'ordre public et celles du droit européen', *A.J.D.A.(Puissance publique ou impuissance publique?)*, 1999. 8.(numéro spécial), pp. 86-87.

42) Bonichot, J.-C., *op. cit.*, p. 87.

43) CE Ass. 1938. 6. 2. *Société La cartonnerie et l'imprimerie Saint-Charles*; CE 1991. 5. 6. *Société des automoblies Citroën*.

44) CAA Versailles 2006. 9. 21. *Consorts P. et autres*.

45) Minet, C.-É., *op. cit.*, p. 278.

2. 배상책임을 통한 보완

그러나 퇴거청구를 하여 승소판결을 얻어낸 정당한 권리자는 집행원조 거부로 인하여 손해를 입게 되는데, 이에 대해서는 행정의 중과실책임과 무과실책임이 인정된다. 그리고 이러한 배상책임제도는 궁극적으로는 경찰 기관의 재량을 보장하는 결과가 된다.

우선, 도지사가 큰 물리적 충돌이 예견되어 집행원조를 거부하였으나 이러한 거부결정이 위법한 것으로 판단되는 경우, 물리적 충돌 등의 상황을 예견하고 평가하는 것이 상당히 어려운 일임을 고려하여, 행정의 중과실이 있는 경우에만 국가배상책임이 인정된다.[46) 그러나 일단 집행원조를 하기로 결정한 이상, 집행원조 과정에서 발생하는 손해에 대한 배상책임은 경과실만으로도 성립한다.[47)

집행원조거부결정이 적법한 경우에도 무과실책임이 인정될 수 있는데, 이는 '공적 부담 앞의 평등원칙'(le principe de l'égalité devant les charges publiques)에 따른 것이다. 그리하여 권리자가 입게 되는 손해가 비정상적이고 특별한 것이라는 점이 인정되는 경우에는 국가가 배상책임을 지게 되는데, 국사원은 1923년 '꿰떼아스'(*Couitéas*) 판결에서 집행원조의 거부로 인하여 관계인들에게 발생하는 손해가 통상적인 정도를 초과하는 것인지 여부를 판단해야 한다고 판시하면서 무과실책임을 인정하였고,[48) 이러한 법리는 헌법위원회에서도 인정되었다.[49)

---

46) CE 1984. 11. 7. *Horel*(공장을 점거하고 있는 자들에 대해 2개월간 집행원조를 하지 않은 것은 중과실에 해당한다고 판시).
47) CAA Versailles 2006. 9. 21. *Consorts P. et autres*. Minet, C.-É., *op. cit.*, p. 269.
48) CE 1923. 11. 30. *Couitéas*. Colin. F., *op. cit.*, pp. 182-183.
49) CC 1998. 7. 29. 98-403DC *Loi d'orientation à la lutte contre les exclusions*. Minet, C.-É., *op. cit.*, pp. 277-279.

III. 경찰기관의 개입의무

1. 개입의무의 발생요건

(1) 판례의 태도

경찰기관의 개입의무는 국사원의 '두블레'(Doublet) 판결에서 인정되었는데, 동 판결에서는 "시장의 경찰권 행사요청에 대한 거부는, 그 위험의 정도를 고려할 때 선량한 질서, 공공안전 또는 공중위생에 대해 특히 위험한 상황이 발생한 경우에만 위법하며, 시장이 이러한 중대한 위험을 제거하는 데 필수적인 조치를 명하지 않는 것은 자신의 법적 의무를 위반한 것"이라고 하였다.50) 이 판결에서 경찰기관의 작위의무는 ① 공공질서에 대해 特別히 危險한 狀況, ② 그러한 상황에서 비롯되는 重大한 危險, ③ 그 위험을 제거하기 위한 警察措置의 必須性과 같은 엄격한 요건이 충족된 경우에만 인정되었는데,51) 그러나 상당수 판례들에서는 이러한 요건을 세밀하게 검토하지 않고 간단한 이유만으로 경찰기관의 개입의무를 인정하고 있다.52)

---

50) CE 1959. 10. 23. *Doublet.* 그러나 이 사건에서 국사원은 시내 야영을 규율해달라는 원고의 청구가 공공질서에 대한 특별한 위험을 야기하는 상황이 아니라는 이유로 이를 배척하였다. Minet, C.-É., *op. cit.*, p. 247; Groupe d'Études et de Recherches sur la justice constitutionnelle, *Notes d'arrêts de Marcel Waline*, vol. Ⅱ(L'action de l'administration), Dalloz, 2005, pp. 9-10.

51) Chapus, R., *op. cit.*, p. 734.

52) 예컨대 CE 1992. 7. 8. *Ville de Chevreuse*(사격동호회의 활동이 "공공평온을 중대하게 침해하는 것이어서 시장이 이를 해결하지 않는 것은 경찰영역에서의 의무를 해태하는 것"이라고만 판시). Minet, C.-É., *op. cit.*, pp. 247-248; Chapus, R., *op. cit.*, p. 734.

(2) 판례의 태도에 대한 평가

이러한 판례의 태도에 대해서는 법원이 월권소송에서는 위 '두블레' 판결의 요건에 따라 경찰기관의 개입의무를 엄격하게 인정하면서, 배상책임을 묻는 완전심판소송에서는 이를 완화하여 적용하고 있는 것 같다는 해석이 있다.53) 실제로 국사원은 비위생적 상태,54) 스키활강로의 위험성,55) 수영객의 안전을 확보하기 위한 조치의 필요성,56) 시에서 방랑자들로 인한 장애 및 손해를 제거할 필요성57) 등을 근거로 경찰기관의 의무 해태로 인한 배상책임을 넓게 인정하고 있다.58)

2. 개입의무의 대상

경찰기관의 개입의무는 경찰명령에 대해서도 인정된다. 즉, 경찰기관은 유효하게 발령된 경찰명령을 효과적으로 적용할 수 있는 조치를 취해야 할 의무를 지며,59) 이는 상급기관이 발령한 경찰명령뿐만 아니라60) 자신이 발령한 규율조치에 대해서도 적용된다.61)

---

53) Chapus, R., *op. cit.*, pp. 734-735.
54) CE 1963. 11. 29. *Ecarot.*
55) CE 1971. 12. 22. *Commune de Mont-de-Lans.*
56) CE 1971. 3. 5. *Le Fichant.*
57) CE 2000. 12. 20. *Compagnie d'assurances Zurich international.*
58) Chapus, R., *op. cit.*, p. 734 참조.
59) 상기한 CE 1959. 10. 23. *Doublet.* Minet, C.-É., *op. cit.*, p. 248; Chapus, R., *op. cit.*, p. 733.
60) CE 1976. 6. 23. *Latty.*
61) CE 1968. 4. 3. *Jardin.* Minet, C.-É., *op. cit.*, p. 249.

3. 최근의 논의

최근에는 프랑스 경찰기관의 개입의무가 유럽연합 회원국과의 관계에서 문제되는 경우도 나타나고 있다. 이는 유럽사법법원(la Cour de justice des communautés européennes)의 '집행위원회 대 프랑스'(*Commission c. République française*) 판결에서 잘 드러나는데, 이 사건에서 유럽사법법원은 프랑스의 농민단체들이 유럽연합의 다른 회원국에서 수입되는 농산물의 판매를 폭력적으로 방해한 것에 대해 프랑스가 공권력을 투입하지 않고 이를 방관하였다는 이유로 배상을 명하면서, "공공질서에 대한 중대한 장애가 발생할 수 있다는 우려에 따라 일정한 상황에서 필요한 경우에는 질서유지를 위하여 강제력을 투입하지 않는 것이 정당화될 수 있다고 하더라도" 프랑스의 위와 같은 태만은 상거래의 자유를 제약한 것이라고 판시하였다.62)

그런데 상기한 바와 같이 경찰기관은 공공질서의 유지를 위한 작용의 시기 및 방법에 관하여 재량권을 보유하고 있고, 국사원 역시 사법결정의 집행원조요청을 비롯한 경찰개입청구에 대하여 경찰기관이 강제력을 사용하는 것이 공공질서 또는 공공안전에 위험을 야기할 수 있다고 판단될 때에는 이를 거부할 수 있고, 다만 이때 관계인이 입게 되는 손해에 대해서는 공적 부담 앞의 평등원칙을 근거로 법원이 무과실책임을 인정하여 보상할 수 있다는 입장을 유지하고 있었다.63)

그리하여 이러한 프랑스의 기존 입장이 유럽사법법원의 위 판결에 의해 어떠한 영향을 받게 될 것인지가 문제되었는데, 이에 대해서는 유럽사법법원의 판결은 프랑스 경찰기관의 태만이 충분히 인정되는 상황에서 도출된

---

62) CJCE(Cour de justice des communautés européennes) 1997. 12. 9. *Commission c. France.* Minet, C.-É., *op. cit.*, p. 248.
63) CE 1923. 11. 30. *Couitéas* 등.

것으로서 기존 프랑스 판례가 변경될 필요는 없다는 해석이 제시되고 있다. 즉, 위 판결은 프랑스 농민단체들이 수년간 폭력을 행사하고, 항구봉쇄, 항로차단 등을 통해 수입농산물의 판매를 방해해 왔음에도 불구하고 통상적으로 예견되는 경찰조치가 취해지지 않았고, 나아가 형사처벌도 거의 이뤄지지 않는 상황에서 나온 것인데, 이러한 상황이라면 프랑스 경찰기관의 태만 또는 부작위가 충분히 배상책임을 야기할 정도에 이른 것으로 볼 수 있기 때문이다.[64)]

그러므로 유럽사법법원이 프랑스에 배상을 명하는 것은 ① 일정한 暴力 行爲에 대하여 지나치게 傍觀하였다는 점, 이로 인해 ② 分明한 損害가 發 生하였다는 점에 대한 ③ 立證이 있는 경우로 엄격히 국한되어야 할 것이며, 이는 경찰기관의 선택권을 인정하는 기존의 프랑스의 입장과 충분히 양립할 수 있는 것이라고 한다.[65)] 다만, 경찰기관이 부작위를 선택함으로 인해 피해를 본 사람들에 대해서는, 이들의 손해가 비정상적인 경우로 인정될 것을 조건으로 보상이 이루어져야 할 것인데, 경찰기관이 부작위를 선택할 정도로 공권력 투입에 장애가 예상되는 상황이라면 손해의 비정상성은 어렵지 않게 인정될 수 있을 것이다.[66)]

IV. 비교법적 평가

1. 프랑스 법상황의 요약

이상에서 살펴본 바와 같이, 프랑스에서는 경찰기관의 재량과 개입의무

---

64) Bonichot, J.-C., *op. cit.*, pp. 87-88.
65) Bonichot, J.-C., *op. cit.*, pp. 87-88.
66) Bonichot, J.-C., *op. cit.*, p. 88.

가 모두 넓게 인정된다. 우선, 경찰재량과 관련하여 문제되는 집행원조는 프랑스에서 행정경찰작용으로 인정되는데, 이러한 집행원조에 관해서는 그 요건에 대한 판단여지와 함께, 그러한 집행원조를 할 것인지 여부를 결정하는 결정재량이 함께 부여되어 있다고 할 수 있다. 이러한 경찰재량은 배상책임제도를 통해 뒷받침된다.

나아가 경찰기관의 개입의무는 배상책임의 단계에서는 상당히 완화된 요건 하에 인정되는데, 이는 경찰기관의 재량을 존중하면서도 국민의 신체·재산에 대한 보호도 충실히 하려는 태도로 해석된다.

2. 우리나라에의 시사점

(1) 경찰재량과 관련한 시사점

① 경찰재량의 경우

우리나라에서도 경찰관직무집행법이나 기타 특별경찰작용을 규정하고 있는 개별법에서 경찰기관의 재량을 규정하고 있는 경우가 많으며,[67] 이에 따라 경찰은 위험방지를 위한 개입여부나 개입방법을 의무에 합당한 재량에 따라 판단해야 한다. 이를 경찰법상 편의주의라고 하는데, 결국 경찰재량을 의미한다.[68]

경찰기관은 공공질서에 대한 장애가 발생하더라도, 이에 대한 제거과정에서 경찰작용의 상대방에 대해 큰 피해가 야기될 수 있거나, 경찰작용의 집행 자체로 인하여 더 큰 장애상황이 발생할 우려가 있는 경우에는 경찰

---

67) 경찰관직무집행법 제3조 제1항, 제4조, 제5조 등이 그러하고, 본서에 인용된 법률 중 도로교통법 제35조 제1항, 제2항(주차위반에 대한 조치), 「집회 및 시위에 관한 법률」 제20조(집회 또는 시위의 해산), 축산물위생관리법 제36조(축산물의 압류·폐기 또는 회수) 등이 그러하다.

68) 홍정선, 전게서, 88면 참조.

작용을 자제할 수 있는 재량이 있어야 한다. 이러한 상황은 경찰작용이 집행된 후에 그 경찰작용의 적법성을 살피는 과정에서 비례원칙과 함께 고려될 수 있겠지만, 그에 앞서 경찰기관의 결정재량을 인정할 필요가 있다.

그러나 경찰재량은 그것을 보완하는 배상책임제도가 마련되어야 제대로 기능할 수 있다. 즉, 경찰기관이 경찰작용을 행하지 않는 것으로 인하여 이해관계인이 피해를 보게 되고, 이에 대한 적절한 구제책이 없다면, 경찰기관의 경찰재량 행사에는 제약이 따를 수밖에 없다. 그러므로 경찰재량이 상황에 맞게 행사되기 위해서는 경찰기관의 판단이 적법한 것인지 여부와 상관없이 배상책임이 인정될 수 있는 제도가 도입되어야 할 필요가 있다.

② 집행원조의 경우

우리나라에서 사법판결의 집행은 민사집행법 제2조에 따라 집행관이 실시하며, 동법 제5조 제2항은 집행관이 집행을 함에 있어 저항을 받으면 집행관은 경찰 또는 국군의 원조를 요청할 수 있도록 규정하고 있다. 그러나 이외에 세부적인 요건이나 절차는 규정되어 있지 않으며, 민사집행규칙 제4조에서 국군의 원조를 요청하기 위해 작성해야 할 서면의 내용을 규정하고 있을 뿐이다. 게다가 경찰관이 집행원조를 하는 경우에도 경찰관이 집행관의 집행 자체를 대신하는 경우는 거의 없고, 대부분 집행관이 집행을 하는 장소에 동석하여 물리적 충돌로 인한 범죄가 일어나는 것을 대비하는 정도의 역할만을 할 뿐이다.

이러한 법상황은 상당한 법적 공백을 야기할 수 있다. 특히 대규모 파업이나 시위 등으로 인하여 공장이나 건물을 점거당하는 경우, 민사법원에서 퇴거판결을 받는다고 하여도 집행관이 이를 집행하는 것은 현실적으로 힘든 일이기 때문이다. 현실에서는 집회, 시위 등으로 인한 무단점유에 대한 퇴거조치가 집회·시위의 해산작용을 통해 부수적으로 이뤄지는 경우가 많은데, 이는 법적 책임의 주체를 불분명하게 만들 수 있다. 그러므로 경찰관의 집행원조가 보다 직접적으로 이뤄지도록 하는 입법적 보완이 필요하며, 다만 이때에는 그 요건이 비례원칙에 맞도록 세밀하게 규정해야 할 것이다. 나아가 이러한 집행원조에 대해 경찰의 결정재량이 인정되어야 할 것이며, 집행원조가 적법하게 거부된 경우에는 사안에 따라 국가의 무과실책임이 긍정될 필요도 있을 것이다.

(2) 경찰기관의 개입의무와 관련한 시사점

우리 국가배상이론상으로는 경찰의 부작위가 위법하기 위해서는 시민이 반사적 이익이 아닌 법적 보호이익을 보유해야 하고, 집회의 해산에 대한 경찰의 재량권이 영으로 수축되거나[69] 최소한 국가의 개괄적 위해방지의무가 인정되어야[70] 할 것인데,[71] 여기서 재량권이 영으로 수축된다는 점이 인정되기 위해서는 공공의 안녕과 질서에 대한 위험이나 장해가 손해를 가져올 것이 명백하고, 또한 그 손해가 경찰이 수인할 수 있는 한계를 능가하는 특별한 경우여야 한다.[72]

이러한 요건은 상기한 프랑스에서 개입의무가 인정되기 위한 요건, 즉 ① 공공질서에 대해 特別히 危險한 狀況, ② 여기서 비롯되는 重大한 危險, ③ 이러한 위험을 제거하기 위한 警察措置의 必須性과 같은 요건과 큰 차이가 없다. 그러나 우리나라에서 이러한 요건을 충족시켜 배상책임이 인정된 사례가 많지 않은 반면, 프랑스에서는 경찰기관의 개입의무가 인정되

---

69) 대법원 2001. 3. 9. 선고 99다64278 판결. 이 판결에서 대법원은 토석채취공사 도중 경사지를 굴러 내린 암석이 가스저장시설을 충격하여 화재가 발생한 경우, 토지형질변경허가권자에게 허가 당시 사업자로 하여금 위해방지시설을 설치하게 할 의무를 다하지 아니한 위법과 작업 도중 구체적인 위험이 발생하였음에도 작업을 중지시키는 등의 사고예방조치를 취하지 아니한 위법이 있음을 인정하였다.
70) 대법원 1998. 10. 13. 선고 98다18520 판결, 대법원 2005. 6. 10. 선고 2002다53995 판결 등.
71) 김동희, 전게서(행정법 Ⅰ), 555-557면 참조.
72) 홍정선, 전게서, 91-92면.

어 배상책임이 긍정된 사례는 매우 많다. 이는 결국 제도 자체의 문제라기 보다는 제도의 적용상의 차이로 인한 것이라고 할 수 있을 것인데, 판례의 입장이 크게 변할 것을 기대할 수 없다면 입법으로 명문규정을 두는 것도 고려해 볼 필요가 있다.

제3항 경찰작용의 한계 : 비례원칙

I. 서론

프랑스에서도 국사원의 '방자맹'(*Benjamin*) 판결[73] 이래 경찰작용에 대해 비례원칙에 따른 사법심사가 이뤄지고 있는데, 여기서 비례원칙은 경찰작용의 한계로 작용한다. 비례원칙에 따른 심사는 경찰작용이 공적 자유를 제한하는 강력한 행정활동임을 고려하여 행해지는 매우 강한 법적 통제이며, 다만 특별경찰의 경우에는 수권법률의 내용에 따라 심사강도가 달라질 수 있다.

프랑스에서 경찰작용과 관련한 비례원칙의 유형은 장애의 존재, 수단과의 비례성, 자유의 보호 정도와의 비례성의 세 가지로 나눌 수 있다. 이에 대한 판단은 우리 행정법상 비례원칙(적합성, 필요성, 상당성 또는 협의의 비례원칙) 또는 헌법상 과잉금지원칙(목적의 정당성, 수단의 적합성, 침해의 최소성, 법익의 균형성) 판단에서처럼 단계적으로 이뤄지는 것 같지는 않다. 그러나 프랑스 판례를 자세히 살펴보면 위와 같은 각 요소에 관한 판단이 사안에 맞게 이뤄지고 있음을 알 수 있으며, 일반적으로 장애의 존재

---

73) CE 1933. 5. 19. *Benjamin.* 이 판결에 대한 상세는 본장 제5절 제2항 I. 2. (2) 참조.

는 목적의 정당성에, 수단과의 비례성은 적합성 및 필요성, 또는 수단의 적합성 및 침해의 최소성에, 자유의 보호 정도와의 비례성은 상당성 또는 협의의 비례원칙 및 법익의 균형성에 대응하고 있다.

II. 장애의 존재

경찰작용의 목적은 공공질서이며, 따라서 경찰작용은 그것이 예방하고자 하는 공공질서에 대한 장애의 존재를 전제로 한다. 이는 우리의 과잉금지원칙상 목적의 정당성에 해당한다고 볼 수 있다. 따라서 경찰기관은 어떤 자유의 행사가 공공질서에 장애를 일으키는 성질의 것인지, 이로 인해 경찰조치가 필요한지 판단해야 하며,[74] 이러한 장애가 없는 경우 해당 경찰작용은 위법하다.[75]

〈판례 - CE 1909. 2. 15. *Abbé Olivier*〉

시장이 공도상에서의 종교적인 매장 행렬을 금지하면서 어떠한 이유도 제시하지 않자, 올리비에(Olivier) 신부가 의식의 자유 침해를 이유로 이에 대해 월권소송을 제기한 사건이다. 당시 종교의 자유는 정교분리에 관한 1905년 12월 9일 법률에 의해 보호되고 있었으며, 국사원은 공공질서에 장애를 야기할 우려가 입증된 경우에만 종교행렬을 금지할 수 있다고 하면서 시장의 금지처분을 취소하였다.

---

74) CE 1909. 2. 15. *Abbé Olivier*; CE 1953. 6. 19. *Houphouët-Boigny*(어떤 집회가 중대한 장애를 야기하는 것인지에 관하여 심리한 사건). Colin, F., *op. cit.*, pp. 38-39; Lachaume, J.-F.·Pauliat, H., *op. cit.*, p. 335.

75) CE 1996. 10. 9. *Commune de Taverny*("외설적인 광고를 담고 있는 잡지 또는 정보지"의 배포는 공공질서에 장애를 야기하지 않는다고 판시); CE 1997. 11. 12. *Ministre de l'intérieur c. Association "Communauté tibétaine en France et ses amis"*(공공질서에 대한 위협이 드러나지 않았음에도 국제관계를 고려하여 시위를 금지하는 것은 위법). Minet, C.-É., *op. cit.*, p. 250.

III. 수단과의 비례성

1. 의의

공공질서에 대한 장애의 존재가 확인된 경우에도 공공질서에 대한 장애의 정도와 개인의 자유에 대한 제한의 정도가 비례에 맞아야 한다. 이에 따라 경찰기관은 일반적·절대적 금지를 해서는 안 되며, 그에 앞서 그보다 완화된 조치를 고려해야 한다. 그러나 일반적 금지가 공공질서를 유지할 수 있는 유일한 수단인 경우에는 예외가 적용될 수 있다.[76] 이에 대한 판단은 우리 비례원칙상 적합성 및 필요성, 과잉금지원칙상 수단의 적합성 및 침해의 최소성에 대한 판단이 결합되어 있는 것으로 볼 수 있다.

2. 구체적 사례

예컨대, 어떤 공개강연에 대한 반대시위가 예상된다는 이유로 이를 금지하는 것은 그보다 완화된 수단을 통해 공공질서를 유지하면서도 집회의 자유를 보장할 수 있다는 점에서 위법하며,[77] 공립학교에서 종교적·정치적인 내용이 부착된 의복의 착용을 모두 금지한 것은 지나치게 일반적인 경찰조치로서 위법하다.[78]

따라서 경찰기관은 예견되는 공공질서에 대한 장애의 정도에 맞게 조치를 취해야 하며, 각 사안에 맞는 시간적·장소적 제한을 먼저 부과해야 한다. 그러므로 시간적 제한과 관련하여, 도지사가 22시부터 06시 사이에 도

---

76) CE 1936. 12. 23. *Bucard*; CE 1983. 10. 28. *Commune de Louroux-Beconnais*.
  Lachaume, J.-F.·Pauliat, H., *op. cit.*, pp. 336, 338. 이는 특히 집회의 제한과 관련
  하여 문제되고 있는데, 이에 관한 상세는 본장 제5절 제2항 Ⅰ. 2. (2) 참조.
77) CE 1933. 5. 19. *Benjamin*.
78) CE 1992. 11. 2. *Kherouaa*. Lachaume, J.-F.·Pauliat, H., *op. cit.*, pp. 335-336.

내의 모든 주유소에서 주류판매를 금지한 것은 그것을 정당화할 만한 특별한 상황이 존재하지 않는 한 위법하지만,[79] 주민들의 휴식을 위하여 22시부터 06시 사이에 제과점을 열지 못하게 하는 것[80]은 적법하다.

장소적 제한과 관련하여, 시장이 관광객들이 가장 많이 찾는 지역에서 행상을 금지한 것은 적법하고,[81] 아울러 시간과 장소를 동시에 한정하여 발령하는 미성년자에 대한 야간통행제한,[82] 구걸 금지조치 역시 적법하다.[83]

IV. 자유의 보호 정도와의 비례성

1. 의의

인간의 모든 활동이 공적 자유로서 헌법과 법률에 의해 보장되는 것은 아니다. 즉, 일정한 활동에 대해서는 헌법적 가치를 갖는 자유권적 기본권으로서의 가치가 인정되지만, 이외의 다른 활동들은 기본권으로 보장받지 못하며, 다만 그 중 일부에 대해서는 법령에 의해 일정한 지위가 부여되는 경우가 있을 뿐이다.

이처럼 헌법 또는 법률에 의해 기본권으로 보호되는 것인지 여부에 따라 경찰작용에 따른 금지의 정도가 달라질 수 있다. 즉, 프랑스법상 공적 자유

---

79) CE 1992. 7. 3. *Ministre de l'intérieur c. Société Carmag.*
80) CE 1993. 7. 7. *Carzola.* Lachaume, J.-F.·Pauliat, H., *op. cit.*, pp. 338-339; Minet, C.-É., *op. cit.*, p. 251.
81) CE 1991. 9. 23. *Lemoine.*
82) CE réf. 2001. 7. 9. *Préfet de Loiret.*
83) CE 2003. 7. 9. *Association Lecomte AC.* Lachaume, J.-F.·Pauliat, H., *op. cit.*, p. 336.

로 보장되는 정도에 비례하여 경찰작용의 내용이 달라질 수 있는 것이다. 이러한 자유의 보호정도와의 비례성은 우리 비례원칙상 상당성 또는 협의의 비례원칙, 과잉금지원칙상 법익의 균형성에 대한 판단과 유사한 면이 있다.

2. 구체적 사례

예컨대, 집회의 자유는 기본권으로 보장받는 자유에 속한다.[84] 마찬가지로 결사의 자유,[85] 종교의 자유, 언론의 자유,[86] 상공업의 자유[87])도 기본권으로 인정받고 있다.[88] 이러한 공적 자유를 제한하는 경우, 법원은 비례성심사, 즉 최대한의 심사를 한다.[89]

그러나 공공장소에서의 공연,[90] 공도상에서의 행진·행렬 등은 공적 자유에 해당하지 않으며, 이러한 활동에 대해서는 경찰기관의 권한이 더 넓게 인정된다.[91] 예컨대, 시장은 교통을 이유로 시내의 어떤 거리에서 기획된 행렬을 다른 거리에서 하도록 할 수 있다.[92] 다만, 법률과 판례가 발전함에 따라 행진·행렬에 대해서도 공적 자유에 근접하는 지위가 점차 인정

---

84) CE 2002. 8. 19. *Front national et IFOREL*.
85) CE 1994. 4. 29. *Haut Commissaire de la République en Nouvelle-Calédonie*.
86) CE 1968. 1. 10. *Association Enbata*; TC 1935. 4. 8. *Action française*.
87) CE Ass. 1951. 6. 22. *Daudignac*.
88) Lachaume, J.-F.·Pauliat, H., *op. cit.*, pp. 334-335.
89) Minet, C.-É., *op. cit.*, p. 296.
90) CE Sect. 1975. 7. 11. *Clément*. Lachaume, J.-F.·Pauliat, H., *op. cit.*, p. 340.
91) CE Sect. 1964. 7. 10. *Sieur Jeanjean*(수상의 명령을 통해 인정된 야영의 자유에 대하여, 적법하게 경찰조치를 할 수 있음을 인정). 우리 도로교통법 제9조 제3항은 경찰공무원이 도로에서의 위험을 방지하고 교통의 안전과 원활한 소통을 확보하기 위하여 필요하다고 인정하는 때에는 행렬에 대하여 필요한 조치를 취할 수 있도록 규정하고 있다.
92) CE 1966. 1. 21. *Degastelois*.

되고 있는 추세이다.[93]

⟨판례 - CE Sect. 1975. 7. 11. *Clément*⟩

현대문화음악보호협회 회장인 원고가 1970년 2월 21일에 엑-상-프로방스(Aix-en-Provence) 시장에게 서신을 보내 1970년 6월부터 8월까지 중 3일간 대중음악축제를 열게 해달라는 허가요청을 하고, 동시에 부쉬-뒤-론느(Bouches-Du-Rhone) 도지사에게 경찰과 국가헌병대를 지원해 달라고 요청한 사건이다.

먼저, 원고의 경찰력 지원요청을 받은 부쉬-뒤-론느 도지사는 1970년 7월 18일에 엑-상-프로방스 시장에게 서신을 보내, 시장은 필요한 경우 시내에서 열리는 대중음악축제를 금지할 권한이 있다고 판단된다는 점, 또 도지사는 위 축제기간 동안 공공질서의 확보를 위하여 필요한 경찰력을 시장에게 지원해줄 수 없다는 점을 통보하였다. 다음으로 엑-상-프로방스 시장은 1970년 7월 20일에 이를 금지하는 처분을 내렸고, 이에 원고는 엑-상-프로방스 시장에게 위 금지처분의 취소를 구하는 행정심판을 청구하였으나, 위 시장은 1970년 7월 27일에 위 금지처분에 대한 확인결정을 하였다. 원고는 다시 마르세유(Marseille)지방행정법원에 위 금지처분, 확인결정 및 위 도지사의 거부의사가 담긴 서신에 대해 월권소송을 제기하였으나, 법원은 1973년 3월 2일에 이를 기각하였다.

이에 원고는 상소하였는데, 국사원은 우선 도지사의 서신은 예비조치로서 월권소송의 대상이 아니라고 하였다. 그리고 시장의 금지처분 및 확인결정에 대해서는 원고가 개최하고자 하는 축제는 공연에 관한 1945년 10월 13일 제45-2339호 법률 제1조, 제13조에 따라 허가를 받아야 하는 공연에 해당하며, 이러한 공연의 허가권은 엑-상-프로방스 시장에게 있기 때문에 시장의 무권한을 주장하는 것은 이유 없고, 도지사가 시장에게 보낸 서신은 원고에게 통지될 필요가 없는 것이기 때문에 이와 관련한 절차상 위법도 없으며, 이 사건의 사실관계를 보건대 시장의 금지처분은 정확한 사실에 기초한 것으로서 정당하다고 판시하면서 원고의 청구를 기각하였다.

다만, 국사원은 이 판결에서 시장의 금지처분이 기록에 나타난 사실관계에 비추어 정당하다고만 간략히 판시함으로서 어떤 장애가 나타나고, 또 어떤 실제적 위험이 있었는지 등에 대해 구체적으로 설시하지는 않았다.

---

93) CE 1948. 3. 5. *Jeunesse indépendante chrétienne féminine.* Lachaume, J.-F.·
   Pauliat, H., *op. cit.*, pp. 339-340.

자유가 아닌 단순한 '가능성'에 불과한 개인의 활동에 대해서는 경찰기관이 훨씬 넓은 권한을 행사할 수 있고, 나아가 일반적으로 금지할 수도 있다. 따라서 시장은 공도상에서의 확성기 사용을 적법하게 금지할 수 있고,94) 어떤 도로의 전 구간에 대하여 모든 차량의 주차를 금지할 수 있다.95) 이러한 경찰작용에 대하여 법원은 '평가의 명백한 오류'(l'erreur manifeste d'appréciation)만을 찾아내는 최소한의 심사를 할 뿐이다.96)

---

94) TA Pau 1975. 10. 2. *Puyo.*
95) CE 1973. 3. 14. *Almela.*
96) CE Ass. 1990. 6. 29. *Préfet du Doubs.* 다만, 외국인이 법률 또는 유럽인권보호협약과 같은 국제조약에 따라 보장받는 권리 또는 자유에 대한 경찰작용의 경우에는 통상심사를 하게 된다(CE 1991. 4. 19. *Belgacem*). Lachaume, J.-F.·Pauliat, H., *op. cit.*, p. 341.

제3절 사법경찰작용과의 구별

제1항 행정경찰작용의 특징과 유형

I. 예방 목적의 행정경찰작용

1. 경찰기관의 예방작용

행정경찰은 공공질서에 대한 장애발생의 예방을 목적으로 한다. 예컨대 프랑스 판례에서는 도지사가 직권으로 행하는 강제입실조치,1) 도시계획법전에 따라 시행된 병원의 건설공사에 대한 시장의 중지명령2)과 같은 조치를 예방 목적의 행정경찰작용으로 보고 있다.

2. 제도적 의미의 경찰의 예방작용

(1) 일반적인 감시와 관련된 작용

제도적 의미의 경찰의 예방작용은 사법경찰작용과 그 경계가 불분명할

---

1) TC 2006. 6. 26. *X.* 반면 강제입실조치가 필요한지 여부를 판단하는 것은 사법경찰작용에 속한다(TC 2004. 3. 22. *Deshayes*). Lachaume, J.-F.·Pauliat, H., *op. cit.*, p. 310.

2) CE 1975. 1. 3. *SCI foncière Cannes-Benefiat et Ministre de l'équipement c. Ville de Cannes*. Lachaume, J.-F.·Pauliat, H., *op. cit.*, p. 309.

수 있는데, 일단 범죄를 예방하기 위한 일반적인 감시 및 이와 관련된 작용은 행정경찰작용에 해당한다.

판례는 범행을 하지 않았거나 범행을 하였다는 의심을 받지 않은 자에 대한 신원조사,[3] 단순한 순찰 도중 불심검문을 하였다가 그 사람이 다치게 된 경우,[4] 농촌감시원이 공공질서에 장애를 일으킬 우려가 있을 정도로 만취상태였던 사람들에 대하여 불심검문을 하였다가 그 사람들이 다치게 된 경우,[5] 이를 행정경찰작용으로 인한 손해로 보고 있다.[6] 또, 무도회가 열리고 있는 방에서 일어난 소란을 제지하기 위한 경찰의 개입,[7] 이웃 주민들 간의 다툼을 해결하기 위한 것으로서 공공평온의 회복이라는 목적만을 지닌 불심검문[8] 역시 행정경찰작용에 해당한다.[9]

〈판례 - TC 1990. 3. 26. *Devossel*〉

1984년 8월 7일 04:00경 쟝-조레(Jean-Jaurès)가(街)에서 불로뉴-비양꾸르(Boulogne-Billancourt)가(街)로 걸어가던 사람이 순찰 중이던 순경이 발포한 탄환에 우발적으로 맞아 상처를 입게 된 사건이다. 이 사건에서 관할재판소는 순찰이 사법경찰작용으로 행해졌다는 별도의 증거가 없는 한 행정경찰작용에 속하는 것이라고 판시하였다.

〈판례 - TC 2003. 2. 24. *Leprovost et Verry*〉

1998년 5월 16일 23:45경 샬리페르(Chalifert)시의 한 농촌감시원이 만취상태에 있는 것으로 의심되는 이륜자동차운전자 2명을 불심검문하려다가 말다툼이 벌어지자 총기를 사용하여 두 사람을 다치게 한 사건이다. 이 사건에서 관할재판소는 농촌감시원의 위와 같은 행위가 공공질서에 대한 장애가 발생하는 것을 예방하기

---

3) Cass. crim. 1973. 1. 5. *Friedel.*
4) TC 1990. 3. 26. *Devossel.*
5) TC 2003. 2. 24. *Leprovost et Verry.*
6) Lachaume, J.-F.·Pauliat, H., *op. cit.*, pp. 309-310.
7) CE 1982. 10. 13. *Berrandou.*
8) TC 1985. 4. 22. *Chadeyras.*
9) Lachaume, J.-F.·Pauliat, H., *op. cit.*, p. 310.

위한 것이므로 행정경찰작용에 속한다고 판시하였다.

(2) 보호조치

경찰관의 보호조치 역시 예방 목적의 행정경찰작용에 해당하는데, 주취 상태로 보이는 자의 유치,[10] 신체·재산을 보호하기 위한 현금수송시의 보호조치[11]를 예로 들 수 있다.[12]

II. 처벌과의 관련성

1. 행정경찰작용이 처벌의 전제가 되는 경우

행정경찰작용이 처벌과 관련되는 경우도 있다. 예컨대 집회·시위의 해산의 경우, 일반적으로는 이를 위하여 경찰력이 사용되는 것은 장애가 발생한 공공질서를 회복하기 위한 것일 뿐, 범인을 색출하여 처벌하기 위한 것은 아니므로 행정경찰작용에 해당한다. 지방자치법전 L.2212-2조 3°에서도 집회와 같은 공공평온을 해하는 행위들을 억제할 임무를 자치경찰의 임무로 규정하고 있다.[13]

그런데 형법전 제431-3조는 "집회는 2회의 해산명령에도 불구하고 효과가 없을 경우, 공권력에 의해 해산될 수 있다."고 규정하고 있으며, 이러한 해산명령에도 불구하고 집회에 계속 참여하는 행위는 형법전 제431-4조에 따라 경죄를 구성한다. 이때 해산명령은 장애가 발생한 공공질서를 회복하

---

10) TC 1975. 7. 7. *Soustre et Caisse primaire d'assurance maladie de Saint-Étienne.*
11) TC 1978. 6. 12. *Société Le Profil.*
12) Lachaume, J.-F.·Pauliat, H., *op. cit.*, pp. 309-310.
13) Minet, C.-É., *op. cit.*, p. 79

려는 것이므로 행정경찰작용에 해당하지만, 이것이 집행되는 경우에는 경죄의 처벌을 위한 것이 되므로 사법경찰작용이 된다.[14]

2. 전과를 고려한 행정경찰작용의 경우

범죄 전력이 있는 외국인이 국내 체류 중 공공질서에 대한 장애를 유발할 가능성이 높다고 판단하여 출국명령을 하는 경우, 출국명령 자체는 행정경찰작용이지 형벌은 아니다. 출국명령은 장래에 대하여 공공질서를 보호하기 위한 것이지 기존의 범죄행위들을 처벌하기 위한 것은 아니기 때문이다.[15]

3. 피의자에 대한 행정경찰작용의 경우

살인죄로 조사를 받던 피의자가 별도의 보호조치 없이 석방되었다가 살해당한 경우, 이는 행정경찰작용으로 인한 손해에 해당하는데, "어떤 사람이 고소·고발을 당하였다거나 조사 중이었다고 하더라도, 그 사람에 대하여 사법기관이 결정한 자유의 박탈·제한조치와 무관하게 행해진 보호조치는 사법경찰이 아닌 시민의 안전 및 공공질서의 유지를 담당하는 행정경찰에 속하는" 것이기 때문이다.[16]

---

14) Minet, C.-É., *op. cit.*, p. 79.
15) Minet, C.-É., *op. cit.*, p. 79.
16) TC 1998. 10. 19. *Mme Bolle, veuve Laroche.* Minet, C.-É., *op. cit.*, p. 77.

제2항 사법경찰작용의 특징과 유형

I. 처벌 목적의 사법경찰작용

1. 일반적인 경우

어떤 경찰작용이 실현된 범죄의 처벌을 목적으로 하는 경우, 이는 사법경찰작용에 해당한다. 그리하여 프랑스 판례상 경찰의 정지명령을 거부한 자에 대한 추적,[17] 주점에서 난투극을 벌이고, 아울러 수 개의 도로법전 위반행위를 저지르고 도주 중인 자들을 경찰관이 감시하던 중 행한 검문,[18] 프랑스 영해 내에서 불법으로 조업 중인 트롤선에 대한 검사,[19] 구 도로법전 L.25조에 위반하여 주차 중인 차량의 견인[20]과 같은 조치가 사법경찰작용으로 인정되었고, 나아가 범죄혐의를 받은 자가 경찰관들로부터 당한 가혹행위로 인한 손해,[21] 범행을 저지른 운전자를 뒤쫓던 경찰관들이 그 운전자에게 부상을 입히게 되면서 그가 운전하던 차량에 의해 인근 상점이 입게 된 손해[22]와 같은 경우를 사법경찰작용으로 인한 손해로 보고 있다.[23]

이 밖에도 국사원은 기망행위(la fraude)를 근거로 내려진 판매중지명령

---

17) TC 1977. 12. 5. *Demoiselle Motsch.*
18) TC 1990. 10. 29. *Morvan et CPAM de l'Yonne.*
19) CE 1982. 2. 26. *Van de Ghinste.*
20) CE 1981. 3. 18. *Consorts Ferran.* 현행 도로법전 L.325-1조 이하에서 규정되고 있으며, 프랑스에서 견인조치는 사법경찰작용의 대상이다. 이에 관한 상세는 제1장 제3절 제1항 IV. 2. (2) ① 참조.
21) TC 1994. 3. 7. *Damez.*
22) CE 1963. 3. 8. *Masetti.*
23) Lachaume, J.-F.·Pauliat, H., *op. cit.*, pp. 308-309.

이 이후 해당 기망행위를 처벌하기 위한 형사절차와 밀접한 관련이 있어 분리될 수 없는 것인 경우, 이러한 판매중지명령은 사법경찰작용에 해당한다고 판시한 적이 있다.24)

〈판례 - TC 1994. 3. 7. Damez〉

경찰이 두 명의 남자가 여성휴게실에 난입해 소동을 피운다는 이유로 출동요청을 받고 경찰관 두 명이 출동하였다가, 원고를 소환하여 연행하던 중에 폭행을 하여 경죄로 처벌을 받게 된 사건이다. 이 사건에서 관할재판소는 경찰관들이 원고를 특정하여 체포한 것은 범죄의 확인을 위한 것이므로 이는 사법경찰작용에 속한다고 판시하였다.

〈판례 - CE Sect. 1984. 2. 10. Ministre de l'agriculture c. Société les fils de Henri Ramel〉

기망행위 단속을 담당하는 농업부 산하의 한 연구소에서 원고가 이탈리아에서 수입한 포도주 샘플을 검사하던 중 기망행위를 발견하자 판매중지명령을 내리고 사건을 검찰에 송치했는데, 이후 재판에서 면소판결(le non-lieu)이 내려지자 원고가 농업부를 상대로 판매중지로 인하여 입은 손해에 대해 배상을 청구한 사건이다. 국사원은 기망행위단속 중 행한 판매중지명령과 같은 결정은 이후 이어질 형사절차와 분리될 수 없는 것이므로 사법경찰작용에 속한다고 판시하였다.

2. 미실현 범죄를 대상으로 하는 경우

범죄의 처벌을 목적으로 하는 경찰작용은 그 범죄가 실현되기 전에 취해지거나, 나중에 그 범죄가 실현되지 않더라도 사법경찰작용에 해당한다. 여기서 목적에 따른 구별에서는 심리적 측면도 중요함을 알 수 있다. 이러한 사례들에서 경찰작용의 법적 성질은 경찰기관의 의도에 따라 결정되기 때문이다.

---

24) CE Sect. 1984. 2. 10. *Ministre de l'agriculture c. Société les fils de Henri Ramel.* Lachaume, J.-F.·Pauliat, H., *op. cit.*, pp. 308-309.

이에 관한 최초의 판례는 현행범을 기습하기 위한 잠복과 관련된 것이었는데, 어떤 금(金) 밀수단의 밀수계획에 대한 정보를 얻은 경찰관들이 밀수현장으로 추측되는 곳에서 이들의 체포를 위한 경찰작용을 기획한 경우였다.25) 이러한 경찰작용은 범죄를 대상으로 한 것이므로 사법경찰작용에 해당하며, 이때 범인들이 계획을 단념하였다거나 범죄가 결국 일어나지 않았다는 점은 중요하지 않다.26)

3. 범죄의 존재를 오인한 경우

어떤 사람을 범인으로 오인하여 추격하는 것과 같이 경찰기관의 오판이 있는 경우에도 사법경찰작용이 될 수 있다. 판례에 따르면, 경찰관이 "곧 범죄를 저지르려는 것으로 추측할 만한" 행동을 한다는 이유로 어떤 사람을 불심검문하던 중 대상자가 도주함으로써 범죄자라고 믿게 되어 그에게 발포하였는데, 이때 경찰관은 범죄가 존재한다고 믿었던 것이므로 이러한 발포행위는 사법경찰작용에 속하며,27) 경찰관이 적법하게 주차되어 있던 자동차를 위법한 것으로 오인하여 그 자동차의 견인을 명하거나,28) "범죄를 행하였거나 행하려 했다고 의심할 만한 하나 또는 여러 개의 이유"가 있었던 행위자를 긴급체포하는 것29)도 마찬가지이다.30)

또, 밀렵감시원이 사육중인 멧돼지를 사냥물로 오인하여 압수 및 도살한 행위,31) 경찰관이 차 안에 있던 사람을 범인으로 오인하여 발포한 행위32)

---

25) TC 1955. 6. 27. *Dame Barbier.*
26) Minet, C.-É., *op. cit.*, p. 74.
27) TC 1968. 1. 15. *Consorts Tayeb.*
28) CE 1981. 3. 18. *Consorts Ferran.*
29) TC 2004. 3. 22. *Stofell.*
30) Minet, C.-É., *op. cit.*, pp. 74-75; Lachaume, J.-F.·Pauliat, H., *op. cit.*, pp. 308-309.
31) CE 1983. 9. 30. *Ministre de l'environnement c. Delagneau.*

도 사법경찰작용에 속한다.[33] 그러나 단순히 순찰 중이던 경찰관의 발포로
인하여 사람이 다치게 된 경우, 이러한 발포행위가 사법경찰작용에 속한다
는 별도의 증거가 없는 한, 이는 행정경찰작용에 해당할 수 있다.[34]

⟨판례 - CE 1983. 9. 30. *Ministre de l'environnement c. Delagneau*⟩
구 농촌법전 제372조는 사냥금지기간 중에는 사냥물의 매매를 금지하면서, 이에
위반한 사냥물을 압수할 수 있도록 하고 있었는데, 밀렵감시원이 사육 중인 멧돼
지 3마리를 싣고 가던 원고를 보고 이들을 압수하여 도살한 사건이다. 이 사건에
서 국사원은 농촌법전에 따른 압수는 사법경찰작용에 해당한다고 보았는데, 범행
(사냥물매매금지에 대한 위반행위)에 사용된 물건을 압수하는 것이므로 사법경찰
작용으로 본 것 같다.

II. 예방과의 관련성

사법경찰도 공공질서에 대한 장애의 예방과 관련이 있을 수 있다. 이는
형벌의 일반예방기능이라는 관점에서 그러한데, 어떤 범죄자에 대하여 공
개적으로 부과되는 형벌은 처벌이라는 목적 외에 다른 범죄자들에게 본보
기가 되어 유사한 범행을 예방하려는 목적도 아울러 지니고 있으며, 이에
따라 범죄의 처벌은 범죄의 예방에도 기여하게 되기 때문이다.[35] 게다가
경찰관이 범죄를 단속하기 위해 잠복하던 중 범인들이 이를 발견하여 범행
을 중단하는 경우와 같이, 사법경찰작용은 아직 실현되지 않았거나 잠재적
인 상태일 뿐인 범죄의 실행을 예방하는 데에도 기여할 수 있다.[36]

---

32) TC 1986. 6. 9. *François et Seltier.*
33) Lachaume, J.-F.·Pauliat, H., *op. cit.*, p. 308.
34) TC 1990. 3. 26. *Devossel.*
35) Minet, C.-É., *op. cit.*, p. 80.
36) TC 1955. 6. 27. *Dame Barbier.* Minet, C.-É., *op. cit.*, pp. 74, 80.

제3항 법적 성질이 문제되는 경우

I. 경찰작용의 성질이 중복되는 경우

하나의 경찰작용이 예방과 처벌의 성질을 동시에 지닐 수도 있다. 이 경우에는 해당 경찰작용의 '본질적인 목적'이 무엇인지에 따라 그 법적 성격이 결정된다.

관할재판소는 '르 프로필 회사'(*Société Le Profil*) 판결에서 이러한 입장을 취하였으며,37) 이후에도 경찰서에 인접해 있음에도 불구하고 12년 동안 2건의 강도미수를 포함하여 11건의 강도로 인하여 회사자금에 피해를 본 상인 2명이 경찰작용의 해태로 인한 배상을 청구한 사건에 대하여 행정법원의 심사권을 인정하였다.38) 이러한 피해는 강도범행을 전혀 예방하거나 저지하지 못했다는 점에서는 행정경찰작용의 흠결로 인한 것이고, 범인을 전혀 체포하지 못했다는 점에서는 사법경찰작용의 흠결로 인한 것이라 할 수 있는데, 관할재판소는 원고들의 배상청구는 범인을 색출하여 체포하지 못했다는 점보다는 상점의 보호에 관한 경찰임무에 흠결이 있었다는 점이 근본적인 원인이라고 하면서, 이는 행정경찰작용으로 인한 것이라고 판시하였던 것이다.

〈판례 - TC 1978. 6. 12. *Société Le Profil*〉
원고 회사의 피용자가 경찰관의 호송이 있었음에도 불구하고 은행으로 운반 중이던 회사자금을 도난당하자, 회사가 국가에 손해배상을 청구한 것과 관련한 사건이다. 여기서 원고 회사는 두 가지 근거를 내세웠는데, 하나는 경찰관이 피용자에

---

37) TC 1978. 6. 12. *Société Le Profil*.
38) TC 2006. 1. 23. *Époux Gironie c. Agent judiciaire du Trésor*. Minet, C.-É., *op. cit.*, pp. 76-77.

대한 보호조치를 제대로 하지 않았다는 것으로 이는 행정경찰에 속하는 것이었고, 다른 하나는 도난 당시 경찰관이 아무런 행동을 취하지 않았다는 것으로 이는 사법경찰에 속하는 것이었다. 원고 회사는 목적에 따른 구별을 엄격하게 적용하여 행정법원과 사법법원에 동시에 손해배상을 청구하였는데, 관할재판소는 이러한 손해는 사람과 재산을 보호하기 위한 작용 도중 발생한 것으로, 이와 관련된 임무는 행정경찰에 속한다고 판시하여 행정법원에 심사권을 부여하였다.39)

II. 경찰작용의 성질이 전환되는 경우

사건의 진행에 따라 경찰작용의 성격이 바뀔 수도 있다. 예컨대, 범죄예방 목적의 신원확인를 위해 경찰이 바리케이드를 설치하였는데, 자동차운전자가 경찰관의 정차지시를 거부하고 바리케이드를 충격하고 달아나자, 경찰관이 추격하다가 발포하여 그 자동차의 동승자가 다치게 된 경우, 이에 대한 손해배상소송은 사법법원에 속한다. 자동차운전자가 바리케이드를 넘어뜨리는 순간부터 경찰관의 추격 및 발포행위는 범죄를 처벌하기 위한 것으로서 사법경찰작용에 속하기 때문이다.40)

III. 경찰작용의 성질을 위장하는 경우

한편, 행정경찰권과 사법경찰권을 동시에 보유하는 기관이 행정경찰작용을 사법경찰작용으로 가장하려 할 수도 있다. 이때 목적에 따른 구별은 법관이 어떤 경찰작용의 형식이 그 실질과 부합하지 않는 경우 이의 성격

---

39) Minet, C.-É., *op. cit.*, p. 76.
40) TC 1977. 12. 5. *Demoiselle Motsch*(경찰이 깐느(Cannes)의 크르와제뜨(Croisette) 가(街)에 바리케이드를 설치한 사안). Minet, C.-É., *op. cit.*, p. 75.

을 실질에 맞게 판단할 수 있도록 해 준다. 이는 국사원의 '프랑빠르 회
사'(*Société Frampar*) 판결[41])에서 잘 드러난다.

이 사건에서, 알제리전쟁 중이던 1956년 말과 1957년 초에 알제르
(Alger) 도지사는 현지에 파견되어 있던 공사의 명령에 기하여 '프랑스-스
와르'(France-Soir), '르몽드'(Le Monde), '빠리-프레스'(Paris-Presse)와 같
은 신문의 몇몇 판(版)에 대외적 국가안보를 침해하는 기사들이 실려 있다
는 이유로 해당 판의 발행부수 전체를 압수하였다. 이러한 압수는 범죄심
리법전 제10조[42])에 기한 것이었는데, 동조는 도지사에 사법경찰권을 부여
하면서, "국가안보에 대한 중죄 및 경죄를 확인하고 그 범인을 처벌담당
법원에 송치하기 위하여 필요한 모든 행위"를 할 수 있도록 하고 있었다.
알제르 도지사는 위 신문의 기사들이 형법전상 국가안보를 위협하는 범죄
에 대한 처벌규정의 적용대상이라고 주장하면서, 이를 압수하여 범죄심리
법전에 정해진 기간 내에 검찰에 송부하였다.

이처럼 위 압수는 외견상 사법경찰조치로 보였지만, 그럼에도 불구하고
프랑스-스와르는 도지사의 압수명령에 대하여 행정법원에 월권소송을 제기
하였다. 그리하여 위 압수가 행정경찰작용으로 볼 수 있는 것인지 여부가
쟁점이 되었는데, 이에 대해 국사원의 논고담당관은 외형적인 모습보다는
사건의 실체를 중심으로 파악해야 한다고 하면서, 형사절차의 진행을 위해
서는 몇 부만 압수해도 충분할 것인데도 불구하고 해당 판의 발행부수 전
체를 압수한 점에 비추어 볼 때, 이는 도지사가 신문기사의 내용이 공공질
서에 장애가 될 것으로 우려한 것으로서 행정작용에 해당한다는 논고를 제
시하였다.[43])

이 당시에는 파기원의 '지리'(*Trésor Public c. Giry*) 판결[44])에도 불구하

---

41) CE 1960. 6. 24. *Société Frampar*.
42) 이후 형사절차법전 제30조가 되었다가 나중에 폐지되었다.
43) CE 1960. 6. 24. *Société Frampar* 판결에 대한 논고담당관 외망(Heumann)의 논
   고. Minet, C.-É., *op. cit.*, p. 77; Lachaume, J.-F.·Pauliat, H., *op. cit.*, pp. 313-314.

고 사법법원이 사법경찰작용으로 인한 손해에 대하여 배상책임을 인정하는 경우가 여전히 드물었고, 게다가 행정경찰작용으로 신문을 압수하는 것은 그 목적이나 비례원칙이라는 측면에서 사법경찰작용에 비해 요건이 더 까다로웠다.45) 따라서 행정적 압수를 사법적 압수로 위장하게 되면, 배상책임을 회피하면서도 압수 자체는 더 용이하다는 장점이 있었다.

국사원은 위와 같은 압수가 국내·외의 안보에 대한 범죄를 확인하여 처벌담당 법원에 범인을 송치하기 위한 것이 아니라, 상기한 신문들에 게재된 글이 알제르도(道)에서 배포되지 못하도록 하는 데 목적이 있음이 분명하다고 하면서, 위와 같은 압수명령이 법원의 허가를 받고 서류가 검찰에 송부되었지만, 이러한 외관에도 불구하고 이는 실제로는 행정작용에 속한다고 판시하였다. 그리하여 알제르 도지사의 압수명령을 권한남용으로 취소하였다. 이 판결은 이후에도 주간지46)와 서적47)의 압수에 관하여 적용되었다.48)

〈판례 - TC 1935. 4. 8. *Action française*〉
이 사건에서 빠리경시청장은 언론의 자유에 관한 1881년 7월 29일 법률에 따라 공공질서 및 공공안전을 확보하기 위해 필요한 조치를 취할 수 있는 권한을 가지고 있었는데, 이러한 권한을 사용하여 '악시옹 프랑세즈'(Action française) 신문을 빠리 및 센느(Seine)도(道) 전 지역에서 압수하였다. 이에 대하여 관할재판소는 공공질서의 유지 또는 회복을 위하여 필수불가결한 경우가 아닌 한, 예방적 수단으로 신문을 압수하는 것은 빠리경시청장(빠리 이외의 시에서는 시장)의 권한에 포함되지 않으며, 따라서 '악시옹 프랑세즈'의 압수는 중대위법행위를 구성한다고 판시하면서, 사법법원의 심사권한을 인정하였다. 이 판결은 행정경찰작용으

---

44) Cass. civ. 1956. 11. 23. *Trésor Public c. Giry.* 이 판결에 대한 상세는 제1장 제3절 제1항 Ⅱ. 2. (2) ① 참조.
45) TC 1935. 4. 8. *Action française.*
46) CE 1965. 12. 14. *Rodes.*
47) CE 1967. 12. 20. *Ministre de l'intérieur c. Fabre-Luce.*
48) Minet, C.-É., *op. cit.*, pp. 77-78; Lachaume, J.-F.·Pauliat, H., *op. cit.*, p. 314.

로 신문을 압수하는 것이 쉽지 않음을 보여주고 있다.[49]

IV. 신원확인

1. 사법경찰작용으로서의 신원확인

'신원확인'(le contrôle d'indentité)[50]은 원래 사법경찰영역에서 이루어지던 것이다. 즉, 형사절차법전 제78-2조 1번째 단락은 사법경찰관의 명령 및 책임 하에 사법경찰리 및 사법경찰리보가 "하나 또는 그 이상의 의심할 만한 사유가 있는 모든 자, 즉 어떤 범행을 하였거나 하려는 자, 중죄 또는 경죄를 범하려고 예비하는 자, 중죄 또는 경죄가 발생한 경우 그 조사에 유용한 정보를 제공할 수 있는 자, 또는 사법기관으로부터 수색의 대상으로 명해진 자"에 대해 스스로의 신원을 각종 수단을 통해 증명하게끔 할 수 있도록 규정하고 있으며, 아울러 2번째 단락은 "범죄의 수사 및 기소를 위하여 검사가 장소와 기간을 정한 서면으로 요청하는 경우" 신원확인을 할 수 있음을 규정하고 있다.[51] 그런데 후자의 신원확인은 법문상 반드시 죄적(罪迹)에 근거해야 할 필요가 없으므로 실질적으로는 행정경찰작용에 해당하는 것으로 볼 수 있다.[52]

---

49) Lachaume, J.-F.·Pauliat, H., *op. cit.*, p. 342.

50) 이에 관해서는 조현주, 「경찰작용으로서의 신원확인에 관한 연구 - 프랑스 제도와의 비교를 중심으로」, 서울대학교 대학원 석사학위논문, 2007 참조.

51) Minet, C.-É., *op. cit.*, pp. 151-152.

52) 나아가 법문상으로는 공공질서에 대한 장애가 없는 경우에도 신원확인이 가능하도록 되어 있다. Cass. 2e civ. 2004. 2. 19. Brisson, J.-F., 'La surveillance des espaces publics', *Droit administratif*, 2005, n° 12, étude n° 19. Minet, C.-É., *op. cit.*, p. 152에서 재인용.

2. 행정경찰작용으로서의 신원확인

이와는 달리 형사절차법전 제78-2조 3번째 단락에 규정된 신원확인이 행정경찰작용이라는 데에는 의문이 없다. 여기서는 "누구든지 그 행위 여하를 불문하고 공공질서, 특히 개인 및 재산의 안전에 대한 침해를 예방하기 위하여 전항에 규정된 방식에 따라 신원확인을 받을 수 있다"고 규정하고 있다. 이러한 행정경찰작용으로서의 신원확인은 시민의 안전보장 및 자유보호에 관한 1981년 2월 2일 제81-82호 법률에 의해 형사절차법전에 도입되었는데, 그 전에도 파기원은 1973년 '프리델'(Friedel) 판결을 통해 이를 인정하고 있었다.[53]

위 1981년 법률에서 행정경찰작용으로서의 신원확인이 명문으로 인정된 이후, 파기원은 그 남용을 방지하기 위하여 제도적 의미의 경찰이 신원확인의 근거로 제시하는 공공질서에 대한 침해 우려가 "신원을 검사받는 사람의 행위와 직접 연관"되는 경우에만 적법하다고 판시하였다.[54] 그러자 신원확인·조사에 관한 1993년 8월 10일 제93-992호 법률에서는 행정경찰이 "그 행위 여하를 불문하고" 신원확인이 가능하다고 명시하게 되었는데, 헌법위원회는 신원확인이 보편적·재량적으로 실행되는 것은 개인적 자유의 존중과는 양립할 수 없다고 하면서, "입법자에게 어떤 사람에 대한 신원확인이 그 행위와 연관되지 않는 경우에도 가능하도록 규정할 수 있는 자유가 있다고 하더라도, 관계기관은 어느 경우든 공공질서에 대한 침해 우려를 야기한 특별한 상황을 해당 신원확인의 정당화사유로 여전히 제시해야 한다"고 판시하였다.[55] 요컨대, 행정경찰의 신원확인은 객관적인 상

---

53) Cass. crim. 1973. 1. 5. *Friedel*. 다만 '특별한 상황'으로 인하여 필요한 경우에만 가능했으며, 범행을 추정할 만한 죄적이 없는 경우 신원조사를 목적으로 관계인을 억류할 수 없었음은 물론이다. Minet, C.-É., *op. cit.*, p. 152.
54) Cass. crim. 1992. 11. 10. *Bassilika*.
55) CC 1993. 8. 5. 93-323DC *Loi relative aux contrôles et vérifications d'identité*.

황, 즉 공공질서에 장애를 유발할 우려가 있는 '특별한 상황'이 이유로 제시되어야 하며, 자의적으로 결정될 수 없다.[56]

또, 형사절차법전 제78-2조 4번째 단락은 "국제교통에 사용되는 곳으로서 규칙으로 지정된 공중이 접근할 수 있는 항구, 공항, 철도 또는 도로 구역을 비롯하여, 프랑스와 1990년 6월 19일 쉔겐(Schengen)협약에 서명한 회원국들 간의 국경에 포함된 지역 및 그로부터 20킬로미터까지의 선내(船內)에서", "자격증 및 서류에 대한 소지·착용·제시의무의 준수 여부를 확인"할 수 있도록 규정하고 있다. 나아가 2003년 3월 18일 제2003-239호 법률에 따라 도입된 형사절차법전 제78-2-4조는 경찰관이 신원확인에 이어 차량수색도 가능하도록 규정하고 있는데, 위 조항은 "개인 및 재산의 안전에 대한 중대한 침해를 예방하기 위하여, 사법경찰관은 제78-2조에 규정된 행정경찰로서의 신원확인을 할 수 있을 뿐만 아니라, 운전자의 동의 하에 또는 동의가 없는 경우에는 각종 수단을 통해 통보를 받은 검사의 지시에 따라 공도 또는 공중이 접근할 수 있는 장소에서 통행, 정차, 주차하는 차량을 검문할 수 있으며, 사법경찰리 및 사법경찰리보는 사법경찰관의 명령 및 책임 하에 위와 같이 할 수 있다. 검사의 지시를 기다리는 동안, 해당 차량은 30분을 넘지 않는 시간 동안 정지될 수 있다."라고 규정하고 있으며,[57] 국내안전법전 L.233-1조, L.233-2조에서도 테러 및 범죄 방지를 위한 차량수색 가능성을 확대하고 있다.

신원확인이 행정경찰작용으로서 행해지는 경우라고 하더라도, 이는 여전히 사법법원의 관할에 속한다는 점에 유의해야 한다. 그리하여 파기원은 "본장에 정해진 규정들의 적용은 제12조, 제13조에서 언급된 사법기관의 심사를 받는다."라고 규정하고 있는 형사절차법전 제78-1조에 기해서뿐만 아니라 사법법원이 개인적 자유의 수호자임을 선언하고 있는 헌법

---

56) Minet, C.-É., *op. cit.*, pp. 152-153.
57) Minet, C.-É., *op. cit.*, pp. 151, 153.

제66조 및 형사절차법전 제136조에 기해서도 이에 관한 심사권을 인정하고 있다.[58]

3. 신원조사

한편, 행정경찰 또는 사법경찰작용으로 실행되는 신원확인은 형사절차법전 제78-3조의 '신원조사'(la vérification d'identité)로 나아갈 수 있다. 위 조항은 "대상자가 자신의 신원에 대한 증명을 거부하거나 증명할 수 없는 경우, 필요에 따라 신원조사를 위하여 인도된 장소 또는 경찰서에 유치될 수 있다"라고 규정하고 있는데, 이러한 유치는 대상자의 신원을 확인하는데 필요한 시간으로 엄격하게 제한되며 4시간을 초과할 수 없고, 대상자는 이를 검사에게 통보할 수 있고 검사는 언제든 유치를 종료시킬 수 있으며, 대상자는 가족에게 유치 사실을 알릴 권리가 있고 일정한 요건을 갖춘 경우에만 사진을 찍고 지문을 채취할 수 있다는 점을 고지받는다는 점도 아울러 규정되어 있다.[59]

제4항 비교법적 평가

I. 프랑스 법상황의 요약

프랑스의 사례들을 살펴보면, 어떤 경찰작용의 성질을 파악하는 데 있어

---

58) Cass. crim. 1985. 4. 25. *Bogdan*; Cass. 2ᵉ civ. 1995. 6. 28. *Préfet de la Région Midi-Pyrénées c. Bechta*. Minet, C.-É., *op. cit.*, p. 154.

59) Minet, C.-É., *op. cit.*, pp. 153-154.

목적에 따른 구별이 가장 유효한 수단임을 알 수 있다. 즉, 행정경찰작용이 처벌적 성격을 가지고 있다고 하더라도 그 본질적인 의도가 예방이라면 이는 여전히 행정경찰에 속하는 것이고, 반대로 사법경찰작용이 예방의 성격을 가지고 있더라도 그 본질적인 의도가 처벌이라면 이는 어디까지나 사법경찰인 것이다. 또, 어떤 작용이 예방과 처벌의 성격을 모두 지니고 있고, 이 두 가지 목적 간에 경중이 없다면, 이러한 작용은 행정경찰작용과 사법경찰작용의 요건 모두를 갖추어야 할 것이고, 시간의 흐름에 따라 행정경찰작용과 사법경찰작용이 바뀌는 경우에는 해당 작용의 의도를 기준으로 시간적 순서에 맞게 분석함으로써 각 시간대별로 어떤 경찰작용이 행해졌는지 파악할 수 있을 것이다. 나아가 경찰작용의 성질을 위장하는 경우에도 그 목적을 분석함으로써 그 실질적 성격을 정할 수 있을 것인데, 신원확인의 경우에도 그 종류별로 법적 성격을 정하는 기준으로 목적을 고려할 수밖에 없다.

그러므로 목적은 사법경찰과 행정경찰의 구별에 있어 가장 유용한 판단 기준이며, 현재 목적에 따른 구별보다 행정경찰과 사법경찰을 더 잘 구별할 수 있는 기준은 없다고 해도 과언이 아니다. 이러한 구별은 재판관할, 배상책임의 내용, 소송 상대방의 결정이라는 점에서 실익이 있으며,[60] 이와 같은 행정경찰과 사법경찰의 제도상 차이로 인하여 행정경찰작용을 사법경찰작용으로 가장하는 사례도 발생하였는데, 상기한 '프랑빠르 회사' 판결이 그 예라고 할 수 있다.[61] 이 밖에 행정경찰작용과 사법경찰작용으로서의 신원확인이 각기 구별되고 있다.

---

60) 이에 관한 상세는 제1장 제3절 제1항 Ⅲ. 참조.
61) 본절 제3항 Ⅲ. 참조.

II. 우리나라에의 시사점

1. 경찰작용의 성질을 위장하는 경우

(1) 사법경찰을 행정경찰로 위장하는 경우

예컨대 경찰관이 범인을 추적하던 중 범행에 사용되었을 것으로 의심되는 차량을 발견하였지만, 이 차량이 범행에 사용된 것임을 확인할 증거가 없어 압수·수색영장을 청구하면 기각될 가능성이 높은 상황에서, 도로교통법 제35조 제1항, 제2항에 따라 위 차량이 교통에 장애를 야기할 우려가 있음을 사유로 내세우면서 해당 지방자치단체의 불법 주·정차 단속공무원에게 위 차량을 차량보관소에 견인하도록 한 다음, 필요한 조사를 하는 경우가 발생할 수 있다. 이때 압수·수색영장을 발부받는 등의 까다로운 형사절차를 회피하기 위하여 행정경찰작용을 활용할 수 있는지 여부가 문제된다.

이러한 경우, 위 견인조치는 형식적으로는 지방자치단체가 행한 행정경찰작용에 속하는 것을 보이지만, 실질적으로는 경찰관이 행한 사법경찰작용으로 보아야 하며, 이처럼 실질적으로 다른 목적을 달성하기 위해 어떤 형식을 가장하는 경우에는 프랑스의 관점에서 볼 때 권한남용의 위법에 해당하게 된다.[62] 여기서 목적에 따른 구별이 의미를 갖게 되는데, 차량을 견인한 것은 경찰관의 행위라고 보아야 하고, 이는 위법한 압수·수색에 해당하므로 국가는 배상책임을 져야 할 것이다. 나아가 해당 지역의 교통에 장애를 초래하는지 여부에 따라 위와 같은 견인조치는 행정경찰작용으로서도 위법할 수 있다.

다만, 견인된 차량이 반환되지 않는 경우, 차량소유자는 위와 같은 견인

---

62) 상기한 CE 1960. 6. 24. *Société Frampar* 참조.

조치가 실질적으로 사법경찰작용이라고 하여 국가를 상대로만 다툴 것이 아니라, 차량보관소의 관리책임을 지는 해당 지방자치단체에게 차량반환을 요청한 다음, 이것이 거부되면 이러한 거부처분에 대한 행정심판, 행정소송을 하거나, 아니면 직접 견인조치의 취소를 구하는 것이 허용되어야 할 것이다. 차량의 견인조치가 형식적으로는 지방자치단체의 공무원이 행한 작용일 뿐만 아니라, 위법한 경찰작용의 피해자에게 소송방법의 선택에 있어 제약을 두어서는 안 되기 때문이다. 물론, 차량이 반환된 이후에는 항고심판 또는 항고소송의 심판의 이익 또는 소의 이익이 없게 될 수 있으나, 위 사례의 견인조치에는 당연무효의 하자가 있다고 할 것이므로 이에 대해 무효확인을 구할 이익이 존재하는 경우도 완전히 배제할 수는 없다. 대법원도 최근 종래의 입장을 변경하여 무효확인소송의 보충성을 요구하지 않고 있다.63)

(2) 행정경찰을 사법경찰로 위장하는 경우

행정경찰작용을 사법경찰작용으로 가장하는 예로는, 시장이 지방선거를 앞두고 해당 지역의 한 월간지에서 자신을 비판하는 내용의 보도가 실릴 예정이라는 소문을 들은 상태에서, 위 월간지의 편집장이 기사 게재를 대가로 금품을 요구했다는 소식을 듣고 관할 경찰서장에게 편집장을 공갈죄로 긴급체포 하도록 하면서, 그 증거로 발행예정인 월간지 전(全) 부수를 사전에 압수하여 배포되지 못하도록 하는 경우를 들 수 있다.

이 경우 편집장의 공갈죄 혐의가 상당하다면 편집장을 긴급체포 하는 것 자체는 적법한 사법경찰작용이다. 그러나 월간지 전 부수를 사전에 압수하는 것까지도 사법경찰작용에 해당하는지는 생각해볼 문제이다. 압수의 목적물은 형사소송법 제106조 제1항, 제219조에 따라 증거물과 몰수물인데,

---

63) 대법원 2008. 3. 20. 선고 2007두6342 전원합의체 판결 참조.

여기서 월간지를 증거물로서 압수하려는 경우라면 1부만을 압수하는 것으로 충분할 것이기 때문이다. 문제는 몰수물로서 압수하는 경우인데, 형법 제48조 제1항 제1호가 범죄행위에 제공하려고 한 물건을 몰수할 수 있도록 하고 있으므로, 과연 위 월간지 전 부수가 범행에 제공되려고 한 물건으로서 몰수 및 압수의 대상이 된다고 보아야 하는 것인지 의문이 제기될 수 있다. 이러한 압수는 적정절차의 한 내용인 비례원칙에 반하는 과잉수사로서 위법한 압수라고 볼 여지가 클 것이다.

여기서 행정경찰작용으로서 월간지 전 부수를 압수할 수 있는지 문제된다. 일단 위 월간지에서 시장을 비방하는 내용이 선거의 공정성을 해할 정도에 이른다면, 이는 공공의 안녕에 위험을 야기한 것으로 볼 수 있다. 그렇다면 행정상 즉시강제로 월간지 전 부수를 압수하는 것도 불가능하지는 않겠지만, 이를 위해서는 일반조항의 존재가 긍정되어야 하며, 또 비례원칙에 부합해야 한다. 특히 월간지가 배포되기도 전에 압수하는 경우에는 더더욱 엄격한 비례성이 충족되어야 할 것이다.

2. 불심검문과 관련한 시사점

(1) 불심검문의 의의

우리나라에서 행정경찰과 사법경찰의 구별이 필요한 전형적인 경우가 경찰관직무집행법 제3조에서 정하고 있는 불심검문인데, 동조 제1항은 경찰관이 "수상한 거동 기타 주위의 사정을 합리적으로 판단하여 어떠한 죄를 범하였거나 범하려 하고 있다고 의심할 만한 상당한 이유가 있는 자 또는 이미 행하여진 범죄나 행하여지려고 하는 범죄행위에 관하여 그 사실을 안다고 인정되는 자"를 정지시켜 질문할 수 있도록 하고 있다.

(2) 불심검문의 법적 성격 및 그에 따른 차이

① 법적 성격

불심검문의 법적 성격에 대해서는 논란이 있는데, ① 불심검문은 공공의 안녕 또는 질서 유지를 위한 행정경찰작용에 속한다는 견해(행정경찰작용설), ② 행정경찰작용과 함께 범인검거 등을 위한 형사사법작용의 성질을 동시에 갖고 있다는 견해(병유설), ③ 불심검문의 목적에 따라 행정경찰작용 또는 사법경찰작용에 해당하는 것으로 보는 견해(이원설), ④ 불심검문의 1차적 목적은 범죄의 예방과 이를 통한 질서유지에 있다고 할 것이므로 원칙적으로 행정경찰작용에 해당하지만, 범죄를 범하였다고 의심하여 불심검문을 하는 경우에는 사법경찰작용에 속한다는 견해,64) ⑤ 불심검문은 행정경찰상의 예방목적에 의해 행하여지는 것으로 수사는 아니지만, 그 법적 규제의 측면에서는 사법경찰작용인 수사활동에 대하여 적용되고 있는 형사소송법상의 모든 규제가 그대로 적용되어야 한다는 견해(준사법경찰작용설)65) 등이 제시되고 있다.

불심검문의 법적 성격을 정함에 있어서는 어디까지나 그 목적이 기준이 되어야 한다고 본다. 그러므로 어떤 죄를 범하려 하고 있다고 의심할 만한 경우에 행해지는 불심검문은 위해방지를 위한 보안경찰작용, 즉 행정경찰 작용에 해당하고, 어떤 죄를 범하였다고 의심할 만한 경우에 행해지는 불심검문은 범죄사실을 인지하기 위한 사법경찰작용에 해당한다고 보아야 한다.66) 이러한 점에서 위 ③, ④의 견해는 타당하다고 할 수 있다. 반면, 위 ①의 견해는 사법경찰작용으로서의 불심검문을 전적으로 배제하고 있

---

64) 서정범, 「경찰관직무집행법 제3조 '불심검문'의 내용과 문제점」, 『수사연구』, 제22권 제10호(통권 제252호), 수사연구사, 2004. 10., 26면.

65) 강동욱, 「불심검문의 의의와 한계」, 『수사연구』, 제22권 제10호(통권 제252호), 수사연구사, 2004. 10., 20-21면.

66) 김동희, 전게서(행정법 Ⅱ), 211-212면.

다는 점에서, 위 ②의 견해는 언제나 행정경찰작용 및 사법경찰작용의 성질이 공존한다고 보는 점에서 받아들이기 어렵다. 또, 위 ⑤의 견해는 행정경찰작용에 대해서도 사법절차에 준하는 안전장치를 부과한다는 장점이 있지만, 경우에 따라서는 불심검문이 처음부터 사법경찰작용에 해당하는 것으로 보아야 할 수도 있다는 점에서 부당한 면이 있다.

　② 법적 성격에 따른 차이

　행정경찰작용으로서의 불심검문은 공공질서에 대한 장애 발생을 예방하기 위해 대상자에 대한 신원정보를 수집하는 것이 핵심이라고 할 수 있다. 이는 프랑스법상 신원확인과 신원조사에 해당하는 것이며, 프랑스 판례에서도 범행과 관련 없는 자에 대한 신원조사는 행정경찰작용에 해당하는 것으로 보고 있다.[67] 나아가 행정경찰작용으로서의 불심검문은 신원정보의 수집을 목적으로 하므로, 상대방의 신체에 대한 강제력의 행사는 이러한 정보 수집에 필요한 한도 내에서만 부수적으로 인정되어야 하고, 따라서 이는 경찰상 즉시강제에 해당한다기보다는 경찰조사로 파악하는 것이 바람직하다고 본다.[68] 다만, 이에 따라 수집된 정보가 향후 범죄수사의 단서가 되는 것은 무방할 것이다.

　반면, 사법경찰작용으로서의 불심검문은 검사의 지휘를 받아 이뤄져야 하며, 특히 피의자에 대해 불심검문이 이뤄지는 경우에는 경찰관직무집행법의 요건을 갖춰야 함은 물론, 형사소송법 제244조의3을 준용하여 묵비권을 고지해야 한다.[69]

---

67) 상기한 Cass. crim. 1973. 1. 5. *Friedel*. 본항(本項) Ⅲ. 4. 나. 참조.
68) 김동희, 전게서(행정법 Ⅱ), 213-214면 참조.
69) 이재상, 『신형사소송법』, 제2판, 박영사, 2008, 195면.

3. 집회의 해산과 관련한 시사점

(1) 문제점

집회 및 시위에 관한 법률 제20조, 동법 시행령 제17조 제3호에 의할 때, 집회 또는 시위를 해산하기 위해서는 경찰이 3회 이상 해산명령을 해야 하고, 여기에 불응한 경우에만 직접 해산할 수 있다. 그리고 동법 제24조 제5호는 이러한 해산명령에 위반한 경우 형벌을 부과할 수 있도록 규정하고 있다. 그러나 이러한 요건을 갖추지 않더라도 경찰관직무집행법 제2조 제5호, 제6조에 따라 경찰상 즉시강제로서 해산을 명할 수 있다. 이상과 같은 집회 또는 시위의 해산은 공공질서의 회복과 더 큰 불법행위 발생의 예방을 위한 행정경찰작용에 해당한다.

그러나 예컨대 대규모 파업 등으로 인하여 공장 등이 무단으로 점거되고, 아울러 위법한 집회·시위가 벌어지고 있는 경우에는 행정경찰작용으로서의 해산조치와 동시에 위법한 집회·시위로 인한 「집회 및 시위에 관한 법률」위반죄, 공장 무단점거로 인한 건조물침입죄, 업무방해죄의 피의자를 체포하려는 사법경찰작용도 함께 이루어지며, 이와 더불어 집회·시위의 해산이나 피의자의 체포 외에 법원의 퇴거판결이 있는 경우 이를 실현시키는 결과도 수반된다. 여기서 집회·시위에 대한 해산의 법적 성질이 문제된다.

(2) 대책

무단점거를 동반한 집회·시위에 대한 진압작용의 성질을 명확히 하는 것은 공공질서의 회복을 위한 경찰작용과 범인의 체포를 위한 경찰작용에 있어 危險의 程度와 鎭壓의 强度가 달라질 수 있기 때문이다. 공공질서의 회복을 위한 것이라면 파업 중인 노조의 해산만으로도 위험은 제거되었다고 볼 수 있겠지만, 범인의 체포를 위한 것이라면 더 큰 물리력을 행사하여 현실적인 검거가 이루어져야 하기 때문에 더 많은 충돌의 위험을 감수해야 한다.

그런데 집회·시위의 해산이라는 결과를 피의자 체포라는 사법경찰작용에 따른 부수적 결과에 불과한 것으로 볼 수는 없다. 그러므로 대규모 파업과 동시에 발생하고 있는 집단적인 집회·시위에 대한 해산을 사법경찰작용으로만 보아서는 안 된다. 실제에 있어서는 집단적인 시위·농성으로 인하여 중대한 법익침해가 추가적으로 예상된다는 점에 대한 고려가 이미 발생한 범죄를 규명해야 한다는 고려보다 더 중요할 수 있다. 이런 경우에는 범죄의 진압보다는 향후 발생할 수 있는 범죄의 예방, 나아가 공공질서의 회복이라는 공익이 더 크다고 볼 수 있다. 게다가 해산명령을 내릴 여유가 없어 경찰관직무집행법을 근거로 즉시강제를 하는 경우에는 구성요건상 해산명령을 전제로 하는 「집회 및 시위에 관한 법률」 위반죄는 성립하지 않는다는 문제점도 있다.

그러므로 위와 같은 경우에 집회·시위 참가자 전부를 검거 대상으로 보는 것도 옳지 않다. 일부 주동자나 과격시위자를 제외한 나머지 참가자들까지 「집회 및 시위에 관한 법률」 위반죄나 업무방해죄를 명목으로 전원 검거하는 것은 형식적으로는 적법할지 몰라도, 실질적으로는 사법경찰권의 남용이 될 우려가 있다. 사법경찰과 행정경찰은 본질적으로 모두 다 공공질서를 위한 작용이라는 공통점을 지니며, 대규모 파업이나 집회에 소극적으로 가담한 자들의 경우 사회 전체적 관점에서 실질적으로 불법의 양이 크지 않다고 보아야 하고, 이들에 대해서는 공공질서에 대한 장애를 제거하고 더 큰 장애를 예방하는 수준의 행정경찰작용만으로도 사회 전체의 평온은 유지될 수 있다고 보기 때문이다.

제4절 공공안전에 관한 경찰작용

제1항 교통에 관한 경찰

I. 프랑스의 법제도

1. 법적 근거

도로교통에 관한 근거법령으로는 도로법전, 도로관리법전, 지방자치법전 L.2213-1조 내지 L.2213-6-1조가 있다. 이처럼 법령에 규정된 경우 외에도, 시장은 공공질서에 대한 장애가 발생하는 경우 일반경찰기관의 자격으로 보충적 개입이 가능하다.

2. 규제 내용

(1) 통행규제

① 보행자규제

프랑스에서 통행의 자유는 헌법적 가치를 인정받는 공적 자유이며,[1] 관할재판소와 국사원도 교통의 자유를 왕래의 자유의 한 내용으로서 기본적

---

[1] CC 1979. 7. 12. 79-107DC *Loi relative à certains ouvrages reliant les voies nationales ou départementales.*

자유에 속하는 것으로 보고 있다.2) 이에 따라 보행자의 통행에는 별도의 제한이 없는 것이 원칙이며, 다만 도로법전 R.412-34조 이하에서는 보행자 통행방법 및 제한에 대해 상세한 규정을 두고 있다.

② 차량규제

차량의 통행에 대해서는 많은 규제가 가해진다. 그리하여 속도제한,3) 신호기 지시, 일방통행로,4) 보행자보호구역,5) 차량 종류별 제한,6) 중량 제한7) 등의 경찰조치가 가능하며, 자동차운전자는 이를 준수해야 한다.8)

다만, 교통의 지나친 제한은 왕래의 자유에 대한 위법한 침해가 될 수 있으므로, 일정한 한계를 준수해야 한다. 그리하여 도로관리법전 L.153-1조 이하의 예외를 제외하고는 공공재산에 대한 무상이용원칙이 준수되어야 하며, 차량의 종류에 따라 정당화되는 경우 외에는 통행제한에 있어 평등원칙이 준수되어야 하고, 어떤 지역에 대한 통행이 자신의 주거에 접근하기 위해 꼭 필요한 경우와 같이 특수한 사정이 있는 경우에는 그러한 사정도 고려되어야 한다.9)

---

2) TC 1986. 6. 9. *Préfet de la région Alsace c. Colmar*; CE 1987. 4. 8. *Ministre de l'intérieur c. Peltier.* Adda, J.·Demouveaux, J.-P.·Léglise, P., *op. cit.*, pp. 98-99.

3) 도로법전 R.413-1조 내지 R.413-19조.

4) CE 1974. 1. 18. *Bonnement.*

5) 국사원은 매 토요일 9시 30분부터 19시까지 일정 지역에서 차량통행을 금지하고, 보행자만 통행할 수 있도록 한 조치는 적법하다고 판시한 적이 있다. CE Sect. 1972. 12. 8. *Ville de Dieppe.*

6) CE 1981. 7. 1. *SARL Carrière Chalumeau.*

7) 시장은 지방자치법전 L.2213-2조를 근거로 중량제한을 할 수 있다(CE 1980. 11. 5. *Fédération nationale des transports routiers et autres*). 또, 교량의 구조를 생각하여 19톤을 초과하는 차량의 통행을 금지하는 것은 적법하다(CE 2003. 10. 22. *Société "Les salières de la Perche"*). Minet, C.-É., *op. cit.*, p. 251.

8) Adda, J.·Demouveaux, J.-P.·Léglise, P., *op. cit.*, pp. 101-106.

9) CE 1997. 7. 30. *Commune de Dunkerque.* Adda, J.·Demouveaux, J.-P.·Léglise,

(2) 도로에서의 영업 및 구걸에 대한 규제

① 도로에서의 영업

도로상에서 영업활동 등을 하는 경우에는 단순한 통행에 비해 더 큰 제한을 받게 된다. 프랑스에서 주로 문제되는 것은 길거리사진사와 행상의 영업행위이다.

길거리영업은 상공업의 자유의 한 내용에 해당하며,[10] 상공업의 자유는 1790년 5월 2-17일 법률 이래로 보호를 받았다. 현재 제5공화국 헌법 제34조는 상업에 관한 제도를 법률로 정하도록 규정하고 있는데, 이는 상공업의 자유가 공적 자유로 보호받음을 인정하는 것으로 볼 수 있으며, 헌법위원회는 1789년 인권선언에 기해 기업의 자유를 인정하고 있다.[11]

〈판례 - CE Ass. 1951. 6. 22. Daudignac〉

시장이 노점에 관한 1906년 12월 30일 법률, 행상에 관한 1912년 7월 16일 법률, 시장의 일반경찰권을 규정하고 있는 1884년 4월 5일 '지방관련 법률'에 기해 길거리사진사 영업을 하려면 사전허가를 받도록 하였는데, 국사원은 길거리사진사 영업은 노점에 포함되지 않고, 또 행상에 관한 1912년 법률과 일반경찰권을 근거로 길거리사진사 영업을 사전허가 대상으로 하는 것은 위 1912년 법률에 위반된 것임과 동시에 1790년 5월 2-17일 법률에서 보장하고 있는 상공업의 자유를 침해하여 위법하다고 판시하였다.

그러므로 길거리사진사 영업을 일반적·절대적으로 금지하거나,[12] 사전

P., op. cit., p. 98.
10) CE Ass. 1951. 6. 22. Daudignac.
11) Colin, F., op. cit., pp. 46-47.
12) CE 1979. 3. 14. Auclair(자치경찰기관이 빵쁘론느(Pampelonne) 해변에서 노점을 금지한 것은 피서철에 노점영업이 야기할 수 있는 불편의 정도를 과대평가한 것으로서 위법); CE 1987. 1. 16. Auclair(바르(Var) 해변에서 아이스크림을 판매하는 행위를 일반적·절대적으로 금지하는 것은 위법). Lachaume, J.-F.·Pauliat, H., op. cit., p. 337.

허가를 받도록 하는 것은 상공업의 자유를 침해하는 것이어서 위법하다.[13] 반면 "피서철에 몽-생-미셸(Mont-Saint-Miche) 및 그 연안에 관광객들이 이례적으로 운집하는 것이 확인되고", "차량들이 보행자들 사이에서 교통, 주차, 운전을 해야 하는 공도상에서 사진사들이 영업하는 것은 도지사의 규칙에 지정된 날부터는 공공질서의 유지에 위험요소가 되며, 이러한 위험 은 보다 덜 제한적인 조치를 통하여 해결될 수 있는 것이 아니므로" 이러 한 상황에서 길거리사진사의 영업을 금지하는 조치는 적법하다.[14]

이러한 법리는 행상의 경우에도 마찬가지인데, 시장이 성수기에 성당으 로부터 일정 반경 내에서 10시부터 20시까지 행상을 금지하는 것이나,[15] 관광객들이 가장 많이 찾는 지역에서 행상을 금지한 것은 적법하다.[16]

② 구걸

구걸은 구 형법전 제274조에서 경죄를 구성하는 것이었으나, 현재 이 규 정은 폐지되었다. 그러나 이후에도 구걸행위가 점점 더 공격적으로 변해가 고, 노숙자가 늘어남에 구걸행위의 규제 필요성은 여전히 제기되었다. 이에 따라 국내안보를 위한 2003년 3월 18일 제2003-239호 법률이 제정되어, 집단적·공격적 행동을 하거나 위험한 동물로 위협하여 금전 기타 재산적 가치 있는 물건을 구걸하는 행위에 대한 처벌규정을 형법전 제225-12-6조 에 삽입하였다.[17]

그럼에도 불구하고 이러한 처벌규정만으로는 실효성이 부족하다고 생각

---

13) CE Ass. 1951. 6. 22. *Daudignac*. Minet, C.-É., *op. cit.*, p. 167; Adda, J.· Demouveaux, J.-P.·Léglise, P., *op. cit.*, p. 117.
14) CE 1968. 3. 13. *Ministre de l'interieur c. époux Leroy*. Lachaume, J.-F.·Pauliat, H., *op. cit.*, p. 338.
15) CE Sect. 1980. 1. 25. *Gadiaga*.
16) CE 1991. 9. 23. *Lemoine*. Lachaume, J.-F.·Pauliat, H., *op. cit.*, p. 338.
17) Adda, J.·Demouveaux, J.-P.·Léglise, P., *op. cit.*, pp. 121-122.

하는 시장들이 많았기 때문에 구걸 또는 노숙을 금지하는 규칙이 계속 제
정되었는데, 판례는 비례성심사를 통하여 그 적법성을 판단하였다. 그리하
여 구걸행위를 과도하게 제한하는 것은 왕래의 자유에 대한 침해가 될 수
있으므로 공공질서에 대한 장애가 있는 경우에만 이를 규제할 수 있고, 이
때에도 일반적·절대적 금지는 불가능하다는 입장을 취하였다.18) 이에 따
라 역사·관광·상업지구 전체와 '국영철도'(la société nationale des chemins
de fer français, SNCF) 역 및 광장에서 구걸을 금지하는 규칙이 위법한 것
으로 판단되기도 하였다.19) 그러나 일정한 시간과 장소를 정하여 구걸을
제한하거나, 도로상에서 시민의 자유로운 통행을 해하거나 선량한 질서, 공
공평온을 해하는 행위를 수반하는 경우에 구걸을 금지하는 규칙의 경우에
는 적법성이 인정되고 있다.20)

II. 우리나라에의 시사점

1. 통행규제에 관한 시사점

우리나라에서 보행자통행의 경우 도로교통법 제27조, 제28조에서 보행
자의 보호와 보행자전용도로에 관해 규정하고 있으며, 차량통행의 경우에
도 도로교통법에 필요한 규정들이 충분히 갖춰져 있고, 과도한 제한으로
인해 위헌적인 요소가 있다고 볼 만한 규정도 찾아보기 힘들다. 다만 향후
입법과정에서 공공재산의 무상이용, 평등원칙, 비례원칙과 같은 요소들이
고려될 수 있다는 점에서 프랑스의 논의를 살펴보는 실익을 찾을 수 있을

---

18) TA Pau 1995. 12. 22. *M. Couveinhes et Association Sortir du fond.*
19) TA Bordeaux 2003. 2. 6. *M. L'homme.*
20) CAA Marseille 1999. 12. 9. *Commune de Sète.* Adda, J.·Demouveaux, J.-P.·
     Léglise, P., *op. cit.*, pp. 122-124.

것이다.

2. 도로에서의 영업 및 구걸에 관한 시사점

(1) 우리나라의 법제도

도로에서의 영업활동과 구걸행위는 여러 측면에서 규제를 받게 된다. 우선, 도로의 점용이라는 측면에서 도로법 제38조 제1항에 따른 점용허가가 문제될 수 있으며, 동법 제65조 제1항은 도로관리청이 행정대집행법에 따른 절차를 거치지 아니하고 적치물을 제거하는 등 필요한 조치를 취할 수 있도록 하고 있다. 아울러 동법 제83조 제1호는 도로점용허가를 받지 않은 자에 대해 관리청이 물건의 이전 등 필요한 처분을 하거나 조치를 명할 수 있도록 규정하고 있고, 제94조는 무단점용자에 대해 변상금을 징수토록 하고 있으며, 제97조 제3호는 무단점용자에 대해 형사처벌을 규정하고 있다. 다른 한편으로, 도로에서의 통행이라는 측면에서는 도로교통법 제6조 제1항, 제7조에 따른 교통안전의 확보가 문제되며, 특히 도로에서의 금지행위를 규정하고 있는 동법 제68조 제3항에 따라 공격적인 구걸행위를 제한할 수 있을 것이다.

또한, 경범죄처벌법 제1조 제8호는 물품강매와 청객행위를 처벌하고 있고, 제18호는 구걸행위를 처벌하고 있으며, 제20호는 음주소란 등을, 제21호는 악기 등을 통한 소란 등을 각 처벌하고 있는데, 이 역시 도로상 영업활동 및 구걸의 규제근거가 될 수 있다.

노점영업에 대해서는 식품위생법 제37조의 영업허가가 문제될 수 있으며, 무허가영업인 경우에는 동법 제79조 제1항 제3호에 의해 노점 영업에 사용되는 시설물과 기구 등을 사용할 수 없도록 봉인할 수 있다. 나아가 동법 제94조 제3호에 따라 형사처벌도 가능하다. 이 밖에도 길거리에서 동물을 판매하는 경우에는 동물보호법 제33조 제1항에 따른 동물판매업 등록에 관한 규정이 문제될 수 있다.

(2) 시사점

이처럼 우리나라에서도 여러 법령에 기해 도로에서의 영업활동을 단속하고 있지만, 이에 대한 전체적이고 일반적인 규율은 찾아보기 어려우며, 노점상의 경우에도 자신이 어떤 법령에 어떻게 위반하고 있는지 알기 어렵게 되어 있다. 또 노숙자 및 공격적 구걸행위의 증가와 야간에 주택가에서 소음을 유발하는 행상 등에 대한 규제도 경범죄처벌법만으로는 미흡하다고 할 수 있다.

그러므로 노점에 대해서는 허용되는 장소와 시간을 사전에 지정하고, 이에 위반한 행위를 규정하는 입법을 하는 것을 생각해 볼 필요가 있다. 또, 공격적 구걸행위와 공공질서에 장애가 되는 행상에 대해서도 보다 엄격한 규율이 요구된다. 이러한 규율은 어디까지나 비례원칙에 부합해야 하며, 또 지역상황과 밀접한 경우가 많을 것이므로 지방자치단체의 권한으로 하는 것도 좋을 것으로 본다. 다만, 노점, 행상, 구걸 등과 관련한 문제들은 사회연대라는 관점에서 경찰규율에 앞서 사회정책적인 해결방안도 아울러 고려되어야 할 것이다.

제2항 위험건물에 관한 경찰

I. 프랑스의 법제도

1. 법적 근거

붕괴위험 건물에 관한 경찰작용은 시장의 특별경찰권에 속한다. 시장은 건축법전 L.511-1조 내지 L.511-4-1조에 정해진 절차에 따라 붕괴위험이 있는 벽, 건물21) 등의 보수 또는 파괴를 명할 수 있다.

건물에서 드러나는 위험이 외부적 원인에 의한 것일 때에는 일반경찰권의 대상이 되지만, 위험이 그 건물 자체에 기인한 것일 경우, 시장은 건축법상의 특별경찰권을 행사하여야 하며 지방자치법전 L.2212-2조에 기한 일반경찰권을 행사할 수 없는 것이 원칙이다.22) 건축법전에서 엄격한 절차를 규정한 것은 붕괴위험 건물에 대한 경찰작용이 소유권에 대한 중대한 제한을 가져올 수 있다는 점을 고려한 것이므로 이러한 절차규정을 함부로 배제할 수는 없기 때문이며, 이 외에도 건축법전상의 특별경찰권에 기하여 명령된 공사는 소유자의 부담인 반면, 일반경찰권을 사용할 경우 시의 예산을 사용해야 한다는 점도 이유가 될 수 있다.23) 그러나 극도로 긴급한 예외적인 상황에서는 시장의 일반경찰권 행사도 인정될 수 있다.

---

21) 여기서 건물(l'édifice)은 인공적으로 건축된 것이어야 하며(CE 1976. 6. 23. *Tony*), 다만 건축의 목적, 완성 여부 등은 불문한다. Wendling, Michel, *Le maire et la police des édifices menaçant ruine*, Groupe Territorial, 2007, p. 11.

22) CE 2005. 6. 27. *Ville d'Orléans*; CE 1974. 5. 31. *Ville de Digne*; CE 1997. 1. 8. *Hugenschmitt*.

23) Minet, C.-É., *op. cit.*, p. 119.

2. 규제 내용

프랑스에서 위험건물에 대한 경찰작용은 위험의 정도에 따라 3단계로 나뉘는데, ① '통상적인 위험'(le péril ordinaire), ② '현저한 위험'(le péril imminent), ③ '급박한 위험'(le péril immédiat)이 그것이다.24)

(1) 통상적인 위험

건축법전 L.511-1조는 벽, 건물 등에 붕괴위험이 있어 공공안전을 위협하는 경우, 시장은 L.511-2조에 정해진 의견제출절차 등을 거쳐 안전유지에 필요한 보수 또는 파괴를 명할 수 있도록 규정하고 있다. 시장은 전문가의 감정을 거쳐 '위험방지명령'(l'arrêté de péril), 즉 보수 또는 파괴를 명하는 명령을 발하여 건물의 소유자 등에게 이를 서면으로 통지하는데, 건물의 위험정도에 따라 보수, 파괴 외에 거주·사용을 금지하는 내용을 추가할 수도 있다.25)

(2) 현저한 위험

건축법전 L.511-2조에 정해진 절차를 거칠 여유가 없는 현저한 위험이 있는 경우에는 L.511-3조의 절차를 거치게 되는데, 이 경우에는 시장이 건물의 소유자에게 통보한 다음 행정법원에 위험을 제거할 수 있는 적절한 조치를 건의할 수 있고, 이때 행정법원은 24시간 내에 전문가를 지명하여 건물을 검사한 후 시장의 조치에 대한 승인 여부를 결정하게 된다.

---

24) Minet, C.-É., *op. cit.*, p. 328; Wendling, M., *op. cit.*, pp. 29-49.
25) 건축법전 L.511-2조, R.511-2조. Wendling, M., *op. cit.*, p. 38.

(3) 급박한 위험

그러나 '극도로 긴급한 상황'의 경우에는 건축법전에 정해진 엄격한 특별경찰권 행사절차로 인하여 공공질서에 대하여 현존하는 위협에 충분히 신속하게 대응할 수 없게 되므로, 행정의 실효성 확보를 위하여 일반경찰작용이 특별경찰작용에 우선하여 적용될 수 있다. 그리하여 건물이 곧 붕괴되려는 것을 발견한 경우와 같이 극도로 긴급한 상황에서, 경찰기관은 건축법전에 정해진 의견제출절차나 법원의 승인 등을 거치지 않고 일반경찰권에 기해 건물의 지지공사, 거주자의 대피 등을 명할 수 있으며, 공공안전을 보전하기 위한 다른 수단이 없는 경우에는 파괴를 명할 수도 있다.26)

II. 우리나라에의 시사점

1. 우리나라의 법제도

우리나라에서 위험건물에 대한 통제는 주로 건축법 제79조 제1항의 시정명령에 의해 이뤄지는데, 여기서는 건축허가권자가 위법건축물에 대해 허가 또는 승인을 취소하거나, 그 건축물의 건축주, 소유자 등에게 공사중지 또는 건축물의 철거, 수선, 사용금지 등의 조치를 명할 수 있도록 규정하고 있다. 이 밖에 재건축의 경우에는 「도시 및 주거환경정비법」 제48조의2 제2항에서 관리처분계획의 인가를 받기 전이라도 붕괴위험이 있는 건축물의 철거가 가능하도록 규정하고 있다.

건축법상의 시정명령은 소위 '실질적 불법'이 있는 건축물에 대하여 적용된다. 여기서 실질적 불법이란 어떤 건축물이 건축허가를 받았는가의 형

---

26) CE 2005. 10. 10. *Commune de Badinières*. Minet, C.-É., *op. cit*., p. 121.

식적인 기준과는 별도로, 그것이 법령상 건축허가요건을 충족하지 못하는 경우를 지칭하는 것이다.27) 그리고 적법하게 건축된 건물이라 하더라도 사후적으로 건축허가의 위험방지 요건을 충족하지 못하게 되면 이에 대해 시정명령이 가능하며, 이때 시정명령의 부과는 건축법과 행정절차법에 따라 이뤄진다.

그러나 붕괴되기 직전의 건물은 경찰관직무집행법 제5조 제1항의 "인명 또는 신체에 위해를 미치거나 재산에 중대한 손해를 끼칠 우려가 공작물의 손괴"에 해당할 것이므로, 경찰관이 이러한 건물을 발견한 경우에는 동항 제1호에 따른 경고, 제2호에 따른 피난 등 조치, 제3호에 따른 위해방지조치가 가능하며, 이러한 위해방지조치에는 건물의 보수, 파괴가 포함될 수 있을 것이다.

2. 시사점

우리나라에도 위험건물에 관해서는 필요한 제도가 마련되어 있지만, 프랑스의 제2단계 제도, 즉 현저한 위험이 있는 경우와 같이, 건축허가권자가 건축물에 현저한 위험을 발견한 경우 법원의 동의나 승인을 얻어 임시조치를 취하는 것과 같은 중간적인 제도를 추가적으로 고민해 볼 필요가 있다. 시정명령이 집행되는 것은 상당한 시일이 소요될 수밖에 없고, 또 경찰관직무집행법은 시장과 같은 건축허가권자가 주체가 될 수 없으므로, 이를 보완할 수 있는 제도가 필요할 수 있기 때문이다.

---

27) 김종보, 『건설법의 이해』, 개정판, 박영사, 2013, 173면.

제3항 스키시설에 관한 경찰

I. 프랑스의 법제도

1. 문제점

프랑스에서 스키시설에 관한 경찰은 공역무28)와의 관련 하에 논의되고 있으며, 특히 스키사고로 인한 배상책임에 관한 논의가 많다. 스키활강로에서 사고가 발생했을 경우, 이러한 활강로를 유지·관리하는 것은 공역무에 속하지만,29) 스키장에서 발생할 수 있는 눈사태 등 위험상황을 예방하고 이에 대처하는 것은 시에서의 공공안전 유지임무에 속하는 것으로서 시의 일반경찰기관인 시장의 책임영역이기 때문에,30) 공역무와 경찰행정의 관계가 문제되는 것이다.

게다가 스키사고의 방지가 경찰행정과 공역무활동 중 어디에 속하는지에 따라 시의 형사책임에 차이가 발생한다. 이는 형법전 제121-2조31)가 "공역무위임계약32)의 대상이 될 수 있는 활동 중에 일어난 범죄"에 대해서

---

28) 여기서 말하는 공역무는 조직적 의미의 공역무가 아니라 실질적 의미의 공역무, 즉 행정이 달성코자 하는 일반이익을 위한 활동을 의미한다.

29) CE Sect. 1959. 1. 23. *Commune d'Huez*. Vandermeeren, R., *op. cit.*, p. 1920.

30) TA Grenoble 1964. 10. 14. *Franchi et Lafont*. Vandermeeren, R., *op. cit.*, p. 1920.

31) 법인의 형사책임에 관한 조항이다. 법인은 그 기관 및 대표자의 범죄행위에 대하여 원칙적으로 형사책임을 지지만, 지방자치단체의 경우에는 그 범위를 제한하고 있다. 다만 여기서 국가는 제외되므로 국가는 형사책임을 지지 않는다.

32) 공역무위임계약의 정의와 관련하여, 재정·경제개혁상의 긴급조치를 위한 2001년 12월 11일 제2001-1168호 뮈르세프(Murcef) 법률 제3조는 "공역무위임이란 공법인이 그 책임 하에 있는 공역무의 관리를 공공에 속하거나 또는 사인인 수임자에게 위임하고, 수임자에 대한 보상은 역무의 이용결과에 실질적으로 달려 있는 계

만 지방자치단체가 형사책임을 질 수 있다고 규정하고 있기 때문인데, 경찰작용은 위임될 수 없는 것이므로 여기에 해당할 수 없다.33) 결국 지방자치단체의 형사책임은 경찰행정이 아닌 공역무로 행해지는 스키장시설의 관리 중에 일어난 범죄에 대해서만 발생할 수 있으며, 이때 형사책임의 원인이 되는 사고는 운영자가 관리하는 시설에서 일어난 것이어야 한다.34)

2. 판례의 입장

(1) 행정법원의 태도

국사원의 경우 처음에는 스키활강로에서 발생한 사고에 관해 공역무기능의 하자와 경찰조치의 흠결이 모두 존재한다고 하면서, 경찰기관과 공역무관리자 모두에게 배상책임을 물을 수 있다고 판시하였다.35) 여기서 경찰행정의 하자와 공역무기능의 하자는 사실상 동일한 것으로서 분리되기 어려운데, 이는 양자 모두 안전을 제대로 확보하지 않음으로 인한 하자이기 때문이다.36)

당시 국사원이 경찰행정의 하자와 공역무기능의 하자를 모두 인정한 것은 피해자의 보호를 위한 것이었다. 즉, 이때만 해도 공역무기능의 하자에 대해서는 경과실만으로도 배상책임을 인정할 수 있었지만, 경찰행정으로 인한 배상책임에 대해서는 중과실이 요구되는 경우가 많았기 때문이었는데, 이후에는 이러한 하자들을 동시에 인정하는 판결은 찾기 어렵고 경찰

약"을 의미한다고 규정한 적이 있다.

33) Minet, C.-É., *op. cit.*, p. 63.

34) 이때 시가 배상책임을 진다고 하여 형사책임이 면제되지는 않는다. Cass. crim. 2000. 3. 14. *Veuve Leyssens.* Minet, C.-É., *op. cit.*, p. 63; Vandermeeren, R., *op. cit.*, p. 1922 각 참조.

35) CE Sect. 1967. 4. 28. *Lafont.* Vandermeeren, R., *op. cit.*, p. 1920.

36) Vandermeeren, R., *op. cit.*, p. 1921.

행정으로 인한 배상책임만이 인정되고 있다.[37]

한편, 스키장 외부에서 일어난 사고의 경우에도 경찰행정으로 인한 배상책임은 인정되고 있는데, 판례에서는 스키장 외부의 활강로라고 하더라도 그것이 스키어들이 통상적으로 사용하는 경로인 경우에는 시가 "중요한" 위험[38]이나 "예외적인" 위험[39], 또는 "특별한" 위험[40]의 존재를 제대로 알리지 않았다는 점이 배상책임의 근거가 되고 있으며, 다만 배상액을 정함에 있어 위험을 자초한 스키어의 과실이 참작될 수 있다.[41]

(2) 사법법원의 태도

국사원이 위와 같이 입장을 정리하였지만, 사법법원은 여전히 공역무관리자를 상대로 하는 손해배상소송을 인정하고 있다. 구체적으로 살펴보면, 우선 리프트나 휴게시설을 유료로 운영하는 것은 급부제공의 대가를 지급받음으로써 역무의 재정을 충당하는 것이므로 상공업적 공역무에 속하며, 관광법전 L.342-13조에서도 리프트 이용은 직영, 공기업, 민영 등 그 형태를 불문하고 상공업적 공역무에 속한다고 하고 있다.[42] 이러한 상공업적 공역무의 하자와 관련한 분쟁, 예컨대 리프트를 이용하던 중 손해를 입게 됨으로써 발생하는 손해배상의 경우, 이는 사법(私法)에 속하는 문제로서 사법법원의 심사대상이다.[43]

한편, 프랑스에서 스키활강로는 원칙적으로 무상으로 제공되기 때문

---

37) CE 1985. 2. 1. *Commune de Vars*; CE 1987. 10. 9. *Fossard* 등. Vandermeeren, R., *op. cit.*, p. 1920.

38) CE 1976. 2. 25. *Commune des Contamines-Montjoie*.

39) CE 1978. 5. 12. *Consorts Lesigne*.

40) CE 1991. 9. 27. *Commune de Pralognan-la-Vanoise*.

41) Vandermeeren, R., *op. cit.*, p. 1921.

42) Vandermeeren, R., *op. cit.*, p. 1921.

43) CAA Lyon 1995. 7. 7. *Mme Fauroux et autre*. Vandermeeren, R., *op. cit.*, p. 1921.

에44) 이를 유지·관리하는 것이 상공업적 공역무에 포함될 수 있는지 여부가 문제되는데, 최근 리옹행정항소법원에서는 스키활강로가 무상으로 제공된다고 하더라도 상공업적 공역무가 될 수 있다고 하였고,45) 사법법원 역시 이에 관한 배상청구소송을 여전히 인정하고 있다.46)

(3) 정리

이상과 같은 판례의 입장에 따라, 활강로를 비롯하여 스키장의 각종 시설과 관련한 손해의 피해자는 시를 상대로 행정법원에 배상을 청구할 수도 있고, 안전관리의무를 부담하는 공역무관리자47)를 상대로 사법법원에 손해배상을 청구할 수 있는 선택권을 여전히 보유하게 된다.48)

II. 우리나라에의 시사점

프랑스에서 스키활강로는 공적 영역에 속한다. 반면, 우리나라에서는 산을 직접 이용하는 활강로는 찾아보기 어렵고, 인공적으로 만든 스키장에서 활강로가 설치·관리되고 있을 뿐인데, 이러한 활강로는 대부분 사기업이 전적으로 설치·관리하는 유료시설이라는 점에서 차이가 있다. 따라서 기본적으로 이는 경찰제도에 속하는 영역이 아니라고 할 수 있다. 그러나 프랑

---

44) Vandermeeren, R., *op. cit.*, p. 1921 참조.
45) CAA Lyon 2003. 2. 13. *Mérieux.*
46) Cass. 1ʳᵉ civ. 1996. 3. 19. *Gravie c. Société La Préservatrice foncière*('지방자치단체 직영기업(直營企業)'(la régie municipale)의 경우); Cass. 1ʳᵉ civ. 2003. 11. 13. *Lacombe c. SEPAD*(공역무특허를 받은 회사의 경우). Vandermeeren, R., *op. cit.*, pp. 1921-1922; Minet, C.-É., *op. cit.*, p. 62 각 참조.
47) 이 역시 시가 될 수 있다.
48) Minet, C.-É., *op. cit.*, p. 62.

스의 스키시설에 관한 논의가 우리 법에 시사점이 없는 것이 아니다. 스키
시설에 관한 프랑스의 논의는 경찰작용의 본질과 관련하여, 공공안전에 관
한 경찰의 책임이 어디까지인지 보여주는 예가 될 수 있기 때문이다.

여기서 중요한 것은 스키장시설의 유지·관리를 공역무제도에 맡기더라
도, 산에 있는 활강로가 급격한 경사를 이루고 있거나, 산사태가 빈발하는
지역에 위치한 경우와 같이 그 위험이 상당한 경우에는 이에 대한 경찰책
임이 완전히 소멸하기 어렵다는 점이다. 경찰기관은 언제 발생할지 모르는
위험에 항상 대비해야 하기 때문이다.

이러한 원칙은 자연공원에 대해서도 적용될 수 있다. 예컨대, 국립공원
관리청이 등산관련 시설을 민간에 위탁하는 것은 프랑스적 관점에서는 상
공업적 공역무의 위임으로서 허용되지만, 눈사태 다발지역과 같은 곳에 대
해서는 언제든 등산객의 안전사고가 발생할 수 있으므로, 공원관리청과 같
은 경찰기관은 언제든 개입할 준비가 되어있어야 한다. 만약 공원관리청이
눈사태발생 우려지역이라는 표시 및 경고를 제대로 하지 않은 상태에서 등
산객이 등산을 하다가 눈사태로 인한 피해를 입게 되면, 공원관리청은 민
간위탁을 이유로 이에 대한 책임을 면하기 어려우며, 이는 결국 국가배상
소송의 형태로 실현될 수 있을 것이다. 물론, 민간위탁을 받은 기업도 등산
관련 시설을 유지·관리할 책임을 지는 자로서 민사책임을 지게 되겠지만,
공원관리청의 경찰책임은 이와 별개로 성립한다고 볼 수 있다.

제4항 운동장 출입에 관한 경찰

I. 프랑스의 법제도

프랑스를 비롯한 유럽에서는 축구 열기가 대단하다. 이로 인하여 속칭 '훌리건'(hooligan)에 대한 경찰조치가 관심의 대상이 되고 있는데, 프랑스에서 훌리건들에 대한 통제가 본격적으로 도입된 것은 비교적 최근의 일이다. 그 전에는 별다른 통제수단이 없었고, 다만 1983년 7월 12일 제83-629호 법률 제3-2조는 사설보안회사의 직원들이 "1,500명 이상의 관객이 동반되는 스포츠, 오락 또는 문화행사가 열리는 경기장에 대한 접근"을 통제할 때에 일정한 외표검사를 할 수 있도록 규정하였을 뿐이었다.[49]

이후 테러방지에 관한 2006년 1월 23일 제2006-64호 법률에 의하여 스포츠법전 L.332-16조에 운동장출입금지명령이 도입되었다. 위 조항에서는 "스포츠경기 당시의 모든 행동으로 비추어 볼 때 공공질서에 위협이 되는 사람"에 대해, 도지사는 '이유가 첨부된 명령'(l'arrêté motivé)으로 스포츠경기가 진행 중이거나 공중에 전파되고 있는 장소 주변에 뛰어들거나 지나가는 것을 금지할 수 있도록 규정하고 있으며, 도지사는 최대 12개월 동안 전국적으로 유효한 운동장출입금지명령을 할 수 있고, 아울러 이러한 금지명령의 준수를 확보하기 위하여 금지명령의 대상자에게 신고의무를 부과할 수 있다.[50] 대상자가 3년 내에 다시 금지명령의 대상이 되는 행위를 할 경우 최대 80개월까지 금지명령이 연장될 수 있다.

이러한 운동장출입금지명령은 출국명령의 경우처럼 과거의 범죄 또는 비행의 결과로 인한 것이지만, 또 다른 공공질서에 대한 장애를 발생시키

---

49) Minet, C.-É., *op. cit.*, pp. 154-155.
50) Minet, C.-É., *op. cit.*, p. 159.

는 것을 막기 위한 것일 뿐, 이를 처벌하려는 것은 아니므로 예방의 목적을 지닌 경찰작용에 해당한다.[51]

II. 우리나라에의 시사점

우리나라에서도 스포츠에서 과격한 응원문화가 문제되고 있기 때문에, 폭력적인 행동을 일삼는 열혈지지자들에 대해 경찰조치를 강구할 필요가 있다. 현재 우리나라에서 체육시설을 규제하는 법률로는 「체육시설의 설치·이용에 관한 법률」이 있는데, 동법에는 운동장출입금지와 같은 조치를 명할 수 있는 근거가 없으며, 프로스포츠 구단 차원에서 관람객에 대한 출입금지가 이루어지고 있지만 그 법적 근거는 미약해 보인다. 그러므로 경찰관직무집행법 제2조 제5호, 제5조, 제6조를 일반조항으로 보고 운동장출입금지의 근거로 삼을 필요가 있으며, 과거의 전력에 비추어 공공의 안녕 및 질서에 대한 장애를 야기할 우려가 현저한 사람들만을 대상으로 한다면 비례원칙에도 위배되지 않을 것이다.

그러나 경찰관직무집행법이 근거가 되는 이상, 지방자치단체는 출입금지를 명할 수 없고 경찰관만이 이를 행할 수 있으며, 나아가 사전에 일반적으로 금지명령을 내릴 수는 없고, 운동경기가 열릴 때마다 개별적인 금지조치를 취할 수밖에 없다. 이는 운동장출입금지조치의 실효성을 의문스럽게 할 수 있는 것이므로, 입법을 통한 문제 해결이 필요하다.

---

51) Minet, C.-É., *op. cit.*, pp. 79-80.

제5절 공공평온에 관한 경찰작용

제1항 서론

프랑스법상 '집회'(la réunion), '시위'(la manifestation), '소동'(l'attroupement)은 구별되는데, 집회는 "사상 또는 의견을 표명하기 위한 사람들의 일시적 모임",[1] 시위는 "집단적으로 의견을 표시하거나 요구사항을 관철하기 위해 공도상에 조직된 사람들의 정적·동적 회합",[2] 소동은 "사람들의 모임으로서, 공도나 공공장소에서 공공질서에 장애를 야기할 수 있는 일체의 것"이라고 정의되고 있다.[3]

이 중 소동은 형법전 L.431-3조에 의해 형사처벌의 대상일 뿐 공적 자유의 대상은 아니다. 그러므로 이하에서는 소동에 관해서는 별도로 고찰하지 않고 집회 및 시위에 관한 프랑스의 논의와 우리 법에의 시사점에 대해 검토해 볼 것인데, 다만 프랑스의 경우 집회에 관한 법제도와 시위에 관한 법제도가 구별되므로 각각 항을 달리하여 살펴보기로 한다.

---

1) CE 1933. 5. 19. *Benjamin* 판결에 대한 논고담당관 미셸(Michel)의 정의. 집회의 자유를 선언한 1881년 6월 30일 법률에서는 집회 자체의 정의가 누락되어 있었고, 위 판결에서 비로소 집회가 정의되었다. Minet, C.-É., *op. cit.*, p. 292.
2) Minet, C.-É., *op. cit.*, p. 300.
3) 형법전 L.431-3조의 정의이다. Minet, C.-É., *op. cit.*, p. 305.

제2항 집회에 관한 경찰

I. 프랑스의 법제도

1. 법적 근거

프랑스 인권선언 제11조는 사상과 의견의 자유로운 교류가 인간의 가장 소중한 권리 중 하나임을 선언하고 있으며, 유럽인권보호협약 제11조와 1881년 6월 30일 법률, 1907년 3월 20일 법률, 그리고 국사원의 판례에서도 집회의 자유가 공적 자유에 속한다는 점이 인정되었고,[4] 나아가 헌법위원회도 "사상과 의견을 집단적으로 표시할 권리"의 헌법적 가치를 인정함으로써 집회의 자유가 기본권임을 선언하고 있다.[5]

현재 집회의 자유는 매우 넓게 보장되며, 사전허가가 필요 없음은 물론, 1907년 3월 20일 법률 이후부터는 사전신고도 필요하지 않게 되었다.[6] 다만, 1881년 6월 30일 법률에서는 일정한 제한을 부과하고 있으며, 아울러 일반경찰권을 통한 개입이 가능하다.

---

4) CE 2002. 8. 19. *Front national et IFOREL*. Lachaume, J.-F.·Pauliat, H., *op. cit.*, p. 334.
5) CC 1995. 1. 18. 94-352DC *Loi d'orientation et de programmation relative à la sécurité*. Minet, C.-É., *op. cit.*, pp. 291, 294.
6) 한편, 공도상에서 조직되는 집회는 시위에 해당하여 사전신고의 대상이 되지만, 그럼에도 불구하고 국사원은 경찰기관이 공도상에서의 집회를 허용할 수 있는 재량이 있다고 판시한 적이 있다(CE 1974. 5. 3. *MNEF*).

2. 규제 내용

(1) 특별경찰의 경우

1881년 6월 30일 법률에 따라 집회시간은 제한될 수 있는데, 동법 제6조는 원칙적으로 23시까지만 집회를 허용하고 있고, 나아가 공개집회의 경우에는 동법 제8조에 따라 3인 이상의 주최자를 두어야 하며, 제9조에 따라 행정공무원 또는 사법공무원이 질서유지를 위해 집회에 참여할 수 있고, 이러한 공무원들은 주최자의 해산요청이 있거나 충돌 및 중대위법행위가 발생한 경우 집회를 해산할 수 있다.[7]

이 밖에, 최근 제정된 국내안전법전 L.211-5조 내지 L.211-8조는 음악을 위한 집회에 대해 일정한 경우 사전신고의무를 부과하는 등 일정한 제한을 가하고 있다.

(2) 일반경찰의 경우

집회로 인하여 공공질서에 장애가 발생한 경우에는 일반경찰기관, 특히 시장이 개입할 수 있으며, 시장이 부작위하는 경우 도지사가 대체작용권을 행사하여 개입할 수 있다.[8] 이와 관련하여 중요한 의미를 갖는 것이 국사원의 '방자맹'(*Benjamin*) 판결[9]이다.

〈판례 - CE 1933. 5. 19. *Benjamin*〉

네베르(Nevers)시(市)의 관광협회가 문인축하연을 개최하면서 소설가 방자맹(René Benjamin)을 초빙하여 희극작가 꾸르뜰린느(Courteline)와 귀트리(Sacha Guitry)의 비교에 관한 2개의 공개강연을 부탁하였는데, 방자맹이 공교육에 관하

---

7) Minet, C.-É., *op. cit.*, pp. 294-296.
8) Minet, C.-É., *op. cit.*, p. 296.
9) CE 1933. 5. 19. *Benjamin*.

여 적개심을 표현한 적이 있음을 이유로 네베르시의 교사들이 위 강연에 반대하면서 즉시 반대집회를 열겠다는 의사를 시장에게 전달하자, 시장은 공공질서에 장애가 발생할 것을 우려하여 1930년 2월에 방자맹의 공개강연을 금지하였고, 1930년 3월에도 강연개최를 금지하였다. 방자맹은 프랑스의 소설가이자 저널리스트로 '악시옹 프랑세즈'(l'Action française)의 공동편집인 중 한 명인데, 민주주의와 자유주의를 비난하는 팸플릿을 수차례 발간한 적이 있기 때문이었다. 이에 방자맹은 국사원에 시장의 위 2가지 금지처분에 대한 월권소송을 제기하면서, 시장이 집회의 자유에 관한 1881년 6월 30일 법률 및 1907년 3월 20일 법률에 위반하였다고 주장하였다. 이에 대하여 국사원은 1884년 4월 5일 '지방관련 법률' 제97조에 따라 시장이 질서유지를 위하여 필요한 조치들을 취할 수 있기는 있지만, 시장이 이러한 조치를 할 때에는 1881년 6월 30일 법률 및 1907년 3월 20일 법률에서 보장하고 있는 집회의 자유의 존중과 조화되어야 한다고 판시하면서, 네베르 시장이 주장하는 장애의 발생가능성은 시장이 경찰조치를 취하여 강연을 금지하지 않고서는 공공질서를 유지할 수 없을 정도로 중대한 것이 아니었음이 드러났으므로 시장의 금지처분은 월권에 해당한다고 판시하였다.[10]

위 판결은 다음과 같은 의의를 지닌다.

첫째, 위 판결에서는 집회의 자유를 제한하는 경찰조치에 대해 비례성심사, 즉 최대한의 심사를 하였다는 의미를 지닌다.[11]

둘째, 위 판결에서 네베르 시장은 강연의 금지보다는 완화된 수단을 통해 공공질서를 유지하면서도 집회의 자유를 아울러 보장할 수 있었다는 점에서 금지조치의 위법성이 인정되었는데, 결국 집회의 자유를 제한하는 경찰조치는 그것이 공공질서의 유지를 위하여 절대적으로 필요한 경우에만 가능하다는 점이 인정되었다. 따라서 단순히 반대시위가 예상된다는 이유만으로는 집회의 자유를 제한할 수 없으며, 일반적·절대적 금지는 원칙적으로 허용되지 않는다.[12]

그러나 금지가 공공질서를 유지할 수 있는 유일한 수단인 경우에는 예외

---

10) Lachaume, J.-F.·Pauliat, H., *op. cit.*, pp. 333-334.
11) Minet, C.-É., *op. cit.*, p. 296.
12) Lachaume, J.-F.·Pauliat, H., *op. cit.*, p. 336; Minet, C.-É., *op. cit.*, pp. 296-297.

적으로 가능할 수 있다. 그러므로 도지사가 공공질서에 대한 장애 우려에 비추어 공공질서를 유지하기 위한 충분한 경찰력을 갖추지 못한 경우에는 집회를 금지할 수 있다.13) 나아가 집회참여자의 안전이 위협받는 경우에도 경찰기관의 개입은 가능하며, 이에 따라 시장이 대중무도회 도중 발생한 사고의 결과가 제거될 때까지 이를 금지하는 것은 적법하고,14) 집회가 개최되는 장소가 건축법상 요구되는 화재예방시설이 갖춰져 있지 않은 경우에도 집회는 금지될 수 있다.15)

셋째, 집회의 자유에 대해 일반경찰기관의 경찰권을 통한 개입이 가능하다는 점이 인정되었다. 이러한 점에서 위 판결은 자유를 해치는 것이라는 비판을 받았는데, 이후 판례가 집회의 자유에 대한 제한을 엄격하게 인정하면서 이러한 비판은 근거가 사라지게 되었다.16)

〈판례 - CE 1983. 10. 28. *Commune de Louroux-Béconnais*〉
루루-베꼬네(Louroux-Béconnais) 축제위원회가 1977. 3. 27. 개최한 무도회 도중 사고가 일어나 물리적 손해가 발생하고 국가헌병대가 개입하는 사태가 벌어지자, 시장이 1977년 4월 13일에 위와 같은 상황이 변할 때까지 모든 대중무도회를 금지한 사건이다. 국사원은 시장이 위와 같은 사고의 재발을 방지할 다른 수단이 없다는 점 등을 고려하여 위 명령이 적법하다고 판시하였다.

---

13) CE 1936. 12. 23. *Bucard.* Lachaume, J.-F.·Pauliat, H., *op. cit.*, p. 336.
14) CE 1983. 10. 28. *Commune de Louroux-Béconnais.* Lachaume, J.-F.·Pauliat, H., *op. cit.*, p. 338.
15) CE 1982. 5. 14. *Association internationale pour la conscience de Krisna.*
16) Minet, C.-É., *op. cit.*, p. 297.

II. 우리나라에의 시사점

1. 우리나라의 법제도

우리나라에서 집회에 대한 경찰규율은 「집회 및 시위에 관한 법률」에 따라 이뤄지고 있다. 프랑스와 비교할 때 특징적인 점은 옥외집회의 경우 반드시 사전신고를 하도록 강제하고 있는 점(동법 제6조 제1항), 옥외집회의 금지장소를 열거하고 있다는 점(동법 제11조)이다. 다만, 야간옥외집회를 원칙적으로 금지하고 있던 동법 제10조는 최근 헌법재판소에 의해 헌법불합치가 선언되었다.[17] 이 밖에, 동법 제8조 제1항은 옥외집회가 집단적인 폭행·협박·손괴·방화 등으로 공공의 안녕 질서에 직접적인 위험을 초래한 경우 금지·제한통고를 발령할 수 있도록 규정하고 있다.

2. 시사점

우리 헌법 제21조 제2항은 집회에 대한 허가제를 금지하고 있으며, 이에 따라 「집회 및 시위에 관한 법률」은 사전신고제를 정하고 있다. 그러나 이러한 사전신고제 역시 과잉금지의 원칙에 반하지 않는 범위에서만 그 효력이 인정될 수 있는 것이다.

이러한 관점에서 옥외집회를 모두 신고의 대상으로 규정한 것에는 재고를 요하며, 헌법재판소가 야간옥외집회의 제한에 대해 위헌으로 판단한 것은 타당하다고 본다. 이와 관련하여, 상기한 바와 같이 프랑스에서는 우리 법상 옥외집회에 해당한다고 볼 수 있는 공개집회에 대해 폭넓은 시간 범

---

17) 헌재 2009. 9. 24. 선고 2008헌가25 결정. 과거 헌법재판소는 야간옥외집회 금지에 대해 합헌으로 판시한 적이 있으나(헌재 1994. 4. 28. 선고 91헌바14 결정), 위 2008헌가25 결정에서 태도를 변경하여 위헌을 선언하였다.

위를 허용하고 있으며, 장소제한은 별도로 두고 있지 않고,18) 다만 공도상
에서의 집회는 시위에 관한 규율을 적용하여 사전신고의 대상으로 하고 있
다는 점을 참조할 필요가 있다. 만약 현재와 같은 신고제를 운영한다면, 신
고서의 형식적 하자에 대해 보완을 요구할 수 있도록 한 「집회 및 시위에
관한 법률」 제7조의 규정이 남용되어 사실상 허가제로 변질되지 않도록 주
의를 기울여야 할 것이다.

　그러나 집회 자체는 넓게 허용하더라도 폭력적인 집회로 인하여 공공질
서에 장애가 발생하는 경우에는 그에 대한 분명한 대처가 필요하다. 따라
서 「집회 및 시위에 관한 법률」 제8조 제1항과 같은 규정은 그 필요성이
긍정되며, 이 밖에도 경찰관직무집행법을 통해 경찰관이 개입해야 할 경우
도 충분히 예상할 수 있다.

제3항 시위에 관한 경찰

I. 프랑스의 법제도

1. 법적 근거

　시위는 국내안전법전 L.211-1조에 따라 사전신고의 대상이며, 아울러 공
공질서에 대한 장애발생을 이유로 한 금지조치도 가능하다. 이에 따라 시
위의 자유에 대한 보호 정도가 약해 보일 수 있으나, 시위를 사전신고의 대
상으로 하는 것은 그것이 공도상에서 일어난다는 특수성으로 인하여 경찰

---

18) 공공시설에서 집회가 열리는 경우에는 그러한 시설의 관리에 관한 규율에 따라 장
　소제한이 가능할 수 있으나, 이는 집회 자체의 장소제한과는 별개의 것이다.

기관에 정보제공이 필요하기 때문이며, 이러한 시위 역시 표현의 자유의
일종으로 집회의 자유와 유사한 보호를 받는다.

그리하여 프랑스에서 시위의 자유 역시 집회의 자유와 마찬가지로 인
권선언 제11조, 유럽인권보호협약 제11조에 따라 공적 자유로 보호되고
있으며, 헌법위원회도 시위의 자유의 기본권성을 인정하고 있다.[19] 이 밖
에 형법전 제431-1조는 시위의 자유의 행사를 방해하는 행위를 처벌하고
있다.[20]

2. 규제 내용

국내안전법전 L.211-2조는 시위 개최 3일 전부터 5일 전 사이에 이를 시
청(빠리의 경우 빠리경시청)에 신고하도록 규정하고 있다. 이러한 신고 없
이 시위를 개최하는 경우 형법전 제431-9조에 의해 처벌을 받게 된다. 그
러나 국내안전법전 L.211-2조는 시위신고를 접수한 행정청은 즉시 접수증
을 발급해야 한다고 규정하고 있는데, 이는 사전신고가 허가제로 변질되지
않도록 하기 위함이다. 시위에 대한 사전신고는 단지 경찰기관에 시위가
개최된다는 정보를 제공하기 위한 것일 뿐이기 때문이다.[21]

나아가 공공질서에 장애를 야기하는 시위에 대해 경찰기관은 국내안전
법전 L.211-3조에 따라 금지조치를 취할 수 있다. 그러나 시민의 행정에 대
한 권리에 관한 2000년 4월 12일 제2000-321호 법률 제24조는 이러한 금
지조치에 앞서 의견제출절차를 거치도록 규정하고 있다. 이러한 경찰기관
의 금지조치는 공공질서에 대한 장애를 이유로 하여서만 가능하며, 국제관
계의 경색과 같은 것은 금지사유가 될 수 없다.[22]

---

19) CC 1995. 1. 18. 94-352DC *Loi d'orientation et de programmation relative à la
séstraté*.
20) Minet, C.-É., *op. cit.*, p. 300.
21) Minet, C.-É., *op. cit.*, pp. 300-301.

또, 시위의 금지에는 집회의 경우와 마찬가지로 비례원칙이 적용된다. 그리하여 시위를 규율할 수 있는 법적 수단과 물리적 수단이 모두 없는 경우에만 시위의 금지가 가능한데,23) 여기서 법적 수단은 시위대의 경로를 변경하는 것과 같은 조치를 의미하며, 물리적 수단은 경찰력을 보충하는 것을 의미한다. 나아가 반대시위가 예정되어 있다는 것만으로는 시위의 금지사유가 될 수 없지만, 과거에 반대시위로 인하여 물리적 충돌이 발생하여 부상자가 나오는 등 전력이 있는 경우에는 금지가 허용될 수 있다.24)

II. 우리나라에의 시사점

1. 우리나라의 법제도

우리나라에서 시위에 대한 규율 역시 「집회 및 시위에 관한 법률」에 따라 이뤄지고 있다. 동법 제6조 제1항은 옥외집회의 경우와 마찬가지로 반드시 사전신고를 하도록 규정하고 있고, 제10조와 제11조는 금지시간과 금지장소를 열거하고 있는데, 다만 상기한 헌법재판소의 위헌결정은 야간옥외집회에 국한된 것이고 시위에 관한 것은 아니므로, 시위에 대해서는 여전히 동법 제10조에 따른 시간제한규정이 적용된다.

---

22) CE 1997. 11. 12. *Ministre de l'intérieur c. Association "Communauté tibétaine en France et ses amis"*. Minet, C.-É., *op. cit.*, pp. 302-303. 이에 관한 상세는 제2장 제3절 제3항 Ⅲ. 2. 참조.
23) TA Paris 2002. 6. 19. *Comité français des scientologues contre la discrimination.*
24) CAA Paris 2005. 5. 12. *Association Promouvoir.* Minet, C.-É., *op. cit.*, pp. 304-305.

2. 시사점

시위는 도로, 광장, 공원 등 일반인이 자유로이 통행할 수 있는 장소에서 발생하는 것이므로,[25] 사전신고제를 운영할 실익이 존재한다고 할 수 있다. 그러나 이러한 사전신고는 어디까지나 정보획득 차원에서 운영되어야 하고, 이것이 허가제로 변질되어서는 안 된다.

나아가 「집회 및 시위에 관한 법률」상으로는 경찰기관이 시위에 대해 제한통고를 한 다음에 시위주최자가 이에 대해 이의신청을 하도록 되어 있는데, 이는 현실적으로 시위의 주최를 무력화시킬 우려가 있으므로, 시위의 자유가 집회의 자유와 마찬가지로 표현의 자유의 중요한 수단임을 고려하여 긴급한 경우가 아닌 한 사전에 의견제출절차를 거쳐 제한통고를 하는 것이 바람직하다고 본다.

---

25) 집회 및 시위에 관한 법률 제2조 제2항 참조.

제6절 공중위생 및 풍속에 관한 경찰작용

제1항 강제수혈

I. 프랑스의 법제도

1. 문제점

종교적 신념으로 인하여 수혈을 거부하는 환자에 대해 경찰작용으로 강제수혈을 할 수 있는지 문제된다. 이러한 수혈거부는 특히 '여호와의 증인'을 믿는 신자들의 경우에 자주 발생하는데, 인간의 존엄성 존중을 근거로 하는 경우에는 그 상대방의 의사에 반해서도 경찰작용을 할 수 있기 때문에, 이를 근거로 한 강제수혈 가능성에 대해 논란이 제기되고 있다.

2. 판례의 태도

이와 관련하여 프랑스의 '여호와의 증인'(*Mme X. Témoin de Jéhovah*) 판결을 참조할 필요가 있다.

〈판례 - CE 2001. 10. 26. Mme X. Témoin de Jéhovah〉1)

이 판결에서는 여호와의 증인을 믿는 환자가 명시적으로 수혈을 거부하는 의사표시를 했음에도 불구하고, 의사가 환자에게 수혈을 한 것이 문제되었다. 의사의 수혈에도 불구하고 환자가 사망하자 환자의 미망인은 의사가 속한 빠리의 공립병원을 상대로 유럽인권보호협약 제3조에서 금지하는 비인간적인 취급을 당했다는 이유로 손해배상을 청구하였는데, 빠리행정항소법원에서는 위 사안의 경우에는 환자의 생명을 구할 의무가 환자의 선택권을 존중할 의무에 우선한다는 이유로 원고의 청구를 기각하였다. 이는 의사의 생명구호의무와 환자의 선택권을 존중할 의무가 충돌하는 경우, 이를 비교·교량하여 결론을 내린 것으로 볼 수 있다.

국사원은 빠리행정항소법원의 결론에는 동의하면서도 그 이유에는 동의할 수 없다고 하여 원심을 파기하고 자판하였는데, 당시 극도의 빈혈상태에 빠진 환자에게 수혈 외에는 달리 소생시킬 방법이 없었으므로 이러한 경우 환자에게 강제수혈을 하는 것은 환자에게 유럽인권보호협약 제3조에서 금지하는 비인간적인 취급에 해당하지 않는다고 판시하였다. 즉, 이 사건을 의무의 충돌 문제로 보지 않고, 원고가 내세우는 근거인 유럽인권보호협약 제3조의 요건을 곧바로 심사하여 동조의 적용요건에 해당하지 않는다고 판시한 것이다.

이 사건은 직접적으로 경찰작용이 문제된 것은 아니지만, 의사에게 강제수혈에 따른 손해배상책임이 면제될 정도로 긴급한 생명의 위험이 발생한 경우에는 경찰권이 개입할 수 있음을 인정하는 논거가 되기에는 충분하다. 다만, 위 사건에서 빠리행정항소법원은 의무의 충돌의 관점에서 의사의 책임을 면제하였고, 국사원은 유럽인권보호협약 제3조의 해석론에 기해 의사의 책임을 면제하였는데, 경찰권이 개입하는 경우에는 이러한 방법을 통하지 않고 인간의 존엄성 존중을 직접 근거로 할 수 있을 것으로 생각된다. 생명의 보호는 인간의 존엄성을 존중에 있어 핵심에 속하기 때문이다.

---

1) Leroy, Marc, 'Le maire, le mannequin et la protection de la dignité de la personne humaine', *A.J.D.A.*, 2008, p. 81.

II. 우리나라에의 시사점

수혈거부로 인하여 생명이 위태롭게 되는 경우에는 인간의 존엄성 존중이 경찰작용의 목적이 될 수 있으며, 이를 근거로 경찰기관은 그 상대방의 의사에 반하여 강제처분이 가능할 수 있다. 우리 법에서도 인간의 존엄성 존중은 공공의 안녕의 한 내용에 해당한다고 볼 수 있으며,[2] 따라서 수혈거부의 정도에 따라 경찰권 발동이 긍정될 수 있을 것이기 때문이다. 게다가 대중으로부터 큰 인기를 얻는 유명연예인 등이 여호와의 증인의 신자이기 때문에 수혈을 거부하는 상황에서, 그를 추종하는 대중들의 수혈거부에 동참하는 경우에는 공중위생에 대한 장애를 야기한다고 볼 여지도 있다.

나아가 부모가 자녀의 수혈을 거부하는 경우 또는 자녀에게 수혈거부를 지시하는 경우에도 경찰기관의 개입이 가능하다고 보아야 할 것인데, 이와 관련하여 우리나라에서는 수혈이 필요한 딸에 대해 그 생모가 여호와의 증인의 교리를 내세워 이를 거부하였다가 딸이 사망한 사안에서, 생모에게 유기치사죄가 성립함을 인정한 판례가 있다.[3]

---

2) 이에 관해서는 제2장 제3절 제3항 Ⅰ. 2. 참조.
3) 대법원 1980. 9. 24. 선고 79도1387 판결. 이에 대해 여호와의 증인의 수혈거부에 관한 교리와 그 신자들의 자기결정권을 존중해야 한다는 이유로 유기치사죄의 성립에 반대하는 견해로는 오종권, 「종교적 양심과 수혈 거부」, 『부산 법조』, 제17권, 부산지방변호사회, 2000. 1. 참조.

제2항 카지노에 관한 경찰

I. 프랑스의 법제도

1. 카지노의 의의

프랑스에서 카지노(le casino)는 공연장, 식당, 도박장이라는 세 가지 요소를 포함하는 시설을 의미한다.[4] 이러한 카지노는 현재 시에서 공역무특허 또는 공역무위임계약을 통해 사기업에 그 운영·관리를 위임하고 있는데, 여기에 도박장이 포함되어 있기 때문에 그 법적 성질과 그에 대한 규제가 문제되고 있다.

2. 카지노의 법적 성질

(1) 경찰규제의 대상

① 19세기의 규제

초기에 카지노는 경찰규제의 대상이었다. 이는 카지노에 포함된 도박장이 공공질서에 많은 장애를 야기할 수 있다는 점에서 그러하였다. 그리하여 1806년 6월 24일 명령 제4조는 카지노개설을 원칙적으로 금지하면서, 다만 온천지역의 경우에는 내무부장관의 허가를 받아 예외적으로 설치할 수 있도록 규정하고 있었다. 그러나 이후 도박금지에 관한 1836년 5월 21일 법률에서는 모든 지역에서 이를 금지하였다.[5]

위 1836년 법률이 제정되면서, 위 1806년 명령에서 예외적으로 허용하

---

4) 1959년 12월 23일 관계부처합동규칙 제1조 참조.
5) Vandermeeren, R., *op. cit.*, p. 1917.

고 있는 온천지역에서의 카지노개설이 여전히 가능한 것인지 문제될 수 있었지만, 이에 대해서는 수십 년 동안 의문이 제기되지 않았다. 그러던 중 국사원의 '네리-레-뱅 시장'(maire de Néris-les-Bains) 판결6)에서 이 문제가 논의되었는데, 이 판결에서 국사원은 1806년 명령이 1836년 법률에 배치되는 것으로서 효력을 갖지 못한다고 판시하였다.

〈판례 - CE 1902. 4. 18. maire de Néris-les-Bains〉7)

'물의 도시'(la ville d'eaux)로 알려진 네리-레-뱅(Néris-les-Bains)시(市)가 위치한 알리에(Allier)8) 도지사는 1893년에 모든 공공장소에서 도박을 금지하는 규칙을 발령하면서, 다만 온천장은 예외로 하였다. 1901년에 네리-레-뱅 시장 역시 도박금지규칙을 발령하였는데, 이때에는 온천장을 비롯한 모든 장소에 대하여 예외 없이 도박을 금지하였다. 그러자 도지사는 시장의 감독기관으로서 위와 같은 시장의 규칙을 취소하였고, 이에 시장은 도지사의 취소처분을 국사원에 제소하였다. 시장이 근거로 내세운 것은, 도지사가 온천장을 도박금지의 예외로 한 것은 1806년 6월 24일 명령에 의한 것인데, 이 명령은 그와 배치되는 내용을 담고 있는 1810년 2월 형법전 및 위 1836년 법률에 의해 폐지된 것이어서 더 이상 효력이 없다는 점이었다.

국사원은 이 사건에서 위 1806년 명령은 위 1836년 법률의 내용에 배치되는 것으로서, 동법에 의해 폐지되어 더 이상 효력을 갖지 못한다고 판시하였다. 나아가 도지사가 온천장에서 도박을 허용하였다고 하더라도, 시장은 일반경찰권에 기해 이를 금지할 수 있다고 결론을 내렸다.

② 20세기 이후의 규제

이후 카지노에 관한 1907년 6월 15일 법률이 제정되었는데, 여기서는 다시 해수욕장, 온천장 등에 카지노를 개설할 수 있도록 예외를 두었다. 그러나 엄격한 제한을 함께 부과하였는데, 동법 제1조는 카지노개설은 내무

---

6) CE 1902. 4. 18. maire de Néris-les-Bains.
7) Lachaume, J.-F.·Pauliat, H., op. cit., p. 324.
8) 알리에는 오베르뉴(Auvergne)광역도에 속하는 도인데, 오베르뉴 지역에는 온천이 많아 '물의 도시'라고 불리는 시가 많이 있다.

부장관의 허가를 받아야 한다는 점을, 제2조는 시에서 카지노를 개설하려면 시의회의 동의를 얻어야 하고, 아울러 카지노 개설허가를 받은 자가 그에 따른 조건을 충족되지 않았을 때에는 손해배상 없이 허가가 취소된다는 점을, 제3조는 경영진과 직원의 고용에 대해서도 내무부장관의 동의를 얻어야 한다는 점 등을 규정하였고, 이 밖에도 허용된 기구만 사용할 수 있으며, 일정한 사람들에 대해 카지노출입을 금지할 수 있는 등 강한 규제가 있었다.9)

위 1907년 법률은 이후 1942년 4월 3일 법률, 1959년 1월 7일 제59-67호 오르도낭스, 2006년 4월 14일 제2006-437호 법률에 의해 개정되었지만 큰 내용 변화는 없었고, 현재는 국내안전법전 L.321-1조, L.321-2조에 의해 허가제도가 유지되고 있다. 아울러 해수욕장·온천장에 개설된 카지노에서의 도박규율에 관한 1959년 12월 22일 제59-1489호 명령과 1959년 12월 23일 관계부처합동규칙에서는 위 법률들에 규정된 카지노 개설허가 및 수허가자의 의무, 카지노특허기간, 카지노의 운영, 카지노 출입대상 등을 구체화하고 있다.

또, 국사원과 파기원 역시 카지노운영을 공역무활동으로 인정하지 않음으로써 경찰규제의 대상으로 보는 입장을 유지하였다.10)

(2) 공역무활동의 대상

그러나 카지노의 설치 및 운영이 공역무활동에 해당한다는 주장은 계속 제기되었다. 게다가 위 1907년 법률에서 카지노를 원칙적으로 금지하는 것은 이를 경찰규제의 대상으로 본 것이지만, 그럼에도 불구하고 카지노를 예외적으로 허용한 것은 해수욕장, 온천장 등의 재정 마련, 즉 일반이익을

---

9) Vandermeeren, R., *op. cit.*, p. 1918.

10) CE 1922. 5. 12. *Commune de Saint-Malo*; Cass. civ. 1929. 12. 10. *Ville de Nice*. Vandermeeren, R., *op. cit.*, p. 1918.

추구하는 것이었기 때문에 그것의 관리·운영이 공역무에 해당한다고 볼 여지가 있었다.

이처럼 카지노의 관리·운영이 공역무의 일종이라는 사고가 점차 발전하였고, 국사원도 1966년에 '르와양시(市)'(Ville de Royan) 판결[11]에서 시가 사기업에 부여한 카지노특허의 법적 성격을 시의 관광 및 해수욕장의 발전이라는 이익을 위하여 체결된 공역무특허로 봄으로써 카지노는 공역무활동의 대상에도 포함되기에 이르렀다.[12]

3. 문제점

(1) 규제의 중첩

이처럼 카지노의 관리·운영을 공역무활동으로 보게 되면서, 부패방지 및 경제활동·공공절차의 투명성에 관한 1993년 1월 29일 제93-122호 사뺑(Sapin) 법률에 따라 도입된 지방자치법전 L.1411-1조 이하의 공역무위임 관련 규정들이 카지노특허에도 적용되어야 하는 결과가 발생하였다. 그런데 이와 별도로 카지노에 대한 경찰규율을 정하고 있는 위 1907년 6월 15일 법률을 비롯하여 1959년 12월 22일 명령, 1959년 12월 23일 관계부처 합동규칙의 규정도 아울러 적용되어야 하는 것인지 문제되었다.

특히 위 1959년 규칙에서는 카지노특허기간이 18년을 초과할 수 없도록 규정하고 있었기 때문에 논란이 되었는데, 국사원은 카지노특허에 이러한 경찰규율 관련 규정들이 그대로 적용된다고 함으로써, 공역무에 관한 법제도 외에 도박에 관한 특별경찰의 규율도 함께 충족해야 한다는 점을 인정하였다.[13]

---

11) CE 1966. 3. 25. *Ville de Royan.*
12) Vandermeeren, R., *op. cit.*, p. 1918; Minet, C.-É., *op. cit.*, p. 63.
13) CE 2003. 10. 3. *Commune de Ramatuelle.* Vandermeeren, R., *op. cit.*, pp. 1919-

다만, 국사원은 내무부장관이 카지노에 관한 경찰권을 행사하는 것이 카지노운영자의 자유로운 경쟁을 과도하게 제한하지 않아야 한다고 판시함으로써, 공공질서의 보호와 카지노시장에 대한 평등한 접근 사이에 조화를 이뤄야 한다는 점을 아울러 판시하고 있다.[14]

(2) 도박중독

최근 들어 프랑스의 지방자치단체들은 재정확보를 위해 지속적으로 카지노개설요건의 완화를 주장해왔고, 결국 관광에 관한 2006년 4월 14일 제2006-437호 법률, 카지노에 관한 2006년 12월 13일 제2006-1595호 명령, 카지노에서의 도박 규율에 관한 2007년 5월 14일 규칙 등을 통해 카지노특허의 발급요건을 상당히 완화하는 개혁이 이루어져 카지노개설이 가속화되었다.[15]

이처럼 카지노가 증가하면서 카지노에 설치된 도박장에 출입하는 인구가 늘어났고, 이에 따라 도박중독자 또한 양산되었는데, 이는 카지노수입의 90% 이상을 담당하는 슬롯머신이 주된 원인인 것으로 파악되고 있다.[16] 도박중독이 프랑스에서 사회문제로 대두되면서 카지노에 대한 규제 필요성이 다시 강조되었는데, 그리하여 카지노에 관한 특별경찰권을 보유하는 내무부장관이 카지노의 수를 규제하는 경찰조치를 행할 것이 요구되고 있으며,[17] 나아가 이러한 특별경찰권 행사만으로 부족한 경우 일반경찰기관

1920.

14) CE Sect. 2006. 3. 10. *Commune d'Houlgate*. Minet, C.-É., *op. cit.*, p. 64.

15) 2007년 현재 프랑스의 카지노 수는 197개, 카지노의 연간수입총액은 2,780억 유로에 이른다. Vila, Jean-Baptiste, 'addiction aux jeux et santé publique : recomposition de l'ordre public ou nouveau motif d'intérêt général?', *A.J.D.A.*, 2008, pp. 1804-1805.

16) Vila, J.-B., *op. cit.*, p. 1805.

17) 특히, 카지노에서의 도박규율에 관한 2007년 5월 14일 규칙 제1조는 카지노특허가 도박통제정책과 지역별 안배 등을 고려하여 제한될 수 있음을 규정하고 있다.

이 개입해야 한다는 점도 주장되고 있다. 여기서 일반경찰권의 근거, 즉 카지노에 대한 경찰조치가 공공질서 중 어느 요소를 근거로 할 수 있는지 문제되는데, 이에 대해서는 인간의 존엄성 존중을 비롯하여, 도박중독이라는 정신질환의 방지와 관련된 공중위생이 그 근거가 될 수 있다는 견해가 제시되고 있다.18) 이 견해에서는 일반경찰기관이 행동의 자유와의 비례성을 고려하여, 슬롯머신에 투입할 수 있는 금액의 제한, 중독치료 등 여러 제한이 가능할 것이라고 한다.19)

II. 우리나라에의 시사점

1. 우리나라의 법제도

우리나라에서 도박은 형법 제246조에 따른 처벌대상이며, 그럼에도 불구하고 강원랜드에서 예외적으로 내국인에 대해서도 카지노의 도박장 이용이 허용되고 있다. 그리하여 강원랜드의 설치근거법률인 「폐광지역개발지원에 관한 특별법」 제11조는 문화체육관광부장관이 카지노업을 허가할 수 있도록 규정하고 있는데, 다만 동법 시행령 제14조는 문화체육관광부장관이 미성년자 출입제한, 카지노영업시간의 제한, 베팅 등 제한, 질서유지조치를 할 수 있음을 아울러 규정하고 있다.

2. 시사점

프랑스의 카지노특허에 관한 논의는 공역무활동과 경찰의 관계를 잘 보

---

18) Vila, J.-B., *op. cit.*, pp. 1808-1809.
19) Vila, J.-B., *op. cit.*, p. 1810 참조.

여준다. 그런데 우리나라에서는 카지노의 관리·운영이 공역무활동의 일종에 해당한다는 논의는 찾아보기 어려우며, 카지노 외에 합법적으로 허용되는 사행행위인 경마, 경륜, 경정 등의 경우에도 이는 마찬가지이다. 반면 카지노와 같은 사행산업이 경찰규율의 대상이라는 점에는 별로 의문이 없으며, 사행산업통합감독위원회법 제2조 제1호는 카지노업, 경마, 경륜·경정을 사행산업으로 열거하고 있다. 그러나 카지노의 근거법률인 「폐광지역 개발 지원에 관한 특별법」 제1조는 "낙후된 폐광지역의 경제를 진흥시켜 지역 간의 균형 있는 발전과 주민의 생활향상을 도모함"을, 경마의 근거법률인 한국마사회법 제1조는 "마사의 진흥 및 축산의 발전에 이바지하고 국민의 여가선용을 도모함"을, 경륜, 경정의 근거법률인 경륜·경정법 제1조는 "지방재정 확충을 위한 재원 마련"을 각 그 목적 중 하나로 명시하고 있는데, 이러한 목적들은 프랑스에서 말하는 일반이익에 해당하는 것이기 때문에 우리나라의 사행산업이 프랑스의 공역무활동에 속한다고 볼 여지가 없지는 않다.

현재 사회적으로는 카지노와 같은 사행산업은 도박중독의 원인이 되고 있으며, 이로 인한 폐해 또한 적지 않게 발생하고 있다. 도박이 사회통념상 일상적인 행위로 완전히 수용되어 공공질서에 전혀 영향을 미치지 않게 되거나 비범죄화가 가능한 단계에 이르지 않는 한, 국가의 경찰규제 필요성은 사라지지 않을 것이다. 다양한 관점에서 경찰법적 규율을 부과하려는 프랑스의 논의는 이러한 점에서 시사점을 얻을 수 있다. 그러나 다른 한편으로는 카지노의 산업적 측면을 지나치게 간과해서는 안 될 것인데, 이 경우에는 경찰규제가 아닌 공역무활동에 대한 행정법적 규율이 적용되어야 한다. 이처럼 카지노의 법적 성격을 여러 각도에서 고찰하는 것은 일견 모순되어 보이는 규제들을 조화롭게 해석할 수 있는 바탕이 될 수 있다.

이 밖에, 사행산업에 관한 특별경찰의 개입이 불충분할 경우에는 일반경찰이 이를 보충하기 위하여 개입하는 것도 허용될 필요가 있다. 일반경찰이 개입할 경우에는 공공의 질서가 근거가 될 수밖에 없는데, 우리 경찰법 상 일반조항의 개념요소인 공공의 안녕 및 질서에 공중위생은 포함되지 않기 때문이다. 다만, 공공의 질서를 근거로 할 경우에는 도박중독 치료와 같은 공중위생 확보 목적으로 일반경찰이 개입하는 것은 어렵게 된다.

제3항 영화에 관한 경찰

I. 프랑스의 법제도

1. 법적 근거

프랑스에서 영화에 관한 경찰은 영화·만화법전에 그 근거를 둔 특별경찰작용이다. 그리하여 프랑스에서 상영되는 모든 영화는 영화·만화법전 L.211-1조, L.211-2조에 따라 영화·만화위원회의 의견을 들은 후 문화부장관의 상영허가를 받아야 한다.[20] 이러한 영화상영허가의 거부결정은 월권소송의 대상이 되며, 이에 대한 많은 판례가 축적되어 있다. 문화부장관이 영화상영허가를 발급한 경우에도 시장은 공중도덕을 근거로 일반경찰권을 통해 이를 금지할 수 있는데, 이때에는 특별한 지역상황이 요구된다.

---

20) Minet, C.-É. *op. cit.*, p. 55; Lachaume, J.-F.·Pauliat, H., *op. cit.*, pp. 327-328.

2. 판례의 태도

(1) 특별경찰의 경우

① 상영허가거부에 대한 심사

행정법원은 상영허가거부결정에 대해 통상적인 심사를 하고 있다. 예컨 대 국사원은 '로마-빠리 영화사'(Ministre de l'information c. Société Rome-Paris Films) 판결21)에서 영화 '디데로의 수녀, 수잔느 시모넹'(Suzanne Simonin, la Religieuse de Diderot)에 나오는 상황 및 등장인물들의 행동이 상영금지를 정당화할 정도가 되지 못한다고 판시하여 상영허가거부의 위 법성을 인정한 바 있다.22) 반면, '샤브롤'(Chabrol) 판결에서는 실제 살인 사건을 소재로 한 영화 '붉은 결혼식'(Les noces rouges)에 대해 위 살인 사건에 대한 형사절차가 종결될 때까지 상영허가의 효력을 정지하기도 하였다.23)

〈판례 - CE 1979. 6. 8. Chabrol〉24)

이 사건에서 문화부장관은 1973년 2월 26일에 13세 미만 관람불가 조건으로 상 영허가를 하면서도 지롱드중죄법원(Cour d'assises de la Gironde)에서 계속 중인 사건이 종결될 때까지 상영허가의 효력을 정지하였다. 이에 영화사인 원고가 취 소소송을 제기하였으나, 국사원은 어떤 영화가 진행 중인 형사사건의 내용 및 그 관계인과 관련된 것이어서 법원이 사실관계를 판단하는 데 중대한 장애를 초래할 우려가 있는 경우에는 허가제한조치가 가능하다고 하면서, 특히 이 사건에서는 피고인의 권리를 침해할 수 있기 때문에 장관의 결정은 정당하다고 판시하였다.

---

21) CE 1975. 1. 24. *Ministre de l'information c. Société Rome-Paris Films.*
22) Lachaume, J.-F.·Pauliat, H., *op. cit.*, p. 327.
23) CE 1979. 6. 8. *Chabrol.*
24) Lachaume, J.-F.·Pauliat, H., *op. cit.*, p. 327.

② 상영허가에 대한 심사

행정법원은 허가결정의 적법성에 대해서도 심사하고 있다. 이에 관한 대표적인 판례로 국사원의 '드 베누빌'(*de Bénouville*) 판결을 들 수 있다.

〈판례 - CE 1990. 5. 9. de *Bénouville*〉[25]

문화부장관이 1985년 10월 8일에 '진실은 쓰라린 것'(Que la verité est amère)이라는 영화에 대해 상영허가를 부여하자, 원고가 위 영화는 자신의 인격권을 침해한다면서 위 상영허가의 취소를 청구한 것과 관련한 사건이다.

국사원은 당시 영화산업법전 제19조[26]가 영화의 상영 및 수출에 있어 상영허가를 받도록 규정하고 있을 뿐 다른 어떠한 조건도 정하고 있지 않고, 따라서 공적 자유를 존중해야 할 임무를 지는 장관은 다른 공익들을 고려하여 상영허가의 발급여부를 결정해야 하며, 상영허가가 다른 공익을 침해하여 손해를 야기하는 경우에는 행정법원에 그 취소를 구할 수 있다고 판시하여 상영허가에 대한 제3자의 취소청구의 적법성을 인정하였다. 그러나 본안에서는 원고의 청구를 기각하였다.

한편, 국사원은 특별한 사유 없이 과도한 폭력과 적나라한 성행위장면이 계속 등장하고, 이를 보는 미성년자들로 하여금 폭력을 조장할 수 있는 영화를 16세 이상 18세 미만의 미성년자가 관람할 수 있도록 상영허가를 한 것은 위법하다고 판시한 적도 있다.[27]

〈판례 - CE Sect. 2000. 6. 30. *Association Promouvoir et époux Mazaudier*〉

문화통신부장관이 2000년 6월 22일 16세 미만 관람불가 조건으로 영화 '내게 키스해 줘'(Baise-moi)의 상영허가를 부여하자, 16세 이상 18세 미만의 아이를 가진 부모들이 위 허가에 대해 월권소송을 제기한 사건이다. 이 사건에서 국사원은 16세 이상 18세 미만 미성년자들이 이 영화를 관람할 수 있도록 허가한 것은 위법하다면서 원고들의 취소청구와 집행정지신청을 모두 인용하였다.

25) Lachaume, J.-F.·Pauliat, H., *op. cit.*, p. 328.
26) 현재 영화·만화법전 L.211-1조에 해당한다.
27) CE Sect. 2000. 6. 30. *Association Promouvoir et époux Mazaudier*. Lachaume, J.-F.·Pauliat, H., *op. cit.*, p. 327.

(2) 일반경찰의 경우

① 영화상영의 금지 요건

영화상영허가는 허가발급 단계에서 다투어지는 것이 보통이다. 그러나 영화상영허가가 발급된 후에도 그것이 실제로 상영되는 각 지방에서 공공질서, 특히 공중도덕을 근거로 이의 상영을 금지할 수 있다는 점이 판례상 인정되고 있다.[28] 이와 관련하여 중요한 의미를 갖는 것이 국사원의 '뤼뜨시아 영화사'("*Les films Lutetia*") 판결이다.

〈판례 - CE Sect. 1959. 12. 18. Société *"Les films Lutetia" et Syndicat français des producteurs et exportateurs de films*〉[29]

이 사건 당시 영화상영을 위해서는 1945년 7월 3일 법률 제1조에 따라 장관의 상영허가를 받아야 했는데, 영화 '육체의 불꽃'(Le feu dans la peau)이 이러한 상영허가를 받았음에도 불구하고 니스(Nice) 시장이 이의 상영을 금지하자 이 조치의 적법성이 문제되었다. 위 영화의 제작자들은 니스지방행정법원에 제소하였으나 기각되자(TA Nice 1955. 7. 11.), 국사원에 항소하였다.

국사원은 위 법률이 1884년 4월 5일 '지방관련 법률' 제97조에 따라 시장이 보유하고 있는 경찰권을 배제하는 것이 아님을 이유로, "시에서 질서유지의 책임을 맡고 있는 시장으로서는 장관의 상영허가를 얻은 영화라고 하더라도 그 영화의 비도덕성과 해당 지역의 상황으로 인하여 공공질서에 심각한 장애를 초래하거나 해를 끼칠 수 있는 경우 시내에서 이의 상영을 금지할 수 있다"고 하면서, 위 영화의 비도덕성에는 다툼이 없고, 니스 시장이 주장하는 지역상황이 위 영화의 상영을 합법적으로 금지할 수 있는 근거가 될 수 있다고 하여, 위와 같은 상영금지 조치의 적법성을 인정하였다.

위 판결에서는 시장이 영화상영을 금지할 수 있는 두 가지 사유로 해당

---

28) 물론, 어떤 영화의 반대자들이 해당 영화가 상영되는 영화관을 파손하거나 관객들을 폭행하는 경우와 같이 물리적인 장애가 야기되는 경우에는 공공안전 또는 공공평온을 위해 상영금지가 가능한데(Chapus, R., *op. cit.*, p. 708), 이는 여기서의 논의대상이 아니다.

29) Lachaume, J.-F.·Pauliat, H., *op. cit.*, pp. 323-324.

시의 '지역상황'과 영화의 '비도덕성'을 제시하고 있다. 즉, 해당 시의 지역 상황에 비추어 볼 때, 영화의 비도덕성이 현저하여 이를 관람하는 주민들에게 깊은 충격 내지는 의식장애를 야기하는 경우 영화상영금지는 정당화될 수 있다는 것이다.30) 이처럼 국사원은 비도덕성으로 인하여 공공질서를 침해할 수 있는 영화의 상영금지를 인정함으로써, 공중도덕이 공공질서의 한 구성요소임을 분명히 하였다고 할 수 있다.

② 지역상황과 비도덕성의 관계

여기서 지역상황과 비도덕성의 관계가 문제된다. 우선, 지역상황은 비도덕성을 판단하는 전제가 된다고 할 수 있는데, 예컨대 성지순례자들의 순례,31) 다양한 지역단체들의 거센 항의,32) 시의 인구에서 청년 숫자가 차지하는 중요성33) 등이 지역상황에 해당할 수 있다.34)

그런데 지방행정법원에서는 이러한 지역상황이 존재하지 않거나, 존재한다 하더라도 상영금지를 정당화할 정도는 아니라고 판시한 사례가 많았지만, 국사원은 지역상황에 비추어 비도덕성을 인정할 수 있다고 판시하는 사례가 많았다. 지방행정법원은 국사원보다 더 지역상황에 민감하게 노출되어 있음에도 지역상황의 인정에 엄격한 반면, 국사원은 그렇지 않은 태도를 보인 것이다.35)

여기서 국사원이 지역상황이라는 기준을 의례적인 것으로 보고 있다는 비판이 제기되었다. 아울러 지역상황을 쉽게 인정하게 되면 영화의 비도덕성만이 상영금지 요건으로 남게 되는데, 이는 결국 국사원이 영화의 비도

---

30) Minet, C.-É. *op. cit.*, p. 39.
31) TA Caen 1960. 12. 20. *Société "Les Films Marceau"*.
32) CE 1963. 4. 19. *ville de Salon-de-Provence*.
33) CE 1963. 4. 19. *ville de Senlis*.
34) Lachaume, J.-F.·Pauliat, H., *op. cit.*, p. 330.
35) Lachaume, J.-F.·Pauliat, H., *op. cit.*, p. 330.

덕성을 직접 심사하는 것이라는 비판도 제기되었는데, 이러한 비판은 공공질서는 소수의 가치관이 아닌 물적·외적인 의미로 이해되어야 하며 비도덕성이 경찰작용의 근거가 될 수 있는 것은 그에 따라 야기될 수 있는 물리적 장애와 직접적인 관련이 있을 경우에만 가능하다는 관점을 바탕으로 한 것이다.36)

이후 국사원은 이러한 비판들을 수용하여, 어떤 영화의 비도덕성이 인정되는 경우에도 상영금지의 근거가 되는 지역상황을 보다 엄격하게 인정하는 입장을 취하게 되었다.37) 즉, 영화의 비도덕성 자체를 심사하기보다는 '주어진 지역상황 속에서 해당 영화의 비도덕성 여부'를 심사하게 된 것이다. 아울러 시장이 영화 상영을 위법하게 금지한 경우 경과실에 기해서도 해당 시의 배상책임을 야기한다고 판시하였다.38) 여기서 영화상영금지에서 중요한 요소는 지역상황이며, 공중도덕이 공공질서의 구성요소로 인정되는 것은 이러한 지역상황을 전제로 했을 때임을 알 수 있다.

---

36) Lachaume, J.-F.·Pauliat, H., *op. cit.*, pp. 330-331.
37) CE 1966. 2. 23. *Société Franco-London Film*(니스(Nice)에서 상영금지된 영화 '따뜻한 손'(La main chaude)에 관한 판결); CE 1966. 2. 25. *Société nouvelle des Établissements Gaumont*(베르사유(Versailles)에서 상영금지된 영화 '초록 암말'(La jument verte)에 관한 판결); CE 1960. 12. 23. *Union générale cinématographique*(영화 '대홍수 전에'(Avant le déluge)의 비도덕성은 지역상황을 고려하건대 1954년 니스에서의 상영금지를 정당화할 정도의 것이라고 판시). 또, 선량한 질서 또는 공공평온에 장애를 야기할 우려가 없는 경우 영화상영 금지는 위법하다는 판시로 CE 1985. 7. 26. *ville d'Aix-en-Provence* 참조(이 사건에서는 영화의 비도덕성 여부가 문제되었는데, 영화 '붉은 스웨터'(Pull-over rouge)는 사형을 문제 삼고 있지만 비도덕성을 지닌 것은 아니라고 판시하였다).
38) CE Sect. 1966. 3. 25. *Société "Les Films Marceau"*(영화 '눈은 더러웠다'(La neige était sale)의 상영금지가 위법함을 이유로 니스시의 배상책임 인정). Lachaume, J.-F.·Pauliat, H., *op. cit.*, pp. 329-331.

II. 우리나라에의 시사점

1. 우리나라의 법제도

우리나라에서 영화에 관한 규제는 「영화 및 비디오물의 진흥에 관한 법률」에 따라 이뤄지고 있으며, 그 구조는 기본적으로 프랑스와 유사하다고 볼 수 있다. 즉, 영화 및 비디오물의 진흥에 관한 법률 제71조, 제72조는 영상물등급위원회를 설치하여 제29조 제1항, 제2항에 따라 영화의 상영등급을 분류하도록 하고 있고, 제29조 제3항은 이러한 상영등급 분류를 받지 않은 영화의 상영을 금지하고 있다. 나아가 동법 제42조는 시장·군수·구청장이 영화상영을 제한할 수 있도록 하고 있는데, 동조 각 호에서는 상영등급 분류를 받지 않은 영화, 부정한 방법으로 상영등급을 분류 받은 영화, 분류 받은 상영등급을 변조 또는 위반하여 상영하는 영화, 상영등급을 분류 받은 영화의 내용을 다르게 하여 상영하는 영화, 상영신고를 하지 아니한 영화를 그 사유로 열거하고 있다.

2. 시사점

그러나 이와 같은 규정만으로는 공공의 안녕 및 질서에 대한 침해상황에 완전히 대비하기 어려울 수 있다. 예컨대, 특정지역을 악의적으로 비하하거나, 그 지역의 아픈 과거사를 일부러 들추어내는 영화가 영화진흥위원회로부터 상영등급 분류를 받아 상영되려는 경우, 해당 지역의 특별한 지역상황에 따라 위 영화가 최소한 그 지역 내에서는 공공의 질서 내지는 공중도덕에 심히 반하는 것으로 평가될 여지도 있기 때문이다. 하지만 우리 경찰관직무집행법상 일반조항을 긍정하더라도, 제도적 의미의 경찰이 일반조항에 기해 영화상영을 금지하는 것은 우리나라에서는 일반인의 법감정상 수

긍하기 힘든 부분이 많을 것이고, 또 언론과 표현의 자유가 부당하게 통제되던 지난 시절로 회귀할 우려가 있다. 따라서 이에 대해서는 「영화 및 비디오물의 진흥에 관한 법률」 자체에서 제한근거를 마련하는 것이 바람직할 것이며, 구체적으로는 지방자치단체가 이해관계인 및 주민들의 의견을 수렴하여 지역상황에 따라 해당 지역 내에서 영화상영을 제한할 수 있는 사유와 절차를 규정하는 것을 생각해 볼 수 있을 것이다.

제4항 공연에 관한 경찰

I. '난쟁이 발사'

1. 프랑스의 법제도

(1) 문제점

'난쟁이 발사'는 프랑스에서 특히 인간의 존엄성 존중과 관련하여 문제되었다. 보통 나이트클럽에서 기획되는 이 공연은 호주에서 유래한 것으로, 난쟁이를 일체형 옷에 달린 자루에 묶어서 가능한 멀리 발사하는 것이다.[39] 이때 난쟁이는 자원자이거나 보수를 받으며, 일체형 옷과 안전모, 그리고 착륙지점에 있는 양탄자를 통해 보호되므로 신체적 완전성에 대한 위험은 거의 없고, 관객의 안전에 장애를 일으킬 만한 요소도 없다.[40] 또, 난쟁이 발사 자체로는 공공에 소란을 일으키는 것이 아니므로 공공평온에 장

---

39) CE Ass. 1995. 10. 27. *Commune de Morsang-sur-Orge* 판결의 논고담당관 프리망 (P. Frydman)에 따르면 프랑스 기록은 3m 30㎝이다. Minet, C.-É. *op. cit.*, p. 41.
40) Minet, C.-É. *op. cit.*, p. 41; Chapus, R., *op. cit.*, p. 709.

애를 발생시키지도 않고, 공중위생이 위협받는 일도 없다.41) 그러므로 전통적인 공공질서 개념으로는 그에 대한 장애 발생 여부를 단정할 수 없는 것이었다.

하지만 위와 같은 논리로 난쟁이 발사와 같은 공연을 허용하는 것은 현대 인권사상의 관점에서 선뜻 수긍하기 어려우며, 일반인의 법감정에도 맞지 않는 것으로 보인다. 여기서 인간의 존엄성 존중이 공공질서의 요소에 포함될 수 있는지, 있다면 어떠한 내용과 효과를 갖는 것인지 문제되었다.

(2) 법적 근거

난쟁이 발사와 같은 공연에 대해서는 공연에 관한 1945년 10월 13일 제45-2339호 오르도낭스 제4장에서 규율하고 있었는데, 여기서는 모든 '기이한 공연'(le spectacle de curiosité)에 대해 시장의 허가를 받도록 하고 있었다.42) 난쟁이 발사는 이러한 기이한 공연에 해당하는 것이므로, 시장이 이에 대한 허가를 거부하고 공연기획자는 이러한 거부처분에 대해 월권소송을 제기하는 것이 통상적인 모습이었다. 이러한 시장의 허가는 특별경찰권에 속하는 경찰허가에 해당하는 것으로서 이처럼 일반경찰권과 동일한 대상을 내용으로 하는 특별경찰제도가 존재하는 이상 일반경찰권은 원칙적으로 배제된다.43) 그럼에도 불구하고 프랑스에서는 난쟁이 발사가 일반경찰권을 통해 금지되었으며, 여기서 이러한 일반경찰권 행사의 법적 근거가 문제되었다. 다만, 현재 위 오르도낭스 제4장에 규정되었던 특별경찰권은 폐지되었으므로, 현재로서는 일반경찰권만이 법적 근거가 될 수 있다.

---

41) Long, M.·Weil, P.·Braibant, G.·Delvolvé, P.·Genevois, B., *op. cit.*, p. 734.
42) Long, M.·Weil, P.·Braibant, G.·Delvolvé, P.·Genevois, B., *op. cit.*, p. 736.
43) Long, M.·Weil, P.·Braibant, G.·Delvolvé, P.·Genevois, B., *op. cit.*, p. 736.

(3) 판례의 태도

① 지방행정법원의 태도

난쟁이 발사는 1990년대 초에 프랑스에 도입될 때부터 큰 논란거리였는데, 내무부장관은 1991년 11월 27일 훈령을 통해 도지사들에게 시장이 이러한 공연을 금지할 것을 요청하도록 요구하였고, 이에 모르상-쉬르-오르쥬(Morsang-sur-Orge) 시장이 이를 금지하자, 이 공연의 기획자들은 베르사유(Versailles)지방행정법원에 위 금지처분의 취소를 구하였다. 동 법원에서는 상기한 영화상영금지에 관한 판례들을 참고하여 난쟁이 발사는 그 자체로 비도덕성을 가질 수 있지만 이 경우에도 "특별한 지역상황이 있는 경우"에만 금지처분이 정당화될 수 있다고 판시하였고, 모르상-쉬르-오르쥬시에는 이러한 지역상황이 존재하지 않는다는 이유로 시장의 금지처분을 취소하고 시에 손해배상을 명하였다.44) 마르세유(Marseille)지방행정법원에서도 동일한 내용의 엑-상-프로방스(Aix-en-Provence)시장의 금지명령에 대하여 위와 같은 공연은 인간의 존엄성을 침해하지 않고, 따라서 공공안전이나 공중도덕에 문제를 야기하지 않는다고 판시하였다.45) 이처럼 지방행정법원에서는 난쟁이 발사가 자치경찰 3요소는 물론 공중도덕에도 장애를 일으키지 않는다고 보았다.

② 국사원의 태도

그러나 국사원은 '모르상-쉬르-오르쥬시(市)'(*Commune de Morsang-sur-Orge*) 판결46)에서 공중도덕을 언급함이 없이 곧바로 "인간의 존엄성 존중

---

44) TA Versailles 1992. 2. 25. *Société Fun Productions et Wackenheim*. Minet, C.-É. *op. cit.*, p. 41; Chapus, R., *op. cit.*, p. 709.

45) TA Marseilles 1992. 10. 8. *Société Fun Productions et Wackenheim*. Minet, C.-É. *op. cit.*, p. 41; Chapus, R., *op. cit.*, p. 709.

46) CE Ass. 1995. 10. 27. *Commune de Morsang-sur-Orge*.

은 공공질서의 구성요소 중 하나"라고 선언하였다.[47] 그리하여 난쟁이 발사는 "신체장애가 있고, 그것이 드러나 있는 사람"을 발사물로 이용하는 것으로서, 특별한 지역상황이 존재하지 않고 안전확보를 위한 조치가 이뤄져 있으며 난쟁이가 보수를 충분히 받고 이에 자발적으로 동의하였다고 하더라도, 이는 "그 대상 자체만으로 인간의 존엄성을 침해하는 것"이어서 시장은 이를 금지할 수 있다고 판시하였다.[48] 특히, 논고담당관 프리망(P. Frydman)은, 난쟁이 발사는 "한 인간을 단지 하나의 탄환으로 취급하여, 다시 말해 물건으로 격하시켜" 발사하는 공연으로서, 일반인들로 하여금 신체적 장애를 지닌 사람은 2류에 속하므로 그에 맞는 취급을 받는다는 저속하고도 패륜적인 감정을 갖게 하는 것이라면서 강력히 비판했다.[49]

위 판결의 의의는 다음과 같다.

첫째, 공중도덕과는 별개로 인간의 존엄성 존중을 공공질서의 한 요소로 보았다는 데 의의가 있다. 위 판결에서 논고담당관은 인간의 존엄성 존중이 그 자체로 공중도덕의 본질적 구성요소 중 하나를 구성한다고 하였지만, 국사원은 공중도덕을 전혀 언급하지 않고 인간의 존엄성 존중을 공공질서 개념에 직접 결부시켜 이를 그 한 내용으로 인정하고 있다.[50]

둘째, 인간의 존엄성 존중을 공공질서의 요소로 인정함으로써 지역상황이 없는 경우에도 일반경찰권의 행사가 가능함을 인정하였다는 데 의의가 있다. 즉, 상기한 영화관련 판결들에서 드러나는 바와 같이 공중도덕이 공공질서의 한 내용이 되기 위해서는 특별한 지역상황이 요구되는데, 그럼에도 불구하고 '난쟁이 발사' 판결에서는 지역상황이 존재하지 않음에도 인간의 존엄성 존중을 이유로 시장의 경찰권을 인정한 것이다.[51] 다만, 국사

---

47) Long, M.·Weil, P.·Braibant, G.·Delvolvé P.·Genevois, B., *op. cit.*, p. 735.
48) Minet, C.-É. *op. cit.*, pp. 41-42; Chapus, R., *op. cit.*, p. 709.
49) Minet, C.-É. *op. cit.*, pp. 41-42; Chapus, R., *op. cit.*, p. 709.
50) Minet, C.-É. *op. cit.*, p. 43.
51) Chapus, R., *op. cit.*, p. 710.

원이 이러한 금지명령을 시장이 취할 수 있다고 판시한 것은 잘못된 것이라는 지적도 있는데, 위와 같은 공연에 대한 금지는 인간의 존엄성과 관계된 것으로 지역상황에 따라 달라질 수 있는 것이 아니며, 따라서 이는 일개 자치경찰기관이 취하도록 하는 것은 바람직하지 않고 국가 차원의 일반경찰기관인 수상이 발령해야 한다는 것이다.52)

셋째, 특별경찰제도가 존재함에도 불구하고 시장은 일반경찰권을 통해 난쟁이 발사를 금지하였는데, 이는 보충적인 개입수단으로서의 일반경찰의 존재의의를 확실히 한 것으로 보인다.53) 이와 관련하여 논고담당관 프리망은 난쟁이 발사와 같은 공연을 예방적으로 통제할 수 있는 특별경찰규정이 존재해야 할 것이라고 하면서, "비록 유감스럽기는 하지만, 현행 법령의 공백으로 인하여 우리의 결론이 비난받아야 할 이유는 전혀 없습니다. 우리가 보기에, 법적 공백이 있거나 유효한 법령이 적용되지 않는 경우, 입법자 또는 규율기관의 부작위를 가능한 한 메우는 것은 판례의 역할인 것 같습니다"라고 지적하고 있다.54) 이 밖에, 시장이 일반경찰권을 통해 난쟁이 발새를 금지한 것은 결국 특별경찰권을 행사한 것이나 다름없다는 해석도 있다. 즉, 기이한 공연을 시장의 허가사항으로 한 것은 금지가 원칙이고 허가가 예외임을 의미하는데, 시장은 난쟁이 발사를 금지함으로써 이러한 원칙적인 금지권한을 행사한 것이므로 이는 특별경찰권 행사로 해석된다는 것이다.55) 그러나 이러한 해석은 너무 기교적이며, 경찰허가를 정하고 있는 특별경찰제도의 요건이 공공질서를 통해 일반경찰권을 행사하는 경우보다 완화되어 있음을 고려한다면 남용의 우려 또한 없지 않아 받아들이기 어렵다.

넷째, 인간의 존엄성이 문제되는 경우에는 난쟁이와 같은 공연의 객체가

---

52) Chapus, R., *op. cit.*, p. 710.
53) Minet, C.-É., *op. cit.*, pp. 45-46.
54) Minet, C.-É., *op. cit.*, pp. 45-46.
55) Long, M.·Weil, P.·Braibant, G.·Delvolvé, P.·Genevois, B., *op. cit.*, pp. 736-737.

되는 당사자가 실질적인 보수를 받고 그러한 공연에 완전히 동의하였더라
도 그 의사에 관계없이 경찰조치를 강제할 수 있음을 인정하였다는 데에서
도 그 의의를 찾을 수 있다.[56]

2. 우리나라에의 시사점

(1) 우리나라의 법제도

우리나라에서 공연에 관한 경찰작용의 근거법으로는 공연법을 들 수 있
다. 동법 제2조 제1호는 공연을 "음악·무용·연극·연예·국악·곡예 등 예술
적 관람물을 실연으로 공중에게 관람하도록 하는 행위"로 정희하고 있으
며, 여기서 상품판매 또는 선전에 부수한 공연은 제외된다. 또한, 동법 제5
조 제1항은 청소년보호법 제10조의 기준에 의한 연소자 유해 공연물을 연
소자에게 관람시킬 수 없도록 제한하고 있다.[57]

(2) 시사점

우리나라에서 난쟁이 발사와 같은 공연을 제한할 수 있는 특별경찰법령
은 찾기 어렵다. 일단 난쟁이 발사는 '곡예'에 해당하여 우리 공연법상 공
연에 해당한다고 볼 수 있겠지만, 공연법에서는 연소자 유해 공연물만을
제한하고 있을 뿐, 다른 제한이 없기 때문이다. 그러므로 난쟁이 발사와 같
이 인간의 존엄성을 침해하는 공연에 대한 일반적·추상적 규율은 불가능하
고, 다만 경찰관직무집행법상 일반조항을 긍정하는 전제에서 개별조치로서
그때그때 금지가 가능할 여지는 있을 것이다.

그러나 각종 퇴폐·음란공연이 점차 활성화되고, 나아가 인간의 존엄과

---

56) Long, M.·Weil, P.·Braibant, G.·Delvolvé, P.·Genevois, B., *op. cit.*, p. 733.
57) 홍정선, 전게서, 659-660면 참조.

가치를 저하시키는 공연도 얼마든지 등장할 우려가 있는 현실에 우리의 법
제도가 제대로 대응하기 위해서는 입법적 보완이 필요해 보인다.

II. 지나치게 마른 패션모델의 출연금지

1. 프랑스의 법제도

(1) 문제점

공연에 관한 경찰과 관련하여 프랑스에서 최근 문제되고 있는 것이 지
나치게 마른 패션모델들의 패션쇼 출연을 금지하는 경찰조치이다. 이는
스페인에서 처음으로 문제되었는데, 2007년 6월 바르셀로나에서는 국제웨
딩드레스전시회에서 옷 치수가 38 미만인 모델의 출연이 금지되었으며,
같은 해 9월에는 마드리드 지방정부가 체질량지수 18 미만인 모델의 출연
이 금지되었다.[58] 2006년 11월에 브라질 출신 모델 안나 카롤리나(Anna
Carolina)가 170cm에 40kg의 체중으로 사망한 것이 언론에 충격적으로 보
도되면서, 이탈리아 정부도 지나치게 마른 모델들의 출연을 자제하도록 권
고하고 있다.[59]

스페인과 이탈리아에서 이처럼 지나치게 마른 모델들의 출연금지에 관
심을 갖게 된 것은 젊은 여성들이 이들을 과도하게 모방하려 하기 때문이
다. 프랑스에서도 이에 대해 논의가 있는데, 문제는 과연 마른 모델들의 출
연을 금지하는 것이 공공질서라는 관점에서 합당한지 여부이다. 특히 상기
한 난쟁이 발사 판결에서 인정한 인간의 존엄성 존중을 근거로 깡마른 모
델들의 패션쇼 출연을 금지할 수 있는지 여부가 논의되고 있는데, 이것이

---

58) Leroy, M., *op. cit.*, p. 80.
59) Leroy, M., *op. cit.*, p. 80.

원용되는 이유는 상대방의 의사에 반해서도 그 상대방을 보호하기 위한 경찰작용을 할 수 있기 때문이다.

(2) 대책

지나치게 마른 모델들의 패션쇼 출연의 경우, 이것이 난쟁이 발사와 같이 인간의 존엄성을 침해하는 것인지는 명확하지 않다. 난쟁이 발사는 사람을 동물이나 구경거리로 취급하였던 것이 문제되었지만, 깡마른 모델들은 패션쇼에서 객체로 취급당한다고 보기 어려울 뿐만 아니라, 젊은 여성들에게는 미의 상징으로서 선망의 대상이기 때문이다.[60]

여기서 이를 인간의 존엄성 존중이 아닌 '모델이론'(la théorie du modèle)이라는 새로운 이론으로 해결하려는 견해가 제시되고 있다. 이 견해에서는 다른 젊은 여성들의 모방대상이 되는 모델들이 지나치게 말랐다는 점이 공중보건에 위협이 되고, 이러한 모델들은 대중에게 위험을 초래하는 공공연한 행위를 해서는 안 될 의무가 있으며, 이는 살기 좋은 사회를 만들기 위한 박애사상의 반영이라고 한다.[61] 그러면서도 비례원칙과 표현의 자유가 존중되어야 하므로, 모델들을 일률적인 옷 치수가 아닌 체질량지수를 기준으로 제한하는 것이 비례원칙에 보다 합당하며, 또 공중보건에 실제적인 문제를 야기한 경우에 출연을 제한하는 것은 표현의 자유를 침해하지 않는다고 한다.[62]

2. 우리나라에의 시사점

지나치게 마른 패션모델의 출연금지와 같이 자신에 대한 보호가 문제되

---

60) Leroy, M., *op. cit.*, p. 82.
61) Leroy, M., *op. cit.*, p. 82.
62) Leroy, M., *op. cit.*, pp. 82-83.

지만 인간의 존엄성 존중에 포함된다고 보기 어려운 경우, 이를 해결하기 위해서는 새로운 이론구성이 필요하다. 이때 사회연대성이나 박애정신과 같은 이념은 프랑스에서라면 몰라도 우리나라의 법제도상 헌법적 가치로 인정되기 어려우므로 이를 근거로 경찰작용을 긍정하기에는 무리가 있다.

다만, 지나치게 마른 모델이 사회적으로 젊은 여성들의 모방심리를 자극하여 과도한 다이어트 열풍 및 거식증 유발과 같은 문제를 일으키는 경우에는 공중위생이 근거가 될 수 있을 것이지만, 이러한 공중위생 역시 우리 경찰관직무집행법상 일반조항으로는 인정되기 어려우므로, 현실적으로 우리나라에서는 이를 대처할 제도가 없다고 할 수 있다. 이와 같은 문제가 사회적으로 크게 대두되는 경우에는 입법적으로 해결할 수밖에 없을 것으로 보인다.

제5장

요약 및 결어

제1절 요약

I. 경찰행정의 의의

프랑스에서 경찰은 질서유지기능을 핵심으로 하며, 오래 전부터 국가 또는 공권력 자체를 의미하는 것이었다. 이처럼 넓은 경찰 개념은 다른 영역들이 분화되면서 점차 축소되었고, 특히 대혁명 이후 사법경찰과 구별되었으며, 이후 공역무 개념이 등장한 후부터는 공역무의 일종으로 파악되기에 이르렀다. 다만 현재에는 경찰 개념의 핵심인 공공질서의 내용이 확장됨에 따라 그 범위가 넓어지고 있다. 이러한 프랑스의 경찰 개념은 공공의 안녕과 질서를 내용으로 하는 우리 경찰 개념에 비해 더 넓다고 할 수 있는데, 특히 공중위생이 공공질서의 한 내용으로 인정되고 있고 공중도덕의 인정 여부에 대해 큰 논란이 없는 점에서 그러하다.

프랑스의 경찰 및 경찰행정은 사법경찰, 행정제재와 같은 다른 제도와의 비교를 통해 그 내용이 보다 정확하게 파악될 수 있다. 이러한 사법경찰, 행정제재는 모두 처벌을 목적으로 한다는 점에서 예방을 목적으로 하는 경찰행정과 구별된다. 우선, 프랑스에서 사법경찰과 행정경찰의 구별은 재판관할, 배상책임의 내용, 소송 상대방의 결정이라는 점에서 실익이 있다. 우리나라에서도 사법경찰과 행정경찰은 경찰작용의 적법요건 및 배상책임의 내용에 차이가 있을 수 있고, 검사의 지휘 요부에 관해서도 차이가 발생한다. 여기서 어떤 경찰작용이 사법경찰과 행정경찰 중 어디에 속하는 것인지는 입법태도에 따라 달라질 수 있지만, 사법경찰만이 지나치게 비대해지는 것은 바람직하다고 보기 어렵다.

다음으로, 프랑스에서 경찰작용과 행정제재의 관계는 특히 경찰허가의 취소·정지와 관련하여 문제되고 있다. 경찰작용과 행정제재는 각기 적용되는 법제도가 다른데, 법적 근거가 요구되는 정도, 상태책임의 부과가능성, 절차적 권리의 적용 여부에 관해서 그러하다. 이는 우리나라에서 논의되는 제재철회와 공익상 철회의 관계와 비슷한 모습을 보이며, 여기서 공익상 철회는 프랑스에서 말하는 경찰작용의 실질을 지닌다고 볼 수 있다. 또, 우리나라에서도 상태책임의 부과가능성에 있어 경찰작용과 행정제재를 구별할 필요가 있다.

한편, 프랑스의 경찰행정은 실질적 의미의 공역무의 일종으로 파악되는 경향이 있다. 다만, 경찰행정은 별도로 창설될 필요가 없는 당연한 국가의 역무이며, 그 본질상 위임될 수 없는 공역무로서 국가는 경찰작용을 행할 의무를 진다는 특징을 지닌다. 이러한 경찰행정의 성질에 비추어 볼 때, 우리나라에서 민간 경비업이 지나치게 확대되는 것은 주의할 필요가 있으며, 국가의 경찰기능의 본질적 부분까지 사인에게 위임되어서는 안 될 것으로 본다.

II. 경찰권의 법적 근거

프랑스에서 경찰권은 일반경찰권과 특별경찰권으로 나뉜다. 이 중 일반경찰권은 국가 차원에서는 수상에 의해, 지방 차원에서는 도지사와 시장에 의해 행사된다. 그런데 이들 각각의 경찰권이 인정되는 근거는 모두 다른데, 수상은 고유권한이론과 공공질서 개념에 기해, 도지사는 국내안전법전 L.131-4조, 지방자치법전 L.2215-1조 2°, 3°에 기한 경찰권과 국내안전법전 L.131-5조, 지방자치법전 L.2215-1조 1°에 의한 대체작용권에 기해, 시장은 국내안전법전 L.131-1조 이하, 지방자치법전 L.2212-1조, L.2212-2조에 기해 위와 같은 권한을 인정받고 있다. 이 밖에 지방자치법전 L.2214-1조에 의한 국가경찰관할시와 L.5211-9-2조에 의한 기초지방자치단체조합의 경찰권이 인정되고 있다.

제도적 의미의 경찰의 일반경찰권에 대해서도 법적 근거가 마련되어 있는데, 프랑스의 경우 조직법적 근거와 작용법적 근거가 분명히 구별되지는 않다. 다만, 국가경찰의 경우에는 국내안전법전 L.411-1조, 국가경찰직무법전 제4조가 조직법적 근거에 가깝고, 위 국가경찰직무법전의 여러 규정들 및 안전정향·프로그램설정에 관한 1995년 1월 21일 제95-73호 법률이 작용법적 근거에 가깝다. 또, 최근 조직이 내무부 소속으로 바뀐 국가헌병대의 경우 2009년 8월 3일 제2009-971호 법률을 통해 법적 근거가 마련되었는데, 이에 따라 도입된 국방법전 L.3225-1조, L.4136-3조가 조직법적 근거, 국내안전법전 L.421-1조, 국방법전 L.3211-3조가 작용법적 근거에 가깝다고 할 수 있다. 자치경찰의 경우에는 국내안전법전 L.511-2조, 자치경찰관직무법전 제5조가 조직법적 근거가 되고 있으며, 자치경찰관직무법전 제3조 이하의 여러 규정들과 지방자치법전 L.2212-2조, L.2212-5조, 국내안전법전 L.511-1조가 작용법적 근거가 되고 있다. 농촌감시원의 경우에는 국내안전법전 L.522-1조가 조직법적 근거에 가깝고, 국내안전법전 L.521-1조가 작용법적 근거에 가깝다.

일반경찰기관의 경찰권은 공공질서 개념을 중심으로 그 범위가 정해진다. 여기서 공공질서는 전통적으로 공공안전, 공공평온, 공중위생의 3요소를 의미하였는데, 현재에는 공중도덕과 인간의 존엄성 존중이 추가로 공공질서의 내용에 편입되었다고 할 수 있다. 다만, 공중도덕의 경우에는 특별한 지역상황의 전제를 요건으로 한다. 이 밖에 자신에 대한 보호, 미성년자보호 등이 공공질서의 내용이 될 수 있는지 논란이 되고 있으며, 미관 보호, 국제관계 유지, 남녀차별금지원칙, 공역무의 질에 대한 우려는 공공질서의 내용에서 제외되고 있다.

이러한 공공질서는 프랑스 경찰법상 일반조항의 기능을 하고 있으며, 우리나라의 경우 일반조항의 인정 여부에 대해 논란이 있지만 경찰관직무집행법 제2조 제5호, 제5조, 제6조를 근거로 일반조항을 긍정하는 것이 타당하다고 본다. 다만, 우리나라에서 일반조항의 핵심징표인 공공의 안녕 및 질서는 프랑스의 공공질서보다는 좁은 개념인데, 특히 공중위생이 포함되지 않는다는 점에서 그러하다. 나아가 우리 법상 경찰명령을 일반조항을 통해 발할 수 없기 때문에 이러한 측면에 대한 입법적 보완이 요구된다고 하겠다.

한편 특별경찰의 경우, 프랑스에서도 특별경찰권의 근거가 도로법전, 도로관리법전, 민간항공법전, 건축법전, 도시계획법전, 국내안전법전, 영화·만화법전, 공중보건법전, 환경법전, 농촌·수산법전 등을 비롯한 각종 법령에서 다양하게 마련되어 있으며, 특히 자치경찰은 지방자치법전 L.2213-1조 내지 L.2213-32조에 따라 교통, 주차, 장례, 해상 여가활동, 붕괴위험 건물, 환경, 공중위생 등에 대한 특별경찰권을 행사할 수 있다.

이상과 같은 프랑스의 일반경찰과 특별경찰에 관한 권한들은 여러 형태로 경합할 수 있다. 우선 일반경찰 상호간에 경합이 발생하는 경우, 지방경찰기관은 상급경찰기관의 조치를 지역상황에 따라 가중시킬 수 있다는 점이 인정되고 있다. 다음으로 일반경찰과 특별경찰이 경합하는 경우, 동일한 기관 내의 경합인 때에는 특별경찰권의 행사가 원칙이지만 긴급한 경우 또는 가중조치가 필요한 경우에는 일반경찰권의 행사가 가능하다. 다른 기관 간의 경합인 때에는, 특별경찰의 부작위가 있거나 가중조치가 필요한 경우 일반경찰권의 행사가 가능하며, 해당 영역에 대한 규율이 특별경찰의 전속 권한으로 인정되는 경우에도 현저한 위험 등으로 인하여 긴급한 때에는 일반경찰권의 행사가 가능하다. 마지막으로 특별경찰이 경합하는 것은 진정한 의미의 경합이 아닌 유사경합이거나 경찰기관 내부의 권한배분의 문제에 불과한 것이므로 각 기관이 수권법률의 내용에 맞게 권한을 행사하면

족하다.

우리나라에서는 법령과 조례·규칙의 관계가 일반경찰의 경합과 유사한 측면이 있는데, 향후 자치경찰이 도입된다면 자치경찰법령이 지역상황에 맞게 적용될 여지를 부여할 필요가 있다. 또, 일반경찰과 특별경찰의 관계에 있어서는, 특별경찰법령이 존재하더라도 긴급성, 현저한 위험 등을 기준으로 일반경찰권의 행사가 필요할 수 있으므로 이를 위해 일반조항이 인정되거나 입법을 통한 보완이 필요하다.

III. 경찰조직

프랑스의 경찰조직은 제도적 의미의 경찰조직과 질서행정기관으로 나뉜다. 제도적 의미의 경찰조직은 지리적 범위에 따라 국가경찰조직과 자치경찰조직으로 나뉘며, 국가경찰조직은 국가경찰과 국가헌병대로, 자치경찰조직은 자치경찰과 농촌감시원으로 구성된다.

국가경찰은 경찰총장을 정점으로, 내부조직과 외부조직으로 구성되어 있으며, 공화국보안대와 경찰특공대, 테러대응반 등 특별임무를 수행하는 부대들이 공공질서 유지에 큰 역할을 담당하고 있다. 국가경찰의 일부를 구성하고 있는 빠리경시청의 경우, 수도 빠리의 치안을 담당하는 중요한 역할을 하는데, 행정부서, 업무부서, 지원부서, 민간구호부서 등으로 이루어져 있다.

국가헌병대는 2009년부터 내무부로 소속이 변경되었으며, 국가헌병대장을 정점으로 중앙조직 및 직속부대, 도헌병대, 기동부대, 특별조직으로 구성되어 있다. 중앙조직으로는 국가헌병총국, 국가헌병감찰국 등이 있으며, 특별임무를 수행하는 조직으로 공화국경비대, 국가헌병특공대가 존재한다. 도헌병대와 기동부대인 국가헌병기동대는 광역사령관의 지휘를 받는데, 도헌병대에는 지리적 범위에 따라 국가헌병대대, 국가헌병중대, 독립소대 또는 소대연합이 조직되어 있고, 각종 수사조직과 순찰대 등이 특별임무를 수행하며, 국가헌병기동대는 기동중대를 기본단위로 국가안보를 유지·확보하는 임무를 수행하고 있다.

이 밖에 자치경찰조직은 자치경찰과 농촌감시원으로 구성되며 행정경찰임무와 사법경찰임무를 함께 수행하고 있다.

프랑스의 질서행정기관 중 일반경찰권을 행사하는 기관으로는 수상, 도지사, 시장을 들 수 있으며, 대통령은 예외적으로만 일반경찰기관의 지위를 갖게 된다. 이러한 기관들은 특별법에 의해 특별경찰기관이 되기도 한다. 이 밖에 내무부장관, 도의회의장은 엄밀한 의미에서 일반경찰기관으로 보기는 어렵지만, 특별한 수권법률에 따라 특별경찰기관이 될 수 있음은 물론이다.

프랑스의 경우, 수상, 도지사, 시장 등 질서행정기관에 경찰기관이라는 명칭이 부여되어 있고, 국가헌병대와 같이 군대와 경찰의 성질을 동시에 지니는 조직이 존재하며, 자치경찰이 조직되어 있다는 특징을 지니지만, 전체적으로는 우리 경찰제도와 큰 차이는 없다고 할 수 있다. 다만, 프랑스 국가경찰의 공화국보안대와 같은 조직은 현재 폐지된 우리의 전투경찰대를 대체할 수 있는 조직으로 고려해 볼 필요가 있으며, 국가헌병대의 경우 우리나라에서 그와 유사한 조직을 별도로 창설할 필요는 없더라도 행정부 주도로 군 병력을 활용할 수 있는 법적 근거를 강화할 필요가 있다는 시사점을 던져 준다. 아울러 치안의 지역밀착성을 강화하기 위하여 자치경찰을 도입하는 것도 긍정적인 측면이 많을 것으로 기대된다.

IV. 경찰작용

경찰기관은 경찰명령, 경찰하명, 경찰허가, 사실행위 등 다양한 방식으로 경찰권을 행사하며, 경찰권의 행사 여부에 관하여 선택재량을 지닌다. 경찰기관은 경찰권의 행사로 인하여 더 큰 물리적 충돌이 야기되는 것과 같은 경우에는 경찰권 행사를 자제할 수 있으며, 다만 공공질서에 대한 장애의 제거 필요성이 더 큰 경우에는 경찰권을 통해 이러한 장애를 제거해야 할 의무가 발생하고, 이를 해태하는 경우에는 배상책임을 지게 된다.

그리고 경찰작용은 언제나 비례원칙에 맞게 이루어져야 한다는 한계를 지닌다. 따라서 공공질서에 대한 장애가 존재해야 하고, 사용되는 수단이 위험과의 비례에 맞아야 하며, 자유의 보호정도에 따라 경찰작용의 정도가 달라져야 한다.

한편, 행정경찰작용과 사법경찰작용은 적용되는 법제도가 다르므로 이들 사이의 구별이 필요하다. 여기서 경찰작용의 목적이 구별기준이 되는데, 행정경찰작용은 예방을, 사법경찰작용은 처벌을 목적으로 한다. 프랑스법상 경찰기관, 즉 질서행정기관이 행하는 경찰작용은 대부분 행정경찰작용에 속하며, 제도적 의미의 경찰이 행하는 경찰작용 중에는 일반적으로 행해지는 감시나 보호조치 등이 예방 목적의 행정경찰작용에 속한다. 그러나 행정경찰작용도 처벌과 무관하지만은 않은데, 집회의 해산명령과 같이 행정경찰작용이 처벌의 전제가 되기도 하고, 과거의 처벌경력을 고려하여 행정경찰작용이 이뤄지기도 하며, 범죄 피의자에 대해서도 행정경찰작용이 가능하다.

사법경찰작용은 범죄의 처벌을 목적으로 하는 경찰작용인데, 여기에는 미실현 범죄나 범죄의 존재를 오인한 경우도 포함된다. 이러한 사법경찰작용도 일정한 경우에는 예방과 관련을 갖는데, 특히 형벌의 일반예방기능이라는 측면에서 그러하다. 경우에 따라서는 행정경찰작용과 사법경찰작용이 서로 교차하기도 하는데, 이는 어떤 경찰작용의 성질이 중복되거나 전환되는 경우 또는 경찰작용의 성질이 위장되는 경우에 그러하며, 신원확인의 경우에는 행정경찰작용으로서의 신원확인과 사법경찰작용으로서의 신원확인이 모두 존재한다.

이러한 행정경찰작용과 사법경찰작용 간의 구별을 통해 우리 법에 일정한 시사점을 얻을 수 있는데, 우선 우리 법에서도 경찰작용의 성질을 위장하는 경우가 발생할 수 있으므로 목적을 기준으로 경찰작용의 성질을 분명히 할 필요가 있다는 점에서 그러하며, 아울러 불심검문이나 집회 해산의 법적 성질, 사용되는 수단, 적용되는 안전장치들을 명확히 한다는 점에서 그러하다.

프랑스법상 경찰작용은 그 목적이 되는 공공질서의 내용에 따라 영역별로 분류해 볼 수 있다. 우선, 공공안전에 관한 경찰작용으로는 교통, 위험시설, 스키시설, 운동장 출입 등과 관련한 경찰작용을 예로 들 수 있는데, 이 중 교통에 관한 경찰작용은 특히 도로에서의 영업이나 구걸행위와 관련하여 우리나라에 시사점을 줄 수 있고, 건축물의 위험 정도를 3단계로 구별하여 그에 맞는 법제도를 적용한다는 점 또한 참고할 만하다. 또, 스키시설에 관한 경찰작용에서는 공역무와 경찰작용의 관계가 문제될 수 있는데, 어떤 시설이 공역무제도에 따라 유지·관리되는 경우에도 공공안전을 유지하기 위해 필요한 경우에는 경찰작용이 개입할 수 있다는 점에서 의미를 찾을 수 있으며, 운동장 출입에 관한 경찰작용에 관한 고찰은 스포츠경기의 관람과 관련하여 최근 늘고 있는 과격한 관객들을 억제할 수단이 필요하다는 점에 그 의의가 있다.

다음으로, 공공평온에 관한 경찰작용으로는 집회와 시위에 관한 경찰작용을 들 수 있다. 프랑스에서 집회에는 사전신고를 요하지 않지만, 시위의 경우에는 사전신고가 필요하다. 이는 집회와 시위 모두에 대해 사전신고제를 규정하고 있는 우리 법의 태도와 비교된다. 우리나라에서 집회에 대한 사전신고제를 폐지하지는 못하더라도, 최소한 집회와 시위의 사전신고가 경찰기관의 정보획득 차원을 넘어 헌법이 금지하고 있는 사전허가제로 운영되어서는 안 될 것이며, 다만 폭력적인 위법집회에 대해서는 공공질서 유지를 위한 경찰의 개입가능성이 충분히 인정되어야 할 것이다.

프랑스에서 공중위생 및 풍속에 관한 경찰작용으로 특기할 만한 것은 강제수혈, 카지노, 영화, 공연에 관한 경찰작용이다. 강제수혈의 경우 인간의 존엄성 존중을 근거로 경찰작용이 가능하다고 보고 있으며, 우리나라에서도 이러한 목적은 공공의 안녕 및 질서의 내용에 포함될 수 있을 것으로 보인다. 카지노의 경우 카지노업의 급증으로 인한 도박중독자의 양산이 문제되면서 공중위생을 근거로 한 제한이 논의되고 있는데, 우리나라에서도 이에 대한 규제가 필요한 실정이지만 특별법 없이 공중위생을 근거로 한 일반경찰권을 긍정하는 것은 쉽지 않아 보인다. 영화의 경우 프랑스에서는 영화상영허가의 발급 여부에 대한 논의 외에도 상영허가를 받은 영화에 대해 특정 지역에서 이의 상영을 금지할 수 있는지에 대한 논의가 활발한데, 해당 지역의 상황에 비추어 비도덕적인 것으로 판단되는 경우 이러한 가능성이 긍정되고 있다. 우리나라에서 이러한 법리를 그대로 수용할 수는 없을 것이지만, 입법론으로서는 제한적 범위 내에서 생각해볼 여지가 있을 것이다. 공연의 경우에는 '난쟁이 발사'와 지나치게 마른 패션모델의 패션쇼 출연금지가 논의되고 있는데, 난쟁이 발사는 인간의 존엄성이라는 측면에서 허용되지 않고 있으며, 지나치게 마른 패션모델의 경우에는 사회연대성, 박애정신을 근거로 한 '모델이론'을 근거로 제한이 가능하다는 견해가 제시되고 있다. 우리나라에서도 지나치게 퇴폐적이어서 인간의 존엄성을 훼손할 우려가 있는 공연에 대해서는 경찰법적 관점에서 규제가 필요할 것이며, 지나치게 마른 모델의 경우에는 프랑스와 같이 사회연대성이나 박애정신을 근거로 하기는 어려워 보이고 이를 규제하기 위해서는 별도의 입법이 필요할 것으로 생각된다.

제2절 결어

사회의 질서를 유지하는 것은 국가의 존립기반이다. 그러므로 과거 왕정 국가에서는 물론, 현대 법치국가에서도 질서유지를 목적으로 하는 경찰제 도는 국가와 더불어 당연히 존재하며, 각국의 법치주의 발전 정도에 따라 정도의 차이는 있더라도 기본적으로는 유사한 구조를 지니고 있다. 다만 그 사회의 특성에 따라 경찰제도가 조금씩 다른 모습을 보일 뿐이다.

프랑스의 경찰제도 역시 우리 경찰제도와 많은 차이를 보인다고 하기는 어렵다. 이는 대부분의 영역이 특별법에 의해 규율되면서 특별경찰화 되어 있고, 제도적 의미의 경찰이 현장에서 담당하는 질서유지 임무의 중요성이 부각되고 있으며, 아울러 경찰작용의 적법성심사와 배상책임제도를 통한 법치주의적 통제수단이 마련되어 있다는 점에서 그러하다.

하지만 프랑스의 경찰에 대한 논의는 우리에게 의미 있는 관점을 제시해 준다. 우선, 경찰법에 대한 논의의 초점이 어디에 있어야 하는가에 대해서 그러하다. 우리나라에서 경찰법에 대한 논의 중 상당 부분이 범죄의 처벌 을 그 임무로 하는 사법경찰작용에 할애되고 있다. 그러나 역사적으로나 현실적으로나 경찰의 본질적인 임무는 공공질서에 대한 장애 발생의 예방 에 있다고 할 수 있으며, 따라서 범죄가 발생한 후 이를 사후적으로 처벌하 는 데 그치는 것은 경찰이 그 본래 임무를 다하는 것으로 볼 수 없다. 특히 제도적 의미의 경찰의 경우 일반적인 감시를 통한 범죄의 예방에 대해 소 홀해서는 안 된다. 사법경찰작용에 논의를 국한시키는 것은 경찰의 역할과 입지를 불필요하게 좁히는 결과를 야기할 우려가 있다.

다음으로, 경찰법은 언제나 현실과의 연관 하에서 설명될 필요가 있다는

점에서 그러하다. 근대에 이르러 본격적으로 형성되기 시작한 프랑스의 경
찰제도는 혁명과 폭동, 반란과 진압, 전쟁 등을 겪으면서 매우 다채롭게 형
성되었으며, 특히 판례 중심의 이론체계가 유지됨에 따라 많은 이론들이
현실을 토대로 논의되고 있다. 게다가 의사표현에 주저함이 없는 프랑스
국민들의 특성은 우리 국민의 특성과도 일치하는 부분이 많기 때문에, 우
리 경찰법에 필요한 색다른 시각을 제공해 줄 수 있다.

　본서에서는 이러한 관점 하에 프랑스 경찰법을 살펴보고자 하였다. 세부
적으로는 경찰행정의 의의, 경찰권의 법적 근거, 경찰조직, 경찰작용을 차
례로 논의하였는데, 모든 부분에서 '행정'경찰과 판례에 중점을 두었다. 프
랑스 경찰법의 모든 내용을 다루지는 못하였지만, 프랑스의 경찰행정을 바
라볼 수 있는 조그만 수단은 제공될 수 있기를 기대한다. 구체적인 쟁점들
에 대해서는 향후 더 많은 연구를 통해 보완되고 세부적으로 논의되어야
할 것이다.

참고문헌

1. 국내문헌

(1) 단행본(성명 순)

경찰청, 『2013 경찰백서』, 2013. 10.
김남진, 『경찰행정법』, 경세원, 2004.
김동희, 『행정법 Ⅰ』, 제19판, 박영사, 2013.
_____, 『행정법 Ⅱ』, 제19판, 박영사, 2013.
김성태, 『위험방지작용의 이해』, 홍익대학교 출판부, 2007.
김종보, 『건설법의 이해』, 개정판, 박영사, 2013.
박균성·김재광, 『경찰행정법』, 박영사, 2010.
박윤흔, 『최신행정법강의(下)』, 박영사, 1997.
박정훈, 『행정법의 체계와 방법론(행정법연구 1)』, 박영사, 2005.
_____, 『행정소송의 구조와 기능(행정법연구 2)』, 박영사, 2006.
서정범·김연태·이기춘, 『경찰법연구』, 세창출판사, 2009.
성낙인, 『헌법학』, 제5판, 법문사, 2005.
이재상, 『신형사소송법』, 제2판, 박영사, 2008.
최영규, 『경찰행정법』, 제3판, 법영사, 2007.
한견우, 『현대행정법』, 세창출판사, 2009
홍정선, 『경찰행정법』, 박영사, 2007

(2) 논문(성명 순)

강동욱, 「불심검문의 의의와 한계」, 『수사연구』, 제22권 제10호(통권 제252호), 수
    사연구사, 2004. 10.
권세훈, 「경찰권의 민간위임 경향과 한계 - 프랑스 판례를 중심으로」, 『성균관법학』,
    제24권 제4호, 2012. 12.
박규하, 「경찰의 개념과 종류」, 『외법논집』, 제20집, 2005
박정훈, 「Maurice Hauriou의 法思想과 方法論 - 制度·二元·均衡」, 2000. 1. 22.

한국법철학회독회자료.

_____, 「행정법특수연구 - 경찰행정법」, 사법연수원 전공과목 강의자료, 2005.

박해룡, 「프랑스 경찰제도에 관한 연구」, 『사회과학논총』, 제12권 제2호, 경일대학교 사회과학연구소, 2006. 2.

서정범, 「경찰관직무집행법 제3조 '불심검문'의 내용과 문제점」, 『수사연구』, 제22권 제10호(통권 제252호), 수사연구사, 2004. 10.

손동권, 「각국의 수사구조에 관한 비교연구」, 『경찰위원회논총』, 경찰위원회, 2006.

안영훈, 「시장의 자치경찰권 중심의 프랑스 자치경찰제도」, 『지방자치』, 제200호, 현대사회연구소, 2005. 5.

오종권, 「종교적 양심과 수혈 거부」, 『부산 법조』, 제17권, 부산지방변호사회, 2000. 1.

이명정, 「변화하는 프랑스경찰 - '이웃 경찰' 개혁 프로그램」, 『수사연구』, 제19권 제12호(통권 제218호), 수사연구사, 2001. 12.

이운주, 「경찰법상의 개괄수권조항에 관한 연구」, 서울대학교 대학원 박사학위논문, 2005.

이현우, 「프랑스법상 행정제재와 경찰작용의 구별」, 『경찰법연구』, 제3호, 한국경찰법학회, 2006('이현우'는 필자가 2006. 6. 개명하기 전의 이름임)

장교식, 「현행 범칙금제도의 개선방에 관한 검토」, 『법조』, 제51권 제12호(통권 제555호), 법조협회, 2002. 12.

조태제, 「행정집행제도의 문제점과 그 개선방안」, 『법조』, 제53권 제10호(통권 제577호), 법조협회, 2004. 10.

조현주, 「경찰작용으로서의 신원확인에 관한 연구 - 프랑스 제도와의 비교를 중심으로」, 서울대학교 대학원 석사학위논문, 2007.

최봉석, 「행정형벌에 관한 일고」, 『법조』, 제51권 제12호(통권 제555호), 법조협회, 2002. 12.

한건우, 「프랑스의 경찰행정작용으로서의 불심검문」, 『수사연구』, 제22권 제10호(통권 제252호), 수사연구사, 2004. 10.

_____, 「우리나라 자치경찰의 기본원리」, 『경찰위원회논총』, 경찰위원회, 2006.

2. 외국문헌

(1) 번역서

Donzelot, Jacques(주형일 譯), 『사회보장의 발명』, 동문선, 2005.

(2) 단행본(성명 순)

Adda, Joëlle·Demouveaux, Jean-Pierre·Léglise, Pascale, *Les pouvoirs de police du maire*, 4ᵉ éd., Berger-Levrault, 2008.

Ardant, Philippe, *Institutions politiques & droit constitutionnel*, 12ᵉ éd., L.G.D.J., 2000.

Auby, Jean-Marie·Auby, Jean-Bernard, *Institutions administratives*, 6ᵉ éd., Dalloz, 1991.

Bénoit, Francis-Paul, *Le droit administratif français*, Dalloz, 1968..

Bigot, Grégorie·Bouvet, Marc, 'Léon Duguit et la mission du juge administratif (à propos de la hiérarchie entre ordres et normes juridiques)', *Regards sur l'histoire de la justice administrative*, LexisNexis, Paris, 2006.

Castagné, J. Le Contrôle *juridictionnel de la légalité des actes de police administrative*, coll. Bilbliothèque de droit public, 1964.

Chapus, René, *Droit administratif général*, tome 1, 15ᵉ éd., Montchrestien, 2001.

Colin, Frédéric, *L'essentiel de la jurisprudence administrative*, Gualino, 2009.

Conseil d'État, *Les pouvoirs de l'Administration dans le domaine des sanctions*, La documentation française, 1995.

Degoffe, Michel, *Droit de la sanction non pénale*, Economica, 2000.

Dellis, Georges, *Droit pénal et droit adminstratif*, L.G.D.J., 1997.

Delmas-Marty, Mireille·Teitgen-Colly, Catherine, *Punir sans juger? De la répression administrative au droit administatif pénal*, Economica, 1992.

Denion, Franck, *Police Municipale - missions et moyens*, Groupe Territorial, 2008.

Drews·Wacke·Vogel·Martens, *Gefahrenabwehr*, 9. Aufl., 1986.

Dubois, Christophe·Dubois, Claude, *Gendarmes au coeur de l'action*, E.T.A.I, 2008.

Duguit, Léon, *Traité de droit constitutionnel*, tome 2, 1923.

Favoreu, Louis·Philip Loïc, *Les grandes décisions du conseil constitutionnel*, 6ᵉ éd., Sirey, 1991.

Frier, Pierre-Laurent·Petit, Jacques, *Précis de droit administratif*, 5ᵉ éd., Montchrestien, 2008.

Gendarmerie Nationale, *Mémogend 2011*, SIRPA Gendarmerie, 2011.

Groupe d'Études et de Recherches sur la justice constitutionnelle, *Notes d'arrêts de Marcel Waline*, vol. Ⅱ(L'action de l'administration), Dalloz, 2005.

Hauriou, Maurice, *Précis de droit administatif et de droit public*, 12ᵉ éd., Sirey, 1927.

Lachaume, Jean-François·Pauliat, Hélène, *Droit administratif(Les grandes decisions de la jurisprudence)*, 14ᵉ éd., PUF, 2007.

Laubadère, André (de)·Venezia, Jean-Claude. C.·Gaudemet, Yves, *Droit administratif*, 16ᵉ éd., L.G.D.J., 1999.

Lebreton, G., *Droit administratif général*, Armand Colin, coll. Cmpact, 3ᵉ éd., 2004.

Long, Marceau·Weil, Prosper·Braibant, Guy·Delvolvé, Pierre·Genevois, Bruno, *Les grands arrêts de la jurisprudence administrative*, 16ᵉ éd., Dalloz, 2007.

Minet, Charles-Édouard, *Droit de la police administrative*, Vuibert, 2007.

Montesquieu, Charles-Louis de Secondat, *De l'Esprit des lois*, éd. établie par Laurent Versini, Gallimard, 1995.

Mourgeon, Jacques, *La répression administrative*, L.G.D.J., 1967.

Pacteau, Bernard, *La notion d'ordre public en droit administratif*, L.G.D.J., 1962.

Papanicolaïdis, D., *Introd. générale à la théorie de la police administrative*, Préf. C. Eisenmann, L.G.D.J., 1960.

Picard, Étienne, *La notion de police administrative*, L.G.D.J., 1984.

Raymond, J.-F. (de), *Les Enjeux des droits de l'homme*, Larousse, 1988.

Stahl, Bernard, *Mémento de police administrative*, Groupe Territorial, 2008.

Teitgen, *Droit Social*

Vedel, Georges, *Droit administratif*, PUF, 5ᵉ éd., 1973.

_____, *Les bases constitutionnelles du droit administratif*, E.D.C.E., 1954.

Vlamynck, Hervé, *Droit de la police*, 2e éd., Vuibert, 2009.
Waline, Jean, *Droit administratif*, 22e éd., Dalloz, 2008.
Wendling, Michel, *Le maire et la police des édifices menaçant ruine*, Groupe Territorial, 2007.
Wolff·Bachof, *Verwaltungsrecht III*, 4. Aufl., 1978.

(3) 논문(성명 순)

Bianchi, 'La Police rurale en France', *FIP, 2008*.
Bombois, Thomas, 'La définition de la sanction administrative', *Les sanctions administratives*, Bruylant, 2007.
Bonichot, Jean-Claude, 'Devoir d'agir ou droit de ne pas agir : l'État entre les exigences de l'ordre public et celles du droit européen', *A.J.D.A. (Puissance publique ou impuissance publique?)*, 1999. 8.(numéro spécial)
Brisson, J.-F., 'La surveillance des espaces publics', *Droit administratif*, 2005.
Canedo-Paris, Marguerite, 'La dignité humaine en tant que composante de l'ordre public : l'inattendu retour en droit administratif français d'un concept controversé', *R.F.D.A.*, 2008.
Drago, Roland, 'Préface' à l'ouvrage de Picard, É.(*La notion de police administrative*), 1984.
Fillieule, Olivier, 'Du pouvoir d'injonction au pouvoir d'influence?', *Police et manifestants*, Sciences Po, 2006.
Gaivard, C., 'la police avant la police, la paix publique au Moyen Âge', in Aubouin, M.·Teyssier, A.·Tulard, J., *Histoire et dictionnaire de la police*, Robert Laffont, coll. "Bouquins", 2005.
Grisel, Guillaume, 'La sanction administrative', *La sanction(Colloque du 27 novembre 2003 à l'université Jean Moulin Lyon 3)*, L'Harmattan, 2007.
Latour, Xavier, 'La puissance publique et les contrôles exercés sur les entresprises de sécurités privée', *A.J.D.A.*, 2009.
Lebreton, G., 'Le juge administratif face à l'ordre moral', *Mélanges Peiser*, PUG, 1995.
Lemaire, Élina, 'Actualité du principe de prohibition de la privatisation de la police', *R.F.D.A.*, 2009.

Leroy, Marc, 'Le maire, le mannequin et la protection de la dignité de la personne humaine', *A.J.D.A.*, 2008.

Linotte, D., 'L'unité fondamentale de l'action administrative, ou l'inexistence de la police administrative en tant que catégorie juridique autonome', *La police administrative existe-t-elle?*, Economica et PUAM, coll. "Droit public positif", 1985.

Moreau, J., 'Police administrative et police judiciaire, recherche d'un critère de distinction', *A.J.D.A.*, 1963.

Picard, Étienne, 'L'influence du droit communautaire sur la notion d'ordre public', *A.J.D.A.*, 1996. 6. 20.

Vandermeeren, Roland, 'police administrative et service public', A.J.D.A., 2004.

Vila, Jean-Baptiste, 'addiction aux jeux et santé publique : recomposition de l'ordre public ou nouveau motif d'intérêt général?', *A.J.D.A.*, 2008.

(4) 평석(성명 순)

Favoreu, Louis, note sous CC 1977. 1. 12. 76-75DC *Loi autorisant la visite des véhicules en vue de la recherche et de la prévention des infractions pénales, R.D.P.*, 1978.

Fournales, Renaud, concl. sur TA Cergy-Pontoise 2005. 7. 21. *SARL Jasmeen, A.J.D.A.*, 2006.

Heumann, concl. sur CE 1960. 6. 24. *Soc. Frampar et Soc. Fance-Éditions et Publications, R.D.P.*, 1960.

3. 인터넷자료

(1) 국내 사이트

① 경찰청

http://www.kcg.go.kr/main/user/cms/content.jsp?menuSeq=86

(2) 프랑스 사이트

① 내무부

http://www.interieur.gouv.fr/sections/a_l_interieur/la_police_nationale/histoire
http://www.interieur.gouv.fr/sections/a_l_interieur/la_police_nationale/organisation

② '레지프랑스'(법령·판례정보 사이트)

http://www.legifrance.gouv.fr

③ 빠리경시청

http://prefecturedepolice.interieur.gouv.fr/La-prefecture-de-police

④ '위키피디아'(인터넷 백과사전)

http://fr.wikipedia.org/wiki/Dignit%C3%A9
http://fr.wikipedia.org/wiki/Direction_centrale_de_la_s%C3%A9curit%C3%A9_pu
    blique
http://fr.wikipedia.org/wiki/Gendarmerie_nationale_(France)
http://fr.wikipedia.org/wiki/Gendarmerie_nationale_(France)
http://fr.wikipedia.org/wiki/Groupe_d%27intervention_de_la_gendarmerie_nationale
http://fr.wikipedia.org/wiki/Police_municipale_(France)

판례색인

1. 프랑스 판례

(1) 행정법원(le juge administratif)

CE 2003. 7. 9. *Association Lecomte AC*   258

CE 2003. 10. 22. *Société "Les salières de la Perche"*   287

CE 2003. 10. 3. *Commune de Ramatuelle*   320

CE 2003. 11. 28. *Commune de Moissy-Cramayel*   53, 168

CE 2005. 3. 30. *Observatoire international des prisons*   136

CE 2005. 6. 27. *Ville d'Orléans*   293

CE 2005. 10. 10. *Commune de Badinières*   295

CE Sect. 2006. 3. 10. *Commune d'Houlgate*   321

CE 2006. 4. 3. *SIVU de l'Amana*   241

CE 2006. 6. 30. *Société Neuf Telecom SA*   243

CE 2007. 1. 11. *Ministre de l'écologie et du développement durable c. Société Barbazanges Tri Ouest*   111

(가처분사건)

CE réf. 1997. 7. 29. *Préfet du Vaucluse*   239

CE réf. 2001. 7. 9. *Préfet de Loiret*   142, 151, 171, 258

CE réf. 2005. 6. 8. *Commune de Houilles*   142

CE réf. 2007. 1. 5. *Ministre de l'intérieur c. Association "Solidarité des Français"*   136

(의견)

CE avis 1999. 9. 27. *Rouxel*   68

CE avis de la section de l'intérieur 1996. 7. 23. 제359284호   216

② 행정항소법원(Cour administrative d'appel)

CAA Bordeaux 2004. 9. 22. *Préfet de la Haute-Garonne*   177

CAA Douai 2004. 5. 24. *Marin*   116

CAA Douai 2005. 12. 29. *Commune de Waziers*   136

CAA Lyon 1993. 7. 8. *Commune du Pradet*   244

177
TA Saint-Denis de la Réunion 2006. 2. 22. *Préfet de la Réunion* 146
TA Toulouse 2005. 1. 18. *Préfet de la Haute-Garonne c. Commune de Bax*
137
TA Versailles 1992. 2. 25. *Société Fun Productions et Wackenheim* 333
TA Versailles 1998. 1. 23. *Préfet de l'Essonne c. maire de Longjumeau* 140
TA Orléans 1987. 4. 7. *Préfet d'Eure-et-Loir c. maire de Dreux* 119

(2) 사법법원(le juge judiciaire)

① 파기원(Cour de cassation)

(민사부)
Cass. civ. 1929. 12. 10. *Ville de Nice* 319
Cass. civ. 1956. 11. 23. *Trésor Public c. Giry* 40, 54, 273
Cass. civ. 1972. 3. 16. 54
Cass. 1re civ. 1986. 6. 10. *Consorts Pourcel c. Pinier et autres* 55
Cass. 2e civ. 1995. 6. 28. *Préfet de la Région Midi-Pyrénées c. Bechta* 277
Cass. 1re civ. 1996. 3. 19. *Gravie c. Société La Préservatrice foncière* 300
Cass. 1re civ. 1996. 10. 15. *Préfet de police c. Bogdan* 55, 60
Cass. 1re civ. 2003. 11. 13. *Lacombe c. SEPAD* 300
Cass. 2e civ. 2004. 2. 19. 274

(형사부)
Cass. crim. 1923. 3. 15. *Ville de Paris c. Bouchet* 39
Cass. crim. 1973. 1. 5. *Friedel* 263, 275, 283
Cass. crim. 1980. 3. 20. 139
Cass. crim. 1985. 4. 25. *Bogdan* 277
Cass. crim. 1992. 11. 10. *Bassilika* 275

(4) 관할재판소(Tribunal des conflits)

2. 유럽 판례

(1) 유럽인권법원(Cour européenne des droits de l'homme)

(2) 유럽사법법원(Cour de justice des communautés européennes)

CJCE 1997. 12. 9. *Commission c. France*   250

〈Résumé〉

La police administrative en droit français

Lee, Seung-Min

En France, la police administrative s'entend de l'ensemble des interventions administratives pour la prévention des troubles à l'ordre public. Elle peut être considérée comme une activité de service public, mais elle a son originalité. Une comparaison avec la police judiciaire et les sanctions administratives permet de définir son champ d'application.

La police administrative se compose de la police générale et la police spéciale. Chacune a des bases légales différentes. Le premier ministre détient des pouvoirs de police générale à l'échelon national en vertu de ses pouvoirs propres, alors que les pouvoirs du préfet à l'échelon départemental et ceux du maire à l'échelon communal reposent sur le Code général des collectivités territoriales. En ce qui concerne les forces de police, c'est-à-dire la police au sens organique, la police nationale détient les attributions prévues par le Code de déontologie de la police nationale et le Code de la sécurité intérieure, et la gendarmerie nationale détiennent celles prévues par le Code de la défense. Les attributions de la police municipale et des gardes champêtres sont prévues dans le Code général des collectivités territoriales et le Code de la sécurité intérieure.

Les pouvoirs de police générale peuvent être exercés en vertu d'une norme d'habilitation, voire sur le fondement de l'ordre public. Traditionnellement, l'ordre public comprend la sécurité, la tranquillité et la salubrité publiques, mais son contenu a été étendu à la moralité publique et au respect de la dignité de la personne humaine. En revanche, les bases légales de la police spéciale sont variées, telles que le Code de la route, le Code de la construction et de l'habitation, le Code de la santé publique, le Code du cinéma et de l'image animée, le Code de l'environnement, etc.

Les moyens de mise en œuvre de la police administrative comprennent les actes réglementaires, les décisions individuelles, les autorisations ou les agréments, et les procédés matériels. Les autorités de police ont toute discrétion pour décider du moyen utilisé et de la façon de l'utiliser afin de protéger l'ordre public dans la mesure où ce moyen est proportionné au degré du trouble à l'ordre public. En revanche, dans certaines situations urgentes, les autorités de police sont contraintes de prendre les mesures nécessaires à faire disparaître ce trouble. A défaut de telles mesures, elles engagent leur responsabilité administrative.

L'étude de la police administrative en droit français est très pertinente puisqu'elle peut fournir des principes juridiques, des précédents ou des guides d'interprétation utiles au droit administratif coréen.

Mots Clés: la police, la police administrative, le pouvoir de police, l'autorité de police administrative, la mesure de police administrative, les forces de police

이승민

학력
2010 : 서울대학교 법과대학원 법학박사 (행정법)
2007 : 사법연수원 제36기 수료
2005 : 서울대학교 법과대학원 법학석사 (행정법)
2004 : 제46회 사법시험 합격
2002 : 서울대학교 법과대학 졸업

주요경력
2010~현재 : 법무법인(유) 율촌
2012~2013 : 건국대학교 법학전문대학원 강사
2011 : 서울대학교 법학전문대학원 강사
2007~2010 : 육군 법무관
행정법이론실무학회, 한국공법학회, 한국행정법학회, 한국경찰법학회,
한국행정 판례연구회 등에서 활동

논문 및 저서
- 행정지도의 개념과 실제-공정거래법상 부당한 공동행위와의 관계를 중심으로, 행정법연구, 제38호 (2014)
- 유료방송 법제 단일화 연구 (공저) (2013)
- The Perspective of «Economic Democratization» in Korea – Tendency to Strengthen the Regulation of Large Corporations' Governances and Antitrust Law Enforcement (Perspectives de la «démocratisation économique» en Corée — vers un renforcement de la réglementation en matière de gouvernance des grandes sociétés et une plus grande application de la législation sur les ententes), International Business Law Journal (Revue de droit des affaires internationals), n°6 – 2013 (공저) (2013, English & French version)
- 자진신고자등에 대한 감면불인정통지의 처분성에 관한 법적 쟁점, 행정판례연구, 제18-2호 (공저) (2013)
- 회사분할과 과징금의 승계, 회사분할의 제 문제 (공저) (2013)
- 공공시설의 무상귀속에 관한 小考, 행정법연구, 제34호 (2012)
- 실무에서 본 현행 행정소송 제도의 문제점 및 개정방향, 행정법학, 제3호 (공저) (2012)
- 회사 분할과 공정거래법 위반행위에 대한 책임의 승계-프랑스 법상 행정제재와 경찰작용의 구별에 관한 논의의 시사점, BFL, 49호(공저) (2011)
- 프랑스법상 '경찰작용'에 관한 연구-개념, 근거, 조직, 작용을 중심으로, 서울대학교 박사학위논문 (2010)
- 정보통신법연구 I-부록 중 '프랑스 우편전자통신법' 부분 번역 (2008)
- 프랑스법상 행정제재와 경찰작용의 구별, 경찰법 연구, 통권 3호 (2005, 개명 전 이름인 "이현우"로 출간)
- 프랑스법상 행정제재와 형벌의 관계에 관한 연구-개념징표와 법적 통제의 비교를 중심으로, 서울대학교 석사학위논문 (2005, 개명 전 이름인 "이현우"로 출간)

프랑스의 警察行政

초판 인쇄 ㅣ 2014년 4월 3일
초판 발행 ㅣ 2014년 4월 10일

저   자 ㅣ 이승민
발 행 인 ㅣ 한정희
발 행 처 ㅣ 경인문화사
등록번호 ㅣ 제10-18호(1973년 11월 8일)
주   소 ㅣ 서울특별시 마포구 마포동 324-3
전   화 ㅣ 02-718-4831~2
팩   스 ㅣ 02-703-9711
홈페이지 ㅣ http.kyungin.mkstudy.com
이 메 일 ㅣ kyunginp@chol.com

ISBN 978-89-499-1015-4 93360
값 28,000원